統計學大綱

金國寶著

民國滬上初版書·復制版

統計學大綱

金國寶 著

上海三聯書店

图书在版编目(CIP)数据

统计学大纲 / 金国宝著. ——上海:上海三联书店,2014.3
(民国沪上初版书·复制版)
ISBN 978-7-5426-4650-7

Ⅰ.①统… Ⅱ.①金… Ⅲ.①统计学—高等学校—教材 Ⅳ.①C8

中国版本图书馆 CIP 数据核字(2014)第 038304 号

统计学大纲

著　　者 / 金国宝
责任编辑 / 陈启甸　王倩怡
封面设计 / 清风
策　　划 / 赵炬
执　　行 / 取映文化
加工整理 / 嘎拉　江岩　牵牛　莉娜
监　　制 / 吴昊
责任校对 / 笑然
出版发行 / 上海三联书店
　　　　　(201199)中国上海市闵行区都市路 4855 号 2 座 10 楼
网　　址 / http://www.sjpc1932.com
邮购电话 / 021-24175971
印刷装订 / 常熟市人民印刷厂

版　　次 / 2014 年 3 月第 1 版
印　　次 / 2014 年 3 月第 1 次印刷
开　　本 / 650×900　1/16
字　　数 / 415 千字
印　　张 / 34.25
书　　号 / ISBN 978-7-5426-4650-7/C·511
定　　价 / 158.00 元

民国沪上初版书·复制版
出版人的话

　　如今的沪上，也只有上海三联书店还会使人联想起民国时期的沪上出版。因为那时活跃在沪上的新知书店、生活书店和读书出版社，以至后来结合成为的三联书店，始终是中国进步出版的代表。我们有责任将那时沪上的出版做些梳理，使曾经推动和影响了那个时代中国文化的书籍拂尘再现。出版"民国沪上初版书·复制版"，便是其中的实践。

　　民国的"初版书"或称"初版本"，体现了民国时期中国新文化的兴起与前行的创作倾向，表现了出版者选题的与时俱进。

　　民国的某一时段出现了春秋战国以后的又一次百家争鸣的盛况，这使得社会的各种思想、思潮、主义、主张、学科、学术等等得以充分地著书立说并传播。那时的许多初版书是中国现代学科和学术的开山之作，乃至今天仍是中国学科和学术发展的基本命题。重温那一时期的初版书，对应现时相关的研究与探讨，真是会有许多联想和启示。再现初版书的意义在于温故而知新。

　　初版之后的重版、再版、修订版等等，尽管会使作品的内容及形式趋于完善，但却不是原创的初始形态，再受到社会变动施加的某些影响，多少会有别于最初的表达。这也是选定初版书的原因。

　　民国版的图书大多为纸皮书，精装（洋装）书不多，而且初版的印量不大，一般在两三千册之间，加之那时印制技术和纸张条件的局限，几十年过来，得以留存下来的有不少成为了善本甚或孤本，能保存完好无损的就更稀缺了。因而在编制这套书时，只能依据辗转找到的初版书复

制,尽可能保持初版时的面貌。对于原书的破损和字迹不清之处,尽可能加以技术修复,使之达到不影响阅读的效果。还需说明的是,复制出版的效果,必然会受所用底本的情形所限,不易达到现今书籍制作的某些水准。

民国时期初版的各种图书大约十余万种,并且以沪上最为集中。文化的创作与出版是一个不断筛选、淘汰、积累的过程,我们将尽力使那时初版的精品佳作得以重现。

我们将严格依照《著作权法》的规则,妥善处理出版的相关事务。

感谢上海图书馆和版本收藏者提供了珍贵的版本文献,使"民国沪上初版书·复制版"得以与公众见面。

相信民国初版书的复制出版,不仅可以满足社会阅读与研究的需要,还可以使民国初版书的内容与形态得以更持久地留存。

2014 年 1 月 1 日

統計學大綱

金國寶著

中華民國二十三年九月初版

統計學大綱

目　次

附　錄

統　計　表　索　引

統 計 圖 索 引

引　言

（一）此書編輯實開始於十年之前時余授課於上海中國公學復旦大學國立暨南大學商科大學及政治大學等校如第四、第五、第六、第七、（一部）、第十、第十一、第十二及第十五等章均於此時編成民國十七年余奉大學院院長蔡孑民先生命往歐美各國考察統計事業凡一年除搜集各種資料外並就此書續編幾章如第一，第十四，第十六及第十七等四章均於此時續成者也十八年返國以後余供職南京財政局及上海交通銀行俗務紛集日不暇給此書遂又擱置篋中者三年去歲應國立上海商學院之聘授指數編製法一科加以蔡正雅褚鳳儀二先生之敦促因將舊稿重加整理又續成若干章並經褚君詳為校閱勉得付印其中疵謬之處自知不免倘承博雅君子不吝　指教則幸甚矣

（二）余前有「統計新論」及「物價指數淺說」二書之輯但本書譯名與前二書稍有不同其中尤重要者 (frequency) 譯為頻數 (correlation) 譯為繫聯『頻數』一詞遠勝於舊譯『次數』『繫聯』一詞似亦較勝於舊譯『相關』此二名詞均胡明復先生所擬定民國十五年科學名詞審查會所採用明復先生人皆知為數學家不知其於統計學亦有研究與供獻故特表而出之以資紀念

（三）統計符號各家所用顧不一致例如算術平均數有以 A 表示者亦有以 M 表示者卽在同一書內亦不一致有時以 M 代表算術平均數有時以

M代表中位數甚至一個符號代表二三種以上之意義初學之士最易混淆本書有鑒於此力矯其弊在可能範圍內務使一個符號祇代表一種意義

（四）本書凡二十章如用為學校教本可分一年半讀完如其祇讀一年者除前列十三章外須加讀第二十章一章如其用為經濟統計或商業統計教本則可選讀第八、第九、第十一、第十二、第十三、第十四及第十九等七章半年讀完

（五）本書附錄甲為各公式之數理研究學生數學程度不高者可以不讀如已讀過高等代數微積分者則可同時研習之

（六）本書除余歷在各大學教授外並承蔡正雅先生在暨南大學褚鳳儀先生在上海法學院用作教本前後講授之不下六七次易稿亦不下二三次此次付印又承褚君詳細校閱增補尤為感佩特贅數語以誌不忘

金　國　寶

二十三年四月二十五日

統計學大綱

第一章　緒論

第一節　統計學之定義及其應用

統計學者用計數或估量以數字表示社會或自然現象之動態或靜態並分析其數字間關係之學也、此定義須稍加以解釋。

統計學計量而不較質。欲比較人之貧富或智愚，在統計學內必須先有可以表示此貧富或智愚之數量方可以言比較，故數字不能與統計分離。統計學上大半數字均由計數而來，故雷翁袞氏以計數之學作爲統計學之定義。此定義雖覺太狹，但計數爲統計學之主要職務要無可疑。惟統計學上之數字未必均由計數而來，有時不得不用估量方法以求其近似之數值，故定義中計數與估量並列。

古代統計學研究之對象爲國家，故有以研究國家之學爲統計學之定義者。其後研究之範圍漸次推廣，研究之對象亦漸由國家而推及於社會與自然現象；此種現象或同時同地，或同時異地，或同地異時，故社會

與自然現象之動態與靜態均在統計學研究範圍之內。

統計學亦有作爲研究平均數之科學者。此定義亦覺太狹。統計學不特用數字表示社會與自然現象之動態與靜態，且用種種分析方法以推求其數字間之關係；此種關係不僅是平均數一種。故謂統計學之任務在根據大量觀察以闡明其數字間之平均關係則可　若謂統計學爲研究平均數之學，則不免令人誤解矣。

統計學之應用甚廣，不勝枚舉，茲擇其最重要者分述如下：

（一）統計與社會政策　近世各國無不倡言社會政策，社會立法；然欲救濟社會之疾病，必須先明瞭社會疾病之原因，然後對症下藥，方可有社會改良之望。欲明原因則非取證於統計不可。例如根據工業上之失事統計，於是有強迫保險之實行；比較男女童工之工資，知女工童工有特別保護之必要，於是有最低工資法之制定，即其例也。

（二）統計與公共衛生　人口之疾病死亡統計對於公共衛生尤有密切之關係。衛生當局之惟一參考即在統計；凡以後施政之方針及以前設施之成績無不取決於此。當疾病發生之際即可由統計之報告而設法防止其蔓延；平日亦可注意社會之弱點而徐圖補救之辦法。且若將此等統計及其效用公告人民，尤不難得社會之合作與經濟之贊助，誠推廣公共衛生事業之第一急務也。

（三）統計與商業　現代商業範圍廣大，故其問題亦日趨複雜；內部如浪費之減少，工人之效能，分公司之營業，售貨員之比較等等；外部如供給需要之狀況，市場之變遷，商業之盛衰，季節之影響等等；皆與商業之成敗，有莫大之關係。故現代歐美各大公司皆特設統計部以專司其各

種調查之職責。

（四）統計與財政　財政以收支適合爲原則；支出雖較能預定，然收入卻頗難預言。例如所得稅之多寡須視人民所得之數額而定；關稅之收入須視外國輸入品之種類與數額而定；然歐美各國之財政專家每能根據歷年之統計而預測未來之收入、雖亦有時與實收數目相差甚遠，然適合者其常，而相差極大者僅例外事耳。

第二節　統計之誤用

統計之用固極神妙，然用之失當，其流弊所屆亦有不可勝言者。吾人格物務須平心靜氣屏除成見，取懷疑之態度，戒獨斷之行爲，如是細心分析方能得事物之眞相；否則，毫釐千里未有不陷於絕大之謬誤者。美國統計學家卻獨克氏對於統計學之誤用論列甚詳，據其所論可分謬誤爲四種：一曰，不同事物比較之謬誤；二曰，百分比之謬誤；三曰，原因脫漏之謬誤；四曰，偏見之謬誤；而統計自身之謬誤猶不與焉。卻氏對於每種謬誤各附以若干例證，茲節取其一二如下：

（一）不同事物比較之謬誤　統計之妙用端在比較。單獨一個數字毫無意義可言，必有兩處地方或兩個時期相互比較意義始明；然事物之性質不相同者則無比較之可能。例如一八九九年美國陸軍部長論菲列濱之美國兵士死亡率事，即犯此病。當時外界對於多數兵士之死亡頗有貢言，該部長乃出而置辯；大意謂兵士之死亡率不過萬分之一七二，與華盛頓波士頓一般人口之死亡率相差無幾，故兵士之死亡率不得謂爲過高云云。其實軍隊與一般人口，性質完全不同，安能相提並論？一般人

口之中，老少齊全，而極老極少者之死亡率尤高出尋常，斷不可與中年人相比較；而兵士則既悉強壯之青年，且均經過體格檢查者，故此種比較實自欺欺人耳。

又如就各國煤礦工人每千人每年所遇之失事數目而比較之，其結果亦不確當；蓋各國礦工工作之日數不同，歐洲各國較多，美國較少。若以每年所遇之失事數相比較，則美國必佔便宜，故最善之辦法須將各國之失事次數均以作工三百日爲標準而修整之，方有比較之可能。

又如美國麥賽邱賽茨州勞工統計局嘗有母性比較之報告，亦犯同一之謬誤。其根據爲一九〇五年之人口調查；調查之時先就州內現有之母親詢其所生子女之數目，再詢此等母親之母親所生子女之數目。於是據此以計算此兩代各代所生子女之平均數；其結果爲前代之母親每人平均生 6.47 人，而後一代祇 2.77 人此後一代母親之生殖力似乎大減；其實不然，蓋在一九〇五年調查之時此後一代之母親尚未至生育期告終之時，則其未來之子女正方與未艾，不能遽以已生之數爲定論也。

(二)百分比之謬誤　百分比之使用亦須格外注意，偶一不愼卽可令人發生謬誤之感想。例如美國約翰哈金斯大學初收女生之時卽發生一有趣之新聞，謂該校女生百分之三十三又三分之一均與本校教員成眷屬云。不知底細者必以爲該校教員均風流人物，然細加考察則與教員結婚之女生僅一人而已。蓋當時女生共祇三人，一人卽爲其全體百分之三十三又三分之一。故數目甚小之時，不宜用百分比。如欲用百分比時，亦必須將實在數同時並列，方不致令人發生謬誤之印象也。

又如甲城人口十萬而外國移民居百分之二十，乙城人口五十萬而移民居百分之三十，丙城人口百萬而移民居百分之四十，今若將此三城

合而計之,試問其移民成分幾何?對此問題往往卽將此三城之百分比相加而以三除之爲答,則其答數爲百分之三十:

$$\frac{20+30+40}{3}\% = 30\%;$$

然應得之百分比當爲35.625而非30也;因準確之計算法當以三城人口之總數除其移民之總數。甲城之移民有二萬,乙城之移民有十五萬,丙城之移民有四十萬,故三城移民之總數共有五十七萬,而其人口之總數則有一百六十萬,列成算式卽得:

$$\frac{570,000}{1,600,000} = 35.625\%$$

(三)原因脫漏之謬誤　有時事實之原因甚多,若獨取其一盡置其他於不顧,亦常發生不確之結論。如美國某大學調查學生吸煙程度以斷定吸煙爲學業不及格之原因,卽其一例。茲將學生分爲吸煙極多者,吸煙不多者,完全不吸者三類,而其中不及格之人數如下:

	調查學生數	全年平均分數	不及格之百分比
完全不吸者	111	85.2	3.2
吸煙不多者	35	73.3	14.1
吸煙極多者	18	59.7	24.1

根據此項調查結果遂認吸煙爲不及格之原因則未免失當;蓋學生之好吸煙者其人往往視他種活動較重於學業,同時或爲體育家,或爲極貪舒適之人,其所以不及格者由於其不重學業所致,而吸煙不過其不重學業之一種間接表示。科學家之探討必須盡窺事物之全豹,不當以部分的理由作全體之解釋也。

(四)偏見之謬誤　統計學家當有超然中正之態,切不可先有偏見存乎胸中乃覓統計以實其說;自欺欺人莫此爲甚。例如前年美國嘗有反

對種痘同盟會之職員投函於紐約晚報（一九一四年五月四日），引用英
國之統計如下：

天花死亡總數（1905—1910年）	199
種痘死亡總數（1905—1910年）	99
五歲以下天花死亡總 （1905—1910年）	26
五歲以下種痘死亡總數（1905—1910年）	98

大意謂就全體而論，種痘死者歲佔天花死者之半，就五歲以下而論，種痘
死者尚多出天花死者之上幾有四倍之多，故強迫種痘之舉殊可不必云
云。所引統計固屬確實，但其議論殊與事實相反。天花死亡的減少卽由於
種痘。六年之中因種痘致死者祇有九十九人。假使不實行強迫種痘，則當
時以天花死者必非少數，以之與九十九人相比孰多孰少不言可知矣。

　　然而以上種種猶非就統計本身言也，統計本身亦難免謬誤，或由於
調查之疏忽，或由於計算之錯誤，故於他人所披露之統計吾人須詳加分
析不可輕信。差以毫釐謬以千里，不可不慎之又慎也。

第三節　統計之法則

　　抽樣為近世所發見最有價值之調查方法。所謂抽樣卽自一大羣極
複雜之事項中抽取一小部分作為調查之標準，由此所得之結果卽可用
以代表全部。例欲調查上海工人所得之平均工資，吾人不必遍查全部工
人所得之工資再求其平均數，吾人祇須抽查其中可以代表全體的一小
部工人所得之工資而求其平均數。由是而得之平均工資雖未必與全體
工人所得之平均工資完全一致；然相差甚微實際上可以略而不計，故卽

以之作為全體工人所得平均工資之代表亦無不可。又設有雞蛋十萬枚而欲求其平均重量，吾人不必將此十萬枚雞蛋一一秤其重量再求其平均數。吾人祇須任取（當然不能故意選擇最大或最小之雞蛋）其中一千枚雞蛋秤其重量而求其平均數。由是而得之平均重量雖未必與十萬雞蛋之平均重量完全一致；然相差無幾實際上已可用為全部雞蛋平均重量之代表。此種調查方法係根據統計常態之法則。所謂統計常態即謂由一大羣中任意選擇之一小部平均差不多可以保持全部之特性。

由一大羣中任意抽出之一部旣能代表全體，則由此一大羣中抽出之其他一部自當與第一部相似。若第一部中有幾項具有異常之特性，則在第二部中吾人亦可預期發見具此異常特性之幾項，其項數亦與前無甚差異；此即所謂小數永存之法則，蓋由統計常態之法則脫胎而來也。統計學家蒲蘭謂各種職業之專家自專醫特種難症之耳科醫生以至販賣古董之商人靡不賴此「小數永存之法則」而生。

由統計常態之法則脫胎而來尚有大量惰性之法則。所謂大量惰性乃謂在外界原因不變之情況下若觀察之範圍擴大甚廣則每年之統計常得相似之數量。例如火災之損失就一城而言歷年之損失或相差甚多；然就全國或全世界而言，若房屋之建築或防火之設備未有改進，則每年火災之損失常能保持一定之數量；蓋各處每年火災損失數量之變動其方向不同，有較去年增加者，亦有較去年減少者，甲乙等地增加之量適與丙丁等地減少之量約略相抵，故其結果變動甚微。

第四節　統計方法之程序

統計方法之程序，可分爲四大步驟：

(一)搜集資料

(二)整理資料

(三)發表資料

(四)分析資料

請舉例以明之。今設欲淸查某地之人口，自當首先確定其淸查之範圍，調查表之問題及格式，施行方法，以及其舉行日期等等，此皆屬於其初步「搜集資料」之工作。迨資料旣已齊集，則當進而點明其人口之總數，男女各若干？已婚與未婚者各若干？識字與不識字者又各若干？其年齡之分配如何？其職業之分配又如何？類此之工作皆屬於其第二步「整理資料」之範圍。今旣得其統計各事項之數目，卽得酌量情形製成圖表以公布之，此卽其第三步「發表資料」之工作。大半統計機關之工作至此爲止。完成此三項工作亦可謂爲已盡「計數」之能事。然統計學之效用卻不但示吾人以各種事項之確切數目，尤當由其所示之數目間發現一定之規律；例如由各國人口年齡統計之比較而發現其分配曲線大致有一定之形式，再若由其已婚者年齡之研究而得計算其夫婦間年齡之繫聯係數，諸如此類之工作概屬於其第四步「分析資料」之範圍。規模較大之統計機關亦甚努力於此種工作。本書第二第三兩章先述圖表之繪製，第四章至第十九章則分別詳論統計資料之分析，至於統計資料之搜集與整理則置於最後一章。蓋在統計之程序雖先搜集而後分析，但未習統計分析之學者對於搜集資料之探討每感過於枯燥而不能引起研究之興趣；反之，若已先習統計資料之分析，則因統計之應用而愈覺統計之重要，

對於統計之興趣亦已不期然而益濃厚，此時更授以統計資料搜集之方法，則學者不特不復有過於枯燥之感，且將認爲有悉心研究之必要。近年新出版之外國統計書籍每以搜集資料一章置於書末，卽以此故。本書亦做之。

第二章　統計表

第一節　統計表之功用

統計不能與數字分離，故其結果恆有無數複雜之數字。此無數複雜之數字卽所以表示統計事項之動態或靜態。若用文字一一爲之披露，則長篇累牘，讀者需時旣多，而讀後恐仍不知其所云；反之，若將此無數複雜之數字擇要列之於表，則統計之結果便可一目了然，較之用文字敍述者不可同日而語。茲將統計表之功用擇其重要者分述如下：

(一)統計資料之排列有明顯且合於邏輯之系統。

(二)易得明切之概念。

(三)易於記憶。

(四)便於比較。

(五)易於檢查錯誤及遺漏。

(六)免去文字上重複解釋之煩。

(七)便於總計平均及其他較深之計算。

第二節　統計事項之特性及其相互之關係

將雜亂無章之統計資料依一定之系統排列成表，必須先有預定之目的，然後能有整齊之秩序；然欲預定目的，必須先能確定統計事項之

特性。所謂特性卽其個別之性質是也。試就田地而言，土質之肥瘠，面積之大小，產量之多少，市價之高低，以及其地位，其地主，均可爲其特性之一。吾人可取特性之全部或一部作爲排列之標準。

統計事項之特性有可以累積與不可累積之別，排列成表時亦不可不加以注意。例如商店中每期之售貨總額可以依次累積，第一期之售貨總額與第二期之售貨總額相加卽爲前二期之售貨總額，再加以第三期之售貨總額卽爲前三期之售貨總額，故各期之累積額各有其意義；反之，工廠中每期之作工人數則不能累積，第一期之作工人數不能與第二期之作工人數相加作爲前二期之作工總人數，以各期之人數相加卽失其意義故不能累積。

統計事項之特性通常不止一種，其間相互之關係亦有種種之區別，或可合併計算，或則彼此不能相混；例如兼售皮鞋與衣服之商人其售去皮鞋之額與售去衣服之額彼此不能相混，然其售貨總額則可將兩者合併計算。統計事項之特性又有原始與附生之別；例如商店中盤存商品之總值隨估計價值之標準而異，前者爲附生特性，後者爲原始特性，故附生特性可謂爲原始特性之函數。

統計事項之特性或有因果之關係，或彼此無關係，或雖相伴而無一定之關係。例如橡皮生產之限制與橡皮價格之增高是有因果之關係者也。工人所得工資額與工廠支付工資次數是無若何之關係者也。商店中之賒售額及其營業額是雖相伴而無一定之關係者也。

第三節　統計事項之分類

統計事項之分類有科學的與非科學的之別。所分之類若能互相排斥而不致混淆則爲科學的分類；反之，卽爲非科學的分類。例如分居民爲男性與女性，則男性一類中不含女性之分子，而女性一類中亦不含男性之分子，男性與女性互相排斥不致混淆，故此種分類爲科學的；反之，若分居民爲婦女，未成年者與生利者，則各類相混而不能互相排斥，蓋男子未必均係生利者，而生利者之中亦未必無婦女與未成年者，故此種分類爲非科學的。

統計事項之分類又有縱分與橫分之別。縱分以經過之時間爲標準故爲歷史的分類；橫分與時間無關，其分類之標準或爲統計事項分配之地域，或爲某種特性之表現，或依其數量之大小而分成數組，故橫分又可區別爲地理的分類性質的分類與數量的分類三種。例如最近十年間我國對外貿易之消長，人口之變動，物價之漲落，工資與稅收之增減，是皆歷史的分類也。民國二十一年我國各省人口之比較，各省產米量之對照，各國在我國對外貿易中分配之狀況，是皆地理的分類也。民國二十一年上海市人民死亡原因之比較，上海外人國籍性別與宗教信仰等之統計，是皆性質的分類也。至若依年齡之大小工資之多少或身長之高低分成數組，則是以數量爲標準而屬於最後一種之分類，卽所謂數量的分類是也。

第四節　總表與摘要表

統計表有總表與摘要表之分。將有關研究現象之一切已知事項列

之於表,是爲總表,故其記載甚爲詳盡,凡吾人由搜集而得之原始資料均詳載於此表之上而爲編製摘要表之準備。摘要表者就總表中所載之資料摘要記載或加以分析而成之表也。總表之記載旣甚詳盡,故所佔之篇幅甚多,而所需之印費亦甚大,且普通讀者祇欲略知統計之結果而不欲深察其詳細情形,故統計機關通常不以總表披露;雖然,摘要表中所載之資料僅關硏究現象之一部,不能供多方面之參考,故有時統計機關或另以總表單獨發表,或載摘要表於正文而置總表於附錄,俾讀者得由此而作他種更高深之分析。

第五節　統計表之形式及製表規律

統計表之形式有繁有簡隨需要而異。最簡單者爲單項表。單項表者祇作一種比較之表式也。較繁者可於表中作二種,三種或四五種比較;此種表式名曰雙項,三項,四項,五項表。

表中地位有優劣之別,有便於比較者,有不便於比較者;善製表者先確定各種比較重要性之大小,最重要之比較,置於最優之地位,次要之比較置於較劣之地位,最不重要之比較置於最劣之地位。然則表中之地位何者便於比較?何者不便於比較?同行(縱行)數字比較與同列(橫行)數字比較似無優劣之分;然於目力前者實較優於後者,故表中最優地位爲同行相鄰數字之比較,其次卽爲同列相鄰數字之比較。若欲於表中作第三種比較,則欲比較之數字不能相互爲鄰惟有相間之一法,而同行旣優於同列,故第三種較優地位卽置比較數字於同行而隔列相間,至於同列而隔行相間數字之比較,較第三種爲不便,故可作爲第四種比較。

譬就<u>上海市</u>人口統計而言,吾人或欲作種種之比較;滿二十歲與不滿二十歲之比較,男性與女性之比較,已婚與未婚之比較,<u>華人</u>與外人之比較,此四種比較吾人或欲與以先後輕重之別;茲就第一表將此四種比較之先後輕重與表中地位之優劣次序互相對照如下:

第一位　同行相鄰數字之比較——滿二十歲與不滿二十歲之比較

第二位　同列相鄰數字之比較——男性與女性之比較

第三位　同行而隔列相間數字之比較——已婚與未婚之比較

第四位　同列而隔行相間數字之比較——華人與外人之比較

第一表　　四項表

性別與國列 / 年列與婚列	A	B	C	D	E	F	G	H	I
	華人與外人			華	人		外	人	
	兩性	男性	女性	兩性	男性	女性	兩性	男性	女性
1.總數:滿二十歲與不滿二十歲									
2.滿二十歲									
3.不滿二十歲									
4.已婚:滿二十歲與不滿二十歲									
5.滿二十歲									
6.不滿二十歲									
7.未婚:滿二十歲與不滿二十歲									
8.滿二十歲									
6.不滿二十歲									

統計表之標題置於表之上端，所以表明其內容，須簡明而能揭出表中重要各點；其各點先後之次序，須與其重要性之大小相應。表中行列，亦須冠以適當之標目；有時因標目遺漏，或次序顛倒，或措辭失當，而使讀者誤解，故不可不特別注意。例如工廠中之失事統計，失事之結果有死者，有傷者，而傷者之中又有傷手者，傷足者與傷目者等之別；若以傷手者，傷足者，傷目者等，與死者並列，則犯標目遺漏之弊病；善製表者必先分失事結果爲死者與傷者二項，然後再將傷者一項分成傷手者，傷足者與傷目者等，若是，則輕重之別顯然，閱者不致誤解矣。

昔時統計表中之總數均置於各數字之末，今則有相反之趨勢，首創者爲美國華盛頓人口清查局，其目的欲使總數與表之標題相近而卽能顯示於讀者目前；蓋普通閱者對於總數特別注意，置總數於顯著之地位於閱者較爲便利。惟總數若位於各數字之前，則加時須自下而上，或自右而左。各行總數之和與各列總數之和相等，亦可藉此稽核計算之準確與否也。

表中行列須以直線劃分，而所劃界線須有粗細多少之別。普通項目之間用一細線，重要項目之間則用粗線或雙線表之。上下兩端，亦須劃雙線或粗線以與正文相別。總之，各項重要性之大小須與界線之粗細多少相應，庶閱者可一目了然。由界線劃分之行列各冠一字母或數字以便引用參考；如第一表中以 A，B，C，D 等區別各行，以 1，2，3，4 等區別各列，若是，則設於正文中述及某行某列，卽知所指爲何行何列也。

表中數字須排列整齊以便計算。所用單位須在數字之前註明。在摘要表中所用之單位不宜過小，過小則位數較多，印費較大，而計算亦較

煩，且普通讀者祇欲知統計結果之大概，故單位甚小之數字非其所需。單位以後之數字可依四捨五入法取捨之。

　　表中項目不宜過多，過多則易致混淆，不如分製數表較爲明顯。統計表若非單獨發表或另置於附錄，則其地位須與有關之正文接近；至其對於正文前後之位置則須視正文與統計表之關係而定。若正文爲對於統計表內容之說明，則先統計表而後正文；反之，若有關之正文不待統計表而亦能自明，則可先正文而後統計表。

　　表中資料之來源須常註明以供讀者之參考；若資料之來源甚爲重要，則可置於表之標題之下，否則亦可書於表之下端。

第六節　統計數列

　　吾人在統計學中研究之特性隨時隨地或隨情況而變。試以工人所得之工資而論，甲時之工資與乙時之工資不同，甲地之工資與乙地之工資亦不同，而甲組工人之工資又不能與乙組工人之工資一致，故吾人所研究之工資在時間在空間或在不同情況中均可有許多數值。具此許多數值之特性在統計學中名曰變量；而此許多數值卽爲變量之數值。在研究之時間空間或情況中變量之數值依一定之次序相連而成一列，是曰統計數列，或單稱數列。

　　統計數列可分爲時間數列空間數列與質量數列。統計事項之分類吾人前已論其大概。時間數列與空間數列，卽依歷史的與地理的分類而組成之數列，至依性質的或數量的分類而組成之數列則名曰質量數列。試取民國元年至十年我國每年對外貿易之總值而論，貿易總值爲一變

量,此變量可有十個數值,(此十個數值,當然不能全同,但亦不必全異)。
此十個數值即組成一種時間數列。又試取民國二十年我國輸往外國之
絲量依照香港,日本,法國,美國,意大利,印度,英國與其他各國之分類
而研究之,則輸出絲量爲一變量而可有八個不同之數值(不必全異),惟
此變量在空間變化而非在時間變化, 故此八個數值所組成之數列係空
間數列而非時間數列。又若依死亡之原因而計算死亡之人數,或就工人
所得之工資而研究其分配,前者之變量爲死亡人數,後者之變量爲工資,
均可有若干不同之數值;凡此二者既均不在時間或空間變化,則由此二
變量之數值所組成之數列不能謂爲時間數列或空間數列, 故總稱之曰
質量數列。

　　質量數列之中有一種數列,在統計學上特別重要者,曰頻數數列。
例如就工人所得之工資而研究其分配之狀況, 每月工資在五元以下者
若干人,五元與十元之間若干人,十元與十五元之間若干人,等等。每五
元爲一組,而以全體工人分配於各組之中,是曰頻數分配。各組所有人
數名曰頻數。此類數列名曰頻數數列。上述各種數列之中, 統計學上
最重要者,爲頻數數列與時間數列。故統計學家亦有分數列爲（一）頻
數數列,（二）時間數列,與（三）類別數列之三類者。空間數列及通
常之質量數列,較不重要,均包括於類別數列之內。

　　統計數列又可分爲連續數列非連續數列與近似連續數列三種。若
變量之兩個不同數值中可有無限不同之數值, 則由此變量而生之數列
名曰連續數列,數值之由測量而能確定之數列均屬之。例如人之身長在
60吋與61吋之間有無限不同之數值, 在60吋與$60\frac{1}{10}$吋之間或在60吋與
$60\frac{1}{100}$吋之間仍有無限不同之數值,故身長數列爲一連續數列。又若人

之年歲在三十歲與三十一歲之間有無限不同之數值，在三十歲與三十歲一月之間或在三十歲與三十歲零一日之間仍有無限不同之數值，故年歲數列亦爲一連續數列。反之若變量之兩個不同數值中祇有有限不同之數值，則由此變量而生之數列名曰非連續數列，數值之由計數而能確定之數列均屬。例如人數十人與十三人之間祇有十一人與十二人二數；又若計算工資之最低單位爲一分，則三角五分與三角九分之間祇有三角六分，三角七分與三角八分三數，故人數與工資之數列均爲非連續數列。此外尚有一種數列，其變量之數值亦若連續數列之連續不絕，惟其連續性非自然而係人爲，此種數列名曰近似連續數列，凡用近似值表示其數值之數列均屬之。連續數列之前冠以近似二字者以此，百分率與死亡率之數列卽其例也。

第七節　頻數表

頻數與頻數分配上文略已論及，茲再舉例說明之。例有學生十人，其總平均分數如下：

　　85　　74　　**72**　　85　　65　　62　　85　　62　　85　　90

上述數列中，85分出現四次，62分二次，其餘均僅一次，故85分之頻數爲四，62分之頻數爲二，其餘均爲一。若吾人僅書數列中不同之數值而書其頻數於各數值之旁，則成一表，名曰頻數表，第二表卽由上述數列編製而成之頻數表。其中之學生人數卽頻數也。

第二表　頻數表

總平均分數	學生人數
90	1
85	4
74	1
72	1
65	1
62	2

　　變量之數值卽使完全不同,或相同者甚少,然爲計算便利起見仍可製成頻數表,惟其法略異耳。吾人可將全部數列依其大小分成數組,而以變量之數值盡納於各組之中, 全部數列在各組間之分配名曰頻數分配,而表示此頻數分配之表卽名曰分組頻數表。分組頻數表與普通頻數表之區別卽在前者略變原有各項之數值而後者保持其原有之數值也。例如下列上海金業交易所所開標金行市 民國二十二年八月二十五日)共有二十六個:

832.80 元	834.60 元	836.80 元	839.30 元
833.00	832.60	835.30	836.00
831.00	833.80	838.20	837.30
832.20	832.00	837.60	836.20
829.00	835.20	838.20	837.50
833.30	834.80	836.20	837.10
831.70	836.60		

　　若吾人以一元爲一組,將全部數列分成數組,而將變量之數值容納於適當之各組中,則由上述之數列可得下列之分組頻數表:

第三表　分組頻數表(甲)

標金行市(元)	頻　　數
828.50——829.50	1
829.50——830.50	0
830.50——831.50	1
831.50——832.50	3
832.50——833.50	4
833.50——834.50	1
834.50——835.50	4
835.50——836.50	3
836.50——837.50	4
837.50——838.50	4
838.50——839.50	1
	26

原來數列中在 832.50 元至 833.50 元之間共有四數：

832.60　　832.80　　833.00　　833.30

此四數本非一致，然爲計算便利起見認爲相等而悉數歸納於第五組之中，故第五組之頻數爲 4,其餘各組可依此類推。

　　各組之大小名曰組距,上表中之組距爲一元。組之兩端名曰組限,其較大者曰上限,其較小者曰下限,上表中第一組之上限爲 829.50 元,其下限爲 828.50 元。每組中間之數值名曰組中點,或單稱中點,即上下兩組限之平均數,上表中第一組之中點爲 829 元,第二組之中點爲 830 元。

　　關於編製分組頻數表之問題有二：其一,須確定組數之多少,換言之,即確定組距之大小；其二,須確定組限之位置及其表現之方法。

　　若組距太大,則組中各數相差太多,其中點似難作爲一組之代表,且頻數分配之重要情狀將因是而被蒙蔽；反之,若組距太小,則旣不便於處理,且又不能顯示其主要趨勢；故組距之大小不可不有適中之度。據英國統計學家游爾氏之意見：連續數列或間隔微小之非連續數列可分爲十五組至二十五組,至於間隔較大（間隔對於全域比例之度較大）之非連續數列則組距之大小通常可由數列之性質而定。例欲調查上海市每家所佔房間之數,則可以一間爲組距。

　　上表中各組之組距相等,但亦有不相等者。前者較優於後者；蓋各組之組距相等,則各組之頻數易得精確之比較,其便一；以相等之組距爲單位,則計算較易,（參看以後各章簡捷法）其便二；由組距相等之分組頻數表繪成確實表現頻數分配之圖較由組距不相等者爲易,其便三。

雖然，統計機關所發表之分組頻數表仍有組距不相等者，蓋亦有故焉。例如調查人民財富之分配，設以五萬元爲組距，則 0-50000 元一組之頻數必甚多，若不將此組分成若干小組，則此許多頻數之分配不能得其詳，此困難一：自百萬至數千萬中間之頻數甚少而組數甚多，若不用較大之組距，或用「一百萬以上」一組以容納之，則須浪費無數之時間與地位，此困難二；有時政府制度分組不齊，例如所得稅，政府若探累進制，分所得爲大小不等之數組而以不等之稅率徵收，則關於所得之統計亦不能不歸納於組距不等之分組頻數表中，此困難三。有此種種理由，故原則上各組之組距雖應相等，然實際應用仍當視研究問題之性質如何以爲斷。(但非至萬不得已時，不可用「五萬以下」或「一百萬以上」等分組，蓋此種分組之中點不能確定。)

　　組距雖定，若組限之位置未定，則頻數之分配仍未能確定。試就上例中之第五組而論，吾人可定爲 832.60-833.60，或 832.70-833.70，或其他別種分法，各種分法之結果不盡相同。由第一種分法則第五組仍含四項(依統計慣例 832.60 應包含在832.60-833.60組 中)；由 第 二種分法則第五組僅含三項(832.60 應歸納在第四組之內)。然則第三表中之第五組何以欲用832.50爲其下限?吾人作此選擇並非偶然，自有其選擇之理由。吾人旣以一組之中點作爲組內諸數之代表，則此代表之本身務須最簡；以 832.50 爲第五組之下限，則其中點爲一整數，其他各組之中點亦然，故組限位置之確定須以中點整數化或簡單化爲標準。(但若數列之分配集中於一點，則不論此點之爲整數與否均須取作中點。)

　　組限表示之方法亦有種種；或用上限與下限表示，或用中點表示；

（第三表中之組限若用中點表示，則第一組可改書 829，第二組可改書 830，餘類推。）而前者之中又可分為兩種，後組之下限與前組之上限（若各組之排列由大而小，則可改為後組之上限與前組之下限。）或用相同數字表示，或用不同數字表示，第三表為前者之例，而第四表為後者之例。

第四表　　分組頻數表（乙）

標金行市（元）	頻　　　數
829——830	1
831——832	4
833——834	5
835——836	7
837——838	8
839——840	1
	26

　　上表中第一組之上限為830元，第二組之下限為831元，初學者必以為830元與831元間之數值，將無所歸納矣；此則未明外表組限與實際組限之別使然也。就外表而言，第一組之下限為829元，其上限為830元；但就實際而言，第一組之下限為828.50元，其上限為830.50元，本例組距並非一元實係二元，故830.40元須歸入第一組，而830.50元則歸入第二組。此種表示之法統計書中亦常有遇見，讀者不可不注意也。（參閱第十表註二。）

　　分組中或有數組其頻數為零，但其組限仍須列入以免計算之錯誤。

　　分組頻數表有簡單頻數表與累積頻數表之別。第三表與第四表即為簡單頻數表之例。若於簡單頻數表中以各組之頻數依次累積則成累積頻數表。累積頻數表中第一組之累積頻數與其簡單頻數相等；第二組

之累積頻數等於第一組之累積頻數與第二組之簡單頻數之和；第三組
之累積頻數等於第二組之累積頻數與第三組之簡單頻數之和，餘可依
次類推。

第五表　　累積頻數表(甲)(較小制)

標金行市(元)	頻　　數	累　積　頻　數
828.50——829.50	1	1
829.50——830.50	0	1
830.50——831.50	1	2
831.50——832.50	3	5
832.50——833.50	4	9
833.50——834.50	1	10
834.50——835.50	4	14
835.50——836 50	3	17
836 50——837.50	4	21
837.50——838.50	4	25
838.50——839.50	1	26

第六表　　累積頻數表(乙)(較大制)

標金行市(元)	頻　　數	累　積　頻　數
838.50——839.50	1	1
837.50——838.50	4	5
836.50——837.50	4	9
835.50——836.50	3	12
834.50——835.50	4	16
833.50——834.50	1	17
832.50——833.50	4	21
831.50——832.50	3	24
830.50——831.50	1	25
829.50——830.50	0	25
828.50——829.50	1	26

頻數累積有向上與向下之別。若各組之排列由小而大，則頻數依次
向上累積，第五表卽其例也。第五表中各組之累積頻數各有其意義，卽
謂標金行市之較小於829.50元者，有1次，較小於830.50元者亦祇1次，
較小於831.50元者則有2次等等，故此種頻數累積名曰較小制。反之，若
各組之排列由大而小，則頻數依次向下累積，第六表卽其例也。第六表

中各組之累積頻數亦各有其意義,惟其意義適與前相反;由表中之累積頻數而觀,可知標金行市之較大於838.50元者有 1 次,較大於837.50元者有 5 次,較大於 836.50 元者有 9 次等等,故此種頻數累積名曰較大制。

第三章　統計圖

第一節　統計圖之功用及製圖之原則

統計表雖能化雜亂無序之資料爲整齊簡單之排列，不待文字敍述可使閱者得一明確之概念；然欲得此明確之概念，仍須詳閱表中數字一一爲之比較對照方得明瞭數字間之關係。統計圖則不然，不待比較而統計事項之大概情狀已畢現於紙上，且予讀者以深切之印象；故統計圖者表現統計上數字間之關係最有效之科學方法也。茲擇其功用之重要者分述如下：

（一）讀者僅耗甚少之時間即能得明確之概念。

（二）易於記憶。

（三）便於比較。

（四）予讀者以深切之印象，利於演講宣傳或廣告。

（五）可用墍補法求近似値以免計算之煩。

（六）可由抽查之樣本確定全部之分配狀況。

(七)可供高深分析之用。

第二節　統計圖之分類

統計圖得依其**形式**,目的,應用環境及比較之性質而分類。就其形式而言,統計圖可分爲條形圖,統計地圖,面積圖,體積圖及線圖五種。就其目的而言,統計圖可分爲說明圖,分析圖及計算圖三種。就其應用環境而言,統計圖可分爲壁圖,桌圖及書圖三種。就其比較之性質而言,統計圖又可分爲時間比較圖,空間比較圖,數量比較圖及頻數分配圖四種。

本章分類之主要基礎乃統計圖之形式;但適當形式之確定須以統計資料之性質與統計圖之目的及其應用之環境爲標準。各種形式各有其用,何者適用於歷史資料或頻數分配之研究,何者便於宣傳或講演之用,亦均爲製圖者所不可不知;故於以下各節分述各種統計圖之形式時亦將擇要論及,俾學者知所應用也。

第三節　條形圖

條形圖者以平行寬條若干條比較統計事項之數量或其百分比之圖也。條形圖有橫條形圖與縱條形圖之分。寬條之自左而右平行者曰橫條形圖;其自下而上平行者曰縱條形圖。

　　橫條形圖又可分爲簡單橫條形圖(第一圖),組合橫條形圖(第二圖),簡單成分橫條形圖(第三圖)及組合成分橫條形圖(第四圖)四種。

　　簡單橫條形圖者僅以一種橫條若干比較統計事項之圖也。此種橫條不分細段,故祇可以其長短作一種比較;如第一圖中之橫條係比較民國二十年我國輸往各國絲量之多少。

第一圖　民國二十年我國輸往外國絲量按國比較圖

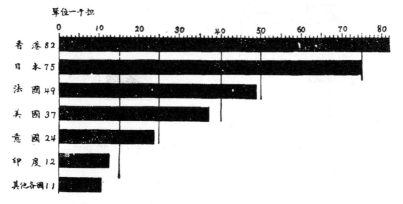

〔註〕 資料來源:民國二十年海關中外貿易統計年刊上卷。

　　組合橫條形圖者以多種橫條若干比較統計事項之圖也。此種橫條亦不分細段,惟以其不止一種,故可作多種比較,如第二圖中之橫條有黑條與線條二種,其所示吾人之比較可有下列三種:

　　(一)各黑條比較民國二十年各國輸入我國米量之多少。

　　(二)各線條比較民國十九年各國輸入我國米量之多少。

　　(三)圖中黑條與線條相間,每兩條成一組,第一組比較民國二十年由香港輸入米量對於民國十九年之增減,同理,第二組比較印度,第三組比較安南,第四組比較日本及臺灣,第五組比較遐羅,第六組比較其

他各國。

第二圖　民國十九年及民國二十年外國輸入我國米量按國比較圖

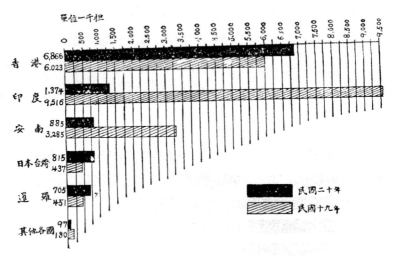

[註]　資料來源:民國二十年海關中外貿易統計年刊下卷第一册。

　　簡單成分橫條形圖者各條之內分成細段之簡單橫條形圖也。此圖可作種種比較:各條全部相比,條內各段相比,而各條各段又可一一相比。如第三圖中之橫條,每條均分作四段,其所示之比較可有下列三種:

　　(一)以各條全部之長短比較民國二十年我國輸往各主要國茶量之多少。

　　(二)以條內各段之長短比較民國二十年我國輸往某國茶量中紅茶,綠茶,磚茶與其他茶各佔數量之多少。

　　(三)以各條第一段之長短比較民國二十年我國輸往外國紅茶中各主要國所佔數量之多少,同理,以各條第二段比較綠茶,第三段比較磚茶,第四段比較其他茶。

上列三種比較均可得自第三圖；惟其第三種比較則以各段起點除第一段外均非一致，故其長短之區別較難，此則爲成分條形圖之缺點也。

第三圖　　民國二十年我國輸往外國茶量按國按類比較圖

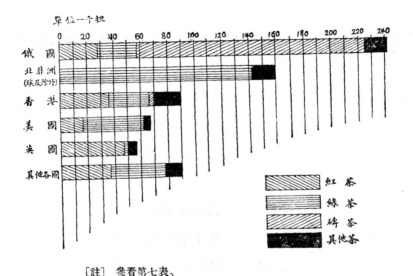

[註]　參看第七表。

第七表　　民國二十年我國輸往外國茶量按國按類比較表

（單位一千擔）

輸　往　國	總　數	紅　茶	綠　茶	磚　茶	其他茶
俄　　　　　國	241	29.6	29.5	165.1	16.5
北非洲(埃及除外)	160	1.7	141.4	——	16.7
香　　　　　港	90	36.6	32.3	1.5	19.9
美　　　　　國	66	17.3	46.0	——	2.7
英　　　　　國	56	48.3	2.5	——	5.6
其　他　各　國	90	37.9	41.8	0.0	10.1

[註一]　資料來源：民國二十年海關中外貿易統計年刊上卷。

[註二]　數量爲零者以——表之，數量過小者以 0.0 或 0 表之，以後仿此。

　　組合成分橫條形圖者各條之內分成細段之組合橫條形圖也。此圖之缺點與簡單成分橫條形圖同，即各段之起點除第一段外均非一致。第四圖爲組合成分橫條形圖之一種，乃比較統計事項百分比之圖也。其所示之比較有下列之四種：

（一）以條內各段之長短比較各種出生地點及父母血統在某處都市或農村中所佔之百分比。

（二）以都市各條第一段之長短比較各處都市之本地白人本地親系在其居民中所佔百分比之多少，同理，第二段比較本地白人外國或混合親系，第三段比較產在外國之白人，第四段比較黑人及其他人種。

（三）與第二種比較相似，惟改都市爲農村。

（四）以第一條各段與第二條各段比較美國全國各種出生地點及父母血統在都市及農村居民中各佔百分比之多少，同理，以第三條各段與第四條各段比較新英蘭各州，以第五條各段與第六條各段比較大西洋南岸，以第七條各段與第八條各段比較太平洋沿岸。

　　下圖中各橫條之長短相等，但若改百分比爲實際數量，則各橫條之長短各不相等，又可用以作其他種種之比較。

第四圖　1910年美國人口百分比分配圖

（按照區域，人種，親系與城鄉之區別而比較）

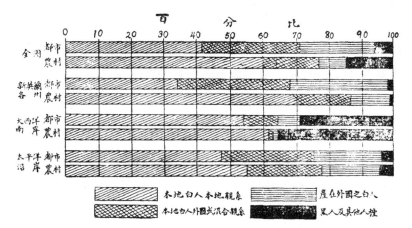

[註]　參看第八表。

第八表　1910年美國人口百分比分配表

（按照區域人種親系與城鄉之區別而比較）

出生地點及父母血統	全 國		新英蘭各州		大西洋南岸		太平洋沿岸	
	都市	農村	都市	農村	都市	農村	都市	農村
本地白人本地親系	41.9	64.1	33.9	69.8	54.2	62.2	46.9	54.8
本地白人外國或混合親系	29.0	13.3	34.2	17.0	10.1	1.4	27.2	22.4
產在外國之白人	22.6	7.5	30.7	12.6	6.2	1.1	22.2	18.4
黑人及其他人種	6.5	15.1	1.2	0.6	29.5	35.3	3.7	4.5
合　　　　計	100.0	100.0	100.0	100.0	100.0	100.0	100.0	100.0

[註]　上表譯自美人席陸姆氏之統計方法。

上述各種橫條形圖各有其應用。如作同一時期內各種數量之簡單比較可用簡單橫條形圖。若比較之事項過多，則圖中之橫條亦可易以橫

線。若欲比較同時期內各小部數量之多少,則橫條形圖之選擇須視總數
之多少而定。若祇有一個總數則可用簡單橫條形圖,以一橫條代表一小
部而另取一橫條以代表其全部。雖此種比較亦可用圓形圖表示,然究不
若簡單橫條形圖之簡便明顯。若有兩三個總數則可用組合橫條形圖。若
總數過多,則以用簡單成分橫條形圖爲宜。至於組合成分橫條形圖則最
適用於若干總數百分比分配之比較。

　　縱條形圖之最通行者有簡單縱條形圖(第五圖),條線混合圖(第六
圖)與頻數分配縱條形圖(第七圖)三種。前二種宜於時間數列之比較,
後一種宜於頻數分配之比較。

　　第五圖　最近五年日本及臺灣在我國輸入總值中所佔之百分比

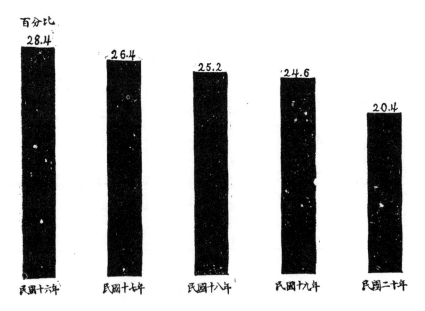

百分比
28.4　　26.4　　25.2　　24.6　　20.4

民國十六年　民國十七年　民國十八年　民國十九年　民國二十年

　　〔註〕　資料來源:海關中外貿易統計年刊。

　　簡單縱條形圖者僅以一種縱條若干比較統計事項之圖也。此種縱條祇有高低之別，故祇可作一種比較。如前面第五圖中之縱條共有五條，每條代表一年；觀此五條之高低，即可知民國十六年至二十年日本及臺灣在我國輸入總值中所佔百分比之消長。

　　條線混合圖者縱條與曲線混合而成之圖也。縱條與曲線各示吾人以一種比較，如第六圖中之縱條乃比較每月底止上海票據交換所本年已交換之票據總金額，而每月中票據之交換額則須視圖中曲線之高低。

第　六　圖

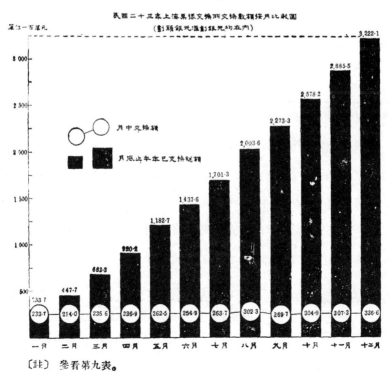

民國二十三年上海票據交換所交換數額按月比較圖
（劃頭銀元滬劃銀元均在內）

〔註〕　參看第九表。

第九表　民國二十三年上海票據交換所交換數額按月比較表

（單位—百萬元劃頭銀元匯劃銀元均在內 ）

月　　別	月　中　交　換　額	月　底　止　本　年　已　交　換　總　額
一　　月	233.7	233.7
二　　月	214.0	447.7
三　　月	235.6	683.3
四　　月	236.9	920.2
五　　月	2 2.5	1,182.7
六　　月	254.9	1,437.6
七　　月	263.7	1,701.3
八　　月	302.3	2 003.6
九　　月	269.7	2,273.3
十　　月	304.9	2,578.2
十一　月	307.3	2,885.5
十二　月	326.6	3,22 .1

資料來源：上海銀行業同業工會聯合準備委員會票據交換所報告。

　　頻數分配縱條形圖者以縱條之高低比較分組頻數表中各組頻數多少之圖也。此圖最適用於非連續數列分配之比較。觀第七圖中各縱條之高低卽可知各種利率所佔之百分比。

　　以上所舉之六圖及下面第七圖係條形圖中之最通行者。茲就繪製條形圖時應注意之點擇其最重要者略述於下：

　　（一）橫條形圖上須附以度點及指線。區分尺度之小點名曰度點。指示度點之直線名曰指線。度點通常置於最上一橫條之上端 指線自上而下平行，度點所用之單位須書明圖上，縱條形圖之度點通常置於左端。

(二)圖中各條若非同屬一種,或條中分成細段,則各條或各段所代
表之種類須在圖上註明。

(三)圖中所用數字之排列自下而上或自左而右。

(四)橫條之起點須在同一縱線之上,縱條之起點須在同一橫線之
上。

(五)各條之寬度須相等,各條間須有相等之間隔。

第七圖　美國威士康辛州丹村農業押款利率比較圖

(依各種利率成交之押款額在押款總額中所佔之百分比)

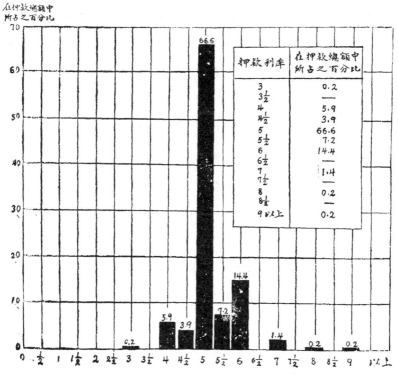

押款利率	在押款總額中所占之百分比
3	0.2
3½	—
4	5.9
4½	3.9
5	66.6
5½	7.2
6	14.4
6½	—
7½	1.4
8	0.2
8½	—
9以上	0.2

〔註〕　上圖自美人席陸姆氏之統計方法轉載。

第四節　統計地圖，面積圖及體積圖

　　統計地圖者乃表示統計事項在空間的分配最簡單且最有效之統計圖也。如欲表示我國各省人口之密度，各省米茶絲產量之分配狀況，各國重要農工礦業產量之比較，均適用此種統計地圖。

　　統計地圖有彩色統計地圖，交叉線統計地圖與點式統計地圖三種。用數種顏色或一種深淺不同之顏色表示統計事項之分配狀況者名曰彩色統計地圖。用數種形式不同之交叉線表示統計事項之分配狀況者名曰交叉線統計地圖。用數量不同或粗細不等之小點表示統計事項之分配狀況者名曰點式統計地圖。彩色統計地圖印費最大，故普通統計機關所發行之統計地圖爲交叉線統計地圖與點式統計地圖二種。

　　點式統計地圖又可分爲單點統計地圖，密點統計地圖與四分點統計地圖三種。單點統計地圖上每區祇有一點，點之大小不一，數量多者用大點，少者用小點，以點之大小表示數量之多少。密點統計地圖上之點則反是，各點之大小相等，但各區之點數不一，以點數之疏密表示數量之多少。至於四分點統計地圖則介於前二者之間，所用之點雖不一致，然其種類有限不若單點統計地圖之參差不齊，各區內所用點數雖有不止一點者，然究不若密點統計地圖之密。四分點統計地圖所用之點共有五種；例如比較各地產米之量，吾人可用下列形式略異之五點表示產量之多少：

　　○　一萬石以下

　　◑　一萬石以上二萬石以下

◑　二萬石以上三萬石以下

◕　三萬石以上四萬石以下

●　四萬石以上五萬石以下

　　觀上列各點則四分點之意義自明。由四分點統計地圖估計數量之多少較其他二種點式統計地圖爲易，蓋依上列之標準某地之區域內若有下列三點

●　　　　◐　　　　◑

即可知該地產米之量在十二萬石與十三萬石之間。

　　面積有長寬二邊,體積有長寬高三邊,均不便於比較,故面積圖與體積圖在原則上均當避用；惟面積圖中之圓形圖已成爲吾人習見之統計圖,尚適用於簡單之比較,例如捐稅與生活費之分析均可用圓形圖表示。其他如正方形圖與矩形圖則用者甚少。

　　圓形圖者以圓分成數部而以各部之大小比較統計事項之分配狀況者也。其繪製之步驟如下：

　　(一)求各項在總數中所佔之百分比。

　　(二)以各部之百分比乘 360° 得各部在圓內應佔有之度數。

　　(三)過圓心引若干界線依照求得之角度分全圓爲若干部。

　　(四)各部之區分或僅用界線，或界線以外更用各種顏色或交叉線以示區別。

　　(五)各部內須書各項之名稱及其百分比,但不書角度,蓋角度爲製圖之助而非爲讀者所欲知也。

　　茲就上海市社會局在民國十八年四月至十九年三月之一年中，調

查上海工人三百零五家之生活費用所得之結果繪製圓形圖如下：

第八圖　上海工人家庭生活費用百分比分配圖
（民國十八年四月至十九年三月）

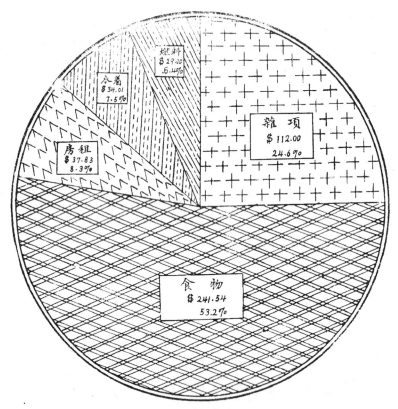

燃料
$ 29.00
.6.4%

衣着
$ 34.01
7.5%

房租
$ 37.83
8.3%

雜項
$ 112.00
24.6%

食物
$ 241.54
53.2%

［註］　資料來源：上海市工人生活費指數（民國十五年至二十年）。

　　體積圖有立方圖球形圖與像形圖之別。所謂像形圖乃以實體之形
像比較統計事項之圖也。例如以大小不同之二軍人描寫兩國陸軍軍力
之厚薄；或以一大戰艦與一小兵船表示兩國海軍力之懸殊，皆像形圖之
例也。像形圖較其他體積圖更不便於比較，故除宣傳或廣告外鮮有用之
者。

第五節　線圖

線圖者以曲線之升降表示統計事項變動之圖也。線圖不僅說明事實，且能供分析之用，故其應用最廣。時間數列之變動及頻數分配之狀況均可用線圖表示。對於科學管理之研究及經濟問題之探討尤爲不可缺少之工具。

用兩種尺度以表統計材料之分配爲線圖之特點。繪製線圖時在圖上先引互爲垂直之直線二，在此二直線之上各有其尺度，橫線上之尺度名曰橫尺度，縱線上之尺度名曰縱尺度，而橫線與縱線通常稱爲 x 軸與 y 軸。平面上任何一點在橫尺度上所測之數量爲該點之橫坐標，其在縱尺度上所測之數量則爲其縱坐標，故各點均各有其在兩種尺度上所測之數量。聯接各點而成之線名曰曲線；其升降起伏卽可以測知統計事項變動之狀況。

線圖得依其所表示之統計資料而分爲歷史線圖與頻數線圖二種。表示時間數列變動狀況之線圖名曰歷史線圖。表示頻數分配情形之線圖名曰頻數線圖。前者以時間爲橫坐標，數量爲縱坐標；而後者則以分組爲橫坐標，頻數爲縱坐標。

線圖又可依縱尺度上分隔之標準而分爲算術圖與單對數圖二種。縱尺度上相等之距離可代表相等之數量或相等之倍數；依前之標準而成之圖名曰算術圖，依後之標準而成之圖名曰單對數圖或比例圖。所謂單對數者乃半用算術標準（橫尺度）半用對數標準（縱尺度）之謂也。（但亦有在橫尺度上用對數標準而在縱尺度上用算術標準者。若在縱橫尺

度上俱用對數標準則名曰雙對數圖，惟用者甚少。)

　　線圖之形式亦可作爲線圖分類之標準。連接各點而成之折線名曰角曲線；修去角曲線之角而成之光滑曲線名曰修勻曲線。

　　歷史線圖有簡單與累積之別。前者比較各時期內簡單數量之變動（第九圖），後者則表示各時期末累積之數量。

　　　　第九圖　　民國十一年至二十年我國出口總值消長圖

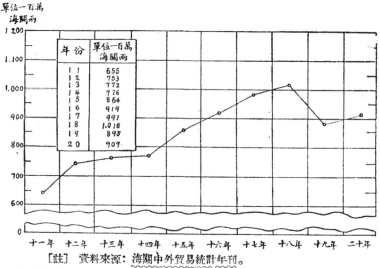

單位一百萬，海關兩

年份	單位一百萬海關兩
11	655
12	753
13	772
14	776
15	864
16	919
17	991
18	1,016
19	895
20	909

十一年　十二年　十三年　十四年　十五年　十六年　十七年　十八年　十九年　二十年

　　〔註〕　資料來源：海關中外貿易統計年刊。

若歷史線圖上有兩種曲線，而兩種數列之平均數又相差甚大，則在縱線上可用兩種尺度以便比較（兩種尺度分置於左右兩端）。例如一國之輸出總值約五倍於其輸入總值，則在同一圖上可以代表輸入值一百萬元之距離代表五百萬元之輸出值；若是，則二曲線之距離不遠，而其起伏卽易於比較矣。

　　歷史曲線修勻之目的乃欲免除不規則之變動而使統計事項得有確實之表現，由是更得用爲插補之助，或決定長期之趨勢（參看第十一章）

但歷史曲線亦非一致,有除長期趨勢外別無其他顯著之變動者,亦有起
伏甚多者,前者適於插補,而後者則否。普通人口統計之曲線爲前一種
之曲線,故插補之結果較爲可恃。例如每十年清查人口一次,則兩清查
時期間各年之人口可用插補法估計;其法,即先在橫線上自估計之年引
一直線與 y 軸平行,此直線與修勻曲線相交於一點,此線之縱坐標即爲
估計之人口。

　頻數分配之狀況可用縱條形圖或線圖表示。第十圖中之曲線B即
表示頻數分配之曲線也。此曲線乃由各點連接而成,各點之橫坐標爲各
組之中點,而其縱坐標則爲各組之頻數,此曲線與最小組之下限及最大
組之上限連接則成一多邊形,此即所謂頻數多邊形是也。若於每組之上

第十圖　1917年美國威士康辛州新娘年齡分配圖

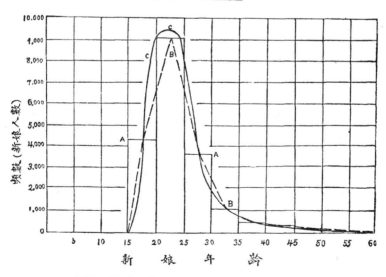

〔註〕　參看第十表。

畫一矩形,(組矩爲底,頻數爲高。) 則此無數矩形之高低亦可用以比較頻數之分配。此種統計圖名曰直方圖,如第十圖中A。直方圖可視爲縱條形圖之一種,亦可作爲繪製修勻曲線之初步。

第十表　1917年美國威士康辛州新娘年齡分配表

新　娘　年　齡	新　娘　人　數
15——19	4,292
20——24	9,121
25——29	3,568
30——34	1,144
35——39	488
40——44	321
45——49	245
50——54	118
55——59	80
60——79	67
年齡不明者	80

[註一]　上表自美人席陸姆氏之統計方法轉載。

[註二]　新娘之年齡可有兩種假定:第一種之假定爲上次生日時之年齡,第二種之假定爲用四捨五入法計算而得之年齡,第十圖係根據前一種假定而作,否則橫線上之組限應改爲 14.5, 19.5, 24.5……。

[註三]　60——79一組之組距四倍於其他各組,若亦欲在圖上表示,則應以其頻數四分之一爲其矩形之高。

第十圖中之C乃將角曲線B修勻而得。頻數曲線修勻之目的有二:

(一)估計各組內之頻數分配。

(二)修去偶由抽樣而得之不規則現象,使全體之確實分配狀況得以表現。

　　然欲達上述之目的必須修勻得當；若隨便修勻－無標準，則修勻曲線之位置必難適當。威斯脫教授在其所著之數學統計導論中曾有下列之建議，可作爲頻數曲線之修勻規則：

　　(一)在修勻曲線下之面積應與直方圖各矩形面積之和相等。

　　(二)各組上由修勻曲線之一部與兩組限上之二縱線所包圍之面積在可能範圍內須使與原矩形之面積相等。

　　(三)修勻曲線之轉折務須和緩。

　　修勻曲線與角曲線之最高點應否一致？應否有高低之別？修勻曲線時亦不可不予以充分之考慮。通常修勻曲線之最高點應在角曲線之上（參看第十圖）。何則？吾人已知估計各組內之頻數分配，爲修勻頻數曲線目的之一。所謂頻數分配並非謂變量之各數值應有之實際頻數，吾人所欲求者乃其比例頻數；蓋修勻曲線所以表示全體之頻數分配狀況而非抽查樣本之頻數分配狀況。當吾人繪製各組上之矩形時吾人先假定各組內之頻數分配完全勻稱；但普通各組內之頻數分配必集中於一點。在對稱之分配中中央組內中間之頻數必多於其兩端，故修勻曲線之最高點應在角曲線之上。雖然，若最高之矩形高出於其他矩形之上非常之多而此非常狀態大約由於標本選擇之失當，則修勻曲線之最高點自應在角曲線之下。

　　頻數曲線圖上之曲線同時可有多種。曲線之起伏卽可用以比較其頻數分配之狀況。但若其頻數之多寡相差懸殊，則其比較不顯。反之，若以各組之頻數化成百分比（各組之頻數在其總頻數中所佔之百分比）而以之繪成曲線，則各組百分比之和旣均等於 100％，而其曲線之升降自

亦便於比較矣。

　　頻數曲線亦有簡單與累積之別。以各組之簡單頻數為縱坐標而成之曲線名曰簡單頻數曲線，第十圖中之曲線B即其例也。以各組之累積頻數為縱坐標而成之曲線名曰累積頻數曲線。累積頻數曲線可用以估計中位數，四分位數，十分位數與百分位數之數值（參看第四章）。

　　累積頻數曲線又有向上累積與向下累積之別。向上與向下之意義前於累積頻數表中已言之矣。向上累積曲線以各組之上限為橫坐標（第十一圖A），向下累積曲線以各組之下限為橫坐標（第十一圖B），此亦為繪製累積曲線時所當注意也。

第十一圖　　累積頻數曲線圖

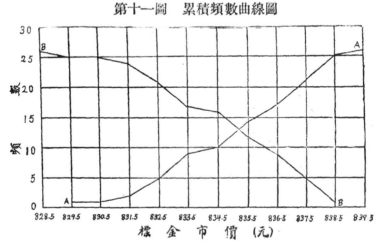

　　〔註〕　參看第五第六表。

　　若統計事項之變動在吾人研究時期之前後兩期中相差甚大，則其變動之確實狀況不能在算術圖上顯示。茲假定前後兩期中某變量之各數值如下：

前　　期　第一年　　10

第二年　　15

第三年　　20

第四年　　25

————————

後　　期　第一年　　100

第二年　　150

第三年　　200

第四年　　250

————————

若用算術尺度(第十二圖)，則吾人將疑前期之變動甚微，後期之變動甚烈；但實際上後期中變量之各數值適十倍於前期中變量之各數值，故其變動完全一致，與第十二圖上所顯示者完全相反。反之，若用對數尺度，則其實際狀況完全能顯示於圖上；蓋前例中各數若用對數求之，則得：

前　　期　第一年　$\log 10 = 1$

第二年　$\log 15 = 1.176$

第三年　$\log 20 = 1.301$

第四年　$\log 25 = 1.398$

————————

後　　期　第一年　$\log 100 = 2$

第二年　$\log 150 = 2.176$

第三年　$\log 200 = 2.301$

第四年　$\log 250 = 2.398$

————————

前期中前後兩年對數之差與後期中前後兩年對數之差完全相同，故圖

中之縱尺度若以對數爲標準，則前後兩期曲線之起伏卽完全一致（第十三圖），此單對數圖優於算術圖之點也。

第十二圖　　算術圖

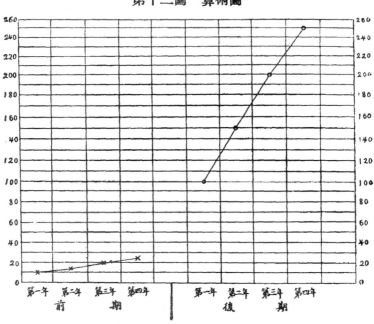

對數相差之數卽爲實際數量相比之數，縱尺度上相等之距離卽代表實際數量相等之倍數，故欲知各年之增加率並欲知其實際數量則不可不應用單對數圖，單對數圖又可用以比較大小相差懸殊之數種數列。

雖然，單對數圖普通人不易了解，此則其缺點也。茲就解釋單對數圖應注意各點列舉之如下：

(一)單對數圖之橫尺度爲算術尺度，縱尺度爲對數尺度，換言之，卽爲 x 與 log y。（但亦有橫尺度爲對數尺度縱尺度爲算術尺度者，換言之，卽爲 y 與 log x）。

(二)算術圖有零線而單對數圖則否。

(三)若曲線上升或下降而幾與直線平行，則所代表之統計事項增加率或減少率幾相等。

(四)若曲線離直線而向上彎曲則其增加率增大；反之，若向下彎曲則其增加率減少。

(五)在縱尺度上相等之距離表示相等之比例或相等之倍數。

(六)若曲線一部之方向與其他一部同，則此二部變動之百分比亦同；反之，若此二部之斜度不等，則斜度較大之部其變動之百分率亦較速。

(七)若吾人祇欲知數種曲線之相對變動而不問其絕對數量，則此數種曲線可任意上下移動使其互相接近以便比較。

第十三圖　單對數圖

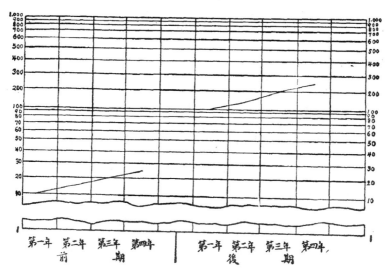

第六節　作圖規則

雖然，統計圖繪製若不得法，亦足蒙蔽統計事項之真相，故製圖者不可不謹慎從事。曩年美國統計學會，工程師學會等各學術團體有鑒於斯，特合組一委員會討論統一作圖之法。其結果共得規則十七條，茲譯述如下：

（一）作圖應自左而右。

（二）數量宜以直線表示，勿用面積或體積，蓋面積體積容　令人發生謬誤之印象。

（三）繪畫曲線之時，宜慎選其縱尺度，俾零線亦能畫入。

（四）如其縱尺度決不能將零線畫入之時，則可在圖之下部留一空白斷面，俾零線仍能畫在斷面之下。

（五）無論縱橫尺度，零線應稍闊　俾與其他格線分別。

（六）曲線之表示百分數者，其百分之100或其他標準值之線應特別分明。

（七）如其橫尺度為日期而時期又不成一完全單位者，其第一第末兩線以不分明為善，蓋本無始末之意。

（八）曲線如畫在對數圖上，其對數尺度之界線均須為十之方數。（但據李格爾孟氏之說，如其十分不便，此條亦可不必拘泥）。

（九）圖上格線原為醒目之用，其不必要者一概不必畫入。

（十）所畫曲線應與格線特別分明。

（十一）如其曲線表示若干觀察值，其代表觀察值之各點以分別標

出爲善。

(十二)橫尺度自左而右,縱尺度自下而上。

(十三)尺度上數字應列在左方與下方,或沿縱橫二軸。

(十四)曲線所代表之數字或公式,宜一併列在圖上。

(十五)統計數字如不列在圖上,則作爲附表亦可。

(十六)圖上一切文字數字須向下或向右,俾從下方或右方讀去,可以一目了然。(例如 A B C,如其不能如此寫法,亦可書作 ABC, 但不能書作 ABC)

(十七)圖之標題愈清楚完全者愈佳。有時爲明白起見,尚須加小標題或其他說明。

第四章 平均數

第一節 平均數之意義與種類

頻數分配表較之未經整理之統計資料固已稍勝，然僅有頻數分配表猶不便於比較。例如學生二級，吾人若欲比較其成績之優劣，則於分配表以外猶不可不各求一代表的成績以爲比較之根據；（有時雖可用總數比較兩級學生之成績，然若學生人數不等，則此種比較卽無意義）。然所謂代表的成績決非最好的學生，亦非最劣的學生，乃通常的學生平均的成績，換言之，卽平均數之問題也。

故平均數者非異常之事項，乃通常之事項，非極端的現象，乃中心的現象。平均數代表性之多寡卽視全體事項集中之程度而定。故在頻數分配之中最集中之一點，實爲最適宜之代表，換言之，卽頻數最多之數值也。此項數值名曰衆數。若就頻數曲線而言，則衆數之地位卽在 X 軸上縱坐標最高之一點；但在時間數列，則曲線最高之點卻爲異常之狀態而非衆數，讀者幸勿混爲一談。

衆數雖可爲一數列之代表，然此數列之代表未必一定用衆數。人民代表選擇之標準不一，數列之代表亦然，故上述衆數僅爲代表數列平均數之一種。

吾人若就統計事項依其大小之次序排列，則其中間之一項亦可作爲全部之代表，是曰中位數，例如一級學生共有九人，其分數依次排列如

下：

50　55　60　64　68　72　75　78　85

其中間之數爲 68, 是即中位數也。設項數爲偶數，則中間有二數，此二數相加之半即爲中位數。

　吾人若以數列之各項相加而以項數除之，則求得之商亦可爲全部之代表，是曰算術平均數；通常所謂平均數即指此也。試就前例而言，則學生九人之總分數爲 607，而算術平均數即爲其九分之一即 67。

　此外尚有幾何平均數與倒數平均數亦爲統計上通用之平均數。設一數列由 n 項組成，則此 n 項乘積之 n 方根即爲此數列之幾何平均數。若取各項之倒數而求其算術平均數，則此算術平均數之倒數即爲倒數平均數。

　衆數，中位數，算術平均數，幾何平均數與倒數平均數，爲統計學上通用之五種平均數。其計算方法分別詳論於以下五節。

第二節　算術平均數

以數列之項數除其總和即得算術平均數，故其計算公式如下：

$$\bar{x} = \frac{1}{n}\sum_{k=1}^{k=n} X_k \tag{1}$$

$\bar{x}$　算術平均數。

n　項數。

X_k　變量之數值。

Σ　總和之記號，讀如 Sigma。

$$\sum_{k=1}^{k=n} X_k = X_1 + X_2 + X_3 + X_4 + \cdots\cdots + X_n$$

公式(1)通常縮寫如次：

$$\bar{x} = \frac{\sum X}{n} \qquad\qquad (1')$$

　　例如民國二十二年八月三十日上海金業交易所所開標金行市如第十一表所示，設今欲求其算術平均數，則$\sum X$即為各種行市之總和，而n即為所開行市之次數。

第十一表　　民國二十二年八月三十日上海金業交易所

所開標金行市表（單位元）

839.00	836.80	836.20	830.80
835.80	834.80	830.50	825.50
837.30	837.20	832.20	828.00
833.50	834.00	828.60	825.70

應用公式(1')，得：

$$\bar{x} = \frac{\sum X}{n} = \frac{13325.90}{16} = 832.8\frac{11}{16}$$

　　上例中之各種標金行市有大於平均數者，有小於平均數者，此大於或小於平均數之差量統計學上謂之離中差。依數學原理若平均數為算術平均數，則各項離中差之總和等於零（證明參看附錄甲１）即：

$$\sum (X - x) = 0 \qquad\qquad (2)$$

X　　　變量之數值。

$\bar{x}$　　　算術平均數。

試就上例中各項離中差作表如下：

第十二表　離中差計算表

標 金 行 市 （元）	離　　中　　差	
	＋	－
839.00	$6.1\frac{5}{16}$	
835.80	$2.9\frac{5}{16}$	
837.30	$4.4\frac{5}{16}$	
833.50	$0.6\frac{5}{16}$	
836.80	$3.9\frac{5}{16}$	
834.80	$1.9\frac{5}{16}$	
837.20	$4.3\frac{5}{16}$	
834.00	$1.1\frac{5}{16}$	
836.20	$3.3\frac{5}{16}$	
830.50		$2.3\frac{11}{16}$
832.20		$0.6\frac{11}{16}$
828.60		$4.2\frac{11}{16}$
830.80		$2.0\frac{11}{16}$
825.50		$7.3\frac{11}{16}$
828.00		$4.8\frac{11}{16}$
825.70		$7.1\frac{11}{16}$
	$28.7\frac{13}{16}$	$28.7\frac{13}{16}$

$$28.7\frac{13}{16}-28.7\frac{13}{16}=0$$

數列之各項若數值甚大而相差甚微，則可先設一假定平均數以計算各項對此假定平均數之離中差，求其總和，然後乃可決定此假定平均

數與眞正平均數二者之差額；蓋此二者之差額卽各項對於假定平均數所有離中差之平均數也。由是求得算術平均數之法名曰簡捷法,其計算公式如下：

$$\bar{x} = \bar{x}' + \frac{\sum (X - \bar{x}')}{n} \qquad (3)（證明參看附錄甲2）$$

$\bar{x}$　算術平均數。

$\bar{x}'$　假定平均數。

X　變量之數值。

n　項數。

上例中標金行市均在 830 元左右，故可應用簡捷法以求算術平均數。今卽以830元爲假定平均數並作下表以計算各項對於假定平均數離中差之總和。

第十三表　應用簡捷法求算術平均數

標 金 行 市（元） X	$x' = X - \bar{x}'$	
	+	−
839.00	9.00	
835.80	5.80	
837.30	7 30	
833.50	3.50	
836.80	6.80	
834.80	4.80	
837.20	7.20	
834 00	4.00	
836.20	6.20	
830.50	0.50	
832.20	2.20	
828.60		1 40
830.80	0.80	
825.50		4.50
828.00		2.00
825.70		4.30
$\bar{x}' = 830$	58.10	12.20

$$58.10-12.20=45.90$$

代入公式(3), 得:

$$\bar{x}=830+\frac{45.90}{16}=832.8\frac{11}{16}$$

若統計資料已製成頻數表, 則算術平均數可自下列公式求得:

普通法:
$$\bar{x}=\frac{\Sigma(fX)}{\Sigma f} \tag{4}$$

簡捷法:
$$\bar{x}=\bar{x}'+\frac{\Sigma(fx')}{\Sigma f} \tag{5}$$

$\bar{x}$　　算術平均數。

$\bar{x}'$　　假定平均數。

X　　變量之數值。

x'　　各項與假定平均數之差。

f　　頻數。

例如民國十九, 二十兩年上海香煙 (金鼠牌) 每月平均每盒零售價已製成頻數表如下:

第十四表　　民國十九, 二十兩年上海香煙 (金鼠牌) 每月平均價表

每盒零售價(元)	頻　　　　數
0.045	1
0.046	2
0.047	2
0.049	2
0.050	4
0.052	1
0.055	7
0.056	3
0.057	2

[註]　資料來源: 上海市工人生活費指數 (民國十五年至二十年)

茲由上表計算算術平均數如下：

第十五表　　由頻數表求算術平均數（普通法與簡捷法之比較）

X	f	普通法	簡	捷	法
		fX	x′＝X－x̄′ (x̄′＝0.050)	fx′	
				＋	－
$ 0.045	1	0.045	－0.005		0.005
0.046	2	0.092	－0.004		0.008
0.047	2	0.094	－0.003		0.006
0.049	2	0.098	－0.001		0.002
0.050	4	0.200	0		
0.052	1	0.052	＋0.002	0.002	
0.055	7	0.385	＋0.005	0.035	
0.056	3	0.168	＋0.006	0.018	
0.057	2	0.114	＋0.007	0.014	
	24	1.248		0.069	0.021

$$0.069 - 0.021 = 0.048$$

普通法：
$$\bar{x} = \frac{1.248}{24} = 0.052$$

簡捷法：
$$\bar{x} = 0.050 + \frac{0.048}{24} = 0.052$$

若統計資料大部均祇每種一次，則由頻數表求算術平均數計算仍不能稍簡；但若以之製成分組頻數表，則每組頻數較多，而計算亦可較簡，惟由是求得之算術平均數與直接求得者略有差異，組距愈大則計算愈簡而相差亦愈大。由分組頻數表求算術平均數之公式如下：

普通法：
$$\bar{x} = \frac{\Sigma(f\bar{m})}{\Sigma f} \tag{6}$$

簡捷法：
$$\bar{x} = \bar{x}' + \frac{\Sigma[f(\bar{m} - \bar{x}')]}{\Sigma f} \tag{7}$$

$\bar{x}$　算術平均數。

$\bar{x}'$　假定平均數。

$\bar{m}$　組中點。

f　頻數。

茲應用以上兩法計算下表中玉蜀黍稈之平均高度：

第十六表　由分組頻數表求算術平均數

（普通法與簡捷法之比較）

玉蜀黍稈之高度(英尺)	稈　數 f	普　通　法		簡　捷　法		
		$\bar{m}$	$f\bar{m}$	$\bar{m}-\bar{x}'$ $(\bar{x}'=6.5)$	$f(\bar{m}-\bar{x}')$	
					+	−
3——4	3	3.5	10.5	−3		9
4——5	7	4.5	31.5	−2		14
5——6	22	5.5	121.0	−1		22
6——7	60	6.5	390.0	0		
7——8	85	7.5	637.5	+1	85	
8——9	32	8.5	272.0	+2	64	
9——10	8	9.5	76.0	+3	24	
	217		1538.5		173	45

[註]　資料來源：金氏所著之統計方法。

$$173-45=128$$

應用公式（6），得：　　　$\bar{x}=\dfrac{1538.5}{217}=7.0\dfrac{195}{217}$

應用公式（7），得：　　　$\bar{x}=6.5+\dfrac{128}{217}=7.0\dfrac{195}{217}$

應用公式（7）求算術平均數較之公式（6）簡捷多矣；但本例組距為一，故計算甚為便利，若組距不為一，或大於一，或小於一，而頻數過多，則計算猶難敏捷，下之公式即為此而闢之捷徑也。

$$\bar{x} = \bar{x}' + \frac{\Sigma(fd')}{\Sigma f} \times i \qquad\qquad (8)$$

$\bar{x}$　　算術平均數。

$\bar{x}'$　　假定平均數(須爲任何一組之中點)。

d'　　各組與假定平均數所在組相差之組數。

f　　頻數。

i　　組距。

公式(8)較難了解,茲述其運算之步驟如下:

(一)擇適中一組之中點爲假定平均數。

(二)將其上下各組表示其離中差 d',以組距爲單位,換言之,即以
　　　假定平均數所在之一組離中差爲零,其下一組爲－1,其上一
　　　組爲＋1,餘類推。

(三)以各組之離中差與其頻數相乘,列於 fd' 行下。

(四)就 fd' 行下各乘積求其總和。

(五)所得結果先以組距乘之,更以項數 n (即Σf)除所得之積, 是
　　　即算術平均數與假定平均數相差之數。

(六)以此相差之數與假定平均數相加即得真正算術平均數。

茲舉一例以示公式(8)之應用,並與公式(7)對照以資比較。

第十七表　由分組頻數表用簡捷法求算術平均數

（第一簡捷法與第二簡捷法之比較）

工資 (G)	工人人數 (f)	第一簡捷法 中點 ($\bar{m}$)	$\bar{m}-\bar{x}'$ ($\bar{x}'=52.5$)	$f(\bar{m}-\bar{x}')$ +	$f(\bar{m}-\bar{x}')$ −	第二簡捷法 d′	f d′ +	f d′ −
$ 0——$ 15	156	7.5	−45		7020	−3		468
15—— 30	233	22.5	−30		6990	−2		466
30—— 45	435	37.5	−15		6525	−1		435
45—— 60	455	52.5	0			0		
60—— 75	305	67.5	15	4575		1	305	
75—— 90	15	82.5	30	450		2	30	
90—— 105	1	97.5	45	45		3	3	
	1600			5070	20535		338	1369

〔註〕 上表中統計採自美國勞工統計局所編之鋼鐵業工人之工資與工作時期：工資數目係指十六日所得工資而言。

$$5070-20535=-15465$$

$$338-1369=-1031$$

應用公式（7），得：　$\bar{x}=52.5-\frac{15465}{1600}=42.83$

應用公式（8），得：　$\bar{x}=52.5-\frac{1031\times15}{1600}=52.5-\frac{15465}{1600}=42.83$

分組頻數表組距若不相等，則應用公式(8)以求算術平均數時須注意 d′ 之數值(求法參看附錄甲 3)。

由分組頻數表計算算術平均數尚有累積頻數法可資應用，其計算之程序如下：

(一)將各組由大而小，或由小而大，順次排列。

(二)求各組之累積頻數。

（三）如其各組排列係由大而小，則以最小組下一組之中點爲假定平均數；如其各組排列係由小而大，則以最大組上一組之中點爲假定平均數。依下列公式計算卽得。各組排列若由大而小，則取正號；若由小而大，則取負號。

$$\bar{x} = \bar{x}' \pm \frac{i \Sigma f'}{n} \qquad (9)(證明參看附錄甲 4)$$

$\bar{x}$　算術平均數。

$\bar{x}'$　假定平均數。

f'　累積頻數。

n　項數卽頻數之總和。

i　組距。

茲就第十七表中所舉之例依照累積頻數法計算其算術平均數如下：

第十八表　用累積頻數法求算術平均數

工　　資 (G)	工　人　人　數 (f)	累　積　頻　數 (f')
$ 90——105	1	1
75——90	15	16
60——75	305	321
45——60	455	776
30——45	435	1211
15——30	233	1444
0——15	156	1600
	n = 1600	Σf' = 5369

$$\bar{x} = 7.5 + \left(\frac{5369}{1600} - 1\right) \times 15 = 7.5 + 2.3556 \times 15 = 7.5 + 35.33 = 42.83$$

以上所示公式均以數列之各項視爲同等重要，然有時須有輕重之分　設學校新生之入學須經國文數學英文之試驗，若學校當局認此三種

試驗爲同等重要,則求三種試驗之總成績而以三除之卽得平均成績;但若學校當局偏重國文而以數學英文爲比較的不重要，則計算平均成績以前須將各種成績各乘以相當的數值,是曰權數。故算術平均數之中又有單純與加權二種。加權平均數可自下列之公式求得：

$$W.A. = \frac{\sum (WX)}{\sum W} \qquad (10)$$

W. A. 加權平均數。

W　　權數。

X　　變量之數值。

公式(10)與公式(4)相似，故由頻數表求算術平均數之簡捷法均可適用於加權平均數。

兹就1926年美國農部在農業年鑑上所發表之蛋價統計說明加權平均數之計算法於下：

第十九表　加權平均數計算法

月　　份	每 打 蛋 價 (單位分) (X)	五大市場貿易額 (單位千箱) (W)	WX
一　　　月	36.3	906	32887.8
二　　　月	28.9	1070	30923.0
三　　　月	24.1	1741	41958.1
四　　　月	24.8	2086	51732.8
五　　　月	25.2	2261	56977.2
六　　　月	25.7	2015	51785.5
七　　　月	25.7	1386	35620.2
八　　　月	26.4	1081	28538.4
九　　　月	31.5	933	29389.5
十　　　月	36.8	699	25723.2
十 一　月	44.9	581	26086.9
十 二　月	47.6	752	35795.2
		15511	447417.8

〔註〕　資料來源：1926年美國農業年鑑。

應用公式(10)，得：　　　　$\text{W.A.} = \dfrac{447417.8}{15511} = 28.85$

觀上例可見加權之必要；蓋各月蛋價對於平均價格之影響不同，貿易較盛之月其影響較大，貿易較衰之月其影響較小。若不權其輕重而逕求單純算術平均數，則求得之數非眞正一年內之平均價格，卽以一年內雞蛋貿易之總量除其總值不能與此數相等也。

第三節　中位數

中位數之來源以其地位而不以計算，故有人稱之曰地位平均數，統計學中甚爲有用。決定之法亦甚簡易。但已經整理而成分組頻數表者與——枚舉之數列稍有不同。其在——枚舉之數列，祇須將統計事項依數值之大小順次排列而取其中間之一項卽得。若項數爲偶數，則取其中間二項之算術平均數可也。

欲知數列之第幾項爲中位數可應用下之公式：

$$O_M = \frac{n+1}{2} \qquad\qquad (11)$$

O_M　　中位數在數列中之項次

n　　項數

　　［註］　普通統計學書中公式(11)均作 $M = \dfrac{n+1}{2}$，學者常誤以爲由是求得之數
　　　　卽中位數，故本書易以 O_M 以資區別。

試取第十一表中之標金行市依次排列，則中位數卽爲第八項與第九項之和之半。

$$O_M = \frac{n+1}{2} = \frac{16+1}{2} = 8.5$$

8.5介於8與9之間，故取第8與第9二項。

極大極小各項不必一一列舉，祇知某數之下有若干極小項某數之上有若干極大項已足應用。16個標金行市中不滿830元者共有4個，835元以上者共有6個，故僅須將中間6個行情依次列舉如下：

第5項	830.5
第6項	830.8
第7項	832.2
第8項	833.5
第9項	834.0
第10項	834.8

第8項爲833.5，第9項爲834.0，故中位數爲833.75。

由分組頻數表求中位數可先用公式(11)確定第幾項爲中位數；然後用插補法依下之公式計算中位數之數值。

$$M = L + \frac{\frac{n}{2} - l}{f} \times i \qquad \text{(12)(證明參看附錄甲5)}$$

$$M = U - \frac{\frac{n}{2} - u}{f} \times i \qquad \text{(13)}$$

M 中位數。

n 項數。

f 中位數所在組之頻數。

i 組距。

l　　小於中位數各組頻數之和。

u　　大於中位數各組頻數之和。

L　　中位數所在組之下限。

U　　中位數所在組之上限。

頻數表之排列若由小而大則用公式（12）；若由大而小則用公式（13）。

茲就上海市社會局所發表民國元年至十六年上海粳米每擔按月平均價先製分組頻數表，然後應用公式(11)與(12)計算中位數。

第二十表　　民國元年至十六年上海粳米按月平均價頻數分配表

平　均　價	頻　數	累積頻數
$5.25—— 5.75	2	2
5.75—— 6.25	8	10
6.25—— 6.75	30	40
6.75—— 7.25	26	66
7.25—— 7.75	17	83
7.75—— 8.25	12	95
8.25—— 8.75	4	99
8.75—— 9.25	10	109
9.25—— 9.75	9	118
9.75——10.25	9	127
10.25——10.75	12	139
10.75——11.25	7	146
11.25——11.75	9	155
11.75——12.25	8	163
12.25——12.75	4	167
12.75——13.25	5	172
13.25——13.75	1	173
13.75——14.25	0	173
14.25——14.75	2	175
14.75——15.25	2	177
15.25——15.75	5	182
15.75——16.25	1	183
16.25——16.75	5	188
16.75——17.25	1	189
17.25——17.75	2	191
17.75——18.25	1	192

〔註〕　資料來源：上海市社會局社會月刊第一卷第二號。

$$O_M = \frac{n+1}{2} = \frac{192+1}{2} = 96.5$$

觀累積頻數可知中位數在第七組,故

L $= 8.25$

f $= 4$

$l = 95$

i $= 0.5$

n $= 192$

代入公式(12)得:

$$M = 8.25 + \frac{96-95}{4} \times 0.5 = 8.375$$

若頻數表之排列由大而小,則

U $= 8.75$

f $= 4$

u $= 93$

i $= 0.5$

n $= 192$

代入公式(13)得:

$$M = 8.75 - \frac{96-93}{4} \times 0.5 = 8.375$$

時間數列中位數之計算不以時間之先後而以數量之大小為標準,即以各期之數量依照大小之次序排列其中間一項即為中位數。

任何數列之中位數與各項相差絕對值之和為最小(證明參看附錄甲6)。

例如右之數列：　　8　10　11　13　15　16　19　22　26

其中位數 15 與各項相差絕對值之和爲：

$$7+5+4+2+0+1+4+7+11=41$$

試任取其他一項而求其與各項相差絕對值之和則均較 41 爲大，學者可一一試算之。

第四節　四分位數，十分位數及百分位數

中位數分數列爲前後二部，此前後二部又各有其中位數，故一種數列亦可分成相等四部分，此四部分之分界點名曰四分位數。前半部之中位數名曰第一四分位數或下四分位數，後半部之中位數名曰第三四分位數或上四分位數，而第二四分位數即爲全部數列之中位數。統計學上亦有分數列爲十等分或一百等分者，其分點名曰十分位數或百分位數。

中位數之地位，比較簡單，容易決定，但四分位數及十分位數等，較難確定，統計學家中意見亦不一致，尚無定論。茲舉其較通行之公式如下：

$$O_{Qm} = \frac{m(n+1)}{4} \tag{14}$$

$$O_{Dm} = \frac{m(n+1)}{10} \tag{15}$$

$$O_{Pm} = \frac{m(n+1)}{100} \tag{16}$$

O_{Qm}　　第 m 四分位數在數列中之項次。

O_{Dm}　　第 m 十分位數在數列中之項次。

O_{Pm}　　第 m 百分位數在數列中之項次。

n　　　項數。

確定四分位數十分位數與百分位數在分組頻數表中第幾組後可依

下列公式求其數值：

$$Q_m = L + \frac{\frac{mn}{4} - l}{f} \times i \qquad (17)$$

$$D_m = L + \frac{\frac{mn}{10} - l}{f} \times i \qquad (18)$$

$$P_m = L + \frac{\frac{mn}{100} - l}{f} \times i \qquad \mathbf{(19)}$$

Q_m　第 m 四分位數。

D_m　第 m 十分位數。

P_m　第 m 百分位數。

n　項數。

f　Q_m, D_m 或 P_m 所在組之頻數。

i　組距。

l　小於 Q_m, D_m 或 P_m 各組頻數之和。

L　Q_m, D_m, 或 P_m 所在組之下限。

設就前例而求 Q_1（第一四分位數），Q_3（第三四分位數），D_4（第四十分位數），P_{15}（第十五百分位數），則其計算如下：

（1）求 Q_1

$$O_{Q_1} = \frac{n+1}{4} = \frac{193}{4} = 48\frac{1}{4}$$

$$Q_1 = 6.75 + \frac{48-40}{26} \times 0.5 = 6.75 + \frac{4}{26} = 6.904$$

（2）求 Q_3

$$O_{Q_3} = \frac{3(n+1)}{4} = \frac{579}{4} = 141\frac{3}{4}$$

$$Q_3 = 10.75 + \frac{144-139}{7} \times 0.5 = 11.107$$

（3）求 D_4

$$O_{D_4} = \frac{4(n+1)}{10} = \frac{772}{10} = 77.2$$

$$D_4 = 7.25 + \frac{76.8-66}{17} \times 0.5 = 7.568$$

（4）求 P_{15}

$$O_{P_{15}} = \frac{15(n+1)}{100} = 28.95$$

$$P_{15} = 6.25 + \frac{28.8-10}{30} \times 0.5 = 6.563$$

中位數，四分位數，十分位數與百分位數，亦可由累積頻數圖求得。
茲就中位數之求法（四分位數，十分位數與百分位數之求法可依次類推）
述其程序如下：

(一) 作累積頻數表。

(二) 繪累積頻數曲線圖，並將曲線化爲修勻曲線。

(三) 由 y 軸上頻數之中點引 x 軸之平行線與修勻曲線相交於 P 點。

(四) 過 P 點引 y 軸之平行線交 x 軸於 M 點。

(五) 在 x 軸上量 M 點所代表之數值，此數值卽爲中位數。

茲就前例依上述之程序而求中位數。

第十四圖　由累積頻數圖求中位數

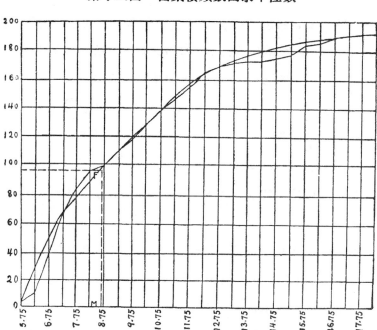

〔註〕　參看第二十表。

量 M 點在 x 軸上之數值約得 8.65, 此即所求之中位數。

第五節　衆數

衆數之觀念最爲易明，例如最普通之工資，最普通之城市，皆所謂衆數。衆數之地位乃頻數曲線下最高之縱線所在底線上之數值也。但眞正衆數不易決定，讀者非俟研究曲線之配合方法後無從入手。吾人通常所用者不過近似的數值，所謂近似衆數者是也。茲述其通用之求法於下：

　(一)衆數之觀念旣爲最普通之數值，故在**分組頻數表中可卽以頻**數最多一組中點爲衆數，是爲**最普通之方法**，請就第十六表說明之。

　表中 7--8 組之頻數爲最大，故可以此組之中點（卽7.5）爲衆數。**但**同一資料增減其組距之大小或變更其組限之位置足以發生不同之結果，故衆數之值似不一定，推考其故，則由於所取項數太少之過。若將項數無限增加則其中遇見最多之數值卽**眞**正之衆數。蓋組距太大，則**但表**大體，而細小之點一概抹殺；組距減小，則實際分配之表現較爲**眞**切，**但**普通之統計事項往往有限，若將組距過於減縮，則每致缺陷不整而無集中對稱之勢矣。

　就統計事項而配以最適合之曲線，則不必增加項數而衆數之值亦可求得，是曰修勻曲線法（參看第三章）。

　(二)**分組頻數表中如有一組頻數最大，則衆數之數值甚易決定；但**若表中不甚整齊，則衆數地位究在何組，頗難斷言。依美國統計學家金維福之說，如遇此等情形，則可用併組法以求之；其法，先自第一組起將每兩組之頻數相加，次則移下一組卽自第二組起將每兩組之頻數相加。若衆數之地位猶未確定，則再行三組相加之法；先自第一組起將每三組之頻數相加，次則移下一組卽自第二組起將每三組之頻數相加，次更移下一組卽自第三組起將每三組之頻數相加。若衆數之地位猶未確定，則再行四組五組相加之法。其合併程序可依此類推。（觀第二十一表）

　第一次併組之時衆數之地位似在十三與十四之間，蓋123在合併頻數中爲最大；但若移下一組卽自第二組起將每兩組之頻數相加，則衆數之地位又似在八與九之間，蓋122在合併頻數中爲最大。衆數之地位旣

第二十一表　併組法

G	f	兩 組 合 併		三 組 合 併		
5	48	} 100				
6	52			} 156		
7	56	} 116	108		168	
8	60		[122]			[178]
9	62	} 122		[182]		
10	60		118		[180]	
11	58	} 114				174
12	56		119	177		
13	63	[123]			179	
14	60		108			171
15	48	} 88		148		
16	40		72		120	
17	32					

[註]　上表自美人金氏所著之統計方法轉載。

未確定,則非再行三組相加之法不可。三組相加之結果,中點爲9一組之頻數均包含在合併頻數最多一項之內,故可確定衆數爲9。

(三)第一法以衆數所在組之中點爲衆數,事甚簡易,但若組距甚大,則衆數之地位究在組中何點,亦當確實決定。例如第十五圖,衆數之地位在 7——8 之一組中;但其左右兩組之面積大不相同,6——7 組之大小遠在 8——9 組之上,故衆數之確實地位當近於7而遠於8。若以組距中點爲衆數不甚恰當。如遇此等情形,統計家以爲衆數之地位受鄰組之影響,故當視其左右兩組之大小而定。下之公式即據此理而成。

$$Z=L+\frac{f_2 i}{f_1+f_2} \qquad (20)$$

Z　衆數。

L　衆數組之下限。

i　組距。

f_1　較衆數組略小一組之頻數。

f_2　較衆數組略大一組之頻數。

第十五圖　玉蜀黍稈之高度

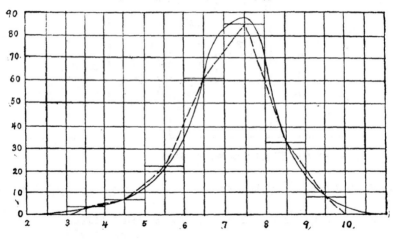

如以玉蜀黍稈一例之事項代入公式(20)，則得：

$$Z=7+\frac{32\times 1}{32+60}=7+\frac{32}{92}=7.35$$

（四）此外皮爾生氏尙有一近似之公式，根於算術平均數與中位數之數值而決定衆數之值，其公式如下：

$$Z=\bar{x}-3(\bar{x}-M) \qquad (21)$$

頻數分配完全對稱之時,算術平均數中位數衆數三者合而爲一。頻數分配如不對稱,則此三者之值各不相同;但頻數分配偏態不甚之時,三者之間恆有一定關係。算術平均數與衆數相距最遠,而中位數與算術平均數之距離約等於算術平均數與衆數距離三分之一（如第十六圖）,卽:

第十六圖　算術平均數中位數與衆數之關係

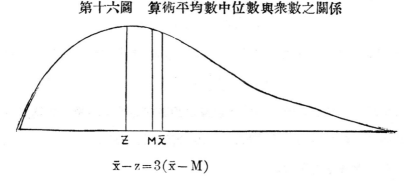

$$\bar{x} - z = 3(\bar{x} - M)$$

移項卽得上式,此皮爾生公式之由來也。但此公式係根於經驗而來(無數理上之根據),非至萬不得已不宜輕用也。

一數列祇有一個算術平均數與中位數,至於衆數則不然,有時一數列可有兩個或三個不同之衆數。例如工資統計,其衆數常不止一個,蓋工人有男工女工與童工之別;通常女工所得之工資較低於男工,而童工所得之工資又較低於女工,故設調查之工資統計中包含此三種工人之工資,則其衆數常有三個:一個代表男工之工資,一個代表女工之工資,一個代表童工之工資。

第六節　幾何平均數

幾何平均數者乃 n 數相乘後開 n 方所得之方根也,其公式如下:

$$G = \sqrt[n]{X_1 X_2 X_3 \cdots\cdots X_n} \tag{22}$$

G　幾何平均數。

n　項數。

X　變量之數值。

例如二,四,八三數,其幾何平均數為

$$G = \sqrt[3]{2 \times 4 \times 8} = \sqrt[3]{64} = 4$$

但實際上幾何平均數之計算須應用對數表,蓋上列之公式可以變為

$$\log G = \frac{1}{n} \sum \log X \tag{23}$$

幾何平均數之對數乃等於各數量之對數之算術平均數,故幾何平均數亦有人稱之曰對數平均數,茲述其計算之程序於下:

A. 求各項之對數。

B. 將各項對數相加。

C. 以項數除 B。

D. 應用對數表求 C 之真數,卽求其反對數。

例如民國十一年木材類市價對稅價之比例若用幾何平均法計算之其平均數為 122.3,算式如下:

第二十二表　　幾何平均數之計算法

品　　　名	市價對稅價之比例 X	log X
平常斫伐木材: 重木	145.5	2 16286
輕木	125.4	2.09830
平常鋸解木材: 重木	114.0	2.05690
輕木	108.6	2.03583
柚木欅木板木段	121.1	2.08314
		10.43703

[註]　資料來源: 貨價調查處民國十一年市價稅價比較表第十頁。

$$\log G = \frac{10.43703}{5} = 2.08741$$

$$\therefore G = 122.3$$

幾何平均數亦可有加權平均數,但在算術平均數以權數乘各項,而在幾何平均數則以權數爲各項之指數, 故得加權幾何平均數之公式如下:

$$\log W. G. = \frac{1}{\sum W} \sum (W \log X) \qquad (24)$$

W. G.　加權幾何平均數。

W　　　權數。

X　　　變量之數值。

幾何平均數在經濟統計上最著之用途乃在物價指數(詳見指數一章)。設今有甲乙丙三物,甲物之價不變,乙物之價今年較去年加倍,丙物之價今年較去年減半,此三者今年平均漲價若干?甲物既不變則其價比仍爲100,乙物加倍則等於200,丙物減半則等於50,設用算術平均數求此三種價比之平均數,則:

$$\bar{x} = \frac{100 + 200 + 50}{3} = 117$$

似較去年爲高,但實際上今年三物之平均物價應與去年相等。故算術平均數不能適用。反之,若用幾何平均數求此三種價比之平均數,則:

$$G = \sqrt[3]{100 \times 200 \times 50} = \sqrt[3]{100^3} = 100$$

適與去年相等,故與事實相符,此幾何平均數之所以較適用於物價指數也。

　　幾何平均數又可用以估計兩時期中間一年之人口。設已知第一期之人口爲 P_1，第二期之人口爲 P_2，而每年之增加率相等，則兩時期中間一年之人口 P_0 卽爲 P_1 與 P_2 之幾何平均數（證明參看附錄甲 7）。

　　例如某城之人口在民國十年爲八十萬，民國二十年爲一百二十五萬，則民國十五年之人口估計之可得一百萬 （假定每年人口之增加率不變），蓋

$$P_0 = \sqrt{P_1 P_2} = \sqrt{800000 \times 1250000} = \sqrt{10^{12}} = 10^6 = 1000000$$

第七節　倒數平均數

　　倒數平均數者各數量倒數之算術平均數之倒數也，其公式如下：

$$\frac{1}{H} = \frac{1}{n} \sum \frac{1}{X} \tag{25}$$

　　H　倒數平均數。

　　n　項數。

　　X　變量之數值。

倒數平均數可依下列之程序計算：

　　A.　求各項之倒數。

　　B.　將各項倒數相加。

　　C.　以項數除 B。

　　D.　求 C 之倒數。

茲就下表中之十數而示倒數平均數之計算法於下：

第二十三表 倒數平均數之計算法

X	$\frac{1}{X}$
48	0.02083
50	0.02000
54	0.01852
56	0.01786
58	0.01724
62	0.01613
64	0.01563
65	0.01538
68	0.01471
72	0.01389
	0.17019

$$\frac{1}{H} = .017019$$

$$H = \frac{1}{.017019} = 58.8$$

倒數平均數之求法已如上述,茲更舉數例以明其用。設一人步行三里,當走第一里時速率爲每小時十里,其走第二里時速率降至每小時六里,其走第三里時速率更降至每小時五里,如用算術平均數求其平均速率,則:

$$\bar{x} = \frac{10+6+5}{3} = 7$$

以此速率行三里之路須費 $\frac{3}{7}$ 小時,即 $25\frac{5}{7}$ 分,但此人行第一里時須一小時之十分之一即 6 分,行第二里時須一小時之六分之一即10分,行第三里時須一小時之五分之一即12分,行此三里之路共須28分,與由算術平均數求得之數不符。反之,若用倒數平均數求此人行此三里路程之平均速率,則:

$$\frac{1}{H} = \frac{1}{3}\left(\frac{1}{10} + \frac{1}{6} + \frac{1}{5}\right) = \frac{7}{45}$$

$$H = \frac{45}{7} = 6\frac{3}{7}$$

以此速率行三里之路須費$\frac{7}{15}$小時卽28分，與事實相符，故此問題適用倒數平均數而不適用算術平均數。又設肉之市價昨日一元可買四斤，今日一元僅能買二斤，如用算術平均數求此二日一元可買肉之平均斤數，則：

$$\bar{x} = \frac{4+2}{2} = 3$$

一元可買肉三斤，則肉每斤之價當爲3角3$\frac{1}{3}$分，但此非昨日與今日之平均肉價，蓋昨日一元可買肉四斤，則肉一斤之價爲二角五分，今日一元可買肉二斤，則肉一斤之價爲五角，故兩日之平均肉價應爲每斤三角七分半，與由算術平均數求得之數不符。反之，若用倒數平均數求其平均斤數，則：

$$\frac{1}{H} = \frac{1}{2}\left(\frac{1}{4} + \frac{1}{2}\right) = \frac{3}{8}$$

$$H = \frac{8}{3}$$

一元可買肉$\frac{8}{3}$斤，則肉每斤之價當爲$\frac{3}{8}$元卽三角七分半，與事實相符，故此問題亦適用倒數平均數而不適用算術平均數。

第八節　各種平均數之比較

各種平均數之數值雖各不相同，但其間之關係亦有可得而言者，茲

請略述如下：

(一)在完全對稱之頻數分配，算術平均數中位數與衆數三者合而
　　爲一。

(二)在偏態不甚之頻數分配，中位數之地位處於算術平均數與衆
　　數之間，中位數與算術平均數之距離約等於算術平均數與衆
　　數距離三分之一(參看公式21)。

(三)任何數量(限於不等於零之正數)之算術平均數必大於其幾何
　　平均數，而幾何平均數又必大於其倒數平均數，但若所有數量
　　各各相等，則此三種平均數合而爲一。

(四)任何二數(限於不等於零之正數)之幾何平均數卽等於其算術
　　平均數與倒數平均數之幾何平均數(證明參看附錄甲8)。例如
　　2 與 8 之倒數平均數爲 $3\frac{1}{5}$，幾何平均數爲 4，算術平均數爲
　　5，而

$$\sqrt{5 \times 3\frac{1}{5}} = \sqrt{16} = 4$$

　　但二數以上者不在此例。

(五)統計事項之離中趨勢如受算術定律之支配，則衆數與中位數
　　往往與算術平均數爲近；反之，若受幾何定律之支配，則衆數
　　與中位數常與幾何平均數爲近。

各種平均數各有其短長，故何種問題當用何種平均數，學者不可不
細細研究，蓋宜於甲者不必宜於乙，差以毫釐謬以千里，不可不愼之又
愼也。茲就各種平均數之特點與其優劣同異之處略述於下：

(一)計算算術平均數時一切項數鉅細不遺均在計算之列，而中位
數與眾數則對於兩極端之數量完全不管；然中位數與眾數亦
略有區別，中位數依地位而定，在兩端加上或減去幾項中位數
亦必受其影響，若在眾數則兩端即加減幾項亦無些微之影響。
至若幾何平均數受極端變量之影響較少，似亦稍勝於算術平
均數也。

(二)統計事項祇有總景與項數時，惟有算術平均數可以應用。例如
僅知我國之人口及每年食米之總量，則須用算術平均數可求
我國每年每人食米之量。

(三)各項若有輕重之別則須加權，若輕重相等則不加權。例如求工
人生活費指數以測物價對於工人生活之影響，則以各種物價
之高低對於工人生活之影響不同，故須加以相當之權數；反
之，若求甲乙丙丁戊五個學校學生人數之平均數，則各學校之
重要相等，故不當加權。

(四)設項數甚少且極散漫並無集中之傾向，則眾數為不適用。例如
一城中人民之財產均不相同，祇有三人有同等之財產為一萬
元，若求眾數，則勢必以萬元為此城之平均財富。就此點而論，
眾數不如中位數，而算術平均數將一切數量都算在內，尤無此
弊。

(五)就決定之難易言，則中位數為最易，近似眾數雖亦甚易決定，
而真正眾數則計算甚繁，算術平均數之決定亦稍難，蓋非計算
不知也。但從他方面論，中位數與眾數之決定非先將一切數量

數之決定爲最易。幾何平均數與倒數平均數計算最繁，幾何平均數之計算尤甚，非應用對數表不可。

(六) 算術平均數，幾何平均數，倒數平均數，三者均由計算而得，故可用數學方法研究之，而中位數與衆數則不能。

(七) 若兩極端之數量不十分清楚，則可用中位數或衆數。衆數對於兩極端數量之項數大小均可不管，而中位數則知其項數已足，數量之大小可不問也；而算術平均數則一切數量均須計算在內，故非將一切數量之項數大小先行調查淸楚不可。

(八) 統計雖不能與數量分離，然有時欲比較人物之心性狀態而無相當之數量可以表示者，則不可不用中位數。

(九) 就普通人了解之難易言，則以算術平均數爲首屈一指，而倒數平均數之意義則最晦澀，故在統計分析上鮮有用之者。

(十) 求時間速率之平均數則必用倒數平均數，物價之以每元幾個或幾斤表示者則亦非用倒數平均數不可。

(十一) 幾何平均數對於等比之變化各與以同等之地位，故計算事物之平均比例非用幾何平均數不可。

本章應用公式：

$$\bar{x} = \frac{1}{n}\sum_{k=1}^{k=n} X_k \tag{1}$$

$$\bar{x} = \frac{\sum X}{n} \tag{1}$$

$$\sum (X - \bar{x}) = 0 \tag{2}$$

$$\bar{x} = \bar{x}' + \frac{\sum (X - \bar{x}')}{n} \tag{3}$$

$$\bar{x} = \frac{\Sigma(fX)}{\Sigma f} \tag{4}$$

$$\bar{x} = \bar{x}' + \frac{\Sigma(fx')}{\Sigma f} \tag{5}$$

$$\bar{x} = \frac{\Sigma(f\bar{m})}{\Sigma f} \tag{6}$$

$$\bar{x} = \bar{x}' + \frac{\Sigma\{f(\bar{m} - \bar{x}')\}}{\Sigma f} \tag{7}$$

$$\bar{x} = \bar{x}' + \frac{\Sigma(fd')}{\Sigma f} \times i \tag{8}$$

$$\bar{x} = \bar{x}' \pm \frac{i\Sigma f'}{n} \tag{9}$$

$$W.A. = \frac{\sum (WX)}{\sum W} \tag{10}$$

$$O_M = \frac{n+1}{2} \tag{11}$$

$$M = L + \frac{\frac{n}{2} - 1}{f} \times i \tag{12}$$

$$M = U - \frac{\frac{n}{2} - u}{f} \times i \tag{13}$$

$$O_{Qm} = \frac{m(n+1)}{4} \tag{14}$$

$$O_{Dm} = \frac{m(n+1)}{10} \tag{15}$$

$$O_{Pm} = \frac{m(n+1)}{100} \tag{16}$$

$$Q_m = L + \frac{\frac{mn}{4} - 1}{f} \times i \tag{17}$$

$$D_m = L + \frac{\frac{mn}{10} - 1}{f} \times i \tag{18}$$

$$P_m = L + \frac{\frac{mn}{100} - 1}{f} \times i \tag{19}$$

$$Z = L + \frac{f_2 i}{f_1 + f_2} \tag{20}$$

$$Z = \bar{x} - 3(\bar{x} - M) \tag{21}$$

$$G = \sqrt[n]{X_1 X X_3 \cdots\cdots X_n} \tag{22}$$

$$\log G = \frac{1}{n} \sum \log X \tag{23}$$

$$\log W.G. = \frac{1}{\sum W} \sum (W \log X) \tag{24}$$

$$\frac{1}{H} = \frac{1}{n} \sum \frac{1}{X} \tag{25}$$

第五章　離中趨勢

第一節　離中趨勢之意義及其測定之方法

　　使統計事項由繁化簡，以便於吾人之比較研究者，是曰頻數分配法。就頻數分配而表示其中心傾向者，是曰平均數。此二點以上各章言之備矣。然僅有平均數，頻數分配之性質，不能謂已窺全豹。平均數之外，尚須有離中趨勢與偏態之測定，方足以明頻數分配之真相。平均數乃表示一切數量中心的性質，而離中趨勢則表示其離中之程度。故平均數之意義，隨離中趨勢之大小而定。離中趨勢大，則平均數之價值小，離中趨勢小，則平均數之價值大。故平均數爲一切數量之代表，而離中趨勢則表示平均數之『非』代表性者也。

　　表示離中趨勢之單位，有用原有事項之單位者，有用抽象的數量者。前者曰絕對離中趨勢或離中差，後者曰相對離中趨勢或離中係數。兩種單位不同之數列，或單位雖同而其平均數相差甚大之兩種數列，僅知其離中差，猶未能比較其離中趨勢之大小。例有甲，乙，丙三個數列，甲之離中差爲三尺五寸，其平均數爲三十五尺，乙之離中差爲四角八分，其平均數爲四十八元，丙之離中差爲四角八分，其平均數爲二十四元。甲與乙，丙之單位不同，故其離中趨勢之大小，無從比較，乙與丙之單位雖同，但其平均數相差太大，仍不能比較其離中趨勢之大小。何則？

四十八元中相差四角八分,與二十四元中相差四角八分,其離中之度迥異。人之身,長於人之鼻。故若二人之身長與鼻長,相差均爲 分,其量離同,而相差之程度則迥殊。故離中差之外,尙須計算離中係數。俾單位不同或平均數相差甚大之數列亦能比較其離中趨勢之大小。離中係數之計算以平均數除離中差卽得。就上述甲,乙,丙三數列而計算其離中係數,則甲爲十分之一,乙爲一百分之一,丙爲五十分之一。故其離中之度,甲最大,丙次之,乙更次之。

平均數之計算有種種,離中差亦然。測定離中差之法,有全距,四分位差,平均差,標準差,相互平均差之別;其定義及計算法,將分別詳論於以下各節。

第二節 全距

以全距之長短,爲分配疏密之標準,乃測定離中差最簡單之一法。所謂全距者,卽最大一項與最小一項二者之差也。統計事項如已組成分組頻數表,則以最小一組之下限與最大一組之上限之距離爲全距可也。

然而全距不甚可恃。何則?全距之大小,祇依極端兩項之數值而定。一二項之增減,足以大變全距之性質(有時不用全距,代以第一十分位數與第九十分位數之差額,以避免極端項之影響)。且兩數列之全距相等而離中之程度不等者有之,離中趨勢相等而全距之長短不等者亦有之。故全距之長短,不足爲測定離中趨勢之正當尺度。

第三節 四分位差

中位數與四分位數之性質，上文已言之矣。利用四分位數以表示離中趨勢之大小者，是曰四分位差。

中位數分全體數量爲二，Q_1 與 Q_3 將中分之二部分，復各分爲二，則Q_1與中位數之間，當有全體數量四分之一，Q_3 與中位數之間，亦有四分之一。故 Q_1 與 Q_3 雖非離中差，然可間接表示離中狀況之一斑。蓋 Q_1 與 Q_3 間必有全體數量之半，然 Q_1 與 Q_3 在底線上之距離則不一定；此距離愈短，則集中之程度愈大，而離中趨勢愈小，就此 Q_1 與 Q_3 之距離折半，卽得四分位差，(Q.D.)其公式如下：

$$Q.D. = \frac{Q_3 - Q_1}{2} \qquad (1)$$

四分位差旣根據 Q_1 與 Q_3 求得，則以 Q_1 與 Q_3 之平均數除 Q.D.，當爲四分位係數，(Q.'D.')其公式如下：

$$Q.'D.' = \frac{Q.D.}{\frac{Q_3 + Q_1}{2}} = \frac{Q_3 - Q_1}{Q_3 + Q_1} \qquad (2)$$

如以底線上 Q_1 與 Q_3 中間之數值爲 m，則全體數量之半，必在 m ± Q.D. 之距離中。譬如在前章玉蜀黍稈一例中，

$$Q_3 = 7.83$$
$$Q_1 = 6.37$$
$$Q.D. = \frac{7.83 - 6.37}{2} = 0.73$$
$$m = 6.37 + 0.73 = 7.10$$

全數量之一半，當在7.10±0.73 之距離中。頻數分配如能完全對稱，則

m 之數值與中位數合一。今玉蜀黍稈之分配稍歪，故此二者之值稍有不同，m等於7.10而中位數則等於7.19。

　　設欲比較玉蜀黍稈之離中趨勢與第二十表中粳米價之離中趨勢，則非各求四分位係數不可。

　　先求玉蜀黍稈之四分位係數：

$$\frac{Q_3 + Q_1}{2} = 7.10$$

$$Q.D. = 0.73 \text{ 英尺}$$

$$\therefore Q.'D.' = \frac{0.73}{7.10} = 0.107$$

次求粳米價之四分位係數：

$$Q_1 = 6.904$$

$$Q_3 = 11.107$$

$$\therefore Q.'D.' = \frac{11.107 - 6.904}{11.107 + 6.904} = \frac{4.203}{18.011} = 0.233$$

$$0.233 > 0.103$$

故粳米價之離中趨勢，較玉蜀黍稈之離中趨勢為大。

第四節　平均差

　　以上兩法，均非離中差，不過用間接方法，以觀察離中之程度而已。真正根據各數量之離中差而測定離中趨勢之大小者有二法：曰平均差，曰標準差。今先述平均差。

　　諸數量之離中差，或過或不及，故其記號或正或負。若此平均數為

算術平均數,則正號諸項之和與負號諸項之和適相抵銷,諸項相加結果爲零(參看平均數一章)。且過猶不及,苟其絕對值相同,其離中之程度亦同,故求平均差時,各項離中差符號之爲正爲負,均可不問,以項數除各項與平均數相差絕對值之和,即得平均差。其公式如下:

$$A.D. = \frac{\Sigma(f\overline{d})}{n} \qquad (3)$$

A.D.　平均差。

n　項數。

f　頻數。

$\overline{d}$　各項與平均數相差之絕對值。

上式中之$\overline{d}$爲各項與平均數相差之絕對值。然平均數有種種,其數值常不相等,究以何者爲宜? 統計家通常用中位數爲計算平均差之標準,蓋中位數與各項相差絕對值之和爲最小(參看平均數一章),故取中位數較爲合理;惟間亦有用算術平均數以計算平均差者。

若平均差之計算,係根據中位數求得,則求平均差係數,自當以中位數除平均差,其公式如下:

$$A.'D.' = \frac{A.D.}{M} \qquad (4)$$

A.'D.'　平均差係數。

A.D.　平均差。

M　中位數。

先以最簡單之一例,說明平均差計算之方法如下:

第二十四表　　平均差之計算法

X	f	$\overline{d}$
3	1	6
6	1	3
9	1	0
13	1	4
14	1	5
	5	18

$$M = 9$$

$$A.\ D. = \frac{18}{5} = 3.6$$

$$A.'\ D.' = \frac{3.6}{9} = 0.4$$

統計事項如已組成分組頻數表，則平均差之計算，稍爲麻煩。吾人計算平均數之時，假定各組中各項皆等於各組之中點。今於平均差之計算，亦復如是，即頻數分配之各組所有各項，皆假定等於各組之中點。但離中差之計算，常有小數，總覺麻繁。故實際計算之時，常用簡捷法。其公式如下：

$$A.\ D. = \frac{i\ \Sigma(f\ \overline{d'}) + (a-b)\ \overline{c}}{n} \qquad (5)$$

（證明參看附錄甲9）

A.D.　　　平均差。

n　　　　項數。

i　　　　組距。

f　　　　頻數。

$\overline{d'}$　　　各組與假定平均數所在組相差組數之絕對值。

$\bar{c}$　改正數,卽中位數與假定平均數相差之絕對值。

b　若中位數大於假定平均數,則 b 爲大於中位數各組頻數之
和;若中位數小於假定平均數,則 b 爲小於中位數各組頻
數之和。

$a=n-b$

茲述簡捷法計算之程序於下:

A　作累積頻數表,並求中位數M。

B　以中位數所在組之中點,作爲假定平均數M'。

C　求各組與中位數所在組相差組數之絕對值 $\overline{d'}$。

D　以各組之頻數 f 與 $\overline{d'}$ 相乘,卽 $f\overline{d'}$,求得之數相加,卽 $\Sigma(f\overline{d'})$。

E　求改正數 $\bar{c}$ 卽 M 與 M' 相差之絕對值。

F　若中位數大於假定平均數,則將大於中位數各組之頻數相加,
卽得 b;若中位數小於假定平均數,則將小於中位數各組之頻數相加,
卽得 b。

G　由項數 n 減去 b,卽得 a。

H　以組距 i 乘 $\Sigma(f\overline{d'})$,再加 a－b 與 $\bar{c}$ 相乘之積。

I　由H所得之結果,以項數 n 除之,卽得平均差。

茲就玉蜀黍程與粳米價,用普通法與簡捷法,比較其離中趨勢,以示
平均差與平均差係數之計算。

第二十五表　　由分組頻數表求平均差(甲)

玉蜀黍秤之高度(英尺) G	秤數 f	累積秤數 f'	普通法 中點($\overline{m}$)	$\overline{d}$	$f\overline{d}$	簡捷法 $\overline{d}'$	$f\overline{d}'$
3——4	3	3	3.5	3.69	11.07	4	12
4——5	7	10	4.5	2.69	18.83	3	21
5——6	22 b	32	5.5	1.69	37.18	2	44
6——7	60	92	6.5	0.69	41.40	1	60
7——8	85	177	7.5	0.31	26.35	0	0
8——9	32 a	209	8.5	1.31	41.92	1	32
9——10	8	217	9.5	2.31	18.48	2	16
	217				195.23		185

$$O_M = \frac{218}{2} = 109$$

$$M = 7 + \frac{108.5 - 92}{85} = 7.19$$

普通法:

$$A.\,D. = \frac{195.23}{217} = 0.90 \,(英尺)$$

簡捷法:

$$M' = 7.50$$

$$\bar{c} = 0.31$$

$$a = 125$$

$$b = 92$$

$$i = 1$$

$$A.\,D. = \frac{185 + 33 \times 0.31}{217} = \frac{195.23}{217} = 0.90 \,(英尺)$$

與由普通法所得之結果相同。

$$A.'\,D.' = \frac{A.\,D.}{M} = \frac{0.90}{7.19} = 0.125$$

第二十六表　由分組頻數表求平均差(乙)

每擔粳米平均價 G	類 數 f	累積頻數 f'		普　　通　　法			簡　捷　法	
				中點($\overline{m}$)	$\overline{d}$	$f\overline{d}$	$\overline{d'}$	$f\overline{d'}$
$ 5.25— 5.75	2		2	5.50	2.875	5.750	6	12
5.75— 6.25	8		10	6.00	2.375	19.000	5	40
6.25— 6.75	30	b	40	6.50	1.875	56.250	4	120
6.75— 7.25	26		66	7.00	1.375	35.750	3	78
7.25— 7.75	17		83	7.50	0.875	14.875	2	34
7.75— 8.25	12		95	8.00	0.375	4.500	1	12
8.25— 8.75	4		99	8.50	0.125	0.500	0	0
8.75— 9.25	10		109	9.00	0.625	6.250	1	10
9.25— 9.75	9		118	9.50	1.125	10.125	2	18
9.75—10.25	9		127	10.00	1.625	14.625	3	27
10.25—10.75	12		139	10.50	2.125	25.500	4	48
10.75—11.25	7		146	11.00	2.625	18.375	5	35
11.25—11.75	9		155	11.50	3.125	28.125	6	54
11.75—12.25	8		163	12.00	3.625	29.000	7	56
12.25—12.75	4		167	12.50	4.125	16.500	8	32
12.75—13.25	5	a	172	13.00	4.625	23.125	9	45
13.25—13.75	1		173	13.50	5.125	5.125	10	10
13.75—14.25	0		173	14.00	5.625	0	11	0
14.25—14.75	2		175	14.50	6.125	12.250	12	24
14.75—15.25	2		177	15.00	6.625	13.250	13	26
15.25—15.75	5		182	15.50	7.125	35.625	14	70
15.75—16.25	1		183	16.00	7.625	7.625	15	15
16.25—16.75	5		188	16.50	8.125	40.625	16	80
16.75—17.25	1		189	17.00	8.625	8.625	17	17
17.25—17.75	2		191	17.50	9.125	18.250	18	36
17.75—18.25	1		192	18.00	9.625	9.625	19	19
						459.250		918

$$O_M = \frac{193}{2} = 96.5$$

$$M = 8.25 + \frac{96 - 95}{4} \times 0.50 = 8.375$$

普通法：　　$$A.D. = \frac{459.25}{192} = 2.39(元)$$

簡捷法：　　$$M' = 8.50$$

$$\bar{c} = 0.125$$

$$a = 97$$

$$b = 95$$

$$i = 0.50$$

$$A.D. = \frac{0.50 \times 918 + 2 \times 0.125}{192} = \frac{459.25}{192} = 2.39 (元)$$

與由普通法所得之結果相同。

$$A'D' = \frac{A.D.}{M} = \frac{2.39}{8.375} = 0.285$$

$$0.285 > 0.125$$

故粳米價之離中趨勢較玉蜀黍稈之離中趨勢爲大。

第五節 標準差

平均差之計算，將正負符號一概不問，此種計算，不免牽強，故皮爾生氏發明一法，以一切離中差自乘，則負號消矣，然後求此等乘方之平均數，但初旣自乘，則結果不得不開方以資還原，是曰標準差。統計學上恆以σ(讀如 sigma)表之。

標準差之計算，常以算術平均數爲中心，蓋標準差之數值，以從算術平均數計算者爲最小(證明參看附錄甲10)。求標準差之公式如下：

$$\sigma = \sqrt{\frac{\Sigma x^2}{n}} \qquad (6)$$

$$\sigma' = \frac{\sigma}{\bar{x}} \qquad (7)$$

σ　標準差。

σ'　標準差係數。

$\bar{x}$　算術平均數。

n　項數。

x　各項與算術平均數之差。

今以一最簡之例，示其計算之方法如下

第二十七表　標準差之計算法

X	f	x	x^2
3	1	—6	36
6	1	—3	9
9	1	0	0
12	1	3	9
15	1	6	36
	5		90

$$\bar{x}=9$$

$$\sigma=\sqrt{\frac{90}{5}}=\sqrt{18}=4.24$$

$$\sigma'=\frac{4.24}{9}=0.471$$

上例中，算術平均數適爲整數，故計算平方時甚爲簡易；但算術平均數乃以項數除總和而得，故普通常帶有小數，若仍以各項與之相減，則其平方之計算，甚爲複雜。故實際計算，常用簡捷法，其公式如下：

$$\sigma=\sqrt{\frac{\Sigma x'^{2}}{n}-c^{2}}\qquad(8)\ (證明參看附錄甲10)$$

σ　標準差。

n　項數。

x'　各項與假定平均數之差。

c　算術平均數與假定平均數之差。

茲就民國元年至二十年我國之輸出值，計算標準差，以示公式(8)之應用：

第二十八表　求標準差之簡捷法

年　　　　份	輸　　出　　值 (單位—千萬海關兩)	x'	x'2
民國元年	37	—29	841
二年	40	—26	676
三年	36	—30	900
四年	42	—24	576
五年	48	—18	324
六年	46	—20	400
七年	49	—17	289
八年	63	— 3	9
九年	54	—12	144
十年	60	— 6	36
十一年	65	— 1	1
十二年	75	9	81
十三年	77	11	121
十四年	78	12	144
十五年	86	20	400
十六年	92	26	676
十七年	99	33	1089
十八年	102	36	1296
十九年	89	23	529
二十年	91	25	625
$\bar{x}=66.45$ $\bar{x'}=66$	1329		9157

$$\sigma = \sqrt{\frac{9157}{20} - 0.45^2} = \sqrt{457.6475} = 21.39 (千萬海關兩)$$

$$\sigma' = \frac{21.39}{66.45} = 0.322$$

若統計事項已組成分組頻數表，則用簡捷法計算標準差，尤為簡捷。其計算之程序如下：

A.　任取一組之中點，作為假定平均數。

B.　就上下各組，以組距為單位，而計算各組對於假定平均數組

之離中差 d'。

C.　求 fd'。

D.　求 fd'^2，即 B 行與 C 行相乘之積。

E.　將 C 行各項相加，得 $\Sigma(fd')$，先以組距 i 乘之，復以項數 n 除之，除得之商，即爲改正數 c（算術平均數與假定平均數之差）。

F.　將 D 行各項相加，得 $\Sigma(fd'^2)$，先以組距 i 之平方乘之，復以項數 n 除之。

G.　由 F 所得之結果，減去改正數 c 之平方。

H.　將 G 所得之結果開方，即爲標準差。

上述之步驟，以公式書之如下：

$$\sigma = \sqrt{\frac{i^2\Sigma(fd'^2)}{n} - c^2} \tag{9}$$

茲仍取玉蜀黍稈與粳米價之例，應用公式(9)計算其標準差與標準差係數，以比較其離中趨勢。

第二十九表　由分組頻數表計算標準差之簡捷法（甲）

玉蜀黍稈之高度(英尺) G	稈數 f	d'	fd'		fd'^2
			—	+	
3——4	3	—4	12		48
4——5	7	—3	21		63
5——6	22	—2	44		88
6——7	60	—1	60		60
7——8	85	0	0		0
8——9	32	1		32	32
9——10	8	2		16	32
	217		—137	48	323

$48 - 137 = -89$

$$c = \frac{-89 \times 1}{217} = -0.41$$

$$\sigma = \sqrt{\frac{1^2 \times 323}{217} - 0.41^2} = \sqrt{1.4885 - 0.1681} = \sqrt{1.3204}$$

$$= 1.15 \text{(英尺)}$$

$$\bar{x}' = 7.50$$

$$\bar{x} = \bar{x}' + c = 7.50 - 0.41 = 7.09$$

$$\sigma' = \frac{1.15}{7.09} = 0.162$$

　　由分組頻數表計算標準差時,假定組中各項均集中於中點,但在實際之分配則不然。組中各項大小不等。且若頻數之分配完全對稱, 或偏態不甚時,在小於平均數各組中較大數值之頻數,多於較小數值之頻數,而在大於平均數各組中較小數值之頻數,多於較大數值之頻數。故若以中點代表全組中各項之數值,則由是求得之標準差,較實際標準差爲大。統計學家薛伯氏據此理由,求得校正標準差之數值如下:

$$\sigma_c = \sqrt{m_2 - \frac{1}{12}i^2} \qquad (10)$$

　　　　(證明參看蒲蘭氏所著之統計學 439 頁註 5)

σ_c　校正標準差。

m_2　公式(9)中方根下之數值。

i　　組距。

上例中　$m_2 = 1.3204$

　　　　$i = 1$

$$\therefore \quad \sigma_c = \sqrt{1.3204 - 0.0833} = \sqrt{1.2371} = 1.11 \text{(英尺)}$$

與未校正時之 σ 相差 .04英尺。至其標準差係數則如下：

$$\sigma'_c = \frac{1.11}{7.09} = 0.157$$

第三十表　　由分組頻數表計算標準差之簡捷法(乙)

每擔粳米平均價 G	頻數 f	d'	fd'		fd'²
			−	＋	
$ 5.25——5.75	2	—10	20		200
5.75——6.25	8	—9	72		648
6.25——6.75	30	—8	240		1920
6.75——7.25	26	—7	182		1274
7.25——7.75	17	—6	102		612
7.75——8.25	12	—5	60		300
8.25——8.75	4	—4	16		64
8.75——9.25	10	—3	30		90
9.25——9.75	9	—2	18		36
9.75——10.25	9	—1	9		9
10.25——10.75	12	0	0		0
10.75——11.25	7	1		7	7
11.25——11.75	9	2		18	36
11.75——12.25	8	3		24	72
12.25——12.75	4	4		16	64
12.75——13.25	5	5		25	125
13.25——13.75	1	6		6	36
13.75——14.25	0	7		0	0
14.25——14.75	2	8		16	128
14.75——15.25	2	9		18	162
15.25——15.75	5	10		50	500
15.75——16.25	1	11		11	121
16.25——16.75	5	12		60	720
16.75——17.25	1	13		13	169
17.25——17.75	2	14		28	392
17.75——18.25	1	15		15	225
	192		—749	307	7910

$$307 - 749 = -442$$

$$c = -\frac{442 \times 0.50}{192} = -1.15$$

[註]　粳米平均價之分配，偏態過甚，本不適用公式(10)，此處僅示其計算之方法而已。

$$\sigma = \sqrt{\frac{0.50^2 \times 7910}{192} - 1.15^2} = \sqrt{10.2995 - 1.3225} = \sqrt{8.9770}$$

$$\sigma_c = \sqrt{m_2 - \frac{1}{12}i^2} = \sqrt{8.9770 - \frac{1}{12} \times 0.50^2} = \sqrt{8.9770 - 0.0208}$$

$$= \sqrt{8.9562} = 2.99(元)$$

$$\bar{x}' = 10.50$$

$$\bar{x} = \bar{x}' + c = 10.50 - 1.15 = 9.35$$

$$\sigma'_c = \frac{2.99}{9.35} = 0.320$$

$$0.320 > 0.157$$

故粳米價之離中趨勢，較玉蜀黍稈之離中趨勢爲大。

上表中之 $\Sigma(fd')$ 與 $\Sigma(fd'^2)$ 可用薛立愛氏校核法稽核其計算之正誤。此法爲薛立愛氏所創，故名。採用薛立愛氏校正法時，須於表中添設三行：一行爲 $d'+1$，一行爲 $(d'+1)^2$，一行爲 $f(d'+1)^2$。茲舉一簡易之例，以示其計算如下：

第三十一表　薛立愛氏校核法

(1) G	(2) f	(3) d'	(4) fd'		(5) fd'^2	(6) d'+1	(7) (d'+1)^2	(8) f(d'+1)^2
			−	+				
5—7	3	−2	6		12	−1	1	3
7—9	4	−1	4		4	0	0	0
9—11	8	0	0		0	1	1	8
11—13	6	1		6	6	2	4	24
13—15	5	2		10	20	3	9	45
	26		−10	16	42			80

$$16 - 10 = 6$$

　　上表中第六,第七,第八三行,特為校核法而設。若計算無誤。則各項數值,須滿足下列之關係:

$$\Sigma\{f(d'+1)^2\} = \Sigma(fd'^2) + 2\Sigma(fd') + n \qquad (11)$$

(證明參看附錄甲 11)

代以上例中之數值,則得:

$$80 = 42 + 2 \times 6 + 26$$

故知上表之計算,並無錯誤;否則,必不能符合也。

　　標準差亦可用累積頻數法計算,其公式如下:

$$\sigma = i\sqrt{\frac{2}{n}\Sigma f'' - \frac{\Sigma f'}{n}\left(1 + \frac{\Sigma f'}{n}\right)} \qquad (12)$$

(證明參看附錄甲 12)

σ　標準差。

n　項數。

f'　第一累積頻數。

f''　第二累積頻數。

i　組距。

茲再述其運算之步驟於下:

　　(一)求各組之累積頻數 f',是為第一累積頻數;再將 f'之頻數累積而得f'',是為第二累積頻數。

　　(二)將第一累積頻數一行中各數相加,得 $\Sigma f'$;將第二累積頻數一

───────────────────────────

【註】　應用累積頻數法求標準差,各組之排列得由大而小或由小而大,兩者之結果相等(參看附錄甲4與甲18)。

行中各數相加,得 Σf″。

三、 以 n,i,Σf′ 與 Σf″ 之數值代入公式(12),卽得標準差。

茲就第三十表中所舉之例,應用累積頻數法,計算標準差。

第三十二表　應用累積頻數法計算標準差

每擔粳米平均價 G	頻數 f	第一 累積頻數 f′	第二 累積頻數 f″
17.75——18.25	1	1	1
17.25——17.75	2	3	4
16.75——17.25	1	4	8
16.25——16.75	5	9	17
15.75——16.25	1	10	27
15.25——15.75	5	15	42
14.75——15.25	2	17	59
14.25——14.75	2	19	78
13.75——14.25	0	19	97
13.25——13.75	1	20	117
12.75——13.25	5	25	142
12.25——12.75	4	29	171
11.75——12.25	8	37	208
11.25——11.75	9	46	254
10.75——11.25	7	53	307
10.25——10.75	12	65	372
9.75——10.25	9	74	446
9.25—— 9.75	9	83	529
8.75—— 9.25	10	93	622
8.25—— 8.75	4	97	719
7.75—— 8.25	12	109	828
7.25—— 7.75	17	126	954
6.75—— 7.25	26	152	1106
6.25—— 6.75	30	182	1288
5.75—— 6.25	8	190	1478
5.25—— 5.75	2	192	1670
	192	1670	11544

$\Sigma f' = 1670$

$\Sigma f'' = 11544$

$n = 192$

$i = 0.50$

代入公式(12),得:

$$\sigma = .50\sqrt{\frac{2}{192} \times 11544 - \frac{1670}{192}(1 + \frac{1670}{192})}$$

$$= .50\sqrt{120.25 - 84.351671}$$

$$= .50\sqrt{35.898329}$$

$$\sigma_c = .50\sqrt{35.898329 - \frac{1}{12}} \quad \text{〔註〕}$$

$$= .50\sqrt{35.814996}$$

$$= .50 \times 5.985$$

$$= 2.99(元)$$

與前所得之結果相同。

第六節　相互平均差

平均差與標準差之求法雖異，而其離中差之計算，則均係根據一平均數求得，至於各項間相互之差離，則均略而不問；但據意大利統計學家席義教授之意見，人口學家，生物學家或經濟學家研究離中趨勢時所欲討論之問題，乃彼此相差若干而非各項與平均數相差若干，故計算離中趨勢時須將各項間之差離——計及。設有甲，乙，丙，丁四數，甲與乙，丙，丁共有三種差離，乙與丙，丁亦有二種差離，丙與丁亦有一種差離，

〔註〕　公式(10)本為　$\sigma_c = \sqrt{m_2 - \frac{1}{12}i^2}$。

但題中 i 已在方根外，故祇須減去 $\frac{1}{12}$。

此六種差離之絕對值相加再以六除之,所得之商卽爲甲,乙,丙,丁四數之相互平均差,故相互平均差者各項間相互差離之平均數也。以數列之算術平均數除相互平均差,卽得相互平均差係數。茲取一極簡單之例以示相互平均差之計算法:

甲　　8

乙　　10

丙　　11

丁　　13

甲與乙相差　　2

甲與丙相差　　3

甲與丁相差　　5

乙與丙相差　　1

乙與丁相差　　3

丙與丁相差　　2
　　　　　　　—
　　　　　　　16

$16 \div 6 = 2 \cdot 67$　相互平均差

上述之例僅有四數,故尚易計算。若項數增加而仍欲一一相較,則計算甚感麻煩。幸可應用簡捷法,故實際計算反較標準差爲易,其公式如下:

$$M. D. = \frac{(n-1)(X_n - X_1) + (n-3)(X_{n-1} - X_2) + (n-5)(X_{n-2} - X_3) + \cdots + (n-2r+1)(X_{n-r+1} - X_r)}{\frac{n(n-1)}{2}} \quad (13)$$

(證明參看附錄甲13)

$$M.'D.' = \frac{M.D.}{\bar{x}} \qquad\qquad (14)$$

M.D.　相互平均差。

M.'D.'　相互平均差係數。

n　　　項數。

$X_1, X_2 \cdots\cdots X_{n-1}, X_n$　由小而大排列之變量。

$\bar{x}$　算術平均數。

$r = \dfrac{n}{2}$(若n爲偶數)。

$r = \dfrac{n-1}{2}$(若n爲奇數)。

依上列公式得簡捷法之計算程序如下：

A.　將數列之各項依照大小之次序(先小後大)分成二行排列，第

　　一行由上而下，第二行由下而上，中位數不列入在內。

B.　以第二行各項減第一行各項而書其差於第三行。

C.　於第四行書n-1，n-3，n-5，n-7……，卽每項遞減二。

D.　以第三行各項乘第四行各項而書其積於第五行。

E.　將第五行各項相加而以 $\dfrac{n(n-1)}{2}$ 除其和，卽得相互平均差。

茲就民國元年至二十年我國之輸出值(單位一千萬海關兩)應用簡

捷法以求相互平均差。

第三十三表　計算相互平均差之簡捷法

（1）	（2）	（3）	（4）	（5）
36	102	66	19	1254
37	99	62	17	1054
40	92	52	15	780
42	91	49	13	637
46	89	43	11	473
48	86	38	9	342
49	78	29	7	203
54	77	23	5	115
60	75	15	3	45
63	65	2	1	2
				4905

$$\frac{n(n-1)}{2} = \frac{20 \times 19}{2} = 190$$

$$M.D. = \frac{4905}{190} = 25.82 (千萬海關兩)$$

$$M.'D.' = \frac{25.82}{\bar{x}} = \frac{25.82}{66.45} = 0.389$$

統計事項若已組成分組頻數表，則相互平均差之計算較為複雜，惟仍有簡捷之法可資應用，其公式如下：

$$M.D. = \frac{S_1 + S_2}{\dfrac{n(n-1)}{2}} \tag{15}$$

（證明參看附錄甲14）

$$S_1 = d_1 f_1 (n - f_1) + d_2 f_2 (n - 2f_1 - f_2) + d_3 f_3 (n - 2f_1 - 2f_2 - f_3) + \cdots\cdots$$

$$S_2 = d_1' f_1' (n - f_1') + d_2' f_2' (n - 2f_1' - f_2') + d_3' f_3' (n - 2f_1' - 2f_2' - f_3') + \cdots$$

M.D.　相互平均差。

n　項數。

$d_1, d_2, d_3,$ ……中位數組之中點減去小於中位數各組（第一組，第

二組,第三組,……)(由小而大排列)之中點所餘之數, $f_1, f_2, f_3, ……$ 爲第一組,第二組,第三組……之頻數。d_1', d_2', d_3' ……大於**中位數**各組(第一組,第二組,第三組,……)(由大而小排列)之中點減去中位數組之中點所餘之數, f_1', f_2', f_3' ……爲第一組,第二組, 第三組……之頻數。茲舉一簡單之例以示上法之應用:

G	$\bar{m}$	f
1−3	2	2
3−5	4	4
5−7	6	6
7−9	8	3
9−11	10	$\underline{1}$
		16

$$O_M = \frac{n+1}{2} = \frac{17}{2} = 8.5,$$ 故中位數組之中點爲 6。

$d_1 = 6-2 = 4$

$d_2 = 6-4 = 2$

$f_1 = 2$

$f_2 = 4$

$S_1 = 4 \times 2 \times 14 + 2 \times 4 \times 8 = 112 + 64 = 176$

$d_1' = 10-6 = 4$

$d_2' = 8-6 = 2$

$f_1' = 1$

$f_2' = 3$

$$S_2 = 4 \times 1 \times 15 + 2 \times 3 \times 11 = 60 + 66 = 126$$

代入公式(15)，得：

$$M.D. = \frac{176 + 126}{\dfrac{16 \times 15}{2}} = \frac{302}{120} = 2.52$$

茲仍取玉蜀黍稈與粳米價之例，應用公式(15)，計算其相互平均差及其係數，以比較其離中趨勢。

先求玉蜀黍稈之相互平均差及其係數：

$$S_1 = 4 \times 3 \times 214 + 3 \times 7 \times 204 + 2 \times 22\frac{1}{2} \times 175 + 1 \times 60 \times 93$$

$$= 2568 + 4284 \times 7700 + 5580 = 20132$$

$$S_2 = 2 \times 8 \times 209 + 1 \times 32 \times 169 = 3344 + 5408 = 8752$$

$$\frac{n(n-1)}{2} = \frac{217 \times 216}{2} = 217 \times 108 = 23436$$

$$\bar{X} = 7.09$$

$$M.D. = \frac{20132 + 8752}{23436} = \frac{28884}{23436} = 1.23 \text{(英尺)}$$

$$M.D.' = \frac{1.23}{7.09} = 0.173$$

次求粳米價之相互平均差及其係數：

$$3 \times 2 \times 190 = 1140$$

$$2.5 \times 8 \times 180 = 3600$$

$$2 \times 30 \times 142 = 8520$$

$$1.5 \times 26 \times 86 = 3354$$

$$1 \times 17 \times 43 = 731$$

$$0.5 \times 12 \times 14 = \frac{84}{17429} \cdots\cdots\cdots S_1$$

$$9.5 \times 1 \times 191 = 1814.5$$

$$9 \times 2 \times 188 = 3384.0$$

$$8.5 \times 1 \times 185 = 1572.5$$

$$8 \times 5 \times 179 = 7160.0$$

$$7.5 \times 1 \times 173 = 1297.5$$

$$7 \times 5 \times 167 = 5845.0$$

$$6.5 \times 2 \times 160 = 2080.0$$

$$6 \times 2 \times 156 = 1872.0$$

$$5 \times 1 \times 153 = 765.0$$

$$4.5 \times 5 \times 147 = 3307.5$$

$$4 \times 4 \times 138 = 2208.0$$

$$3.5 \times 8 \times 126 = 3528.0$$

$$3 \times 9 \times 109 = 2943.0$$

$$2.5 \times 7 \times 93 = 1627.5$$

$$2 \times 12 \times 74 = 1776.0$$

$$1.5 \times 9 \times 53 = 715.5$$

$$1 \times 9 \times 35 = 315.0$$

$$0.5 \times 10 \times 16 = \frac{80.0}{42291.0} \cdots\cdots\cdots S_2$$

$$\frac{n(n-1)}{2} = \frac{192 \times 191}{2} = 96 \times 191 = 18336$$

$$\bar{x} = 9.35$$

$$M.D. = \frac{17429 + 42291}{18336} = \frac{59720}{18336} = 3.26(元)$$

$$M.'D.' = \frac{3.26}{9.36} = 0.349$$

$$0.349 > 0.173$$

故粳米價之離中趨勢較玉蜀黍稈之離中趨勢為大，與以上所得之結果相同。茲將其各種離中差與離中係數，列表比較之如下：

第三十四表　玉蜀黍稈與粳米離中趨勢之比較

	玉 蜀 黍 稈	粳 米 價
Q.D.	0.73 英尺	2.10 元
Q'.D.'	0.103	0.233
A.D.	0.90 英尺	2.30 元
A.'D.'	0.125	0.285
σ (註)	1.15 英尺	3.00 元
σ' (註)	0.162	0.321
M.D.	1.23 英尺	3.26 元
M.'D.'	0.173	0.349

〔註〕 未改正標準差。

第七節　各種離中差之關係

各種差量之定義及其計算，已分別詳論於以上各節，茲更述其特點及其相互之關係於下以便比較：

(一)全距者，乃底線上一定距離全體數量盡在此距離之中者也。

(二)四分位差者，亦一距離之問題。就 Q_1 與 Q_3 間之中點而左右各取一定距離等於四分位差之數值，則在此距離間當有全體數量之一半。

（三）在完全對稱或偏態不甚之頻數分配，就算術平均數計算之平均差，約等於標準差五分之四或相互平均差十分之七。四分位差約等於標準差三分之二。以算術平均數爲中心取平均差七倍半之距離，約可包含全部數量百分之九十九。

（四）在完全對稱或偏態不甚之頻數分配，若從算術平均數向左右各取一標準差之距離，則其中項數約等於全部數量三分之二（在正態曲線則其中所含項數實有百分之六八·二六）。若各取二標準差之距離，則其中項數約有百分之九十五（在正態曲線則實有百分之九五·四六）。若各取三標準差之距離，則約有百分之九十九（在正態曲線實有百分之九九·七三）。故標準差之六倍約等於全距之長，吾人在通常計算可卽以此測驗正謬之標準也。

（五）就計算與了解之難易言，以全距與四分位差爲最易。

（六）全距之數值僅依極大極小之兩端而定，而於中間頻數分配之情形一概不問，故其數值全不足恃。一兩項之去留足以大變全距之面目而有餘。就此點而論，則以平均差與標準差爲較優，尤以相互平均差爲最善。蓋平均差與標準差對於全體各項均有關係，而相互平均差復顧及各項間相互之差離也。

（七）就極端差離之影響而論，則平均差不如標準差之甚。

（八）就數學之理論而言，則平均差不如標準差；蓋平均差將正負符號一概不問究不免牽強，而標準差用自乘之法消去負號較爲合理。

（九）就代數方法之處理而論，則以標準差爲優，蓋標準差之數學意義明白確切，而四分位差則不能用代數方法處理也。

本章應用公式

$$Q.\ D. = \frac{Q_3 - Q_1}{2} \tag{1}$$

$$Q.'\ D.' = \frac{Q.\ D.}{\frac{Q_3 + Q_1}{2}} = \frac{Q_3 - Q_1}{Q_3 + Q_1} \tag{2}$$

$$A.\ D. = \frac{\Sigma(f\bar{d})}{n} \tag{3}$$

$$A.'\ D.' = \frac{A.\ D.}{M} \tag{4}$$

$$A.\ D. = \frac{i\Sigma(f\bar{d'}) + (a-b)\bar{c}}{n} \tag{5}$$

$$\sigma = \sqrt{\frac{\Sigma x^2}{n}} \tag{6}$$

$$\sigma' = \frac{\sigma}{\bar{x}} \tag{7}$$

$$\sigma = \sqrt{\frac{\Sigma x'^2}{n} - c^2} \tag{8}$$

$$\sigma = \sqrt{\frac{i^2 \Sigma(fd'^2)}{n} - c^2} \tag{9}$$

$$\sigma_c = \sqrt{m_2 - \frac{1}{12}i^2} \tag{10}$$

$$\Sigma[f(d'+1)^2] = \Sigma(fd'^2) + 2\Sigma(fd') + n \tag{11}$$

$$\sigma = i\sqrt{\frac{2}{n}\Sigma f'' - \frac{\Sigma f'}{n}(1 + \frac{\Sigma f'}{n})} \tag{12}$$

$$\text{M. D.} = \frac{(n-1)(X_n-X_1)+(n-3)(X_{n-1}-X_2)+(n-5)(X_{n-2}-X_3)+\cdots\cdots+(n-2r+1)(X_{n-r+1}-X_r)}{\frac{n(n-1)}{2}} \quad (13)$$

$$\text{M.' D'.} = \frac{\text{M. D.}}{\text{X}} \qquad\qquad (14)$$

$$\text{M. D.} = \frac{S_1+S_2}{\frac{n(n-1)}{2}} \qquad\qquad (15)$$

$$S_1 = d_1f_1(n-f_1)+d_2f_2(n-2f_1-f_2)+d_3f_3(n-2f_1-2f_2-f_3)+\cdots\cdots$$

$$S_2 = d_1'f_1'(n-f_1')+d_2'f_2'\,(n-2f_1'-f_2')$$

$$+d_3'f_3'\,(n-2f_1'-2f_2'-f_3')+\cdots\cdots$$

第六章　機率與差誤正態曲線

第一節　機率

機率者,一事成敗機會之比率也。例如取一錢而擲之, 則其結果不出二途: 或面向上,或背向上,而面向上之機會與背向上之機會完全相等。面向上之機率爲二分之一,而背向上之機率亦二分之一。又如擲骰之結果共有六種,此六種之結果實現之機會亦均相等。故一擲而得一點者其機率爲 $\frac{1}{6}$,一擲而非一點者其機率爲 $\frac{5}{6}$ 。

假如某事實現之結果有 a 種,不實現之結果有 b 種,而此種種結果之機會又均相等,則此事實現之機率爲 $\frac{a}{a+b}$,不實現之機率爲 $\frac{b}{a+b}$, 此分數乃表示某事實現與不實現之機會程度也。此程度大至於 1,小至於 0。就第一分數而言,如其爲 0,則表示此事之決不實現。如其爲一,則表示此事之必然實現。如其爲 $\frac{1}{2}$,則謂實現與不實現之機會各半而已。故一者實爲必然之數學符號。凡事只有實現與不實現之二途,故實現之機率與不實現之機率二者之總和必爲一。假以 p 爲實現之機率,則 1 - p 爲不實現之機率,例如彩票中獎之機率爲 $\frac{1}{20000}$,則不中獎之機率爲 $\frac{19999}{20000}$ 。以視中獎之機率相差多矣。

若一事之實現可有種種不同方法,而此種種方法能互相排斥,則其實現之機率爲各項機率之總和;蓋如一事之實現可有 a 法又可有 a'法,

而全體可能之方法爲 c，則其機率爲 $\dfrac{a+a'}{c}$，而此分數等於 $\dfrac{a}{c}+\dfrac{a'}{c}$ 之總和也。

例如一囊內有紅球二十，白球十六，黑球十四，則取得紅球之機率爲 $\dfrac{20}{50}$，白球之機率爲 $\dfrac{16}{50}$，黑球之機率爲 $\dfrac{14}{50}$。紅球與黑球互相排斥，卽一抽而不能同時取得，故抽取紅球或黑球之機率爲紅球之機率與黑球之機率之總和，卽：

$$\dfrac{20}{50}+\dfrac{14}{50}=\dfrac{34}{50}$$

上例中互相排斥之假定甚爲重要。若不能互相排斥，兩種機率卽不能相加。例如甲乙兩生解一難題，甲生解出之機率爲 p_1，乙生解出之機率爲 p_2，甲生能解時乙生未必不能解，乙生能解時甲生亦未必不能解，卽彼此不能互相排斥，故甲生或乙生解出之機率不能以 p_1 與 p_2 相加求得。

以上所論者乃就一單純事件而言，今請進而論繁複事件。所謂繁複事件者，乃若干各自獨立之單純事件同時發生之總和現象也。例如取三骰而擲之，得一點者三，此乃繁複事件也。繁複事件實現之機率等於各單純獨立事件機率之乘積。例如二囊，一儲黑球七白球九，一儲黑球四白球十一，吾人試探手取之，從第一囊取得黑球之機率爲 $\dfrac{7}{16}$，從第二囊取得黑球之機率爲 $\dfrac{4}{15}$，然則從此二囊同時各得一黑球之機率幾何？第一囊共十六球，第二囊共十五球，自二囊各取一球，其結果共有 16×15 種，而第一囊中之七個黑球各球均有與第二囊中四個黑球之任何一個同時取得之機會。故二囊各得黑球之結果亦有 7×4 種，而所求之機率爲

$\frac{7 \times 4}{16 \times 15}$。而$\frac{7 \times 4}{16 \times 15}$等於$\frac{7}{16} \times \frac{4}{15}$，換言之卽等於二單純事件之機率相乘之乘積也。

今請以此原理用代數的符號表之。如有單純事件二，其一實現之方法有 a_1 種，不實現之方法有 b_1 種，第二事件實現之方法有 a_2 種，不實現之方法有 b_2 種，則第一事件可能之結果共有 $a_1 + b_1$ 種，第二事件可能之結果共有 $a_2 + b_2$ 種，而 $a_1 + b_1$ 中之任何一件均有與 $a_2 + b_2$ 中任何一件同時發生之機會，故此二事件同時發生之結果共有$(a_1 + b_1)(a_2 + b_2)$種，且其機率各自相等，而在此 $(a_1 + b_1)(a_2 + b_2)$ 中二事共同實現之方法有 $a_1 a_2$ 種，二事均不實現之方法有 $b_1 b_2$ 種，前者實現後者不實現者有 $a_1 b_2$ 種，前者不實現後者實現者有 $b_1 a_2$ 種。故繁複事件之機率當如下：

二者均實現　　　　　　　$\dfrac{a_1 a_2}{(a_1 + b_1)(a_2 + b_2)}$

二者均不實現　　　　　　$\dfrac{b_1 b_2}{(a_1 + b_1)(a_2 + b_2)}$

前者實現後者不實現　　　$\dfrac{a_1 b_2}{(a_1 + b_1)(a_2 + b_2)}$

前者不實現後者實現　　　$\dfrac{a_2 b_1}{(a_1 + b_1)(a_2 + b_2)}$

單純事件如有三或三以上，其理亦同，要之繁複事件之機率乃獨立單純事件機率之乘積也。

今有獨立單純事件四而其機率爲 p_1, p_2, p_3 與 p_4，則四者均實現之機率爲 $p_1 p_2 p_3 p_4$，四者均不實現之機率爲$(1 - p_1)(1 - p_2)(1 - p_3)$

$(1-p_4)$，第一件實現而其他三者不實現之機率則等於 $p_1(1-p_2)(1-p_3)$ $(1-p_4)$，餘可類推。

以上所論者爲機率之加法與乘法。有時加法與乘法二者必須兼用。例如擲骰二個而得五點之機率幾何？吾人試就此兩骰而名之，一曰甲，一曰乙，則擲得五點之方法不出下列四種：

甲骰	乙骰
1	4
2	3
3	2
4	1

甲骰擲得 1 點之機率爲 $\dfrac{1}{6}$，而乙骰擲得 4 點之機率亦 $\dfrac{1}{6}$，故此二者同時實現之機率等於 $\dfrac{1}{36}$，此就第一種結果言也。其他三種結果之機率亦各爲 $\dfrac{1}{36}$。而此四種結果均得五點。假以擲得五點之機率爲 p，則：

$$p = \frac{1}{36} + \frac{1}{36} + \frac{1}{36} + \frac{1}{36} = \frac{1}{9}$$

故擲骰二個共得五點之機率幾何，曰 $\dfrac{1}{9}$。設將此問稍變曰，擲骰二個至少可得五點之機率幾何？則其答案大不同矣。蓋既云至少五點，則六點，七點以至十二點均在其內。茲將各種結果之機率作表如下：

$$兩骰擲得12點之機率 = \frac{1}{36}$$

$$兩骰擲得11點之機率 = \frac{2}{36}$$

$$兩骰擲得10點之機率 = \frac{3}{36}$$

$$兩骰擲得 9點之機率 = \frac{4}{36}$$

$$兩骰擲得 8點之機率 = \frac{5}{36}$$

$$兩骰擲得 7點之機率 = \frac{6}{36}$$

$$兩骰擲得 6點之機率 = \frac{5}{36}$$

$$兩骰擲得 5點之機率 = \frac{4}{36}$$

$$機率之總和 = \frac{30}{36}$$

故擲得五點或五點以上之機率爲 $\frac{30}{36}$ 或 $\frac{5}{6}$。

但擲骰二個至少可得五點之機率與至多可得四點之機率之總和等於一。故設前者之機率爲 p,後者之機率爲 q,則:

$$p = 1 - q$$

故可先求 q,然後由上式計算 p。

$$兩骰擲得 2 點之機率 = \frac{1}{36}$$

$$兩骰擲得 3 點之機率 = \frac{2}{36}$$

$$兩骰擲得 4 點之機率 = \frac{3}{36}$$

$$機率之總和 = \frac{6}{36}$$

$$卽\quad q=\frac{6}{36}$$

$$\therefore\quad p=1-\frac{6}{36}=\frac{30}{36}=\frac{5}{6}$$

　　擲骰擲幣旣有種種不同之結果,而此種種結果之機率又各不同,其中最有實現之機會者卽其機率最大之一種。例如取幣二枚同時擲之,則其結果如下:

甲乙	甲乙	甲乙	甲乙
面面	面背	背面	背背

　　合而視之祇有三種結果,而此三者之中一面一背之機率爲最大,故最有實現之機會。

$$二者俱面\quad\frac{1}{4}$$

$$一面一背\quad\frac{1}{2}$$

$$二者俱背\quad\frac{1}{4}$$

　　此三者機率之總和等於1,$(\frac{1}{4}+\frac{1}{2}+\frac{1}{4}=1)$,蓋三者之中必有一種實現,固無疑也。若取幣三枚同時擲之,則可有下列八種結果:

甲乙丙	甲乙丙	甲乙丙	甲乙丙	甲乙丙	甲乙丙	甲乙丙	甲乙丙
面面面	面面背	面背面	背面面	面背背	背背面	背面背	背背背

　　合而觀之,要不出:(一)三面,(二)二面,(三)一面,(四)無面之四種而其機率爲$\frac{1}{8}$, $\frac{3}{8}$, $\frac{3}{8}$, $\frac{1}{8}$。

但此各種結果之機率，其實可以不必如此計算。假定以實現之機率爲p，不實現之機率爲q，則擲幣二枚各種結果之機率，適爲下列展開式之各項。

$$(p+q)^2 = p^2 + 2pq + q^2$$

本例 $p = q = \frac{1}{2}$ 故其各種結果之機率可就下式得之：

$$\left(\frac{1}{2} + \frac{1}{2}\right)^2 = \frac{1}{4} + \frac{1}{2} + \frac{1}{4}$$

此卽第一例所得之結果。設幣有三枚，則：

$$\left(\frac{1}{2} + \frac{1}{2}\right)^3 = \frac{1}{8} + \frac{3}{8} + \frac{3}{8} + \frac{1}{8}$$

此卽第二例各種結果之機率也。

故吾人擲幣若干次內欲知各種結果或然的實現次數，則可依下式求之：

$$N(p+q)^n$$

式中N代表所擲次數而 n 則各個獨立事件之數也。故擲幣二枚各種結果之機率等於 $(p+q)^2$ 展開式之各項，若擲N次，則各種結果之次數等於 $N(p+q)^2$ 之各項。假令幣數爲三，則等於 $N(p+q)^3$。換言之，擲幣 n 枚各種結果之機率等於 $N(p+q)^n$ 之各項。

$(p+q)^n$ 展開式中各項之係數，可自下之算術三角形求得：

一	1	1								
二	1	2	1							
三	1	3	3	1						
四	1	4	6	4	1					
五	1	5	10	10	5	1				
六	1	6	15	20	15	6	1			
七	1	7	21	35	35	21	7	1		
八	1	8	28	56	70	56	28	8	1	
九	1	9	36	84	126	126	84	36	9	1
十	1	10	45	120	210	252	210	120	45	10	1

若 n 爲3,則查第三行,得各項之係數:

　　1　　3　　3　　1

若 n 爲5,則查第五行,得各項之係數:

　　1　　5　　10　　10　　5　　1

餘可類推。

$(p+q)^n$展開式中各項之係數,亦可自下之組合公式求得:

$$_nC_r = \frac{n(n-1)(n-2)\cdots\cdots(n-r+1)}{r!}$$

$_nC_r$　n物中每r個組合之方法

$$r! = 1 \times 2 \times 3 \times 4 \cdots\cdots \times r$$

展開式中 $p^{n-r}q^r$ 項之係數卽爲 $_nC_r$,換言之卽等於:

$$\frac{n(n-1)(n-2)\cdots\cdots(n-r+1)}{r!}$$

以 n 與 r 之數值代入卽得各項之係數。

n 種事件在 N 次試驗中各種結果之或然次數等於 N$(p+q)^n$展開式之各項,卽:

$$N(p+q)^n = N\ [p^n + {}_nC_1p^{n-1}q + {}_nC_2p^{n-2}q^2 + {}_nC_3p^{n-3}q^3 + \cdots\cdots$$
$$+ {}_nC_{n-1}pq^{n-1} + q^n] \qquad (2)$$

右邊括弧中第一項表示一切均實現之機率,第二項則爲 n-1 個實現而 1 個不實現之機率,故最有實現之機率者無他,卽式中最大之一項耳。擲幣之一例中 $p = q = \frac{1}{2}$,故括弧中各項可改爲:

$$\left(\frac{1}{2}\right)^n + n\left(\frac{1}{2}\right)^n + \frac{n(n-1)}{2!}\left(\frac{1}{2}\right)^n + \frac{n(n-1)(n-2)}{3!}\left(\frac{1}{2}\right)^n$$

$$+ \cdots\cdots + n\left(\frac{1}{2}\right)^n + \left(\frac{1}{2}\right)^n$$

n若爲偶數,則中間一項爲最大,n若爲奇數，則中間相等之二項爲最大。若 n = 7,則:

$$\left(\frac{1}{2}+\frac{1}{2}\right)^7 = \frac{1}{128}+\frac{7}{128}+\frac{21}{128}+\frac{35}{128}+\frac{35}{128}+\frac{21}{128}+\frac{7}{128}+\frac{1}{128}$$

故若取幣七枚擲之,則各種結果之機率如下:

七面無背　$\frac{1}{128}$

六面一背　$\frac{7}{128}$

五面二背　$\frac{21}{128}$

四面三背　$\frac{35}{158}$

三面四背　$\frac{35}{128}$

二面五背　$\frac{21}{128}$

一面六背　$\frac{7}{123}$

七背無面　$\frac{1}{128}$

此八種機率之總和等於一,蓋此八種中必有一項實現也。美國伊里諾大學學生十八嘗就此事試驗之，則知實在機率之分配與數學理論上之機率正相符合。據此十八各擲一百二十八次所得之平均結果如下:

七面	1.1
六面	7.0
五面	21.6
四面	36.8
三面	33.3
二面	20.3
一面	6.9
無面	1.1

　　維爾屯氏亦有同樣之擲骰試驗，取骰十二同時擲之，以得一二三各點者爲失敗，四五六各點者爲成功，共擲四千零九十六次，其所得結果見下表第二行，此實在頻數也。至於理論頻數可將下式展開求得：

$$4096\left(\frac{1}{2}+\frac{1}{2}\right)^{12}$$

卽下表第三行是也。

第三十五表　　擲骰試驗中實在頻數與理論頻數之比較

得四五六各點之骰子數	實在頻數	理論頻數
0	0	1
1	7	12
2	60	66
3	198	220
4	430	495
5	731	792
6	948	924
7	847	792
8	536	495
9	257	220
10	71	66
11	11	12
12	0	1
	4096	4096

表示此二種分配之曲線見下圖。

第十七圖　擲骰試驗中實在頻數與理論頻數之比較圖

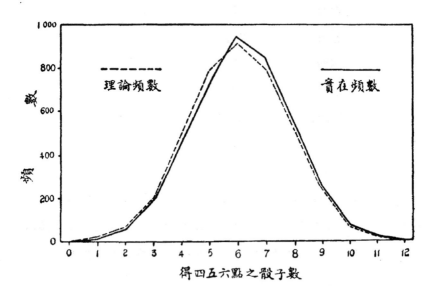

理論分配之算術平均數與標準差可自下列兩式求之：

$$\bar{x} = np \qquad (3)$$

$$\sigma = \sqrt{npq} \qquad (4) \quad \text{（證明參看附錄甲15）}$$

$\bar{x}$　算術平均數

σ　標準差

n　獨立單純事件之總數

p　成功之機率

q　失敗之機率

以本例之數值代入，則得

$$\bar{x} = 12 \times \frac{1}{2} = 6$$

$$\sigma = \sqrt{12 \times \frac{1}{2} \times \frac{1}{2}} = \sqrt{3} = 1.732$$

依據實在頻數計算,則算術平均數等於6.139,而標準差等於1.712。

第二節　差誤正態曲線

第十七圖中之虛線卽表示擲骰試驗中理論頻數的分配,乃一完全對稱之十二邊形。所有邊數(底線除外)等於骰子之數,骰子如有六粒則爲六邊形,二十粒則爲二十邊形,餘類推。n愈大則多邊形之邊數愈多而所作之曲線愈平滑,n之數無窮大則可得一完全平滑之修勻曲線,如第十八圖,是曰差誤正態曲線。差誤正態曲線爲數學家高斯氏首先發見,故又名高斯式曲線。

第十八圖　差誤正態曲線

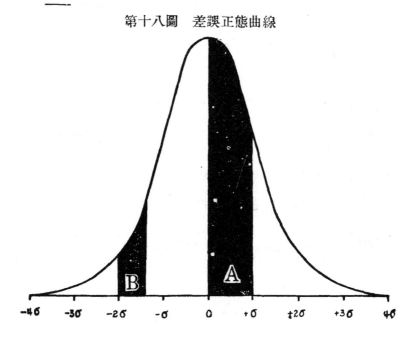

　　二項展開式雖可用以決定各種結果之理論頻數，然其計算甚爲繁重，不如根據此曲線之積分表而計算之較爲簡易，下文當舉例說明之。

　　此曲線之方程式可用種種形式表示，其最普通者爲：

$$y = y_0 e^{-\frac{x^2}{2\sigma^2}} \quad (5) \quad （證明參看蒲蘭所著之統計學264頁）$$

　　x　　對於算術平均數之離中差(橫坐標)

　　y　　頻數(縱坐標)

　　y_0　最大之縱坐標

　　σ　標準差

　　e $= 2.7182818$

　　但　$y_0 = \dfrac{N}{\sigma\sqrt{2\pi}}$　（參看蒲蘭所著之統計學264頁）

　　N　　頻數之和

　　$\pi = 3.14159$

故差誤正態曲線亦可以下列方程式表之：

$$y = \frac{N}{\sigma\sqrt{2\pi}} e^{-\frac{x^2}{2\sigma^2}} \quad (6) \quad （參看附錄甲16）$$

　　平均數上之縱線分差誤正態曲線爲相等之二部分，在平均數之左右取相等之距離各引一縱線，此二縱線與差誤正態曲線所包含之面積若爲全面積之半，則此距離名曰機差，其數值與四分位差相等，蓋 Q_1 與 Q_3 間所包含之頻數適爲總頻數之半故也。差誤正態曲線之機差與標準差之關係如下：

$$P. E. = 0.6745\sigma \quad (7) \quad （參看附錄甲16）$$

P. E.　機差

σ　　標準差

　　頻數分配若取差誤正態曲線形式,則變量之在$\bar{x}-$P.E.與$\bar{x}+$P.E.之間者佔總頻數之一半。其在$\bar{x}-\sigma$與$\bar{x}+\sigma$之間者約佔總頻數三分之二。(68.268%)其在$\bar{x}-3\sigma$與$\bar{x}+3\sigma$之間者則幾佔總頻數之全部。(99.73%)

　　抽樣中頻數分配與全部之頻數分配未必能完全符合, 故根據抽樣而得之平均數,離中差與其他主要統計測量常有多少差誤,此種差誤可用標準誤或機差表示。標準誤與機差有一定之關係,以 0.6745 乘標準誤卽得機差。試就算術平均數而論,若用機差表示, 則謂全部之算術平均數能在$\bar{x}-$P.E.$_{\bar{x}}$ 與$\bar{x}+$P.E.$_{\bar{x}}$ 間之機率爲二分之一; ($\bar{x}$ 爲抽樣之算術平均數,P. E.$_{\bar{x}}$爲算術平均數機差)。若用標準誤表示,則謂全部之算術平均數能在 $\bar{x}-\sigma_{\bar{x}}$ 與$\bar{x}+\sigma_{\bar{x}}$ 間之機率約爲三分之二。($\sigma_{\bar{x}}$爲算術平均數標準誤) 算術平均數,中位數,四分位數與標準差之標準誤與機差可自下列諸公式求得:

$$\sigma_{\bar{x}} = \frac{\sigma}{\sqrt{n}} \qquad\qquad (8)$$

$$\text{P.E.}_{\bar{x}} = 0.6745\frac{\sigma}{\sqrt{n}} \qquad\qquad (9)$$

$$\sigma_M = 1.25331\frac{\sigma}{\sqrt{n}} \qquad\qquad (10)$$

$$\text{P.E.}_M = 0.84535\frac{\sigma}{\sqrt{n}} \qquad\qquad (11)$$

$$\sigma_{Q1} = \sigma_{Q3} = 1.36263\frac{\sigma}{\sqrt{n}} \qquad\qquad (12)$$

$$P.E._{Q1}=P.E._{Q3}=0.91908\frac{\sigma}{\sqrt{n}} \qquad (13)$$

$$\sigma_\sigma=\frac{\sigma}{\sqrt{2n}} \qquad (14)$$

$$P.E._\sigma=0.6745\frac{\sigma}{\sqrt{2n}} \qquad (15)$$

σ　抽樣之標準差

n　抽樣之項數

$\sigma_{\bar{x}}$　算術平均數標準誤

$P.E._{\bar{x}}$　算術平均數機差

σ_M　中位數標準誤

$P.E._M$　中位數機差

σ_{Q1}　第一四分位數標準誤

$P.E._{Q1}$　第一四分位數機差

σ_{Q3}　第三四分位數標準誤

$P.E._{Q3}$　第三四分位數機差

σ_σ　標準差的標準誤

$P.E._\sigma$　標準差的機差

通常曲線之配合方法可分二步：（一）以 x 之各種數值遞次代入方程式而求 y 之數值；（二）就 x 與 y 之數值求得其曲線。

但就差誤正態曲線之方程式：

$$y=y_\circ e^{-\frac{x^2}{2\sigma^2}}$$

作圖，斷不能如此簡單；蓋式中除 x 外尚有 y。與 σ 亦須各給以一定

之數值，故通常配合之法不能適用。統計學家嘗就此方程式中 y 與 y。之關係作成一表以便計算，是曰差誤正態曲線之縱坐標表。（附錄巳第五表）

吾人祇須就表中查得各縱線之高，乃將此各縱線之頂點連結卽得。例如離平均數0.1σ之點所豎立之縱線等於 $0.995y$。在 1σ 之縱線等於 $0.607y$。在 2σ 之縱線等於 $0.135y$。餘類推，而 y。之數值則可依下式求得：

$$y。 = \frac{N}{\sigma\sqrt{2\pi}} = \frac{N}{2.506628\sigma}$$

故自一定之數列配以差誤正態曲線而欲比較理論分配與實在分配之同異，則可分爲下列之九步：

（一）將原有數列之實在分配繪成多邊形。

（二）令實在分配之算術平均數爲差誤正態曲線之中心點，使此點爲 $x = 0$。

（三）以標準差爲單位就 x 軸分作若干標準距離如 $0.1\sigma, 0.2\sigma$ 或 $0.01\sigma, 0.02\sigma$ 等，分得愈小則所得之曲線愈爲平滑。

（四）在 x 軸上求得此等標準距離之地位。

（五）用下列公式計算 y。之值：

$$y_c = \frac{N}{2.506628\,\sigma}$$

（六）從平均數地位豎立等於 y。之值。

（七）令 x 等於 $0.1\sigma, 0.2\sigma$ 或 $0.01\sigma, 0.02\sigma$ 等而計算相當的高度，

法以 y_0 之值乘附錄已第三表… $\dfrac{y}{y_0}$ 適當之數卽得。

(八) 就 x 軸上各點依次豎立縱線等於第七條所得之高度。

(九) 將此等縱線頂點連結卽得差誤正態曲線。

惟須注意者此處 y_0 及第三十七表之計算均須用組距單位，蓋實在頻數既以組表示，求得之計算頻數亦應改爲組距單位以便比較也。

茲就美國電話公司 995 用戶每年通話頻數分配先求其算術平均數與標準差，然後再依照上法配以差誤正態曲線。

第三十六表　美國 995 電話用戶每年通話之頻數分配

組　限	中　點 $\bar{m}$	頻　數 f	對於假定平均數之離中差(組距單位) x′	fx′	fx′²
0— 50	25	0	—10	0	0
50— 100	75	1	— 9	— 9	81
100— 150	125	9	— 8	— 72	576
150— 200	175	19	— 7	—133	931
200— 250	225	38	— 6	—228	1368
250— 300	275	50	— 5	—250	1250
300— 350	325	95	— 4	—380	1520
350— 400	375	85	— 3	—255	765
400— 450	425	115	— 2	—230	460
450— 500	475	132	— 1	—132	132
500— 550	525	144	0	0	0
550— 600	575	116	1	116	116
600— 650	625	79	2	158	316
650— 700	675	54	3	162	486
700— 750	725	31	4	124	496
750— 800	775	11	5	55	275
800— 850	825	5	6	30	180
850— 900	875	6	7	42	294
900— 950	925	2	8	16	128
950—1000	975	1	9	9	81
1000—1050	1025	1	10	10	100
1050—1100	1075	1	11	11	121
		995		—956	9676

〔註〕　資料來源--米爾斯所著之統計方法

$$\bar{x}=525-\frac{956}{995}\times50=476.96$$

$$\sigma=\sqrt{\frac{9676}{995}-\left(\frac{956}{995}\right)^2}$$

$$=\sqrt{9.724623-.960804^2}$$

$$=\sqrt{9.724623-.923144}$$

$$=\sqrt{8.801479}$$

此是未經校正之數值。若用薜伯氏校正法,則

$$\sigma=\sqrt{8.801479-\frac{1}{12}}=\sqrt{8.718146}=2.953(組距單位)$$

第三十七表　差誤正態曲線之配合(美國電話公司 995 用

戶每年通話頻數之分配)

每年通話數 $\overline{m}$	用戶數 f	對於算術平均數之離中差 x (以組距為單位)	$\frac{x}{\sigma}$	$\frac{y}{y_o}$	y
25	0	−9.0392	−3.06	.00926	1.24
75	1	−8.0392	−2.72	.02474	3.53
125	9	−7.0392	−2.38	.05888	7.91
175	19	−6.0392	−2.05	.12230	16.44
225	38	−5.0392	−1.71	.23176	31.15
275	50	−4.0392	−1.37	.39123	52.59
325	95	−3.0392	−1.03	.58834	79.08
375	85	−2.0392	−0.69	.78817	105.95
425	115	−1.0392	−0.35	.94055	126.43
475	132	−0.0392	−0.01	.99995	134.41
525	144	0.9608	0.32	.94856	127.71
575	116	1.9608	0.66	.80429	108.11
625	79	2.9608	1.00	.60653	81.53
675	54	3.9608	1.34	.40747	54.77
725	31	4.9608	1.68	.24385	32.78
775	11	5.9608	2.02	.13000	17.47
825	5	6.9608	2.36	.06174	8.30
875	6	7.9608	2.70	.02612	3.51
925	2	8.9608	3.03	.01015	1.36
975	1	9.9608	3.37	.00432	0.46
1025	1	10.9608	3.71	.00103	0.14
1075	1	11.9608	4.05	.00027	0.04
	995				994.71

〔註〕 資料來源——米爾斯所著之統計方法

第十九圖　差誤正態曲線配合圖（美國電話公司 995 用

戶每年通話頻數之分配）

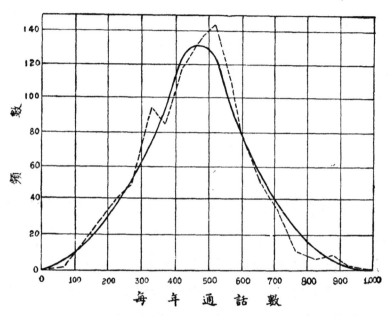

　　吾人就統計事件配合差誤正態曲線，實在分配曲線與差誤正態曲
線二者有時不甚相合。攷其原因不出二端：(一)統計事件往往不能將一
切數量搜羅無遺。例如計算我國人之平均高度，斷不能盡人而量之，吾
人所能爲者，不過選最能代表之一羣而量之，將其平均數作爲吾國人之
平均高度，卽所謂抽樣是也。然而抽樣法以局部代表全部，究不盡合，抽
樣十次，十次之結果決不盡同，差誤正態曲線之異乎實在分配或卽由於
抽樣結果上落之影響。抽樣所包含之項數愈多，則此影響稍減，而其分
配愈近於差誤正態曲線。故差誤正態曲線所以表示事物之理論分配而
將例外影響消除，差誤正態曲線之功用卽在於此。(二)有時實在分配與

差誤正態曲線之差異，由於事物自身之**分配本不取**差誤正態曲線之形態，故此類事件不能以差誤正態曲線表示也。

然則此二種解釋究以何者爲是？曲線配合之**適當程度**將何由測定？統計學家<u>皮爾生</u>氏曾創配合適度之X^2（X 讀如 Chi）測驗法，以 X^2 之大小與組數之多少測量曲線配合之適當程度。茲列其公式於下：

$$X^2 = \Sigma \frac{(f_o - f_t)^2}{f_t} \qquad (16)$$

f_t　　理論頻數

f_o　　實在頻數

然欲從事於**實在頻數與理論頻數**之比較，必先有較精密之理論頻數。差誤正態曲線下之縱線尚不能代表精密之頻數，吾人之頻數必以曲線下之面積表示較爲正確。曲線下之全面積爲頻數之總和，吾人如能知各部對於全面積之比，則各部分之面積不難求得。附錄巳第六表卽所以計算各部之面積者也。此項面積均從 y_0 算起，差誤正態曲線兩邊對稱，故表中數值無論正負均可適用。例如從 y_0 與 $+\sigma$ 地方所豎之縱線間之面積佔全面積之 0.3413，蓋查表中 $\frac{x}{\sigma} = 1$ 則得 0.3413 故也。（從 $-\sigma$ 至 y_0 之面積亦爲全面積之 0.3413）第十八圖中之 A 卽佔全面積之 0.3413。

設從 -1.4σ 與 -2σ 之兩點各豎縱線與差誤正態曲線相交，則此二縱線與曲線底線間之面積（第十八圖中之 B）究有幾何？依附錄巳第六表從 y_0 至 -1.4σ 之縱線間之面積爲全面積之 0.4192，從 y_0 至 -2σ 之縱線間之面積等於全面積之 0.4773，兩者相減卽得所求之面積等於

全面積之 0.0581。以 0.0581 乘頻數之總和 N 卽得理論頻數。

　茲仍就美國電話公司之例由差誤正態曲線下之面積表計算理論頻數於下表。

第三十八表　由差誤正態曲線下之面積表計算理論頻數

（美國電話公司 995 用戶每年通話頻數之分配）

組限	對於算術平均數之離中差 $\frac{x}{\sigma}$	各縱線與y_0包含之面積(對於全面積之比)	各縱線與y_0間包含之頻數	各組之理論頻數	
0	-3.23	0.4993810	496.88		
50	-2.89	0.4980738	495.58	0— 50	1.92(註)
100	-2.55	0.4946139	492.14	50— 100	3.44
150	-2.22	0.4867906	484.36	100— 150	7.78
200	-1.88	0.4699460	467.60	150— 200	16.76
250	-1.54	0.4382198	436.03	200— 250	31.57
300	-1.20	0.3849303	383.01	250— 300	53.02
350	- .86	0.3051055	303.58	300— 350	78.63
400	- .52	0.1984682	197.48	350— 400	106.90
450	- 18	0.0714237	71.07	400— 450	126.41
500	+ 16	0.0636595	63.24	450— 500	134.31
550	+ 495	0.1896931	188.74	500— 550	125.50
600	+ 83	0.2967306	295.25	550— 600	106.51
650	+1 17	0.3789995	377.10	600— 650	81.85
700	+1.51	0.4344783	432.31	650— 700	55.21
750	+1.85	0.4678432	465.50	700— 750	33.19
800	+2.19	0.4857379	483.31	750— 800	17.81
850	+2.53	0.4942969	491.83	800— 850	8.52
900	+2.87	0.4979476	495.46	850— 900	3.63
950	+3.20	0.4993129	496.82	900— 950	1.36
1000	+3.54	0.4997999	497.30	950—1000	0.48
1050	+3.88	0.4999478	497.45	1000—1050	0.15
1100	+4.22	0.4999878	497.49	1050以上	0.05
					995.00

[註]依理論分配則 -3.23σ 之下尚有頻數 0.62，但在本例中爲無意義，故以之併於 0-50 一組中。

　旣有實在頻數，復得理論頻數，則 X^2 之計算甚易。

第三十九表　χ² 之計算

組　　　限	實在頻數 f_o	理論頻數 f_t	$f_o - f_t$	$\dfrac{(f_o - f_t)^2}{f_t}$
0—150	10	13.14	− 3.14	0.75
150—200	19	16.76	+ 2.24	0.30
200—250	38	31.57	+ 6.43	1.31
250—300	50	53.02	− 3.02	0.17
300—350	95	78.63	+16.37	3.41
350—400	85	106.90	−21.90	4.49
400—450	115	126.41	−11.41	1.03
450—500	132	134.31	− 2.31	0.04
500—550	144	125.50	+18.50	2.73
550—600	116	106.51	+ 9.49	0.85
600—650	79	81.85	− 2.85	0.10
650—700	54	55.21	− 1.21	0.03
700—750	31	33.19	− 2.19	0.14
750—800	11	17.81	− 6.81	2.60
00以上	16	14.19	+ 1.81	0.23
	995	995.00	15組	$\chi^2 = 18.18$

〔註〕下端三組與上端六組各併成一組,蓋欲避免兩端不適當之微小差異也。

χ² 之數值可示吾人以配合之適度，然其解釋須應用詳細計算表。皮爾生氏之統計與人壽計表中曾載此表。茲節錄其一部以示計算之步驟。

由χ²與n'之數值求P之數值：

χ^2	n'=14	n'=15	n'=16
16	0.249129	0.313374	0.382051
17	0.199304	0.256178	0.318864
18	0.157520	0.206731	0.262666
19	0.123104	0.164949	0.213734
20	0.095210	0.130141	0.171932

n' 為組數，P 為機率，即實在分配取差誤正態曲線形式時由簡單抽

樣可得一種等於此或更劣於此之配合的機率，依插補法得 P 之數值爲 0.199。

依愛爾特登之意見（參看愛氏所著之頻數曲線與繫聯）應用以上之測驗時總頻數不當過大，以在 1000 左右者爲較宜。若總頻數爲 28,595 則可以10除之使其總數改爲 2859.5。

本章應用公式

$$_nC_r = \frac{n(n-1)(n-2)\cdots(n-r+1)}{r!} \qquad (1)$$

$$N(p+q)^n = N \left[p^n + {_nC_1}p^{n-1}q + {_nC_2}p^{n-2}q^2 + {_nC_3}p^{n-3}q^3 + \cdots \right.$$
$$\left. + {_nC_{n-1}}pq^{n-1} + q^n \right] \qquad (2)$$

$$\bar{x} = np \qquad (3)$$

$$\sigma = \sqrt{npq} \qquad (4)$$

$$y = y_0 e^{\frac{-x^2}{2\sigma^2}} \qquad (5)$$

$$y = \frac{N}{\sigma\sqrt{2\pi}} e^{\frac{-x^2}{2\sigma^2}} \qquad (6)$$

$$P.E. = 0.6745\sigma \qquad (7)$$

$$\sigma_{\bar{x}} = \frac{\sigma}{\sqrt{n}} \qquad (8)$$

$$P.E._{\bar{x}} = 0.6745 \frac{\sigma}{\sqrt{n}} \qquad (9)$$

$$\sigma_M = 1.25331 \frac{\sigma}{\sqrt{n}} \qquad (10)$$

$$P.E._M = 0.84535 \frac{\sigma}{\sqrt{n}} \qquad (11)$$

$$\sigma_{Q1} = \sigma_{Q3} = 1.36263 \frac{\sigma}{\sqrt{n}} \tag{12}$$

$$\text{P.E.}_{Q1} = \text{P. E.}_{Q3} = 0.91908 \frac{\sigma}{\sqrt{n}} \tag{13}$$

$$\sigma_{\sigma} = \frac{\sigma}{\sqrt{2n}} \tag{14}$$

$$\text{P. E.}_{\sigma} = 0.6745 \frac{\sigma}{\sqrt{2n}} \tag{15}$$

$$\chi^2 = \Sigma \frac{(f_0 - f_t)^2}{f_t} \tag{16}$$

第七章　偏態與轉矩

第一節　偏態之意義及其形式

一切數量之離中程度可由離中趨勢測定，但離中趨勢不能告吾人以離中差分配之形狀，亦不能顯示其密集於平均數上下之程度，故離中趨勢之外須有偏態之測定。偏態即非對稱之謂。在頻數分配完全對稱之數列中，衆數中位數與算術平均數三者合而爲一。偏態數列則不然，三者分而爲三。其數值之大小影響於偏態之方向及其數量。偏態者即所以測此方向與數量者也。

大多數數列之頻數分配不能完全對稱，或左或右總有少許偏態。但偏態之程度有大有小，形式不一，有稍偏者,(如第二十圖)有成 u 字形

第二十圖　偏態不甚之形式

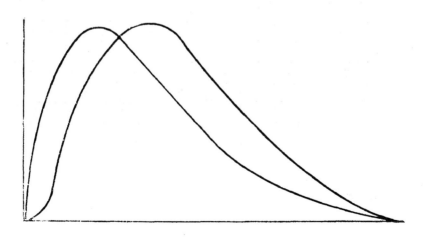

者,(如第二十一圖),有成 J 字形者(如第二十二圖),有成倒 J 字形者,(如第二十三圖),又有其他形式者,故不可以一概而論。

第二十一圖　　u 字形圖(1923年紐約人口死亡

率依照各種年齡之分配)

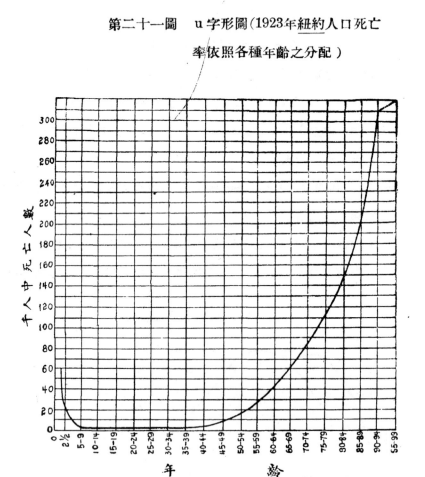

(註)參看第四十表

第四十表　1923年紐約人口死亡率依照各種年齡之分配

年　　　　齡	千人中死亡人數	年　　　　齡	千人中死亡人數
5歲以下	20.4	45——49	13.0
5——9	2.4	50——54	18.7
10——14	1.9	55——59	28.3
15——19	3.2	60——64	41.1
20——25	3.7	65——69	62.7
25——29	4.1	70——74	88.4
30——34	5.0	75——79	115.8
35——39	6.6	80——84	172.9
40——44	9.5	85歲及85歲以上	232.1

〔註〕資料來源：紐約衛生局第四十四次年報

第二十二圖　J字形圖(1915—24年紐約男人每年患心病死亡人數依照年齡比較圖)

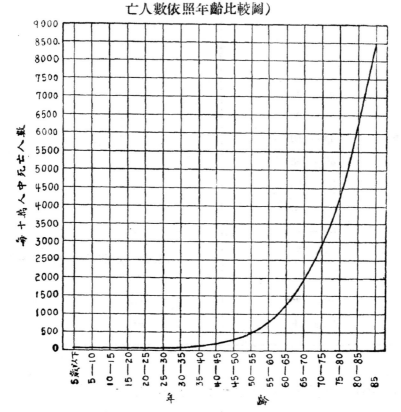

〔註〕參看第四十一表

第四十一表　　1915—24年紐約男人每年患心病死亡人數依照年

齡比較表

年　　　　　　齡	每十萬人中死亡人數
0—— 5	20
5——10	30
10——15	38
15——20	47
20——25	41
25——30	42
30——35	61
35——40	100
40——45	172
45——50	284
50——55	474
55——60	804
60——65	1205
65——70	1969
70——75	2981
75——80	4230
80——85	6264
85歲以上	8646

【註】資料來源：紐約肺病心病學社所出版之紐約心病死亡統計

第二十三圖　　倒 J 字形圖（1920 年美國人口依照

年齡分配圖）

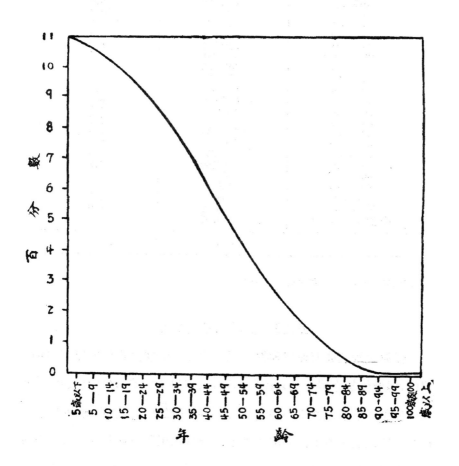

[註]參看第四十二表

第四十二表　1920年美國人口依照年齡分配表

年　　　齡	人　　　數	百　分　率 %
5歲以下	11573230	10.9
5——9	11398075	10.8
10——14	10641137	10.1
15——19	9430556	8.9
20——24	9277021	8.8
25——29	9086491	8.6
30——34	8071193	7.6
35——39	7775281	7.4
40——44	6345557	6.0
45——49	5763620	5.5
50——54	4734873	4.5
55——59	3549124	3.4
60——64	2982548	2.8
65——69	2068475	2.0
70——74	1395036	1.3
75——79	856560	0.8
80——84	402779	0.4
85——89	156539	0.1
90——94	39980	0.0
95——99	9579	0.0
100歲及100歲以上	4267	0.0
	105561921	100.0

〔註〕資料來源：1920年美國人口清查

第二節　測定偏態之方法

　　偏態之測定亦有偏態與偏態係數之分。偏態之單位卽原有事項之單位，偏態係數之單位則爲抽象的數量，正與離中差與離中係數同；惟離中係數爲離中差與平均數之比，而偏態係數則爲偏態與離中差之比。蓋偏態所以表示離中差分配之情形，故計算係數時所用之分母當爲離中差之平均數而非數列之平均數。兩種單位不同之數列或單位雖同而其離中差之平均數相差甚大之兩種數列均不能不求偏態係數以比較其偏態之程度。

　　頻數之分配有向右偏與向左偏之分，故偏態與偏態係數亦有正負之別。頻數曲線向右偏斜，則偏態與偏態係數均為正數，反之則為負數。若頻數之分配完全對稱，則偏態與偏態係數俱等於零。

　　偏態對於衆數中位數與算術平均數之影響不同，故在偏態數列中三者卽分而為三。若頻數曲線向右偏斜，則算術平均數因常在重心處受極端項之影響甚大，故向右移動甚多，中位數祇受頻數多少之影響而不受各項大小之影響，故雖亦向右移動，但其移動之程度較算術平均數為微；反之若頻數曲線向左移動，則算術平均數與中位數亦均向左移動，其移動之程度算術平均數亦較甚於中位數。至於衆數則不論頻數曲線之向右偏或向左偏，均能維持其原有之位置。故算術平均數與衆數之距離卽可為測定偏態之標準，其公式如下：

$$K_{.} = \bar{x} - Z \tag{1}$$

$$K_{.}' = \frac{K_{.}}{\sigma} = \frac{\bar{x} - Z}{\sigma} \tag{2}$$

$K_{.}$　偏態

$K_{.}'$　偏態係數

$\bar{x}$　算術平均數

Z　衆數

σ　標準差

　　衆數不易確定，故有時公式(1)不能應用，惟在偏態不甚之數列中，根據皮爾生氏之經驗，中位數與算術平均數之距離約等於算術平均數與衆數距離三分之一(參看平均數章衆數節)，故可以下列之公式代替公式(1)與公式(2)。

$$K. = 3(\bar{x} - M) \qquad (3)$$

$$K.' = \frac{K.}{\sigma} = \frac{3(\bar{x} - M)}{\sigma} \qquad (4)$$

K.　偏態

K.'　偏態係數

$\bar{x}$　算術平均數

M　中位數

σ　標準差

　　偏態之地位及其數量亦可根據數列一部之分配而測定。通用之方法爲截取 Q_1 與 Q_3 中間之部,在此部分之數列若係完全對稱,則中位數與 Q_1,Q_3 之距離相等,卽 Q_1 與 Q_3 之和等於M之二倍。故在此部分之偏態與偏態係數可用下列公式測定。

$$K. = Q_3 + Q_1 - 2M \qquad (5)$$

$$K.' = \frac{K}{Q.D.} = \frac{2(Q_3 + Q_1 - 2M)}{Q_* - Q_1} \qquad (6)$$

K.　偏態

K.'　偏態係數

Q_1　第一四分位數

Q_3　第三四分位數

M　中位數

Q.D.　四分位差

　　(註)公式(6)有略去分子之 2 以便計算者,蓋求偏態係數之目的原爲比較二或二以上數列之偏態程度,各種數列之偏態係數同以某數乘之或同以某數除之,其大小之比例不變。

　　若頻數之分配完全對稱，則各項與算術平均數相差立方之和等於零；但若稍有偏態，則各立方之和卽不等於零。故此法亦可用以測定偏態及偏態係數，其公式如下：

$$K = \sqrt[3]{\frac{\Sigma x^3}{n}} \tag{7}$$

$$K' = \frac{K}{\sigma} = \frac{\sqrt[3]{\dfrac{\Sigma x^3}{n}}}{\sigma} \tag{8}$$

K.　偏態

K.'　偏態係數

x　各項與算術平均數之差

n　項數

σ　標準差

　　茲舉一極簡單之例以示上述兩公式之應用。

第四十三表　偏態與偏態係數之計算法

X	x	x^2	x^3	
			−	＋
1	−6	36	216	
4	−3	9	27	
5	−2	4	8	
6	−1	1	1	
8	1	1		1
9	2	4		8
11	4	16		64
12	5	25		125
$\overline{X}=7$		96	252	198

$$198 - 252 = -54$$

$$K. = \sqrt[3]{\frac{-54}{8}} = \sqrt[3]{-6.75} = -1.89$$

$$\sigma = \sqrt{\frac{96}{8}} = \sqrt{12} = 3.46$$

$$K.' = -\frac{1.89}{3.46} = -0.546$$

　　上例中算術平均數爲整數，故計算尙易。若帶有幾位小數，則各離**中差立方之計算非常複雜，故實際計算不得不另求簡捷之法，其公式如下：**

$$K = \sqrt[3]{\frac{\Sigma x'^3 - 3c\Sigma x'^2}{n} + 2c^3} \quad (9) \text{（證明參看附錄甲17）}$$

K.　偏態

x'　各項與假定平均數之差

c　算術平均數與假定平均數之差

n　項數

試就一簡單之例應用公式(9)以求偏態。

第四十四表　求偏態之簡捷法

X	x'	x'²	x'³ −	x'³ +
4	−7	49	343	
5	−6	36	216	
7	−4	16	64	
10	−1	1	1	
11	0	0	0	
15	4	16		64
17	6	36		216
21	10	100		1000
$\overline{X}=11$ $\overline{X}=11.25$		254	624	1280

$$1280 - 624 = 656$$

代入公式(9)得：

$$K. = \sqrt[3]{\frac{656 - 3 \times 0.25 \times 254}{8} + 2 \times 0.25^3} = \sqrt[3]{58.21875} = 3.88$$

統計事項若已組成分組頻數表,則可依下列公式計算偏態。

$$K = \sqrt[3]{\frac{\Sigma(fd'^3) - 3c'\Sigma(fd'^2)}{n} + 2c'^3} \times i \qquad (10)$$

K.　偏態

d'　各組與假定平均數所在組(假定平均數須爲任何一組之中點)相差之組數

c'　算術平均數與假定平均數之差(以組距爲單位)

n　項數

i　組距

f　頻數

茲舉例以示公式(10)之應用於下:

第四十五表　由分組頻數表求偏態之簡捷法

存款額(單位一千美金) G	銀行數 f	d'	fd'		fd'²	fd'³	
			−	+		−	+
0——50	11	−3	33		99	297	
50——100	19	−2	38		76	152	
100——150	21	−1	21		21	21	
150——200	9	0	0		0	0	
200——250	6	1		6	6		6
250——300	5	2		10	20		40
300——350	4	3		12	36		108
350——400	0	4		0	0		0
400——450	0	5		0	0		0
450——500	1	6		6	36		216
500——550	2	7		14	98		686
550——600	0	8		0	0		0
600——650	2	9		18	162		1458
650——700	1	10		10	100		1000
700——750	0	11		0	0		0
750——800	1	12		12	144		1728
	82		−92	88	798	−470	5242
			−4			4772	

【註】　上表自克勒姆之經濟統計轉載。

$$c' = \frac{-4}{82} = -0.04878$$

$$\Sigma \ fd'^3) = 4772$$

$$\Sigma(fd'^2) = 798$$

代入公式(10)得：

$$K = \sqrt[3]{\frac{4772 + 3 \times 0.04878 \times 798}{82} - 2 \times 0.04878^3} \times 50$$

$$= \sqrt[3]{59.619028} \times 50$$

$$= 3.9066 \times 50 = 195.33$$

　　由分組頻數表求算術平均數與標準差，均可應用累積頻數法，已分別論之於第四第五教章。依相似之數理吾人亦可應用累積頻數法計算偏態，惟須求第三累積頻數，卽將第二累積頻數再累積一次而得之頻數也。應用累積頻數法計算偏態之公式如下：

$$K. = \pm \sqrt[3]{\frac{6}{n}[\Sigma f''' - \Sigma f''(1 + \frac{\Sigma f'}{n})] + \frac{\Sigma f'}{n}(1 + \frac{\Sigma f'}{n})(1 + \frac{2\Sigma f'}{n})} \times i$$

(11)　　(證明參看附錄甲18)

K.　偏態

n　　項數

f'　　第一累積頻數

f''　　第二累積頻數

f'''　　第三累積頻數

i　　組距

[註]應用上列公式時，各組排列若由大而小，則取正號；若由小而大，則取負號。

茲再述其運算之步驟於下：

(一)各組之排列應由大而小。

(二)求各組之累積頻數 f′，是爲第一累積頻數。

(三)將 f′ 之頻數累積而得 f″，是爲第二累積頻數。

(四)將 f″ 之頻數累積而得 f‴，是爲第三累積頻數。

(五)將第一累積頻數一行中各數相加得 Σf′；

　　將第二累積頻數一行中各數相加得 Σf″；

　　將第三累積頻數一行中各數相加得 Σf‴。

(六)以 n,i,Σf′,Σf″ 與 Σf‴ 之數值代入公式(11)卽得偏態。

茲就第四十五表中所舉之例應用累積頻數法計算偏態。

第四十六表　應用累積頻數法計算偏態

G	f	f′	f″	f‴
750——800	1	1	1	1
700——750	0	1	2	3
650——700	1	2	4	7
600——650	2	4	8	15
550——600	0	4	12	27
500——550	2	6	18	45
450——500	1	7	25	70
400——450	0	7	32	102
350——400	0	7	39	141
300——350	4	11	50	191
250——300	5	16	66	257
200——250	6	22	88	345
150——200	9	31	119	464
100——150	21	52	171	655
50——100	19	71	242	877
0—— 50	11	82	324	1201
	82	324	1201	4381

$$n = 82$$

$$\Sigma f' = 324$$

$$\frac{\Sigma f'}{n} = \frac{324}{82} = 3.9512195$$

$$\Sigma f'' = 1201$$

$$\Sigma f''' = 4381$$

$$i = 50$$

代入公式(11)得:

$$K. = \sqrt[3]{\frac{6}{82}(4381 - 1201 \times 4.9512195) + 3.9512 \times 4.9512 \times 8.9024 \times 50}$$

$$= \sqrt[3]{-114.542533 + 174.159266} \times 50$$

$$= \sqrt[3]{59.616733} \times 50$$

$$= 3.90654 \times 50 = 195.33$$

與第四十四表所得之結果相同。

<h2 style="text-align:center">第三節　轉矩</h2>

轉矩為力學上習見之名詞,所以測量力之旋轉趨勢也。此趨勢之大小隨用力點與原點距離之遠近而異。轉矩在統計學上之意義與在力學上之意義相似,各組之頻數可視作力學上之力,各組之中點與原點之距離乃計算轉矩最重要之一點。頻數分配對於任何原點之轉矩可自下列公式求得:

$$m'_t = \frac{\Sigma(fx'^t)}{n} \tag{12}$$

m'_t　　對於假定平均數之轉矩

f　　頻數

n　　項數

x'　　各項與假定平均數之差

公式(12)中之 t 若爲 1 則爲第一轉矩,若爲2,3,……則爲第二,第三……轉矩,普通統計學上通用之轉矩至四次爲止。

若　$\bar{x}'=0$　則

$$m'_t = \frac{\Sigma(fX^t)}{n} \tag{13}$$

m'_t　對於零點之轉矩

f　頻數

n　項數

X　變量

頻數分配之轉矩雖可根據任何一點計算,然其主要轉矩則爲對於算術平均數計算而得之轉矩,其他轉矩僅爲計算之助耳。故轉矩可分爲主要轉矩與補助轉矩二種。主要轉矩之公式如下:

$$m_t = \frac{\Sigma(fx^t)}{n} \tag{14}$$

m_t　主要轉矩

f　頻數

n　項數

x　各項與算術平均數之差

由上之定義吾人可得下列諸關係:

$$m_1 = 0 \tag{15}$$

$$\sigma = \sqrt{m_2} \tag{16}$$

$$K = \sqrt[3]{m_3} \tag{17}$$

m_1　第一主要轉矩

m_2　第二主要轉矩

m_3　第三主要轉矩

σ　標準差

K　偏態

由補助轉矩計算主要轉矩可應用下列諸公式：

$$m_1' = c \qquad\qquad\qquad\qquad (18)$$

$$m_2 = m_2' - c^2 \qquad\qquad\qquad (19)$$

$$m_3 = m_3' - 3m_2'c + 2c^3 \qquad\qquad (20)$$

$$m_4 = m_4' - 4m_3'c + 6m_2'c^2 - 3c^4 \quad (21) \quad (證明參看附錄甲19)$$

m_2　　第二主要轉矩

m_3　　第三主要轉矩

m_4　　第四主要轉矩

m_1'　第一補助轉矩

m_2'　第二補助轉矩

m_3'　第三補助轉矩

m_4'　第四補助轉矩

c　　算術平均數與假定平均數之差

茲就 1916 年薩安貝克物價指數計算各種轉矩，並由主要轉矩計算平均數，標準差與偏態如下：

第四十七表 轉矩之計算法

指數X	x'	x'²	x'³	指數X	x'	x'²	x'³
68	−68	4624	−314432	138	+2	4	8
71	−65	4225	−274625	148	+12	144	1728
84	−52	2704	−140608	148	+12	144	1728
86	−50	2500	−125000	153	+17	289	4913
93	−43	1849	−79507	154	+18	324	5832
96	−40	1600	−64000	154	+18	324	5832
100	−36	1296	−46656	157	+21	441	9261
100	−36	1296	−46656	159	+23	529	12167
101	−35	1225	−42875	159	+23	529	12167
104	−32	1024	−32768	160	+24	576	13824
104	−32	1024	−32768	161	+25	625	15625
107	−29	841	−24389	163	+27	729	19683
114	−22	484	−10648	163	+27	729	19683
114	−22	484	−10648	166	+30	900	27000
119	−17	289	−4913	168	+32	1024	32768
121	−15	225	−3375	169	+33	1089	35937
125	−11	121	−1331	172	+36	1296	46656
128	−8	64	−512	173	+37	1369	50653
128	−8	64	−512	174	+38	1444	54872
131	−5	25	−125	183	+47	2209	103823
132	−4	16	−64	197	+61	3721	226981
135	−1	1	−1	202	+66	4356	287496
135	−1	1	−1				
$\bar{X}'=136$	−632	25982	−1256414	n=45	629 −632	22795 25982	988637 −1256414
					−3	48777	−267777

〔註〕上表自蒲蘭氏所著之統計學轉載。

$$m'_1 = c = \frac{-3}{45}$$

$$\bar{x} = \bar{x}' + c = 136 - \frac{3}{45} = 135.93$$

$$m'_2 = \frac{48777}{45} = 1083.933$$

$$m'_3 = \frac{-267777}{45} = -5951$$

$$m_2 = m'_2 - c^2 = 1083.929$$

$$m_3 = m'_3 - 3m'_2c + 2c^3 = -5734$$

$$\sigma = \sqrt{m_2} = 32.9$$

$$K = \sqrt[3]{m_3} = -17.9$$

本章應用公式

$$K = \bar{x} - Z \tag{1}$$

$$K' = \frac{K}{\sigma} = \frac{\bar{x} - Z}{\sigma} \tag{2}$$

$$K = 3(\bar{x} - M) \tag{3}$$

$$K' = \frac{K}{\sigma} = \frac{3(\bar{x} - M)}{\sigma} \tag{4}$$

$$K = Q_3 + Q_1 - 2M \tag{5}$$

$$K' = \frac{K}{Q.\,D.} = \frac{2(Q_3 + Q_1 - 2M)}{Q_3 - Q_1} \tag{6}$$

$$K = \sqrt[3]{\frac{\Sigma x^3}{n}} \tag{7}$$

$$K' = \frac{K}{\sigma} = \frac{\sqrt[3]{\dfrac{\Sigma x^3}{n}}}{\sigma} \tag{8}$$

$$K = \sqrt[3]{\frac{\Sigma x'^3 - 3c\Sigma x'^2}{n} + 2c^3} \tag{9}$$

$$K = \sqrt[3]{\frac{\Sigma(fd'^3) - 3c\Sigma(fd'^2)}{n} + 2c'^3} \times i \tag{10}$$

$$K = \pm\sqrt[3]{\frac{6}{n}\{\Sigma f''' - \Sigma f''(1 + \frac{\Sigma f'}{n})\} + \frac{\Sigma f'}{n}(1 + \frac{\Sigma f'}{n})(1 + \frac{2\Sigma f'}{n})} \times i$$

$$\tag{11}$$

$$m'_t = \frac{\Sigma(fx'^t)}{n} \qquad (12)$$

$$m'_t = \frac{\Sigma(fX^t)}{n} \qquad (13)$$

$$m_t = \frac{\Sigma(fx^t)}{n} \qquad (14)$$

$$m_1 = 0 \qquad (15)$$

$$\sigma = \sqrt{m_2} \qquad (16)$$

$$K = \sqrt[3]{m_3} \qquad (17)$$

$$m_1' = c \qquad (18)$$

$$m_2 = m_2' - c^2 \qquad (19)$$

$$m_3 = m_3' - 3m_2'c + 2c^3 \qquad (20)$$

$$m_4 = m_4' - 4m_3'c + 6m_2'c^2 - 3c^4 \qquad (21)$$

第八章　指數

第一節　指數之意義與種類

指數者用簡單之數字表示複雜事實之變化者也。譬如物價，其變化甚爲複雜，世間物品不止一種，其變化之趨勢亦非一律，或上漲，或下落，或相差甚大，或變動甚微。苟無簡單之數字以示一般物價之變化，則異地異時之物價將無由比較。更就生產而論，煤鐵之生產以噸計，米麥之生產以擔計，布綢之生產以疋計，發電機之生產以馬力計，倂此性質迥異單位不同之產量而欲比較其在不同時間或空間所生之變化，非先將複雜之數量化成簡單之數字不可。此簡單之數字卽指數也。

指數之應用至廣，其用以測量物價之變動者曰物價指數，用以測量貿易之消長者曰貿易指數，他如股票之漲落，工資之增減，生活費之高下，生產消費之狀況，靡不可用指數表示之。

第二節　物價指數編製之方法

指數之應用雖不限於物價，然物價指數乃指數中之最重要者，本節卽就物價指數詳論其編製之方法，其他指數之編製亦大體相似，學者不難隅反得之也。

同一物品在兩時期之價格可用價比以示其變動。所謂價比卽甲時

物價與乙時物價之比率（通常乘以一百）。甲時之物價名曰計算價，乙時之物價名曰基價。基價或爲一日之物價，或爲一年或數年之平均物價。所選基價之時期名曰基期，故基期可短至一日，長至數年或數十年。

　　基期有固定與變動之別。以指定一時期之物價爲基價而計算各時期之價比者名曰固定基期法；以前一年或前一月之物價爲基價而計算下一時期之價比者名曰變動基期法。前者之價比名曰定基價比，後者之價比名曰環比。下表中第三行卽爲定基價比，基期爲民國十二年，第四行則爲環比。計算民國十三年之環比時基期爲民國十二年，計算民國十四年之環比時基期爲民國十三年（餘可類推）。故民國十三年之環比爲

$$\frac{7.110}{7.594} \times 100 = 93.6$$

民國十四年之環比爲

$$\frac{7.282}{7.110} \times 100 = 102.4$$

第四十八表　定基價比與環比之比較

年　　別	米每擔平均價（單位規元一兩）	定基價比（基期民國12年）	環　　比
民國十二年	7.594	100.0	
十三年	7.110	93.6	93.6
十四年	7.282	95.9	102.4
十五年	10.395	136.9	142.7
十六年	10.030	132.1	96.5
十七年	7.389	97.3	73.7
十八年	8.986	118.3	121.6
十九年	11.512	151.6	128.1
二十年	8.792	115.8	76.4
廿一年	8.049	106.0	91.5

〔註〕　參看第五十表。

　　定基價比與環比之外尚有一種價比名曰鎖比。鎖比者將環比之各環相乘而得之價比也。例如第五年之鎖比爲五環比相乘之積,第六年之鎖比爲六環比相乘之積。換言之第六年之鎖比卽爲第五年之鎖比與第六年之環比相乘之積,故以去年之鎖比與今年之環比相乘卽得今年之鎖比。例如前例中之米以 100 爲民國十二年之鎖比,以民國十二年之鎖比與民國十三年之環比相乘則得民國十三年之鎖比,卽

$$\frac{100 \times 93.6}{100} = 93.6$$

以民國十三年之鎖比與民國十四年之環比相乘則得民國十四年之鎖比,卽

$$\frac{93.6 \times 102.4}{100} = 95.8 \quad (\text{註})$$

但

$$民國十三年之環比 = \frac{民國十三年之物價}{民國十二年之物價} \times 100$$

$$民國十三年之鎖比 = \frac{民國十三年之物價}{民國十二年之物價} \times 100$$

$$民國十四年之環比 = \frac{民國十四年之物價}{民國十三年之物價} \times 100$$

$$民國十四年之鎖比 = \frac{民國十四年之物價}{民國十三年之物價} \times \frac{民國十三年之物價}{民國十二年之物價}$$

$$\times 100 = \frac{民國十四年之物價}{民國十二年之物價} \times 100$$

故各年之鎖比各與其定基價比相等,但若物品不止一種,則兩者之數值不必相同。

　　〔註〕　與第四十八表中之95.9略有差異,此由於小數四捨五入之故。

　　以各時期之定基價比爲一數列，則可比較各時期之物價對於基價
之變動。若數種物品用同一時期爲基期，則更可比較此數種物價對於基
價變動同異之一斑，卽微小之變動亦可一覽而知也。下表中(1)(2)(3)
三行爲棉花米絲之每年平均價，(4)(5)(6)三行則其價比。

第四十九表　　棉花米絲價格之比較

基期：　　民國十二年

年　份	每　年　平　均　價			價	比	
	棉花(1)	米(2)	絲(3)	棉花(4)	米(5)	絲(6)
民國十二年	圜41.383	圜7.594	圜1722	100.0	100.0	100.0
十三年	44.671	7.110	1295	107.9	93.6	75.2
十四年	40.667	7.282	12 5	98.3	95.9	70.6
十五年	33.117	10.395	1292	80.0	136.9	75.0
十六年	34.975	10.030	1317	84.5	132.1	76.5
十七年	37.283	7.389	1302	90.1	97.3	75.6
十八年	36.125	8.986	1284	87.3	118.3	74.6
十九年	35.667	11.512	1241	86.2	151.6	72.1
二十年	39.167	8.792	1169	94.6	115.8	67.9
廿一年	32.250	8.049	772	77.9	106.0	44.8

〔註〕　參看第五十表、

　　若以表中平均價與價比分別製圖，則後者較前者便於比較。何則？
絲價與棉米之價相差甚大，圖上之曲線相離甚遠，故不易比較，反之若
用價比，則民國十二年之價比均爲 100，三曲線之出發點俱在一點，故
觀曲線之起伏卽可知其對於基價變動之方向及其程度。此價比之所以
優於實際價格也。

　　棉花米絲價格變動之方向未必一致。例如民國十三年米絲價格變
動之方向一致而棉花則相反，民國十四年絲棉價格變動之方向一致而
米則相反，故卽世間物品僅有棉花與米絲三種，亦不能以其價比測定一

般物價之趨勢；且世間重要物品不止此三種，其變動之方向及其程度亦甚參差不齊。除受一般物價趨勢之影響外，各物各有其個別變動之原因。故欲推測一般物價之趨勢，不可不自重要物品之個別變動中選取一種可以代表全部之數字，此卽所謂物價指數是也。

　　然代表之方法甚多，各項物價之總值或其平均數均可作爲一切物價或價比之代表。此代表若能正確測定一般物價之趨勢則爲良指數，否則爲不良指數。由總值製成之指數亦屬不良指數之一，蓋若一二種物品每單位之價格甚大而其他物品每單位之價格甚小，則此一二種物品價格之變動常足左右總值之大小。例如第四十九表中五種重要物品之物價，絲價在一千兩左右，棉花之價則僅三四十兩，絲價之變動對於總值之影響甚大而棉花則否。反之若絲價改以兩計，棉花之價改以噸計，則棉花價格之變動對於總值之影響甚大而絲價則否。故總值變動之方向及其程度隨各物所用之單位而異，一般物價之趨勢不能正確測定自不待言。以物品數除其總值得一平均數，似稍勝矣，然上述之弊仍未消除。故實際價格之簡單算術平均數亦爲不良指數之一。由物品之總值編製指數，其公式如下：

$$A_g = \frac{\Sigma p_1}{\Sigma p_0} \qquad\qquad (1)$$

A_g　　簡單總值式指數

p_0　　基期之物價

p_1　　計算期之物價

第五十表　五種重要物品之物價

物品別	米	小　麥	麵　粉	棉　花	絲
民國十二年	7.594	3.813	2.110	41.283	1722
十三年	7.110	3.398	1.887	44.671	1295
十四年	7.282	4.223	2.310	40.667	1.15
十五年	10.395	4.533	2.335	33.117	1292
十六年	10.030	4.444	2.346	34.975	1317
十七年	7.389	5.107	2.221	37.283	1302
十八年	9.986	4.124	2.277	36.125	1284
十九年	11.512	4.658	2.490	35.667	1241
二十年	8.792	3.733	2.144	39.167	1169
廿一年	8.049	3.430	1.963	32.250	772

〔註一〕　資料來源：　貨價季刊(財政部國定稅則委員會出版)。

〔註二〕　物價單位：　上海規元一兩。

米———常熟機粳一市石之價

小麥———漢口小麥一擔之價

麵粉———綠兵船麵粉一袋(49磅)之價

棉花———通州棉花一擔之價

絲 ——高等白廠經一擔之價

(以上各種物價均每月十五日之價)

若用價比以代實際價格，則各物單位之影響可以盡除。例如上表中之五種重要物品，若以民國十二年為基期，則民國十三年米之價比為 93.6

$$\frac{7.110}{7.594} \times 100 = 93.6$$

若表示米價所用之單位改一擔為一千擔則民國十三年米之價比仍為 93.6

$$\frac{7110}{7594} \times 100 = 93.6$$

　　單位之變動與價比無關，故取五種價比之平均數爲指數較能得物價高低之眞相。但須選擇物價變動不大之時期爲基期，否則價比亦不可恃。物價變動不大則其離中趨勢甚小，故在選擇基期以前須先計算其離中趨勢之大小。

　　但平均數亦有種種，如算術平均數中位數衆數幾何平均數與倒數平均數均可用於指數之編製，其公式如下：

$$A = \frac{\Sigma \frac{p_1}{p_0}}{n} \qquad (2)$$

$$H = \frac{n}{\Sigma \frac{p_0}{p_1}} \qquad (3)$$

$$\log G = \frac{1}{n} \Sigma \log \frac{p_1}{p_0} \qquad (4)$$

A　簡單算術式指數

H　簡單倒數式指數

G　簡單幾何式指數

p_0　基期物價

p_1　計算期物價

n　物品總數

　　若取順次排列中間之一價比則爲簡單中位數式指數，若取最普通之一價比則爲簡單衆數式指數。

　　然則各物價比之平均數究以何者爲最善？考平均數之選擇無一定

之規則,各國學者頗多爭論。惟衆數因不易確定,**故用者甚少。中位數與**算術平均數之間有時因編製指數之目的而異其取舍。例如編製物價指數之目的若在測定模範物價變動則中位數爲宜,反之若欲測量貨幣對於一般物品之購買力則算術平均數較優於中位數。費暄教授在其所著指數編製論中以時間互換測驗與因子互換測驗爲決定良否之標準,平均數之選擇卽可取決於此。據費暄氏之報告,簡單算術平均數倒數平均數及加權平均數對此二種測驗均不能滿足,祇簡單幾何平均數中位數衆數及總值式指數可以滿足第一測驗,但亦不能滿足第二測驗。此二種測驗方法將於第三節詳論之。

　　上述各種指數均以民國十二年爲基期,故可名曰定基指數。然定基指數之基期不必限於一年,更不必限於民國十二年,或短至一月一日,或長至五年十年,均無不可;惟就物價變態漲跌之危險而論,則一年比一月爲佳,而十年又勝於一年,蓋變態之漲跌決不能持久也。基期之長短與平均數之選擇亦有關係,平均數若爲算術平均數則基期宜長。何則?基期中之物價如偶有一二項極漲或極跌,則所得價比勢必異常之低或異常之高,而極高之價比大有左右算術平均數之能力,卽有極低之價比亦不能與之抵銷。(價比之上升無限,其下落則以零爲極限。) 故欲消除物價之變態的影響不可不用較長之基期;反之若用幾何平均數則與基期之選擇無關。若用中位數而物品數又甚多者,則基期之影響亦甚微也。

　　物價變態之時期不宜選作基期,其理上已言之。基期亦不宜距今過遠,蓋經過之時期愈長則價比之分配愈散漫而求得之指數亦不足代表

一般物價之趨勢，故須常由較遠之基期轉換至較近之基期，是曰變換基期。

　　統計學家鑒於定基指數之常須轉換基期，故有主用連環指數與連鎖指數以代定基指數者。若吾人將基期變動，以前一年或前一月為基期，計算本年或本月之指數，則所得之指數名曰連環指數。由連環指數可化為連鎖指數，其化法與由環比化為鎖比相似。相鄰兩年或兩月之價相比，則物價升降之迹益顯。定基指數有多種，連鎖指數亦然。茲就第四十九表中五種重要物品編製各種指數如下：

第五十一表　　各種定基指數與連鎖指數之比較

民國十二年指數 = 100

	民國十三年	民國十四年	民國十五年
算術式指數			
定基指數	91.1	97.0	104.3
連鎖指數	91.1	97.3	104.9
幾何式指數			
定基指數	90.5	95.8	101.6
連鎖指數	90.5	95.8	101.6
倒數式指數			
定基指數	89.9	94.4	98.9
連鎖指數	89.9	94.4	98.4
中位數式指數			
定基指數	89.4	98.3	110.7
連鎖指數	89.4	91.6	97.4
總值式指數			
定基指數	76.1	71.4	75.5
連鎖指數	76.1	71.4	75.5

〔註〕　物品祇有五種，故其衆數不能確定。

　　上表中除幾何式指數與總值式指數外，定基指數與連鎖指數均非一致，此則與一種物品之價比異也。編製指數若用算術平均數，則當物價上升之時連鎖指數之變化通常大於定基指數；當物價下落之時連鎖指數之變化通常小於定基指數(若用倒數平均數則所得結果適相反。)

下表中自 1891 年至 1913 年兩種指數變化之百分率相同者僅有二年（1912 年與 1913 年），與此結論相反者亦僅二年（1908 年與 1911年），其餘十九年均與此結論相合。

第五十二表　定基指數與連鎖指數變化百分率之比較

	美 國 勞 工 局 之 指 數		變 化 百 分 率 %	
	定基指數(1890－1899＝100)	連鎖指數	定基指數	連鎖指數
1890	112.9	112.9		
1891	111.7	112.7	－1.1	－ 0.2
1892	106.1	107.7	－5.0	－ 4.4
1893	105.6	107.5	－0.5	－ 0.2
1894	96.1	98.2	－9.0	－ 8.7
1895	93.6	96.7	－2.6	－ 1.5
1896	90.4	94.0	－3.4	－ 2.8
1897	89.7	94.2	－0.8	＋ 0.2
1898	93.4	98.7	＋4.1	＋ 4.8
1899	101.7	109.0	＋8.9	＋10.4
1900	110.5	119.3	＋8.7	＋ 9.4
1901	108.5	118.0	－1.8	－ 1.1
1902	112.9	123.4	＋4.1	＋ 4.6
1903	113.6	124.9	＋0.6	＋ 1.2
1904	113.0	124.8	－0.5	－ 0.1
1905	115.9	128.4	＋2.6	＋ 2.9
1906	122.5	135.9	＋5.7	＋ 5.8
1907	129.5	144.1	＋5.7	＋ 6.0
1908	122.8	136.0	－5.2	－ 5.6
1909	126.5	140.3	＋3.0	＋ 3.2
1910	131.6	146.1	＋4.0	＋ 4.1
1911	129.2	143.3	－1.8	－ 1.9
1912	133.6	148.2	＋3.4	＋ 3.4
1913	135.2	150.0	＋1.2	＋ 1.2

　　然則物價之上升下落何以影響於此兩種指數之變化？其故安在？設僅有兩物，甲物之價比爲 200，乙物之價比爲 100，先使小者不變，大者增加百分之五十，則得定基指數與連鎖指數如下：（參看附錄甲20）

	定基指數	連鎖指數
第一年	150	150
第二年	200	187.5

　　定基指數增加 33.3%，連鎖指數增加 25%，卽大於平均數之價比
上升之時連鎖指數之變化小於定基指數。

　　次將小者不變，大者減少百分之五十，則得定基指數與連鎖指數如
下：

	定基指數	連鎖指數
第一年	150	150
第二年	100	112.5

　　定基指數減少33.3%，連鎖指數減少25%，卽大於平均數之價比下
落之時連鎖指數之變化小於定基指數。

　　更次將大者不變，小者增加百分之五十，則得定基指數與連鎖指數
如下：

	定基指數	連鎖指數
第一年	150	150
第二年	175	187.5

　　定基指數增加 16.7%，連鎖指數增加 25%，卽小於平均數之價比
上升之時連鎖指數之變化大於定基指數。

　　最後將大者不變，小者減少百分之五十，則得定基指數與連鎖指數
如下：

	定基指數	連鎖指數
第一年	150	150
第二年	125	112.5

　　定基指數減少 16.7%，連鎖指數減少 25%，卽小於平均數之價比

下落之時連鎖指數之變化大於定基指數。

　　各項物價常有一中心之傾向，其離中心已多者還歸中心之傾向常多於離中之傾向，故平均數以上之價比上升之傾向少而下落之傾向多。反之平均數以下之價比上升之傾向多而下落之傾向少。換言之，第一第四兩種情形不如第二，第三兩種情形之普遍。故當物價上升之時連鎖指數之變化常大於定基指數。當物價下落之時連鎖指數之變化常小於定基指數。

　　連鎖指數之值常與定基指數不同，且其差異與年俱積故歷時愈久其差異亦愈大，上表中指數至 1913 年相差已達百分之五十即其明證。且連鎖指數之意義不易解釋，遠不若定基指數之簡明，此則連鎖指數之缺點也。

　　世間物品對於人生之重要未必盡同。例如米麥與咖啡相較，其重要之程度迥乎不同。物品之種類至多，而其重要性之大小亦至不齊。善製指數者須視各種物品重要性之大小而增減高下其變化之影響，是即所謂加權指數是也。反之若不問物品之重要與否而使其價格之變化對於物價指數之編製有同等之影響，則名曰單純指數。上述各種指數均單純指數也。編製加權指數時物品之最重要者與以最大之權數，其次要者與以較小之權數，其最不重要者與以最小之權數，故加權指數較單純指數為公平。然亦有持反對之論者，其主要理由有二：權數之資料不易搜集，此其一；權數影響於指數之結果甚微，此其二。愛奇渥斯謂權數之重要遠不如物價。據愛氏之試驗權數之誤影響於指數者不過二十分之一，而物價之誤影響於指數者則有四分之一或五分之一之多。據米乞爾之報

告則單純指數與加權指數之差往往不及十分之一。

　　加權指數雖較單純指數爲公平,然若權數選擇不當,則其結果反不及單純指數。然則權數之選擇究應以何者爲標準?楊氏謂大麥之重要二倍於羊毛煤鐵,而糧食有四倍之重要,小麥與日工則有五倍之重要。此雖亦加權之一法,然權數之選擇無客觀之標準, 悉由主編者任意決定,常不能得滿意之結果。費暄教授在其所著指數編製論一書中分加權方法爲下列四種:

　　(一)以基期之貿易值(卽基期之物價 p_0 與基期之貿易量 q_0 之乘積)爲權數(卽 $p_0 q_0$),其公式如下:

$$A_1 = \frac{\Sigma \left(p_0 q_0 \dfrac{p_1}{p_0} \right)}{\Sigma (p_0 q_0)} \qquad\qquad (5)$$

　　(二)以基期之物價與計算期之貿易量之乘積 (卽 $p_0 q_1$) 爲權數,其公式如下:

$$A_2 = \frac{\Sigma \left(p_0 q_1 \dfrac{p_1}{p_0} \right)}{\Sigma (p_0 q_1)} \qquad\qquad (6)$$

　　(三)以計算期之物價與基期之貿易量之乘積 (卽 $p_1 q_0$) 爲權數,其公式如下:

$$A_3 = \frac{\Sigma \left(p_1 q_0 \dfrac{p_1}{p_0} \right)}{\Sigma (p_1 q_0)} \qquad\qquad (7)$$

　　(四)以計算期之貿易值(卽計算期之物價 p_1 與計算期之貿易量 q_1 之乘積)爲權數(卽 $p_1 q_1$),其公式如下:

$$A_4 = \frac{\Sigma(p_1q_1\frac{p_1}{p_0})}{\Sigma(p_1q_1)} \qquad (8)$$

同理幾何式指數與倒數式指數亦各有四種加權方法,其公式如下

$$\log G_1 = \frac{1}{\Sigma(p_0q_0)} \Sigma\left(p_0q_0 \ \log\frac{p_1}{p_0} \right) \quad (9)$$

$$\log G_2 = \frac{1}{\Sigma(p_0q_1)} \Sigma\left(p_0q_1 \ \log\frac{p_1}{p_0} \right) \quad (10)$$

$$\log G_3 = \frac{1}{\Sigma(p_1q_0)} \Sigma\left(p_1q_0 \ \log\frac{p_1}{p_0} \right) \quad (11)$$

$$\log G_4 = \frac{1}{\Sigma(p_1q_1)} \Sigma\left(p_1q_1 \ \log\frac{p_1}{p_0} \right) \quad (12)$$

$$H_1 = \frac{\Sigma(p_0q_0)}{\Sigma\left(p_0q_0 \frac{p_0}{p_1} \right)} \qquad (13)$$

$$H_2 = \frac{\Sigma(p_0q_1)}{\Sigma\left(p_0q_1 \frac{p_0}{p_1} \right)} \qquad (14)$$

$$H_3 = \frac{\Sigma(p_1q_0)}{\Sigma\left(p_1q_0 \frac{p_0}{p_1} \right)} \qquad (15)$$

$$H_4 = \frac{\Sigma(p_1q_1)}{\Sigma\left(p_1q_1 \frac{p_0}{p_1} \right)} \qquad (16)$$

以上四種加權方法均可適用於中位數與衆數。加權中位數乃各權數中間一項之價比,而加權衆數則爲權數最大之價比（參看費暄書pp 377-8）。

就以上四種加權方法之結果而言,第一第二兩種相差甚微,第三第

四兩種亦然,而前兩種與後兩種則相差甚大。由是可見物價之變動甚於物品之貿易量,故其對於物價指數之影響前者較後者爲大。

若用總值法編製指數,則祇可以物品之貿易量爲各物之權數,故權數之選擇祇有基期之貿易量與計算期之貿易量兩種,其公式如下:

$$A_{g1} = \frac{\Sigma(p_1 q_0)}{\Sigma(p_0 q_0)} \qquad\qquad (17)$$

$$A_{g2} = \frac{\Sigma(p_1 q_1)}{\Sigma(p_0 q_1)} \qquad\qquad (18)$$

讀者須注意,此處公式 (17)等於A_1及H_3,公式(18)等於A_2及H_4。

第三節　指數公式之測驗

指數公式多至數百,由是求得之指數未必俱能適應物價之變動,指數之良否當視其代表性之大小以爲斷。然則何由知其代表性之大小?統計學家常用種種測驗方法以辨別指數之良否。指數公式之測驗方法有二,卽時間互換測驗與因子互換測驗是也。

若吾人僅欲比較兩時期之物價,則兩時期中之任何一期均可作爲基期。以前一期爲基期而編製之指數,名曰前進指數,以後一期爲基期而編製之指數,名曰後退指數。時間互換測驗者卽前進指數與後退指數相乘之積是否爲一之測驗也。若商品祇有一種,則後退指數卽爲前進指數之倒數,故其相乘之積必等於一。例如民國十年肉一斤之價爲二角五分,民國十五年肉一斤之價爲五角,則前進指數爲200,後退指數爲 50,而其相乘之積則爲

$$\frac{200}{100} \times \frac{50}{100} = 1$$

　　若商品不祇一種，則由各種公式求得之指數未必俱能滿足此條件。換言之前進指數與後退指數相乘之積有等於一者，亦有大於或小於一者。簡單幾何式指數簡單中位數式指數簡單衆數式指數與簡單總值式指數均屬於前者，各種加權平均數與加權總值式指數均屬於後者。簡單算術平均數常大於簡單幾何平均數，而簡單倒數平均數常小於簡單幾何平均數，故前進指數與後退指數相乘之積，前者（算術平均數）常大於一而後者（倒數平均數）常小於一。換言之前者常向上偏誤，而後者常向下偏誤，卽所謂型偏誤是也。

　　四種加權方法中所選之權數通常前二種失之過低，後二種失之過高，故前進指數與後退指數相乘之積前二種小於一而後二種大於一。換言之前二種向下偏誤而後二種向上偏誤，是曰權偏誤。故由各種公式編製之指數或具型偏誤，或具權偏誤，或兼具型偏誤與權偏誤。簡單算術式指數與簡單倒數式指數僅有型偏誤，加權幾何式指數僅有權偏誤，加權算術式指數與加權倒數式指數則兼有型偏誤與權偏誤。

　　雖然，型偏誤與權偏誤其方向未必一致，故兼有型偏誤與權偏誤之指數有時仍不失爲良指數。例如第一第二兩種加權算術式指數，型偏誤向上而權偏誤向下，反之第三第四兩種加權倒數式指數，型偏誤向下而權偏誤向上，向上偏誤與向下偏誤相抵，故其結果偏誤甚微。

　　型偏誤或權偏誤亦可用交叉方法減免之。交叉方法者選取偏誤異向之二種指數而求其幾何平均數之法也。簡單算術式指數之向上偏誤與簡單倒數式指數之向下偏誤幾相等，故交叉後之偏誤甚微。（商品祇有兩種時簡單算術平均數與簡單倒數平均數之幾何平均數與簡單幾何

平均數相等，參看附錄甲8）費暄教授在其所著之指數編製論一書中列
舉各種交叉公式，學者可參考之。

第二種測驗適用於加權指數，是曰因子互換測驗，蓋加權指數公式
中 p 代表物價，q 代表貿易量，若以 p 與 q 互換，則其求得之指數非物
價指數而爲物量指數，因子互換測驗者卽物價指數與物量指數相乘之
積是否與兩時期貿易值之比率相等之測驗也。若商品祇有一種，則其物
價指數爲 $\dfrac{p_1}{p_0}$ 而其物量指數則爲 $\dfrac{q_1}{q_0}$，故其相乘之積等於 $\dfrac{p_1q_1}{p_0q_0}$，卽計算
期之貿易值與基期之貿易值之比也。

若商品不止一種，則根據以上各公式求得之指數均不能滿足此條
件，費暄教授之所謂「理想公式」則與此條件相合，其公式如下：

$$I = \sqrt{\frac{\Sigma(p_1q_0)}{\Sigma(p_0q_0)} \times \frac{\Sigma(p_1q_1)}{\Sigma(p_0q_1)}} \qquad (19)$$

卽公式(17)與公式(18)之交叉公式也。

公式(19)又可改作下式：

$$I = \sqrt{\frac{\Sigma\left(p_0q_0\,\dfrac{p_1}{p_0}\right)}{\Sigma\,(p_0q_0)} \times \frac{\Sigma(p_1q_1)}{\Sigma\left(p_1q_1\dfrac{p_0}{p_1}\right)}} \qquad (20)$$

此則公式(5)與公式(16)之交叉公式也。同理亦可改作公式(15)與
公式(6)之交叉公式。

公式(19)中之 p 與 q 互換後卽得物量指數如下：

$$\sqrt{\frac{\Sigma(q_1p_0)}{\Sigma(q_0p_0)} \times \frac{\Sigma(q_1p_1)}{\Sigma(q_0p_1)}}$$

物價指數與物量指數相乘則得:

$$\frac{\Sigma(p_1q_1)}{\Sigma(p_0q_0)}$$

此即計算期之貿易值與基期之貿易值之比也。

理想公式試以時間互換之測驗亦能適合，蓋若公式 (19) 爲前進指數，則其後退指數當爲

$$\sqrt{\frac{\Sigma p_0q_1)}{\Sigma(p_1q_1)} \times \frac{\Sigma(p_0q_0)}{\Sigma(p_1q_0)}}$$

以之與公式(19)相乘則分子分母兩兩相消，故其乘積爲一。

此外尚有一種測驗，名曰循環測驗，適用於兩個以上時期之比較。即以第一年爲基年計算第二第三兩年之指數；若以第二年之指數除第三年之指數，其結果應等於以第二年爲基年而計算之第三年指數。關於此項測驗，各家意見略有不同。潘蓀氏謂此乃時間互換測驗（潘蓀氏稱基期互換測驗）之合理的推衍。二個時期旣可互換而無矛盾，則三個時期自當亦無矛盾。但適合此測驗必先有一條件，卽權數須爲常數是也。(參閱附錄甲 21) 費暄氏則以爲此項測驗可以不必，祇有權數爲常數之時方可滿足此測驗，各時代物品之重要性不同，故通常各公式不能適合此測驗，卽其所最稱道之理想公式亦不適合也。此項測驗祇有權數爲常數之時可以適合一點，二家之結論相同。惟潘蓀主用相同之權數，以求適合此測驗，而費暄則以爲各時期物品重要不同，權數不能無異，此其別耳。

本章應用公式

$$A_g = \frac{\Sigma p_1}{\Sigma p_0} \tag{1}$$

$$A = \frac{\Sigma \frac{p_1}{p_0}}{n} \tag{2}$$

$$H = \frac{n}{\Sigma \frac{p_0}{p_1}} \tag{3}$$

$$\log G = \frac{1}{n} \Sigma \log \frac{p_1}{p_0} \tag{4}$$

$$A_1 = \frac{\Sigma \left(p_0 q_0 \frac{p_1}{p_0} \right)}{\Sigma (p_0 p_0)} \tag{5}$$

$$A_2 = \frac{\Sigma \left(p_0 q_1 \frac{p_1}{p_0} \right)}{\Sigma (p_0 q_1)} \tag{6}$$

$$A_3 = \frac{\Sigma \left(p_1 q_0 \frac{p_1}{p_0} \right)}{\Sigma (p_1 q_0)} \tag{7}$$

$$A_4 = \frac{\Sigma \left(p_1 q_1 \frac{p_1}{p_0} \right)}{\Sigma (p_1 q_1)} \tag{8}$$

$$\log G = \frac{1}{\Sigma (p_0 q_0)} \Sigma \left(p_0 q_0 \log \frac{p_1}{p_0} \right) \tag{9}$$

$$\log G_2 = \frac{1}{\Sigma (p_0 q_1)} \Sigma \left(p_0 q_1 \log \frac{p_1}{p_0} \right) \tag{10}$$

$$\log G_3 = \frac{1}{\Sigma (p_1 q_0)} \Sigma \left(p_1 q_0 \log \frac{p_1}{p_0} \right) \tag{11}$$

$$\log G_4 = \frac{1}{\Sigma (p_1 q_1)} \Sigma \left(p_1 q_1 \log \frac{p_1}{p_0} \right) \tag{12}$$

$$H_1 = \frac{\Sigma (p_0 q_0)}{\Sigma \left(p_0 q_0 \frac{p_0}{p_1} \right)} \tag{13}$$

$$H_2 = \frac{\Sigma(p_0 q_1)}{\Sigma\left(p_0 q_1 \frac{p_0}{p_1}\right)} \tag{14}$$

$$H_3 = \frac{\Sigma(p_1 q_0)}{\Sigma\left(p_1 q_0 \frac{p_0}{p_1}\right)} \tag{15}$$

$$H_4 = \frac{\Sigma(p_1 q_1)}{\Sigma\left(p_1 q_1 \frac{p_0}{p_1}\right)} \tag{16}$$

$$A_{g1} = \frac{\Sigma(p_1 q_0)}{\Sigma(p_0 q_0)} \tag{17}$$

$$A_{g2} = \frac{\Sigma(p_1 q_1)}{\Sigma(p_0 q_1)} \tag{18}$$

$$I = \sqrt{\frac{\Sigma(p_1 q_0)}{\Sigma(p_0 q_0)} \times \frac{\Sigma(p_1 q_1)}{\Sigma(p_0 q_1)}} \tag{19}$$

$$I = \sqrt{\frac{\Sigma\left(p_0 q_0 \frac{p_1}{p_0}\right)}{\Sigma(p_0 q_0)} \times \frac{\Sigma(p_1 q_1)}{\Sigma\left(p_1 q_1 \frac{p_0}{p_1}\right)}} \tag{20}$$

第九章 吾國重要指數之編製

指數編製之方法及其公式之測驗已詳述於第八章，雖均能適用於各種指數，然實際編製指數時除公式之採用外若物品之選擇分類之方法以及編製之程序均須分別釐訂。此種問題之解答隨指數之種類而不同。茲就吾國現有各種重要指數略述其實際編製之方法以供學者之參考。

第一節 物價指數

物價指數者研究物價變動而編製之指數也。物價之變動素為經濟學者與社會學者所注意，蓋詳察物價之變動可以推測生活程度之高低與貨幣購買力之大小，並因特種物品定價之過高或過低而引起社會上收益分配之不平現象也。古時物價變動較為和緩，其影響較小，故物價指數之效用不若今日之顯著。今則通貨之忽漲忽縮常使物價發生極大之變動，而物價之忽高忽低又常反映於一切社會經濟現象，故凡研究社會經濟問題者靡不詳察物價變動之因果。物價指數之效用至此益彰。

近年來吾國公私團體鑒於物價指數之重要，亦為各種物價指數之試編，若財政部國定稅則委員會實業部廣東建設廳南開大學社會經濟研究委員會等均先後編製物價指數以示物價之變動。茲就財政部國定

稅則委員會所編之物價指數而述其編製方法於後：

國定稅則委員會所編之物價指數有二：一爲上海躉售物價指數，一爲上海輸出入物價指數，蓋係繼前財政部駐滬貨價調查處之指數而續編者也。基期之選擇，公式之應用，以及物品之分類，民國二十年曾有一度之修正。茲就修正前後之編製方法略述其梗概以資比較。

上海躉售物價指數始編於民國八年九月，上海輸出入物價指數始編於民國十四年五月，均以民國二年二月爲基期，蓋當時以補查物價之困難，故暫以一個月之物價爲基價也。然基期過短則物價因受季節之影響而有偏高或偏低之病，故於民國二十年修正物價指數時，改一月爲一年，而以民國十五年全年之平均物價爲基價。至於計算期之物價則採用每月十五日上海之躉售市價。

基期有固定與變動之別，吾人在第八章第二節已言之矣。初上海躉售物價指數採用固定基期制，而上海輸出入物價指數則採用變動基期制。修正後兩種指數均採固定基期制，所以便比較也。

上海躉售物價指數公式初用簡單算術平均數，修正後改用簡單幾何平均數。而上海輸出入物價指數公式則採用加權算術平均數，以民國十四十五十六三年之平均輸出入價值爲各物之權數。

物品之分類躉售物價指數與輸出入物價指數異。躉售物價指數初分物品爲五大類，即糧食類，其他食物類，疋頭及其原料類，金屬類與雜貨類是也。修正後則將雜貨類復分爲燃料類，建築材料類，化學品類與雜類四類。故今則物品已分爲八大類，而疋頭及其原料類亦易名爲紡織品及其原料類，以上八大類包括一百十九種物品與一百五十五種項目。

180　統計學大綱

第五十三表　上海躉售物價指數表

基期：民國十五年

民國	全年	一月	二月	三月	四月	五月	六月	七月	八月	九月	十月	十一月	十二月
十　年	104.6	102.9	105.5	106.2	105.9	105.2	105.4	105.0	105.8	105.5	102.6	102.5	102.1
十一年	98.6	100.9	101.6	101.8	100.6	99.2	97.2	97.6	96.1	95.0	96.2	97.5	99.5
十二年	102.0	100.9	103.3	104.1	103.2	102.0	100.8	100.8	99.9	102.1	101.7	102.8	102.6
十三年	97.9	101.6	100.8	99.1	98.6	97.2	96.9	96.4	96.7	96.4	96.5	97.2	96.9
十四年	99.3	98.2	97.9	97.6	97.9	99.9	99.6	103.2	101.7	100.5	99.4	98.3	97.6
十五年	100.0	97.9	99.0	99.2	99.4	98.1	97.9	98.0	97.9	99.2	103.0	105.3	105.5
十六年	104.4	103.2	103.1	104.7	105.2	104.1	103.9	104.5	104.8	106.2	104.9	103.1	101.7
十七年	101.7	101.0	102.2	102.4	102.9	103.0	101.7	100.8	99.8	98.9	101.2	101.4	101.6
十八年	104.5	101.7	103.2	104.1	103.1	102.6	103.0	103.4	104.8	106.6	107.4	106.1	105.5
十九年	114.8	108.3	111.3	111.3	111.2	111.0	117.5	120.4	119.6	118.4	115.4	114.1	113.6
二十年	126.7	119.7	127.4	126.1	126.2	127.5	129.2	127.4	130.3	129.2	126.9	124.8	121.8
二十一年	112.4	119.3	118.4	117.6	116.7	115.7	113.6	111.8	111.3	109.8	108.7	106.9	107.5
二十二年	103.8	108.6	107.6	106.7	104.5	104.2	104.5	103.4	101.7	100.4	100.3	99.9	98.4

【註一】資料來源：財政部國定稅則委員會上海躉售價季刊。

【註二】二十一年二月及三月之物價指數以上海中日戰爭波及市面，指數未能編製，故用插補法補入（插補方法詳見該會出版之二十一年二三月之插補指數）。

第五十四表　上海輸出物價指數表　　基期：民國十五年

民國	全年	一月	二月	三月	四月	五月	六月	七月	八月	九月	十月	十一月	十二月
十六年	106.1	105.8	105.0	106.5	108.1	108.5	108.1	107.5	104.7	106.0	106.8	104.5	101.2
十七年	104.5	102.5	104.4	105.3	105.6	106.7	104.6	105.3	103.8	102.9	104.7	103.6	104.3
十八年	105.2	103.4	103.8	104.2	102.4	104.5	104.1	105.5	105.8	108.2	108.9	106.1	104.8
十九年	108.3	106.4	109.2	108.7	108.5	106.8	114.0	116.8	113.0	110.4	104.3	102.2	99.7
二十年	107.5	103.2	109.1	109.9	107.4	111.3	111.7	109.8	109.5	108.4	105.6	103.5	101.2
二十一年	90.4	99.8	98.1	96.4	94.8	94.7	90.6	88.7	91.1	88.9	86.9	84.0	86.1
二十二年	82.0	87.5	85.5	84.7	81.4	84.3	85.1	86.2	81.3	79.6	77.0	75.8	73.0

[註一]　資料來源：財政部國定稅則委員會上海貨價季刊
[註二]　二十一年二月及三月之物價指數參看第五十三表註二
[註三]　輸出及輸入物價指數自二十二年三月份起改按銀元物價計算。

第五十五表　上海輸入物價指數表　　基期：民國十五年

民國	全年	一月	二月	三月	四月	五月	六月	七月	八月	九月	十月	十一月	十二月
十六年	107.3	106.0	105.4	106.5	107.2	107.7	107.7	109.6	109.8	111.9	107.5	104.5	103.6
十七年	102.6	102.3	103.2	103.7	105.0	105.0	103.6	103.3	90.5	99.1	101.0	102.2	102.7
十八年	107.7	102.6	105.6	107.1	106.1	104.9	105.4	106.7	108.7	111.7	112.5	110.6	110.1
十九年	126.7	114.6	115.8	117.0	119.2	122.3	136.0	137.7	135.6	133.3	127.8	129.2	131.3
二十年	150.2	145.5	157.8	153.2	154.6	153.3	156.1	152.1	154.0	149.2	145.3	141.0	138.9
二十一年	140.2	137.8	139.2	140.6	142.0	141.6	139.2	138.8	140.5	140.4	140.1	140.0	141.1
二十二年	132.3	141.5	138.6	134.8	133.8	131.2	131.7	129.7	129.6	129.0	129.8	126.5	128.4

[註一]　資料來源，財政部國定稅則委員會上海貨價季刊
[註二]　二十一年二月及三月之物價指數參看第五十表註二
[註三]　輸入物價指數於二十一年八月停編製，後經續編，其二十一年一月及四月至七月之指數，亦經修正。
[註四]　在未改基期以前以民國二十二年三月為基期，民國十五年各月之輸出輸入物價指數載如下：

	一月	二月	三月	四月	五月	六月	七月	八月	九月	十月	十一月	十二月
輸出	149.8	150.2	149.9	149.6	145.0	148.8	150.1	150.8	153.2	161.3	168.1	166.2
輸入	147.8	149.9	150.3	150.7	149.5	148.3	148.4	149.0	151.1	154.0	158.3	157.5

輸出入物價指數分物品爲原料品生產品與消費品三大類，而原料品又分爲農產動物產林產與礦產四種。所選項目初以民國十二年之輸出入價值在關銀五十萬兩以上者爲選擇之標準，修正後則以民國十四十五十六三年之平均價值在關銀五十萬兩以上者爲選擇之標準。故修正後所選項目。輸出自七十九項減至六十六項，輸入自一百十五項減至一百零九項。

茲將國定稅則委員會所發表之上海躉售物價指數，與上海輸出入物價指數列表於左，以示物價變動之一般。

我國躉售物價指數，除國定稅則委員會所編之上海躉售物價指數外，尚有實業部所編之南京躉售物價指數，漢口躉售物價指數，青島躉售物價指數，與遼寧躉售物價指數，廣東省建設廳所編之廣州躉售物價指數，南開大學經濟學院所編之華北躉售物價指數。茲將此六種指數所用基期公式與編製時期以及物品類別與種數列表于下，以資比較：

第五十六表　南京漢口青島遼寧廣州華北躉售物價指數之比較

地 別	基 期	公 式	編 製 時 期	物品類別與種數（括弧內數字係每類所選物品數）
南　京	民國十九年	簡單幾何式	民國十九年一月起	食料(43)衣料(16)燃料(10)金屬及電氣(17)建築材料(11)雜項(9)
漢　口	民國十九年	簡單幾何式	民國十九年一月起	食料(48)衣料(20)燃料(15)金屬及建築材料(17)雜項(11)
青　島	民國十九年	簡單幾何式	民國十九年一月起	食料(50)衣料(21)燃料(9)金屬(13)建築材料(15)雜項(13)
遼　寧	民國十九年	簡單算術式	民國十九年一月至二十年九月	食料(37)衣料(18)燃料(19)金屬及電氣(13)建築材料(13)雜項(12)
廣　州	民國二年	簡單幾何式	民國元年一月起	米(20)其他食品(65)衣料(43)燃料(14)金屬及建築材料(41)雜項(22)
華　北	民國十五年	簡單幾何式	民國二年一月起	食物(41)布疋及其原料(18)金屬(12)建築材料(12)燃料(12)雜項(5)

　　*南開大學經濟學院又按原料品與製造品編製華北躉售物價指數，共選物品一百零六種，分爲原料品與製造品二大類，原料品又分爲農產品動物產品與鑛產品，而製造品又分爲生產品與消費品。

　　我國輸出入物價指數除國定稅則委員會所編者外，尙有南開大學經濟學院所編之中國輸出入物價指數（詳見第六節國外貿易指數）與前工商部所編之中國輸出入物價，物量，物值指數。此指數始編于民國十七年四月，所編自民國元年至十六年，以十五年爲基期，用連鎖制，以便于更換貨物。公式則採用加權總值式，物價指數在民國元年至九年之間者，用民國二年三年四年平均輸出入物量爲權數，民國十年以後，則用十二年十三年十四年平均輸出入物量爲權數。

　　物價指數除躉售物價指數與輸出入物價指數外，尙有零售物價指數，我國亦有編製之者。茲將已編指數列表于下，以資比較：

第五十七表　南京廣州北平零售物價指數之比較

地　　　名	編　製　機　關	基　期	公式	編製時期	物品類別與種數（括弧内數字係各類中物品種數）
南　京	工　商　部（十八年二月以前）南京市社會局（十九年一月以後）	十五年	簡單幾何式	十三年十月至十九年十二月	糧食(13)蔬菜(11)肉食(10)菓品(6)其他食品(17)服用(12)燃料(14)雜項(10)
南　京（農產品及日用品零售市價指數）	江蘇省農工廳	十四年	簡單算術式	十四年一月至十七年六月	農產品(19)日用品(25)
廣　州	廣州市政府統計股	十五年	簡單幾何式	自十五年一月起	米(6)肉(7)蔬菜(8)其他食品(10)衣着(8)燃料(4)雜項(7)
北　平	北平社會調查所	十六年	簡單算術式	十五年二月至十八年四月	食料(21)服用(15)燈油燃料(2)

第二節　生活費指數

　　生活費指數者測量生活費變遷而編製之指數也。生活費之升降對於用貨幣為標準之長期契約（如工資契約）之關係人影響甚大，蓋若生活費驟行高漲，則工人所得工資之購買力無形減低而工人將難維持其固有之生活。編製生活費指數之目的，卽欲利用指數改訂此長期契約，使其常能與物價之升降適應也。

　　最初測量生活費變遷者，常選少數日用消費品，如食物一類，視其變遷，蓋以其便於調查也；然食物類之物價變遷有時與其他物品相差甚大，故食物類物價之指數，不能用為測量生活費變遷之惟一標準。今之編製生活費指數者，必先決定消費者實際消費之狀態。實際消費狀態之調查方法有二：卽總合支出法與模範家計調查法是也。

　　一國之生產量與輸入量相加而減去輸出量卽為消費總量。以各物之消費量分別與其價格相乘卽得各物消費值。總合支出法者，卽依此消費值以定各物輕重之程度者也。採行此法之國家，須有完備之生產與輸出入統計，方能得一時期內之消費總量。惟社會上消費習慣時有變遷，昔之重要消費品至今日或已消費無幾，今日大量消費之品或為昔日所無。故一次調查之消費總量不能作為長時期之標準。且房租一項必須另行調查，而某種階級之生活費不能分別測定，尤為總合支出法之缺點。

　　模範家計調查法者，選取代表某階級之標準家庭若干，而調查其一般生活狀況，藉以確定各種物品在某階級內消費之輕重程度者也。家計

調查之目的,或爲確定編製生活費指數所必需之權數,或欲表示某階級在某時期內所必不可缺之最低生活程度;前者可較簡略而後者務宜詳盡。蓋生活程度之確定,須將消費物品盡行搜集故也。

近年來我國學者與公共機關頗多從事於家計調查及生活費之研究。北平社會調查所,前財政部駐滬貨價調查處,滬社會局先後均有生活費指數之編製。而財政部國定稅則委員會復於民國十六年與北平社會調查所合作辦理上海工人家計調查,並編成上海生活費指數。茲略述其編製梗概於後:

稅則委員會所選家庭多數爲紗廠工人,調查區域爲曹家渡,調查時間自十六年十一月至十七年十月,調查家數共有二百三十家。惟各家記帳之月數參差不齊,少則一月,多則一年,記帳期在七月與一年之間者約佔五分之四,其在一月與六月之間者約佔五分之一。

依北平社會調查所之報告,平均數之計算因各家記帳月數之參差而有下列三種不同方法,國定稅則委員會編製生活費指數時卽依據第三法以計算權數。

1. 各家按月數平均, 卽每家先算一每月平均數然後求二百三十家之平均數。

2. 以帳簿爲單位, 卽以帳簿之總數除帳簿中消費值或其數量之總和。

3. 每月按家數平均,卽按記帳之家數先求各月每家之平均數,然後

　　將十二個月之平均數相加,是爲全年平均每家之結果。

　　消費品分成五大類,卽食物類,衣着類,房租類,燃料類與雜類是也 食物類所選之物品計二十四種, 佔家計調查本類消費總值百分之九十一弱。衣着類所選之物品計八種,佔其消費總值百分之六十一強。房租與燃料（共有四種）各佔其消費總值之全部。雜類所選之物品僅有六種,僅佔其消費總值百分之十八強。故以物品計共有四十三種,以所佔消費總值之百分比計則以雜類之百分比爲最小。茲就各類所選物品之權數列表於下。

第五十八表　　上海生活費指數選用權數表

物　品	權　數	物　品	權　數	物　　品	權　數	物　品	權　數
食物類		豆油	146	衣着類		煤球	24
白米	998	醬油	47	棉花	14	煤油	47
麪粉	114	白糖	15	粗布	33	火柴	4
綿粉	15	鹽	26	細布	49	合計293	
青菜	108	猪肉	120	花標	12	雜類	
波菜	11	牛肉	28	細斜紋布	37	香煙	78
蘿菜	25	鮮魚	78	絹呢	30	紹酒	37
荳芽	28	鹹魚	12	棉直貢呢	24	茶葉	10
薇	16	雞	15	長統絲襪	25	肥皂	14
蕃芋	14	鴨蛋	24	合計224		牙粉	1
蘿蔔	27	鶏蛋	3	房租類		毛巾	6
黃荳	24	合計1988		單幢住房	251	合計146	
荳腐	89			燃料類		總　計	2902
花生	5			木柴	218		

　　〔註〕　資料來源：財政部國定稅則委員會經濟統計叢刊第四種『上海生活費指數』。

　　以上五類四十三品共計二九〇二權, 每權代表大洋一角卽共二百

九十元二角，約佔標準工人家庭（等於成年男子數 3.78 之工人家庭每年開支三百九十元。上海社會局所編之生活費指數以等於成年男子數 3.42 之工人家庭爲標準工人家庭，參看第六十一表）全年總開支之四分之三。

物價除房租外每月一日及十五日各調查一次。食物類內魚蔬菜之零售市價係從上海市八個小菜場調查而得之平均市價。房租之調查每季或每半年一次，乃就東南西北四處在指定工人居住區域內選取一樓一底之單幢房屋三千幢用算術平均法計算其歷年各月房租之平均數。

基期採用固定基期制，以民國十五年爲基期。公式採用加權算術平均數而以平均等於成年男子數 3.78 每年之全年消費値爲權數。指數分總指數與分類指數兩種，總指數表示全部生活費之升降而分類指數則僅測量各分類生活費之增減。由分類指數編製總指數以前須先計算各分類之增補權數。何謂增補權數？上表中各分類各有其權數。但除房租與燃料兩類外，所選物品僅佔其消費總値之一部。故表中權數較應得權數爲低。欲補救此缺點須將各該類未經選入之商品與以相當權數。其物價變動之程度雖未知悉，然可假定其與同類已選之物品有同一之趨勢。例如家計調查食物類消費之總値爲二百十八元五角，而生活費指數表中食物類各品權數之和爲 1988 卽一百九十八元八角，相差十九元七角卽 197 權，應爲食物類之增補權數。故計算總指數時，食物類之權數應爲 2185 而非1988。

茲將民國十五年以來上海生活費指數列表於下以見最近七年上海工人生活費之一般。

第五十九表　　上海生活費指數表　（十五年全年平均＝100）

時　　　期	食物類	衣着類	房　　租	燃料類	雜　　類	總指數
民國十五年	100.0	100.0	100.0	100.0	100.0	100.0
一　　月	89.0	101.8	99.6	101.4	98.3	93.7
二　　月	93.0	101.8	99.7	89.2	101.0	95.6
三　　月	94.1	100.5	99.8	98.1	100.5	96.7
四　　月	96.4	100.8	99.8	101.1	101.1	98.4
五　　月	93.6	100.5	99.8	95.7	100.8	96.3
六　　月	95.7	101.1	99.8	88.6	103.1	97.4
七　　月	101.3	99.4	99.9	89.0	101.2	100.1
八　　月	102.7	99.4	100.3	92.2	102.4	101.4
九　　月	110.0	99.4	100.3	95.0	101.7	105.6
十　　月	115.1	99.4	100.3	104.2	103.1	109.4
十一月	103.0	98.4	100.3	115.9	97.1	102.1
十二月	99.2	97.8	100.3	123.2	97.2	101.3
民國十六年	106.7	96.8	100.8	131.4	104.4	106.7
一　　月	109.8	96.9	100.2	144.6	97.4	108.0
二　　月	126.0	96.7	100.5	129.4	95.4	116.3
三　　月	120.3	96.7	100.5	138.5	95.3	113.0
四　　月	111.2	96.7	100.5	126.5	95.6	107.1
五　　月	101.2	96.6	100.5	127.1	96.5	101.7
六　　月	98.2	95.2	100.9	127.5	96.2	99.9
七　　月	110.7	97.6	100.9	126.5	96.1	107.0
八　　月	114.3	97.6	100.1	135.7	99.4	110.4
九　　月	111.0	95.9	101.1	134.6	122.8	113.2
十　　月	97.9	96.9	101.1	129.1	109.7	102.8
十一月	89.9	98.4	101.1	116.4	123.7	100.4
十二月	87.7	96.7	101.1	121.6	127.6	100.2
民國十七年	92.1	95.1	101.1	114.6	130.0	102.5
一　　月	90.8	97.8	101.0	114.6	133.7	102.8
二　　月	96.3	97.5	101.0	110.5	131.3	105.0
三　　月	92.6	94.6	101.0	124.9	129.2	103.3
四　　月	89.5	94.9	101.0	109.1	129.0	100.4
五　　月	88.4	95.4	101.0	105.4	121.8	98.0
六　　月	87.8	94.1	101.0	117.1	124.1	98.2
七　　月	93.2	94.1	101.0	108.8	126.2	101.8
八　　月	90.1	94.1	101.3	113.6	126.6	100.5
九　　月	94.1	94.2	101.3	109.0	133.5	103.8
十　　月	98.9	95.6	101.3	128.5	133.0	108.0
十一月	90.8	95.1	101.3	124.9	133.7	103.3
十二月	91.5	95.2	101.3	120.7	131.7	102.9
民國十八年	98.4	97.7	102.1	118.2	136.4	107.9
一　　月	92.5	95.2	101.4	122.5	134.3	104.2
二　　月	93.5	97.0	101.6	112.6	137.0	104.8
三　　月	91.5	97.8	101.8	118.0	134.7	103.7
四　　月	89.1	97.8	101.8	114.6	137.6	102.7
五　　月	84.6	98.0	101.8	119.9	139.0	103.6
六　　月	93.5	97.0	102.2	123.8	135.8	105.4
七　　月	94.8	97.0	102.2	120.3	135.8	105.9
八　　月	105.2	97.7	102.2	120.1	135.8	111.7
九　　月	109.5	98.4	102.2	120.1	135.1	114.1

時　　　期	食物類	衣着類	房　租	燃料類	雜　類	總指數
十　月	110.3	98.7	102.4	126.8	132.9	114 6
十一月	106.4	98.7	102.4	114.6	134.7	111.9
十二月	104.5	98.8	102.4	120.2	136.0	111.5
民國十九年	118.8	99 6	104.4	122.5	145.1	121 8
一　月	106.0	99.3	103.9	121.6	141.1	113.6
二　月	126.8	99.6	103.9	125.3	133 7	124 1
三　月	122.0	99.3	104.4	120.9	139.4	122.2
四　月	120.0	99.6	104.4	115.9	139.6	120.8
五　月	119.9	99 3	104.5	117.9	138 9	120.7
六　月	119.2	99.1	104.5	120.5	137.2	120.2
七　月	130.0	100.9	104.5	127.0	149.9	129 5
八　月	125.5	100.7	104.5	122.6	151.0	126.9
九　月	127.1	100.2	104.5	127.2	151.0	128.1
十　月	115.4	100.8	104.5	123.6	151.2	121.3
十一月	104.0	99.5	104 5	126.3	152.7	115.8
十二月	100.8	99.0	104.5	119.6	156.8	113.8
民國二十年	107.5	108.3	105.0	133.6	187.4	125.9
一　月	104.9	104.6	104.5	129.2	178.9	120.9
二　月	122.0	109.3	104.5	144.2	193.0	136.0
三　月	117.4	105.4	105.6	142.6	189.5	132.2
四　月	98.7	107.7	105.6	132.7	189.5	121.3
五　月	98.7	108.2	105.6	125.0	187.7	120.3
六　月	99.6	110.2	105.6	128.3	186.4	121.0
七　月	96.4	110.8	105.6	128.4	185.9	119.2
八　月	116.5	109.0	105.6	129.5	188.5	130.9
九　月	124.4	104.9	107.3	126.9	190.6	135.3
十　月	110.0	108.6	107.3	128.6	188.7	127.3
十一月	103.2	113.5	107.3	141.6	189.8	125.2
十二月	97.0	108.8	107.3	140.8	189 9	121 2
民國二十一年	101.3	102.7	107.8	133.0	173.2	119.1
一　月	98.2	108.4	107.3	143.7	193.7	122.8
二　月	122.8	108.2	107 3	141.4	193.6	136.4
三　月	114.2	108.9	107.3	135.3	173.9	127.2
四　月	99 1	107.3	107.3	122.5	172.1	117.2
五　月	98.4	106.0	107.3	132.4	172.1	117.5
六　月	107.3	98.3	107.3	131.7	170.6	121.3
七　月	101.4	103.4	107.3	139.1	168.7	118.7
八　月	103.6	105.0	107.3	137.6	164.2	119.0
九　月	102.6	103.4	108.8	131.9	165.2	118.2
十　月	94.9	99.0	108.8	131.7	165.2	113.5
十一月	87.9	93.0	108.8	125.9	165.9	103.7
十二月	84.5	92.0	108.8	123.7	171.4	108.0
民國二十二年	86.9	90.0	109.7	121.9	164.3	107.2
一　月	87.3	91.0	108.8	133.7	174.5	110.5
二　月	94.8	91.4	108.8	142.7	164.8	113.4
三　月	92.3	91.4	108.8	137.3	162.9	111.2
四　月	85 2	89.5	109.8	130.1	161.5	106.3
五　月	86.0	88.6	109.8	120.5	165 6	106.8
六　月	84.1	89.5	109.8	115.9	165.4	105.4
七　月	86.3	89.5	109.8	113.6	165.9	106.6
八　月	90.0	88.8	109 8	114.3	158.6	107.2
九　月	88.0	89.4	109 8	113.2	158.6	106.0
十　月	88.1	88.1	110.2	113.3	163.2	106.9
十一月	83.2	87.4	110.2	107.6	161.0	103.2
十二月	79.8	87.4	110.2	114.4	164.9	102.6

〔註〕　資料來源：財政部國定稅則委員會貨價季刊與貨價月報

以上所述爲財政部國定稅則委員會與北平社會調查所合作編製之上海生活費指數。惟所選家庭多數爲紗廠工人,故與其謂爲上海生活費指數,不如謂爲上海紗廠工人生活費指數,較爲適當。上海市社會局之上海市工人生活費指數所選工人家庭遍及各業,在三百另五家中有職業者計共六百二十九人,其業務之分配如下:

第六十表　　上海市三百另五工人家庭中有職業人口之業務分配

業　務	人　　數	百　分　比	業　務	人　　數	百　分　比
機　器	49	7.8%	棉　紡	276	43.9%
建　築	11	1.7	繅　絲	19	3.0
水　電	10	1.6	棉　織	79	12.6
化　學	6	0.9	絲　織	3	0.5
火　柴	34	5.4	針　織	2	0.3
食　物	17	2.7	小　販	10	1.6
煙　草	32	5.1	服　役	20	3.2
印　刷	18	2.9	其　他	19	3.0
碼頭工人	10	1.6	合　計	629	100.0%
洋車夫	14	2.2			

〔註〕資料來源:上海市工人生活費指數(民國十五年至二十年)。

上海社會局工人家計調查自民國十八年一月至十九年三月止,最初記帳五百家,分東南西北與浦東五區。記帳之標準有二:(一)三人至六人之工人家庭,(二)每月收入自二十九元至六十七元之工人家庭。最初記帳之五百家中有不適合記帳標準而被剔除者,有因中途離滬或記帳不全而中止者,故實際調查祇有三百另五家。此三百另五家按其全年收入額分組則如下表:

第六十一表　　上海市三百另五工人家庭按每年收入額之分配

全年收入額	家　數	平均每家人口數	平均每家寄膳人口數	平均每家折合成年男子數	平均每家有職業人口數
200—300	62	3.95	0 18	2.85	1.82
300—400	95	4.17	0.36	3.09	1.93
300—500	80	4.89	0.56	3.61	2.19
500—600	31	5.19	0.94	4.02	2.42
600—700	25	5.92	0.56	4.23	2.28
700—800	8	5.50	1.00	3.94	2.13
800—900	4	6.25	2.50	5.25	2.25
	305				
平　　均		4.62	0.47	3.42	2.06

〔註一〕　資料來源：上海工人生活費指數（民國十五年至二十年。）

〔註二〕　平均每家人口數係指家屬人口而言，寄膳者未計入在內。

〔註三〕　折合成年男子數係依據阿脫完脫氏之換算表而計算，凡滿足十七歲之男子均作

　　　　　爲一成年男子，其未滿十七歲之男子及一切女子，依其年齡大小均作爲一成年

　　　　　男子之百分之幾。

　　實際調查之三百另五家每家帳目均記滿十二月，（十八年四月至十九年三月）每家每月記帳一本，每家每種物品之平均消費額卽根據各家帳簿求得，然後再選擇消費品之較重要者六十種，以爲編製指數之依據。此六十種物品又可分爲食物，衣着，房租，燃料，雜項五大類，各類包含之物品及其消費量詳下表：

第六十二表　上海市工人生活費指數所選物品及其消費量

物　品	消　費　量	物　品	消　費　量
食物類		白糖	10.307 市斤
米麵		房租類	
粳米	5.014 市石	樓房	
秈米	3.370 市石	石庫門	0.22 標準間
糯米	0.118 市石	東洋式	0.58 標準間
麵粉	1.122 包	平房	0.54 標準間
切麵	38.117 市斤	衣着項	
豆及蔬菜		粗布	6.253 市尺
豆腐	459.152 塊	細布	19.643 市尺
豆腐乾	207.497 塊	條格布	20.713 市尺
百頁	382.186 張	花標布	9.159 市尺
油豆腐	4.138 市斤	漂布	5.155 市尺
發芽荳	22.656 市斤	土布	3.696 市尺
線粉	22.750 市斤	縷呢	10.957 市尺
黃豆芽	49.735 市斤	絨布	5.090 市尺
醃雪菜	67.125 市斤	斜紋布	3.241 市尺
青菜	304.145 市斤	棉花	1.479 市尺
蘿蔔	52.210 市斤	男綫襪	3.948 雙
洋山芋	18.390 市斤	燃料類	
韮菜	22.136 市斤	煤	171.543 市斤
菠菜	17.116 市斤	煤油	63.499 市斤
魚肉及蛋		劈柴	117.897 捆
鮮豬肉	48.060 市斤	廢木柴	493.874 市斤
鮮牛肉	10.060 市斤	花萁柴	185.451 市斤
鹹豬肉	6.918 市斤	稻柴	205.368 市斤
雞	2.948 市斤	火柴	90.052 小匣
鯽魚	4.158 市斤	炭	0.680 簍
鮮魚	32.996 市斤	雜項類	
鹹白魚	9.918 市斤	肥皂	50.827 塊
鮮鴨蛋	84.932 個	草紙	15.244 刀
調味		杳烟	231.869 十支
豆油	68.318 市斤	黃酒	44.597 市斤
豬油	2.638 市斤	高粱	25.140 市斤
醬油	72.775 市斤	茶葉	2.849 市斤
食鹽	37.575 市斤	開水	4436.469 杓

〔註〕 資料來源:上海市工人生活費指數（民國十五年至二十年）

上表中各物之消費量,社會局即取為權數,用以計算分類指數,至總指數之編製則不再用分類權數。

零售物價調查區域,社會局規定為工人集居之地,計分上海為東南西北與浦東五大區,再依區域之大小與工人之多少,每區各選代表商舖若干家。各區內調查之主要街道列舉如下:

東區　楊樹浦路　平涼路　華德路　韜朋路　臨青路　物華路
　　　　天寶路　胡家木橋　梧州路

南區　康悌路　朶市路　裏馬路　滬軍路　半淞園路

西區　曹家渡　勞勃生路　安南路

北區　恆豐路　大統路　寶山路　西寶興路

浦東　爛泥渡大街

此外在全市調查朶市九處,其分佈如下:

東區　平涼路小朶場　梧州路小朶場

南區　唐家灣小朶場　南碼頭

西區　曹家渡　勞勃生路

北區　共和路小朶場　寶興路小朶場

浦東　爛泥渡大街

物價變動有遲速與大小之別,故社會局調查物價期間隨物品之變動性質而異。油醬布疋等之價變動不大,故僅於每月十五日調查一次。蔬菜魚肉米糧等之價變動較大,故每星期調查一次,再求一月之平均價。至於各種物品調查之店舖亦有多少之別,蓋隨各店舖填價參差之程度而異也。最少者為棉花,僅調查六家,最多者為米糧,共調查二十家。

物品價格隨其品質而異,故調查物價不可不劃一物品品質。社會局調查物價對貨物之有標準或著名通銷之牌號者用標準牌號。其必須憑店員目光及優劣懸殊,而無標準牌號可資依據者,除在調查表將各種牌號詳細分開外,均附帶貨樣,並將上期填價註出以便比較。

房租調查隨各區房屋之多少而異,按年調查每標準間平均每月房租若干,以計算指數。

指數公式,係用加權總值式:

$$\frac{\Sigma \ P_1 \ Q_c}{\Sigma \ P_0 \ Q_c}$$

上式中 Q_c 代表家計調查每種物品之消費量,作爲固定權數,P_0 與 P_1 則代表基期與計算期各物物價。基期爲民國十五年。茲將民國十五年以來上海市工人生活費指數,列表於下,俾得與國定稅則委員會所編製之上海生活費指數,互相比較:

第六十三表　　上海市工人生活費指數表

(十五年全年平均 ＝100)

時　　　期	食　　物	房　　租	衣　　着	燃　　料	雜　　項	總指數
民國十五年	100.00	100.00	100.00	100.00	100.00	100.00
一　月	92.58	100.00	100.59	101.17	104.31	95.48
二　月	98.97	100.00	102.18	97.54	104.31	99.58
三　月	96.05	100.00	99.29	97.93	101.21	97.25
四　月	96.81	100.00	100.59	98.16	100.24	97.74
五　月	96.29	100.00	101.54	96.53	100.24	97.33
六　月	96.52	100.00	99.88	95.53	100.39	97.33
七　月	101.40	100.00	99.05	96.53	99.42	100.60
八　月	104.02	100.00	99.41	101.29	99.42	102.74
九　月	109.83	100.00	100.36	101.57	96.37	106.46
十　月	108.97	100.00	99.41	102.79	96.17	105.92
十一月	100.15	100.00	98.82	104.42	98.16	100.23
十二月	99.07	100.00	99.17	108.88	94.96	99.57

時　　　　期	食　物	房　租	衣　着	燃　料	雜　項	總指數
民國十六年	100.71	97.98	98.82	109.06	102.23	101.09
一　月	109.63	97.98	99.76	111.01	98.40	106.96
二　月	124.23	97.98	99.29	109.78	97.92	116.67
三　月	111.58	97.98	99.17	113.58	98.11	108.43
四　月	104.41	97.98	99.17	111.63	98.11	103.43
五　月	99.84	97.98	97.63	111.51	96.95	100.18
六　月	101.61	97.98	97.39	107.49	97.82	101.13
七　月	105.24	97.98	99.17	109.00	96.46	103.64
八　月	105.34	97.98	98.34	110.68	96.37	103.81
九　月	97.42	97.98	97.87	106.88	107.80	99.16
十　月	85.50	97.98	97.16	106.20	107.70	91.02
十一月	83.18	97.98	99.88	102.91	115.89	90.02
十二月	81.00	97.98	99.41	108.50	116.91	89.06
民國十七年	87.32	100.11	99.64	110.23	114.00	93.21
一　月	85.80	100.11	99.05	108.11	121.37	92.91
二　月	90.13	100.11	99.29	107.27	116.86	95.38
三　月	86.93	100.11	97.51	108.16	115.21	93.08
四　月	85.26	100.11	97.99	107.04	113.23	91.70
五　月	84.51	100.11	98.10	107.38	113.23	91.22
六　月	83.24	100.11	97.51	107.32	113.03	90.32
七　月	84.50	100.11	99.05	108.27	112.26	91.23
八　月	84.31	100.11	99.05	109.78	113.08	91.30
九　月	90.38	100.11	99.76	108.66	114.73	95.48
十　月	93.18	100.11	101.54	116.32	113.18	97.89
十一月	90.06	100.11	102.73	117.16	112.98	95.87
十二月	89.67	100.11	102.37	117.10	113.18	95.62
民國十八年	97.56	103.80	106.04	117.61	117.78	101.98
一　月	91.38	103.80	107.23	120.23	119.43	98.19
二　月	92.39	103.80	107.58	111.91	116.33	97.97
三　月	91.14	103.80	110.90	113.69	119.38	97.66
四　月	86.74	103.80	107.46	113.25	120.06	94.58
五　月	91.39	103.80	106.04	113.58	116.86	97.42
六　月	92.95	103.80	107.82	111.85	117.15	98.43
七　月	95.00	103.80	106.52	118.28	115.50	100.11
八　月	103.58	103.80	104.38	118.11	115.89	105.85
九　月	106.78	103.80	105.69	117.38	116.42	108.06
十　月	109.85	103.80	102.01	114.42	117.25	109.84
十一月	104.22	103.80	104.03	119.01	119.48	106.66
十二月	105.36	103.80	103.20	125.71	123.59	108.28

時　　期	食　物	房　租	衣　着	燃　料	雜　項	總指數
民國十九年	114.99	106.96	103.18	140.47	126.84	116.79
一　月	114.66	106.96	106.75	127.95	124.13	115.30
二　月	118.38	106.96	107.82	124.65	123.60	117.55
三　月	117.99	106.96	108.06	126.72	124.03	117.50
四　月	116.61	106.96	106.99	125.21	126.50	116.63
五　月	116.28	106.96	104.86	131.26	120.49	116.49
六　月	122.46	106.96	110.31	142.26	124.27	121.83
七　月	127.92	106.96	109.60	148.07	129.26	126.38
八　月	125.21	106.96	107.82	152.88	128.10	124.75
九　月	121.85	106.96	107.11	137.23	128.34	121.26
十　月	104.49	106.96	108.29	149.69	130.86	110.77
十一月	98.58	106.96	109.36	148.24	130.14	106.64
十二月	94.76	106.96	109.95	158.86	133.91	105.23
民國二十年	104.10	114.46	123.58	164.62	138.37	113.82
一　月	98.79	114.46	114.93	152.54	139.63	109.07
二　月	105.78	114.46	117.30	161.99	142.97	126.29
三　月	106.85	114.46	121.68	161.60	140.12	126.56
四　月	92.32	114.46	122.51	170.65	139.05	117.23
五　月	94.22	114.46	122.87	163.39	136.68	117.62
六　月	96.62	114.46	116.59	165.51	136.34	119.21
七　月	102.16	114.46	118.84	165.85	135.37	112.11
八　月	121.07	114.46	124.41	168.75	134.35	125.25
九　月	118.90	114.46	127.01	169.37	137.40	124.20
十　月	108.56	114.46	129.03	169.26	134.50	117.01
十一月	103.26	114.46	131.75	169.93	135.37	113.66
十二月	100.38	114.46	134.60	164.84	134.88	111.39
民國二十一年	96.89	117.18	124.17	160.93	127.86	108.05
一　月	105.96	117.18	136.73	165.01	140.02	116.03
二　月	111.82	117.18	135.78	167.30	140.99	120.22
三　月	103.77	117.18	133.18	165.85	133.14	113.88
四　月	96.54	117.18	129.15	157.41	131.10	108.01
五　月	97.85	117.18	129.50	151.93	124.71	107.92
六　月	103.40	117.18	125.00	159.25	125.78	112.17
七　月	98.07	117.18	122.27	165.29	124.13	108.79
八　月	101.33	117.18	121.45	163.11	124.03	110.78
九　月	92.81	117.18	117.30	162.21	122.87	104.70
十　月	92.82	117.18	110.66	155.84	121.95	103.89
十一月	81.46	117.18	114.45	155.79	127.03	96.80
十二月	82.91	117.18	111.61	164.73	128.49	98.50.

時　　期	食　　物	房　　租	衣　　着	燃　　料	雜　　項	總　指　數
民國二十二年	83.47	123.53	102.84	142.43	123.59	97.17
一　月	89.16	123.53	113.73	163.28	129.60	102.71
二　月	90.65	123.53	111.14	153.27	124.22	102.45
三　月	87.08	123.53	103.55	157.18	125.48	100.17
四　月	80.79	123.53	105.33	147.79	124.85	95.20
五　月	81.65	123.53	102.49	137.34	124.22	94.82
六　月	80.66	123.53	104.74	132.81	119.77	93.48
七　月	83.53	123.53	104.27	132.59	120.40	95.43
八　月	82.84	123.53	105.81	131.58	118.36	94.77
九　月	82.19	123.53	102.84	133.37	124.22	95.66
十　月	85.75	123.53	91.47	137.62	119.48	97.56
十一月	80.42	123.53	100.00	136.95	119.82	94.25
十二月	75.40	123.53	94.08	138.46	124.27	91.15

〔註〕 資料來源：上海市工人生活費指數與上海貨價季刊

　　我國生活費指數除國定稅則委員會與上海市社會局所編製者外，尚有南京市社會局所編之南京工人生活費指數，北平社會調查所所編之北平工人生活費指數與南開大學經濟學院所編之天津工人生活費指數。茲將此三種指數所用基期公式與編製時期以及物品類別與種數列表於下以便比較：

第六十四表　南京北平與天津工人生活費指數之比較

地　別	基　　期	公　式	編製時期	物品類別與總數(括弧內數字係每類所必物品數)
南　京	民國十九年	加權算術式	民國二十年一月起	食品(31)服用(11)房租(1)燃料(7)雜項(9)
北　平	民國十六年	加權總值式	民國十五年一月起	食品(23)衣服(7)房租(1)燃料(4)雜項(3)
天　津	民國十五年	加權總值式	民國十五年一月起	食品(25)服用品(6)燃料與水(5)房租(1)

第三節　工資指數

工資指數者測量工資之變遷而編製之指數也。編製工資指數之主要目的有三:曰測量生活程度（生活標準）變遷之原因,曰計算每小時工作之報酬,曰計算每生產單位之勞工成本。此外預測經濟變動與測量工資在全國進款中所佔百分率之變遷,亦爲編製工資指數之目的。工資指數之編製方法隨其應用之目的而異。一種工資指數不能適用於各種不同之目的。故欲達到以上諸目的而編製之各種工資指數,其結果迥異。

各種工資指數適用之範圍不同,或徧及一般工人,或僅限於一業或一職之工人;而一般工人工資與同業或同職工資,又可分爲熟手半熟手與生手工資,或長工與替工工資;凡此皆編製工資指數者所不可不知也。

工資有工資率與實入額之別。工資率者勞資雙方約定之工資標準也。實入額者工人實際收入之金額也。而工資率又有件工與時工之分。件工以工人出品之多少爲計算工資之標準,故工人所得之工資額視其技能之精疏,工作之遲速,與工具之利鈍而異。時工以工作時間之長短爲計算工資之標準。計算時工工資所取時間之單位以一小時爲最適合研究,蓋一週或一日之中,工人工作之時間常有長短之差異故也。

工資指數之編製若欲測量生活程度變遷之原因,而此生活程度四字係指物質之享用而言,則工資資料當以工人每年實入額或可以代表一年之較短期間之實入額爲最佳。蓋在普通情形之下,工人生活程度之高低常與其實入額成正比例。但每日工作時數過多而致發生疲倦或其

他不良之影響，則工人之實入額雖多，其生活仍甚惡劣。若是則根據工人實入額而編製之指數即不復可恃，故有時工作時數之多少亦有探討之必要。工資指數之編製若欲計算每小時工作之報酬，則工資資料須先分別常工工資與溢工工資。溢工者因貿易繁盛於常工之外臨時增加之工作時間也。外國溢工工資通常高於常工工資。（惟就我國目前各工廠而言，溢工工資常依常工工資比例計算，此種辦法，爲工人利益計，宜加改革。）平均工資常隨常工與溢工工作時間之比例而變動。故理論上須將每小時常工與溢工之平均工資分別計算，然後再用固定權數以連合此二平均數。惟按諸實際，各國多不能分開常工與溢工工資，二者常混合計算，故祇有一種平均數。特種津貼及獎金等項亦包含在內。至每小時平均實入額計算法，則以工作總時數除工人實入總額即得。工資指數之編製若欲計算每生產單位之勞工成本，（欲測量工資在全國進款中所佔百分率之變遷而編製之工資指數，對於工資資料之選擇與此相似。）而生產單位係指價值單位而言，則以工人實入額之總數在生產價值總額中所佔之百分率爲每生產單位之勞工成本可也。工資指數之編製若欲預測經濟變動，則工資資料之選擇與其他各種勞工統計之發展有關。如一國中無完善之失業統計與溢工或絀工（因貿易衰落將常工之工作時間臨時減短者曰絀工。）統計，而工資率之變動又極遲緩，則以實入額爲優。反之，如有完善之失業等統計，而工資率又多隨經濟狀況與金融緊弛而變動，則以工資率爲較佳。

　　工業及工人種類之選擇亦隨編製工資指數之目的而異。若欲測量一般工人生活程度之變遷，或每生產單位之勞工成本，或工資在全國進

款總額中所佔百分率之變遷,則須徧查各種工人之工資。但事實上此種調查不易進行,故通常祇選擇可以代表一般情形之工業及工人而加以調查。(此種工業與工人發表時須一併列出。)工資指數之編製若欲研究每小時工作之報酬,則凡設備及工作情形相似之工業或職務,均可互相比較;但各個工人之技能效率仍不能與標準工人相等,調查之範圍愈狹則此種差異之程度亦愈大,但工資指數所表示時間上之差異固仍可互相比較也。若編製工資指數之目的在預測經濟狀況之變遷,則須選擇感應最靈之工業,卽其工資或工資率之增減最易受經濟變動之影響者。故製造時間較久之工業不應在調查之列。

調查之區域通常須徧及全國,或選擇其能代表全國一般情形之區域;但若工資指數之編製在預測經濟狀況之變動,則須選擇一國之實業中心,或工商業有特殊發展之城市,或商業循環最初發動之區域,蓋以其最易受經濟變動之影響故也。

調查之時期亦有長短之別。工資指數之編製若欲預測經濟狀況之變動,則時間宜短。若欲計算每小時工作之報酬,則須視常工與溢工工資是否分別計算而異。如能分別常工與溢工每小時平均工資,則調查之時期亦以愈短為愈妙;但若將此兩種工資混合計算,則時間宜稍長,以減少溢工之影響。至於工資指數編製次數之疏密則須視調查區域之經濟狀況而定。經濟狀況安定則編製之次數可較疏,但為搜集資料之便利及統計之準確起見,卽經濟狀況安定之國家亦以次數較多為佳。工資之支付有按月與按週之別。搜集工資資料須擇一支付工資之完全時期,通常以一月或四星期為最適當。工資指數之編製若欲測量每生產單位之

勞工成本，或工資在全國進款總額中所佔百分率之變遷，則所搜之工資資料須在同一時期。

計算工資指數之方法亦隨編製之目的而異。若欲測量一般工人生活程度之變遷，則以計算期與基期之工人實入額總數相比為最優。此相比之實入額，可採用每一工人之平均實入額，或每家中每成年一人之實入額，而尤以後者為較佳。各業或各職間之工人常有更動而影響於工資之平均數，故在可能範圍內須先將各業或各職各編一分類指數，然後用加權平均法編製總指數。計算總指數時各業或各職權數並須時加更正，以免總指數過高或過低之弊。（測量每生產單位之勞工成本或工資在全國進款總額中所佔百分率之變遷而編製之工資指數，其加權方法亦與此相似。）預測經濟狀況之工資指數，以能分業分職或分區發表者為較優；然在必要時，亦可編一總指數以示經濟變動之一斑。工資指數之編製若欲計算每小時工作之報酬，則技能效率相似之工人所得之實入額，須各編一分類指數，然後用加權平均法編製總指數。

上海市社會局鑒於工資指數之重要，自民國十六年十一月起先後從事於工人實入額與工資率之調查。其已發表者，計有民國十七十八兩年之各業工人實入額與十八年之各業工資率。十九年起雖繼續搜集資料，然以整理未畢，故猶未發表。指數之編製亦須俟諸十九年之資料整理完畢以後，蓋社會局擬編之工資指數將以是年為基期故也。

據社會局十七年五月之調查，上海全市各業工廠共有一千五百零四家。所謂工廠，係指具有機器工業規模，人數在三十人以上者而言。凡不滿三十八或具手工業規模者均在剔除之列。惟間有若干工業，其中規

模小者居多，則人數不足三十人者亦不剔除。此一千五百餘家工廠共有工人二十三萬七千餘人（237,522人，）而在廠外工作之工人，若水木工人碼頭工人與人力車夫等，均未計入。

　　社會局此次調查僅以少數重要工業爲限。所謂重要工業係指一業中工廠規模較大與工人數較多者而言。一業工人數如果能在一千五百人以上，社會局卽名之曰重要工業。工人實入額統計所選者凡三十業，工資率統計所選者凡二十一業。（在選定各業中間亦有不能超過一千五百人者。）工人實入額調查僅抄錄總數，及按年齡，男女，及獎金，分紅，應扣工資，分別紀錄。工資率調查則手續較繁，除分年齡男女外，並須區別職務。所抄工賬乃各工人之額定工資數而非總數。廠家覺工資率之調查過繁，故多不願供給資料，此工資率統計所選業數所以少於工人實入額統計也。

　　調查各業選定後，復於一業各廠中選取能代表該業普通規模及情形者若干家爲標準工廠。至一業中標準工廠工人數之和，以能達該業工人數三分之一爲度。茲將社會局所發表之民國十八年各業工人之實入額與各業工資率列表於下以資比較。至於工資指數，目下該局正在編製，大約不久必可披露。

第六十五表　民國十八年上海各業工廠工人平均每月實入額表

工業 　　　　工人	男　工	女　工	童　工
鋸　木　　業	$19.25		
翻　砂　器　業	23.81		
機　器　機　業	29.53		
電　機　業	23.49	$12.72	$12.95
造　船　業	38.20		15.25
玻　璃　業	16.15		9.44
水泥磚瓦業	19.09		
電　氣　業	25.89		
自　來　水　業	27.97		
皂　燭　業	18.72	8.75	
油　漆　業	18.37		11.51
火　柴　業	21.39	5.51	11.38
搪　瓷　業	18.03	8.31	
化　妝　品　業	19.65	8.76	
繅　絲　業		13.21	8.37
棉　紡　業	15.28	12.50	8.07
絲　織　業	30.31	20.17	
棉　織　業	23.54	11.69	18.09
針　織　業	18.83	15.41	
毛　織　業	16.54	9.43	
漂　染　業	21.60		
製　革　業	20.39	12.32	8.41
麵　粉　業	17.61		
榨　油　業	17.28		
製　蛋　業	20.89	11.65	
調味罐頭業	25.81	11.05	
冷飲食品業	18.94		
煙　草　業	23.86	12.82	9.38

〔註〕　資料來源：　上海特別市工資和工作時間（民國十八年）。

第六十六表　民國十八年上海各業工廠工人平均每小時工資率表

工業 ＼ 工人	男　工	女　工	童　工
鋸業	$0.069		
木器業	0.086		
翻砂業	0.087		
機船業	0.113		
造玻璃業	0.084		$0.040
製火柴業	0.059	$0.035	
搪瓷業	0.086	0.027	0.025
繅絲業	0.059	0.047	0.036
棉紡織業	0.061	0.049	0.030
絲織業	0.047	0.038	0.025
棉織業	0.120	0.086	
針織業	0.065	0.047	0.031
漂染業	0.081	0.066	
製革業	0.070		
麵粉業	0.069		
榨油業	0.051		
製蛋業	0.069		
煙草業	0.067	0.051	
造紙業	0.079	0.070	0.042
印刷業	0.060	0.032	
	0.146	0.102	0.041

〔註〕　資料來源：上海特別市工資和工作時間（民國十八年）。

第四節　外滙指數

　　外滙指數者測量國外滙率之變動而編製之指數也。在用金國與用金國之間計算指數，不必有基期，可以平價爲基價。但在我用銀之國計算用金國滙率指數，則非用基期不可。我國之有外滙指數始於南開大學經濟學院所紅之天津對外滙率指數。第一次披露於清華學報第四卷第二期，其後繼續在南開統計週報按期發表，包括英美法日四國滙率，以民國二年爲基期，公式用加權總值式。十八年一月復編上海對外滙率指數，編製方法與天津指數同，但津滬兩指數均改用民國十五年爲基期。

至民國二十一年又將基期改爲民國十九年，公式仍用加權總值式，權數亦有修正。

基期所以改爲民國十九年者，則以民國十五年法日兩國之貨幣尚未兌現，皆非眞正之金本位制，指數基期應以常態者爲合格。民國二年雖屬常態，但距今過遠。且法國於民國十六年將貨幣單位改變，使與跌價以後之幣值相符，故以民國二年之法郎與民國十六年以後之法郎等量齊觀亦不合理。法國低減幣值以後英美法日四國同時皆爲金本位制之時期祇有民國十九年一年，南開大學之津滬兩指數近來改用民國十九年爲基期者卽此故耳。

津滬兩指數之權數向用加權總值式，其公式如下：

$$外滙指數 = \frac{\Sigma T_i R_1}{\Sigma T_i R_0}$$

式中 R_0 爲基期外幣每單位合行化銀或規元之市價，R_1 爲計算期外幣每單位合行化銀或規元之市價，T_i 爲計算指數以前一年以海關兩計算之中國對各國直接進出貿易總值。

但此公式亦有缺點。初視之各國滙率之比重似與中國對各國之貿易值成正比例，其實各國貨幣之單位並不相同，某國滙率之表示若用較大之貨幣單位，則此國滙率之比重卽將增大，換言之指數結果可因滙價單位之改變而異其大小。

故於二十一年改用下列公式，將權數所用之貿易值折成外國貨幣，庶幾各國滙率在指數中所佔之比重，確與計算指數以前一年中國對各國之直接貿易值成比例。

$$外滙指數 = \frac{\Sigma \frac{T_i}{R_i} R_1}{\Sigma \frac{T_i}{R_i} R_0}$$

　　式中 $R_0 R_1 T_i$ 之意與前式同，R_i 爲計算指數以前一年（即與T_i同年）關册所載外幣每單位合海關兩之市價，$\frac{T_i}{R_i}$ 即爲以外幣計算之各國直接對華進出口貿易總值。

　　惟尙有一點爲美中不足者，現在之外滙指數乃以上一年中國對各國之貿易值爲權數，此項權數每年更改一次。同一年內之各月指數雖可互相比較，但不在一年之指數則有滙率變動與權數變動之二種影響，不便比較。欲求各年指數之直接比較，最好用固定權數或完全不用權數。但各國對華之貿易關係重要程度並不相同，少者僅佔四國貿易總值百分之五，多者佔百分之六十，故簡單指數決不適用。若用固定權數則各國貿易增減之率並不一致，故各國滙率重要程度之比例亦變動甚烈，此其困難耳。

　　南開大學之外滙指數有津滬二指數，而此二指數又各有二個基期，一爲民國二年，一爲民國十九年。自民國二年至十九年依此二基期各算一指數，十九年以後祇用十九年一基期。此二指數趨勢大抵相同。論其重要則上海指數遠在天津指數之上。茲將十九年爲基期之上海外滙指數列下以資研究：

第六十七表　上海每月外匯指數表（民國十九年＝100）

年／月	一月	二月	三月	四月	五月	六月	七月	八月	九月	十月	十一月	十二月	全年
民國二年	69.62	69.06	71.06	70.08	69.32	70.03	70.28	70.16	69.59	69.47	69.72	72.07	69.98
三年	72.20	73.17	72.89	72.25	71.24	73.06	74.82	82.14	82.15	80.71	86.53	84.66	77.20
四年	81.24	80.60	80.58	78.84	78.40	79.16	80.61	81.69	81.45	78.99	78.01	69.97	78.96
五年	72.93	70.34	70.58	65.95	58.64	62.34	63.91	64.85	61.80	60.07	59.36	53.24	63.51
六年	53.71	51.25	52.83	53.65	52.02	52.03	49.21	47.68	41.22	44.32	44.69	44.84	49.45
七年	43.00	43.64	43.64	42.78	41.94	41.00	40.09	39.61	37.87	35.07	37.55	37.25	40.02
八年	36.96	37.17	39.79	39.76	37.68	36.48	36.00	35.12	34.08	32.65	31.15	28.33	34.94
九年	27.46	26.47	27.82	30.86	36.66	42.76	41.29	38.65	39.24	42.41	46.85	54.32	37.02
十年	52.44	60.25	66.44	63.19	62.08	52.48	53.31	58.31	53.67	51.34	52.53	54.12	55.55
十一年	55.19	56.65	58.67	55.58	52.81	58.52	59.50	59.92	53.67	52.53	58.42	52.53	58.08
十二年	58.83	58.41	56.18	56.57	57.10	53.66	53.32	52.90	58.53	55.42	58.74	58.42	58.41
十三年	56.17	55.55	55.47	55.21	53.55	53.66	50.54	49.89	51.27	59.70	58.74	55.64	52.77
十四年	50.51	50.27	52.72	53.63	52.48	50.62	55.64	58.89	49.00	49.02	49.42	50.06	50.69
十五年	52.39	54.02	54.29	56.71	56.16	55.48	55.64	55.64	67.03	67.38	70.50	51.63	59.34
十六年	67.66	65.09	68.35	67.25	66.29	65.17	65.76	68.05	67.03	66.21	64.18	71.16	66.32
十七年	64.05	64.91	64.91	65.34	66.63	61.59	61.98	61.84	63.13	63.35	63.35	63.76	64.29
十八年	63.30	64.18	63.89	64.80	66.63	72.50	65.76	68.05	63.13	74.76	75.62	77.24	69.02
十九年	83.88	86.78	88.66	88.96	93.48	112.55	113.06	108.05	105.25	106.83	107.11	116.96	100.00
二十年	131.85	143.36	132.58	134.20	138.07	139.83	134.42	139.40	135.07	126.16	118.13	114.26	131.93
二十一年	106.12	103.76	102.10	109.07	110.33	109.06	108.24	100.37	98.93	99.58	98.98	103.80	104.35
二十二年	*93.68	*92.42	*89.67	**89.65									

【註】資料來源：南開大學經濟統計季刊第一卷第一期。

* 經濟季刊第二卷第三期原表作一月107.82，二月105.90，三月106.73，茲依第二卷第三期改正。

** 英洋外匯二十二年四月以前爲每規元一元合外幣數，自四月起改爲每銀元一元合外幣數；美滙四月以前爲每銀元一元合外幣數，自四月改爲每規元百兩合銀元數；日滙四月以前爲每日金元數，自四月改爲每規元百兩合日金數。

第五節　證券指數

　　證券指數者測量證券行市之升降而編製之指數也。吾國之證券市場以上海為主。北平雖亦有證券交易所，但所交易者祇有九六公債一種，交易甚少，不足道也。上海之證券交易所有二，一為國人所辦之華商證券交易所，一為外人所辦之上海股票交易所；前者交易限於政府所發內國債券，後者交易種類較多，有普通股橡皮（普通）股公司債優先股等。

　　此各種證券之中，以政府公債與普通股為最重要，故上海新豐洋行編有兩個證券指數，一為股票指數，一為公債指數，[註]每日在西文各日報披露，每星期三復在金融商業週報披露。前者可以表示外人在華事業之盛衰與外人投資之心理，後者表示國內社會政治之狀況與人民對於政府信用之一斑。至於編製方法分述如下：

　　上海市場與紐約不同，故股票指數編製方法亦有特別困難之點。今於敍述編製方法以前先就其不同之點一言之：（一）紐約股票種類甚多。例如一九三一年七月一日在紐約證券交易所買賣者不下八百十八種，細分之可以分為下列二十六類：

鐵道業	100
公用事業	56
汽車業	59
金融業	31
化學工業	51

[註]　二十三年四月新豐洋行又增編一橡皮股票指數，起編日期二十二年一月。

建築業	22
電料業	14
食物業	50
農具業	6
機器及五金業	63
娛樂業	13
地產不動產及旅館業	7
礦業(鐵除外)	41
石油業	47
紙及出版業	22
零售業	69
鋼鐵, 鐵礦—焦煤業	33
紡織業	23
飛機航空業	9
商業文具業	8
運輸業	6
造船及航業	6
衣着業	7
皮革及製靴業	11
煙草業	23
橡皮胎及橡皮製品業	8

而上海股票交易所交易之普通股祇有一百〇六種（如下表）。若將

橡皮股票除外祇有六十四種，而此六十四種之中尚有由同一公司發出
者九種，六十四種之中除去九種實存五十五種。

橡皮業　　　　　　42

銀行與放款業　　　　7

保險業　　　　　　5

地產業　　　　　　12

碼頭及運輸業　　　6

公用事業　　　　　8

棉紗業　　　　　　3

其他　　　　　　　23

　　紐約股票可以分爲實業股鐵路股及公用股，上海股票祇可分爲橡
皮股與非橡皮股二種，而此「非橡皮股」數旣甚少，性又極雜，此不同
者一也。

　　(二)紐約一切買賣均爲現貨交易，今日成交，明日交割；但在上海
則有二種或三種辦法：一爲現貨交易，今日成交，下星期一交割；二爲本
月期，本月交割日交割（通常在最後星期二）；三爲下月期（每月十五日
以後成交者），下月交割日交割，此不同者二也。

　　(三)紐約各種股票一年一月一星期或一日成交數有統計可查，一
檢卽得；但在上海則此種統計甚爲難得，故何種股票最爲活潑，不易決
定也。

　　(四)紐約交易所交易之股票均爲美金，上海股票則大半非金而爲
銀，故上海股票市價之變動亦有金銀比價之關係參雜乎其間。且以前股

票有銀圓規元行化港洋法郎及金鎊六種，民國二十二年廢兩改元以後尚有銀圓港洋（如滙豐）法郎（如保太水火保險公司）及金鎊（如電車自來火）四種。

（五）上海交易有「場內」與「場外」二種：場內交易必須有二經紀人互相成交，場外交易則祇有一經紀人，一方買進，一方賣出，而由此經紀人自己報告於股票交易所者也。此項場外交易必須報告者，則係交易所之規定，所以保護委託人之利益耳。

（六）紐約證券交易所以一百股為最低額，一百股以上者可以買賣，不足一百股者通常祇能另託一種經紀人專接此種小交易以湊成一百股方至交易所買賣者也；但在上海股票交易所任何股數均可買賣，此又一端也。

（七）紐約交易所為繼續買賣，而上海股票交易所則每日分為四場：每晨九時三十分現貨買賣，其價即於每日行市單披露分送者也。十一時三十分及下午二時三十分則為本月期貨交易。三時三十分則為第四場。在十五日以前成交者為本月期，十五日以後成交者則為下月期。

以上為上海紐約兩市場不同之點。至於編製指數時所取何種價格，據新豐洋行之報告有下列各點：

（一）以最後實際成交之價為準。但如其買價高於最後交易之成交價，或賣價低於最後成交價，則以買價或賣價代之。如某種股票既無成交而買價或賣價又不合上述條件，則以市價無變動論

（二）場外交易之價一概不取。

（三）本指數中所用之價必其交易股數合於該交易所規定之最低標準者，此項標準祇在第二、三、四、三場有效。

（四）股票交易多投機性質，故現貨交易少而期貨交易多。然期貨以利息關係往往高於現貨。故新豐洋行股票指數取期貨價，但減去百分之幾俾約略等於現貨價。其所減之數略等於利息之數，大致一月爲百分之一，一星期爲百分之$\frac{1}{4}$。換言之，指數所用爲期貨價，但此期貨價須合成一種現貨價，每月十五日以前用本月期，十五日以後則用下月期。所用市價均以股票交易所正式公佈者爲準。

股票指數中所有股票凡二十種如下表：

金融業

　　　美東銀公司（B）

　　　匯衆銀公司

　　　國際信託公司

　　　揚子銀公司

保險業

　　　美亞保險公司

　　　四海保險公司

地產業

　　　菁益地產公司（B）

　　　華懋地產公司

　　　中國營業公司

　　　業廣地產公司

船塢碼頭運輸業

　　　瑞鎔船廠

　　耶松船廠

公用事業

　　　中國公共汽車公司

　　　上海自來水公司

　　　上海電話公司

　　　上海電車公司（不記名）

棉紗業

　　　怡和紗廠

　　　上海紡織株式會社

其他

　　　開平煤礦

　　　孫其美鐵釘公司

此二十種股票對於上海股票交易所所有股票之總數比例如下：

	指數中股票數	總　數
金融業	四	六
保險業	二	五
地產業	四	一〇
船塢業	二	六
公用事業	四	五
棉紗業	二	三
其他	二	二〇

至於各種價格股票指數似亦可謂應有盡有，其分配如下表：

元

5～10	五種
11～20	五種
21～40	五種
41～100	四種
100 以上	一種

但從民國二十二年四月一日起將美東與孫其美取消而代以上海自來水公司股票(C)與聯合影片公司股票，蓋前二者上年交易已不在最活潑之列矣。公式爲簡單算術平均數，基期爲一九三一年七月三十一日。所以取此日爲基期者則有三理由：(一)此日去今不遠。(二)基期本以六個月或一年爲較善，但經新豐洋行研究之結果，近幾年來外匯劇變，故股票市價變動，與其謂爲事業盛衰之結果，毋寧謂爲金銀比價變動之影響。況在外國指數中亦有以一日爲基期者。故決定用此日，其時若干星期中外匯較爲平穩，金銀比價之影響較小。(三)本指數中所用市價對於股息並未扣算，通常股息在春初發給，故指數基期以股息發給後五六月爲最佳。

新豐洋行之公債指數取中國政府所發之內債十種（十八年關稅庫券，編遣庫券，裁兵公債，十九年關稅庫券，十九年善後庫券，二十年捲煙庫券，二十年關稅庫券，二十年統稅庫券，整六公債，九六公債共十種。從二十二年四月一日起將二十年鹽稅庫券代九六公債。）亦以一九三一年七月三十一日爲基期，公式亦用簡單算術平均數。

公債市價亦有現貨本月期下月期三種。計算指數之時除星期六外

以每日第四盤本月期收盤價為準，星期六則以上午第二盤收盤價為準。現貨交易無足輕重，故現貨價一概不取。但此十種債券之中，有庫券多種，票面本金已還去一部，故於計算指數之時先以此種市價照本金數計算百分數，然後計算指數。公債庫券之利息並不扣除，蓋各債券發息日各月皆有，此種差誤可以互相抵銷也。

美東銀公司每日亦有股票平均數之編製但非指數。所選股票亦二十種，從民國二十年一月至今，每日在各英文日報披露，此與紐約情形相同，一面有標準統計公司及費暄教授之指數，一面有道瓊斯紐約時報及紐約導報等之平均數。美東銀公司之平均數以前為規元，民國二十二年四月十一日以後改用銀元，公式為簡單算術平均數，其二十種股票名目如下：

金融業二種

　　美東「B」

　　國際信託

保險業一種

　　美亞（普通）

地產業三種

　　普益「B」

　　華懋

　　業廣

船塢碼頭運輸業二種

　　瑞鎔

　　耶松

公用事業二種

　　　公共汽車

　　　電車(不記名)

棉紗業二種

　　　怡和紗廠(普通)

　　　上海紡織株式會社

雜類六種

　　　利喊　正廣和　開平

　　　孫其美　別發　文儀

橡皮股票二種

　　　英楂華

　　　太拿馬拉

　　此外尙有新華銀行所編上海內國債券指數，則專以政府所發內國債券爲限。所選債券共有八種，內公債一種爲裁兵公債，庫券七種爲編遣庫券，十九年關稅庫券，十九年善後庫券，二十年捲煙庫券，二十年關稅庫券，統稅庫券及鹽稅庫券。

　　起編日期爲十七年一月，每日依上下午收盤價之平均數編製。此指數不用基期，以投資利益月息一分爲100。其計算公式如下：

　　公式(甲)求公債折扣之利益：

$$\frac{票面-市價}{還本期數(以月數計)}=折扣之利益 \text{（按月攤還溢出成本之數）}$$

　　公式(乙)求庫券折扣之利益：

$$\left(1-\frac{市\quad 價}{票面餘額}\right)\times 每月還本數 = 折扣之利益(按月攤還溢出成本之數)$$

公式(丙)求投資利益：

$$\frac{月息＋折扣之利益}{市\quad 價} = 投資利益(按月計息)$$

公式(丁)求指數：

$$\frac{1}{投資利益} = 指數$$

故以指數化爲倒數，卽得其時八種債券平均所得之利益。例如民國二十一年一月指數爲 23，24，化 爲 倒 數 得 430，卽謂依其時市價購買債券平均可得月息四分三釐之利益。是爲近年來債券之最低價，蓋正一二八事變爆發之前夕也。

此指數有二種意義，除以倒數表示所得利益外，亦可代表債券漲跌之趨勢，蓋指數愈小則所得利益(卽其倒數)愈高，卽市價小也。指數愈大則所得利益(卽其倒數)愈小，卽市價高也。換言之，指數之大小與市價爲正比例，與投資利益爲反比例。

第六節　國外貿易指數

國外貿易指數者，測量本國與外國間貿易之消長而編製之指數也。國外貿易有輸入與輸出兩種，故國外貿易指數亦有輸入指數與輸出指數二種。我國之有國外貿易指數始於民國十九年，蓋南開大學經濟學院所編之中國六十年進出口物量指數物價指數及物物交易指數一書於是年出版也。其指數從一八六七年始，資料取自海關貿易總册。我國海

關一八五九年卽有貿易清册之刊行，一八六四年復增刊貿易報告，一八八二年兩種刊物合併爲一，稱爲華洋貿易總册。所以起於一八六七年者，以一八六七年以前各關貿易值，有以銀元爲計算單位者，有以銀兩爲計算單位者，從一八六七年始以海關兩爲各關共同計算之單位也。

該院出版之經濟統計季刊第一卷第一期修正重印一次以後，按年編製輸出量輸入量輸出價輸入價之指數各一，根據此等指數再計算物物交易率指數，在經濟統計季刊每卷第一期披露。

進出口物品變化無常，關册之分類方法亦常有變更，時代愈久困難愈多。南開大學有鑒於此，故本指數之編製不用定基指數而用連鎖指數。卽先以一八六七年爲基期，計算一八六八年之指數，再以一八六八年爲基期，計算一八六九年之指數，餘類推，次以一八六七年指數與一八六八年指數相乘爲一八六八年之連鎖指數，再以一八六八年之連鎖指數與一八六九年指數相乘爲一八六九年之連鎖指數，餘類推。如此所得指數爲以一八六七年爲基期之指數，但一八六七年去今過遠，不宜用爲比較之標準，故再以一九一三年之指數除全體指數，則基期改爲一九一三年矣。

南開大學所用公式爲費暄教授之「理想公式」如下：

$$物量指數 = \sqrt{\frac{\Sigma p_0 q_1}{\Sigma p_0 q_0} \times \frac{\Sigma p_1 q_1}{\Sigma p_1 q_0}}$$

$$物價指數 = \sqrt{\frac{\Sigma p_1 q_0}{\Sigma p_0 q_0} \times \frac{\Sigma p_1 q_1}{\Sigma p_0 q_1}}$$

物量指數以物價爲權數，物價指數以物量爲權數，惟此物價係就關册所載物值與物量推算所得之價。物品項數無定，隨歷年進出口物品之

數而增減。指數中物品分爲二組，一爲「直接列入品」，一爲「非直接列入品」。「直接列入品」者關册中有量可考者也，「非直接列入品」者無量可考者也。歷年直接列入品之總值對全部貿易之總值大抵均在三分之二以上。直接列入品之出口物值對出口總值之百分比，從一八六七年至一九三〇年之六十餘年中，無一年不在百分之八十以上；直接列入品之進口物值對進口總值之百分比則稍弱，但除六七年外，亦無一年不在百分之七十以上。

　　直接列入品之總值既能代表貿易總值百分之六七十以上，已足表示貿易消長之大體趨勢，本不必將全部物品盡行計入；但南開大學之指數用「理想公式」計算，欲使進出口之物量指數與物價指數之乘積等於全部進出口貨值之比率，若有一部物品未經列入，則此條件卽無適合之可能。故對於「非直接列入品」之物量物價必須與以相當之估計以補足之。

　　「非直接列入品」僅有貨值，而吾人之所需乃爲數量與價格，兩者若得其一，則此問題便可解決。南開大學所用之估計方法乃假定「非直接列入品」之價格變遷與「直接列入品」完全相同，吾人固亦可假定「直接列入品」與「非直接列入品」之物量變遷亦相似，但前者之假定較後者似更合理。惟「直接列入品」中每有少數價格之變遷超越常軌，此種變動對於「非直接列入品」一般價格之升降不能代表，故估計時應將價格變動過劇之項目（卽本年價格較上年價格增加百分之四十或減少百分之三十者）首先剔除，方能應用。經此剔除後估計方法卽以所餘之「直接列入品」先製指數，再以其所得之物價指數除本年「非

直接列入品」之貨值，即得本年「非直接列入品」之基年貨值。同理亦

可以「直接列入品」之物價指數乘基年「非直接列入品」之貨值而得

後者之本年貨值。詳細步驟見第六十八表。

第六十八表　計算物量指數與物價指數之實例

（ 1926———1927年 ）

	進口貨值　（海關銀百萬兩）	
	1926	1927
直接列入指數內之貨物：		
貨值實數	$(\Sigma p_0 q_0)$	$(\Sigma p_1 q_1)$
總數	900	793
價格變動過劇之貨物	2	2
其他貨物	898	791
根據一九二六年物價求得之貨值：	$(\Sigma p_0 q_0)$	$(\Sigma p_0 q_1)$
總數	900	731
價格變動過劇之貨物	2	1
其他貨物	A 898	B 730
根據一九二七年物價求得之貨值：	$(\Sigma p_1 q_0)$	$(\Sigma p_1 q_1)$
總數	950	793
價格變動過劇之貨物	2	2
其他貨物	a 948	b 791
間接列入指數內之貨物：		
貨值實數	224	220
根據一九二六年物價所估計之貨值		$(\Sigma p_0 q_1)$
（即以一九二七年之220乘$\frac{B}{b}=0.92$）	224	202
根據一九二七年物價所估計之貨值	$(\Sigma p_1 q_0)$	
（即以一九二六年之224乘$\frac{a}{A}=1.06$）	237	220
最後計算指數所用之總數		
根據一九二六年物價所得之貨值：	$(\Sigma p_0 q_0)$	$(\Sigma p_0 q_1)$
價格變動過劇之貨物	2	1
其他直接列入指數內之貨物	898	730
間接列入指數內之貨物	224	202
總　計	1,124	933
根據一九二七年物價所得之貨值：	$(\Sigma p_1 q_0)$	$(\Sigma p_1 q_1)$
價格變動過劇之貨物	2	2
其他直接列入指數內之貨物	948	791
間接列入指數內之貨物	237	220
總　計	1,187	1,013

〔註〕　上表自南開大學經濟學院編經濟統計季刊第一卷第一期轉載。

$$物量指數 = \sqrt{\frac{\Sigma p_0 q_1}{\Sigma p_0 q_0} \times \frac{\Sigma p_1 q_1}{\Sigma p_1 q_0}} = \sqrt{\frac{933}{1124} \times \frac{1013}{1187}}$$

$$= \sqrt{0.8301 \times 0.8534} = \sqrt{0.7084} = 0.842$$

$$物價指數 = \sqrt{\frac{\Sigma p_1 q_0}{\Sigma p_0 q_0} \times \frac{\Sigma p_1 q_1}{\Sigma p_0 q_1}} = \sqrt{\frac{1187}{1124} \times \frac{1013}{933}}$$

$$= \sqrt{1.0560 \times 1.0857} = \sqrt{1.1465} = 1.071$$

$$兩年貨值比率 = \frac{\Sigma p_1 q_1}{\Sigma p_0 q_0} = \frac{1013}{1124} = 0.901$$

$$物量指數 \times 物價指數 = 0.842 \times 1.071 = 0.901$$

此外南開大學尚編有兩個物物交易率指數：一曰總交易率指數，一曰淨交易率指數。依何廉博士之定義，總交易率者指進出口全部物量之比較，淨交易率者僅指以物易物之數量，至於用為支付其他費用之部分則不之計也。淨交易率指數係以出口物價指數除進口物價指數而得，嚴格言之，實為出口物價指數倒數對進口物價指數倒數之比率。蓋進出口貨值若恆相等，或常具一固定之比例，則此等比率適為進出口數量淨數之比率。進出口物價指數變動方向之反面，即示進出口數量變動之方向，亦即淨交易率變動之方向也。出口價降則吾人將輸出較多之數量，進口價漲則吾人必將輸入較少之數量。故出口物價指數倒數對進口物價指數倒數之比率即示吾人對於每單位進口貨量所付之出口貨量與基年所付數量之比較。但現代國家之進出口貨值從未有相等者，即固定比例亦不多見，故此所謂淨交易率僅為一種假定之事例，其指數之意義遠不如

總交易率之明白而確切,何廉博士亦已言之,（經濟統計季刊第一卷第一期一四八頁,）茲故不錄。下表所載之物物交易率指數乃總交易率指數也。

　　南開之總交易率指數乃以進口物量指數除出口物量指數而得。但其結果非能語人以某年之交易率是否絕對有利,僅謂某年之交易率較之一九一三年之基期是否更爲有利耳。如其指數高於 100 卽示每一單位進口物量所易之出口物量多於一九一三年,與一九一三年相較爲不利於中國。指數低於 100 則反是。

第六十九表　　中國進出口物量與物價指數及物物交易率指數

年　別	物　量　指　數		物　價　指　數		物物交易率指數
	進口 Qi	出口 Qe	進口 Pi	出口 Pe	Qe÷Qi
1867	24.7	31.9	46.9	45.1	129.1
8	25.4	33.7	46.9	51.7	132.7
9	26.4	35.4	47.9	47.8	134.1
1870	25.9	33.3	46.7	46.1	128.6
1	28.1	39.4	47.4	47.2	140.2
2	27.9	43.3	45.8	48.7	155.2
3	27.3	39.1	46.3	49.6	143.2
4	31.5	40.1	38.5	45.9	127.3
5	33.8	42.2	35.3	40.6	124.9
6	36.3	42.8	33.8	47.1	117.9
7	36.1	40.8	35.5	40.8	113.0
8	34.9	41.4	35.7	40.2	118.6
9	40.8	43.2	35.2	41.3	105.9
1880	36.2	47.2	38.3	41.1	130.4
1	40.8	43.5	39.6	40.5	106.6
2	36.4	45.9	37.6	36.2	126.1
3	35.0	47.2	37.1	36.8	134.9
4	34.5	50.6	37.1	32.9	146.7
5	40.5	47.6	38.1	33.9	117.5
6	35.3	54.2	43.3	35.3	153.5
7	41.6	41.2	43.0	51.8	99.0
8	50.3	43.6	4?.6	52.4	86.7
9	44.0	45.2	44.3	53.3	102.7
1890	54.8	42.0	40.7	51.5	76.6
1	60.8	47.9	38.7	52.3	78.8
2	59.9	49.8	39.6	51 4	83.1
3	59.4	57.2	44.7	50.8	96.3

1894	45.3	60.1	62.8	52.8	**132.7**
5	45.8	66.3	66.1	53.5	144.8
6	53.2	56.4	67.1	57.7	106.0
7	49.7	61.6	71.8	66.1	123.9
8	51.3	63.4	71.9	62.3	123.6
9	69.2	62.5	67.2	78.0	90.3
1900	49.5	54.9	74.8	72.1	110.9
1	62.5	59.8	75.3	70.6	95.7
2	70.9	65.1	78.0	81.7	91.8
3	65.1	59.8	88.3	89.0	91.9
4	69.2	64.0	87.2	92.7	92.5
5	96.6	62.5	81.2	90.4	64.7
6	95.3	64.6	75.4	90.6	67·8
7	88.7	67.1	82.3	97.6	75.6
8	72.7	73.0	95.4	94.1	100.4
9	77.1	92.9	95.1	90.5	120.5
1910	79.2	102.9	102.5	91.8	129.9
1	80.9	102.1	102.2	91.5	126.2
2	82.8	103.8	100.0	88.6	125.4
3	100.0	100.0	100.0	100.0	100.0
4	91.6	83.8	108.9	105.4	91.5
5	92.1	96.5	86.4	107.8	104.8
6	96.6	102.3	93.6	117.0	105.9
7	103.0	108.3	93.5	106.2	105.1
8	92.7	105.5	104.9	114.5	113.8
9	105.8	140.0	107.2	112.0	132.3
1920	106.5	119.3	125.4	112.9	112.0
1	132.9	126.9	119.5	117.6	95.5
2	158.5	130.5	104.4	124.7	**82.3**
3	154.4	137.3	104.7	136.3	88.9
4	170.1	136.6	104.8	141.2	80.3
5	156.3	132.9	106.4	145.9	85.0
6	185.9	141.1	106.3	152.8	75.9
7	156.5	154.1	113.9	148.9	98.5
8	187.5	156.1	112.1	158.4	83.3
9	199.5	148.9	114.4	169.8	74.6
1930	186.8	130.8	123.1	170.4	70.0

【註】　資料來源：南開大學經濟學院編經濟統計季刊第一卷第一期。

第十章　直線繫聯

第一節　直線繫聯之意義

世間現象千變萬化，驟視之若各自生滅，風馬牛不相及；然若詳細分析，則其間固常有因果之關係存焉。吾人俱知雨量之多少，溫度之寒暖與五穀之收穫有因果之關係。然何者為因？何者為果？溫度之寒暖是否隨雨量之多少而異？收穫之良否是否隨溫度之寒暖而異？種植之一般狀況是否足以影響溫度之變遷？類是之因果關係常為經濟學家所悉心研究。至於統計學家之興趣則與此略異。彼所急欲探討者乃各現象間相互關係之存在及其相關之程度而已。此相互之關係名曰繫聯。

試就郵政滙兌而論，在一定時期中各郵區有開發之滙票，亦有兌付之滙票，其價值頗有出入。若在開發滙票額較大之郵區，其兌付滙票額亦大，在開發滙票額較小之郵區，其兌付滙票額亦小；則開發滙票額與兌付滙票額之間顯有一種繫聯，此繫聯名曰正繫聯。若在開發滙票額較大之郵區其兌付滙票額反小，在開發滙票額較小之郵區其兌付滙票額反大，則兩者之間仍有繫聯存在，惟以其相反故曰負繫聯。若開發滙票額之大小不能影響於兌付滙票額，則兩者之間顯無任何繫聯存在，即其繫聯為零，故曰零繫聯。

吾人若在垂直標軸畫分之平面上以開發滙票額為橫坐標，兌付滙

票額爲縱坐標,而以縱橫坐標確定各點之位置,則全國二十三郵區將共有二十三點。此二十三點之散佈可以一直線代表,故曰直線繫聯。有時各點散佈雖不可以直線代表,但可以一定之曲線代表者是曰非直線繫聯。本章所論僅限於直線繫聯。

第二節　繫聯直線之測定

測定直線卽確定此直線位置之謂也。其最簡便之方法名曰隨手畫法。其法　先詳察圖中各點之散佈,然後隨手畫一直線,在可能範圍內務須使其與各點最能接近;惟隨手畫線一無標準,直線之地位隨畫線人而異;欲免此自由畫線之不便,可先確定一點 P,然後過 P 點引一直線較有把握,此 P 點之橫坐標爲各郵區開發匯票額之平均數,其縱坐標爲各郵區兌付滙票額之平均數。但過一點仍有無數直線可引,故精密方法當先求繫聯直線之方程式。吾人在解析幾何中已知一直線之方程式可書如下式:

$$Y = a + bX \qquad (1)$$

b 爲直線之斜度,a 則爲直線與 y 軸交點之縱坐標也。已知 a 與 b 之數值卽可確定直線之位置,蓋由一定點依一定之斜度祇可引一直線故也。

依最小平方法定理直線上與各點橫坐標相同之點,其縱坐標與各點縱坐標之差之平方之和若爲最小,則 a 與 b 之數值可依下式求得:

$$a = \frac{\Sigma X^2 \Sigma Y - \Sigma X \Sigma (XY)}{n\Sigma X^2 - (\Sigma X)^2}$$
$$b = \frac{n\Sigma(XY) - \Sigma X \Sigma Y}{n\Sigma X^2 - (\Sigma X)^2}$$

(2)（證明參看附錄甲22）

a　　繫聯直線與 y 軸交點之縱坐標

b　　繫聯直線之斜度

X　　第一變量

Y　　第二變量

n　　項數

　由是求得之直線必經過上述之 P 點，（證明參看附錄甲 22 ）此直線名曰最小平方線。茲將其計算之程序依次分述於下：

A.　求數列 x 與數列 y 之總和，卽 ΣX 與 ΣY。

B.　將數列 x 之各項一一平方，並求其總和，卽 ΣX^2。

C.　將數列 x 之各項與數列 y 之各項兩兩相乘，並求其總和卽 $\Sigma(XY)$。

D.　依公式(2)求 a 與 b 之數值，並以之代入公式(1)，卽得繫聯直線之方程式。

E.　根據方程式確定直線上任意兩點之位置，連結此兩點卽得所求之繫聯直線。

　依上列程序計算民國二十一年上半年我國二十三郵區之開發滙票額與兌付滙票額之直線繫聯如下：

第七十表　　應用最小平方法計算直線繫聯

郵區	開發匯票額 (X) (以十萬元爲單位)	兌付匯票額 (Y) 以十萬元爲單位)	X^2	XY
蘇皖	172	187	29584	32164
上海	78	62	6084	4836
浙江	37	59	1369	2183
江西	22	14	484	308
湖北	57	44	3249	2508
湖南	31	43	961	1333
東川	22	15	484	330
西川	24	27	576	648
山東	109	107	11881	11663
河北	71	101	5041	7171
北平	92	107	8464	9844
河南	62	65	3844	4030
山西	18	15	324	270
陝西	7	6	49	42
甘肅	6	3	36	18
福建	22	19	484	418
廣東	16	19	256	304
廣西	7	5	49	35
雲南	12	11	144	132
貴州	5	3	25	15
遼寧	38	22	1444	836
吉黑	31	16	961	496
新疆	1	0	1	0
	940	950	75794	79584

〔註〕　資料來源：交通統計簡報（民國二十一年一月至六月）。

$$\Sigma X = 940$$

$$\Sigma Y = 950$$

$$\Sigma X^2 = 75794$$

$$\Sigma (XY) = 79584$$

$$n = 23$$

應用公式(2)得：

$$a = \frac{950 \times 75794 - 940 \times 79584}{23 \times 75794 - 940^2} = -3.26$$

$$b = \frac{23 \times 79584 - 940 \times 950}{23 \times 75794 - 940^2} = 1.09$$

故繫聯直線之方程式為

　　　　$Y = -3.26 + 1.09X$

　　　設 $X = 10$　　　　則 $Y = 7.64$

　　　設 $X = 100$　　　則 $Y = 105.74$

　確定A(10,7.64)點與 B (100,105.74)點之位置，連結 AB 即得繫聯直線。

　第二十四圖　　民國二十一年上半年我國二十三郵區之開發匯票額

與兌付匯票額之繫聯直線

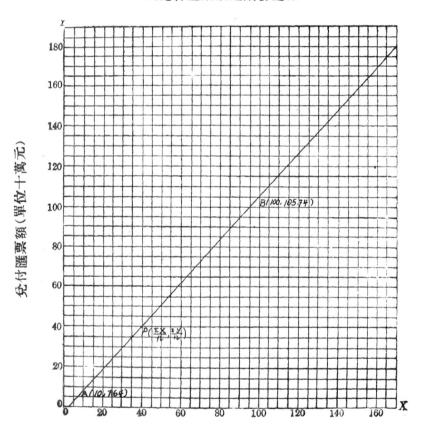

若以P點$\left(\dfrac{\Sigma X}{n} , \dfrac{\Sigma Y}{n}\right)$爲垂直標軸之零點,則繫聯直線之方程式較簡,其式如下:

$$\left.\begin{array}{l} y = bx \\[2mm] b = \dfrac{\Sigma(xy)}{\Sigma x^2} \end{array}\right\}(3)(證明參看附錄甲22)$$

x   x之各項與算術平均數之差

y   y之各項與算術平均數之差

b   繫聯直線之斜度

第三節 標準誤與估量

繫聯直線方程式雖能表示兩變量間之關係, 然其所表示者僅兩變量間之平均關係,方程式之價值隨直線與各點之相對地位而異。若各點均在直線之上或距直線不遠, 則儘可應用此方程式由一變量之數值推算他一變量之數值;但若各點在直線兩邊之散佈甚爲散漫,則此方程式卽不能隨便應用。平均數之價值隨離中差之大小而異,繫聯直線方程式之價值亦然。吾人必先計算各點在直線兩邊之差異,方能確定直線方程式之價值。欲測量各項對於平均數之離中差,吾人可用標準差;欲測量各點對於繫聯直線之差異,吾人亦可求其標準誤。標準誤不特可用以測知繫聯直線方程式之價值,且可藉以測定根據方程式而作估量之準確程度也。

吾人若以各郵區之開發滙票額代入繫聯直線方程式中之X, 則得Y之數值,此Y之數值與實際之兌付滙票額略有差異,標準誤者卽此等

差異之平均數也。其求法與標準差相似,即以項數除各差平方之和再求
其方根是也。標準誤通常以 S 表示。茲就前例計算標準誤如下:

第七十一表　標準誤之計算

郵　　區	實際數值 Y	計算數值 Yc	d=Y-Yc	d²
蘇皖	187	184	3	9
上海	62	82	-20	400
浙江	59	37	22	484
江西	14	21	- 7	49
湖北	44	59	-15	225
湖南	43	31	12	144
東川	15	21	- 6	36
西川	27	23	4	16
山東	107	116	- 9	81
河北	101	74	27	729
北平	107	97	10	100
河南	65	64	1	1
山西	15	16	- 1	1
陝西	6	4	2	4
甘肅	3	3	0	0
福建	19	21	- 2	4
廣東	19	14	5	25
廣西	5	4	1	1
雲南	11	10	1	1
貴州	3	2	1	1
遼寧	22	38	-16	256
吉黑	16	31	-15	225
新疆	0	- 2(註)	2	4
				2796

[註]　兌付匯票額當然不能有負數,故由繫聯直線方程式估計時須改作為零。

$$S = \sqrt{\frac{2796}{23}} = 11.03$$

若各點均在直線之上,則 S 等於零;若距直線不遠,則 S 之數值亦
不大;故 S 之大小極可表示繫聯直線之價值。

設吾人未知蘇皖之兌付滙票額而欲估計之, 則可求全國二十三郵
區之平均兌付滙票額或由蘇皖之開發滙票額應用繫聯直線方程式計

算其兌付滙票額。由前法得 41，由後法則得 184。欲比較兩法之孰優孰劣，須視 y 數列之標準差 σ_y 及其標準誤 S_y 而定。σ_y 之數值爲 45.30，而 S_y 之數值則爲 11.03，故前法之估計值爲 41 ± 45.30，而後法之估計值則爲 184 ± 11.03。標準誤與標準差之比 $\left(即 \dfrac{S_y}{\sigma_y}\right)$ 愈小，則由第二法之估計愈爲可恃，而兩變量間之繫聯亦愈大。故繫聯之大小可用下式測定：

$$r = \sqrt{1 - \frac{S_y^2}{\sigma_y^2}} \qquad\qquad (4)$$

r　　繫聯係數

σ_y　　y 數列之標準差

S_y　　y 數列之標準誤

上式中之 r 名曰繫聯係數。若 S_y 爲零，則 r 爲 1；若 S_y 與 σ_y 相等，則 r 爲零。$\dfrac{S_y}{\sigma_y}$ 愈小則 r 愈大，故 r 之大小卽可測定繫聯之大小。仍就前例計算之則得：

$$r = \sqrt{1 - \frac{11.03^2}{45.30^2}} = 0.97$$

第四節　繫聯係數之計算

由公式(4)求得之繫聯係數不分正負，故雖能確定繫聯之大小，然猶未知其爲正繫聯抑負繫聯；且計算複雜，不合實用，遠不若皮爾生之繫聯係數公式之簡易。皮氏之公式如下：

$$r = \frac{\Sigma(xy)}{n\sigma_x \sigma_y} \qquad\qquad (5)$$

　　r　繫聯係數

　　x　x數列之各項與算術平均數之差

　　y　y數列之各項與算術平均數之差

　　σ_x　x數列之標準差

　　σ_y　y數列之標準差

　　n　項數

　　r 可正可負，若 r 爲正數則爲正繫聯，若 r 爲負數則爲負繫聯。r 之絕對值介於0與1之間。若 r 爲0則爲零繫聯，若 r 爲1則兩變量間有一完全之繫聯，此繫聯名曰整繫聯，蓋以其係數爲整數故也。

　　r 之絕對值與由公式(4)求得之 r 相同(證明參看附錄甲23)。

$$\because \quad \sigma_x = \sqrt{\frac{\Sigma x^2}{n}}$$

$$\sigma_y = \sqrt{\frac{\Sigma y^2}{n}}$$

$$\therefore \quad r = \frac{\Sigma(xy)}{\sqrt{\Sigma x^2 \, \Sigma y^2}} \tag{6}$$

　　由上式計算繫聯係數可不必先求標準差，故較(5)式尤爲簡捷。茲述其計算之程序於下：

　　A．求 x 數列之各項與算術平均數之差 x。

　　B．求 y 數列之各項與算術平均數之差 y。

　　C．將 x 行各項與 y 行各項兩兩相乘得 xy，並求其總和，卽 $\Sigma(xy)$。

D．　將 x 行各項——平方得 x^2，並求其總和，卽 Σx^2。

E．　將 y 行各項——平方得 y^2，並求其總和，卽 Σy^2。

F．　以求得諸數值代入公式(6)，卽得繫聯係數 r。

茲仍就民國二十一年上半年我國二十三郵區之開發滙票額與兌付滙票額而計算其繫聯係數。

第七十二表　繫聯係數之計算

郵區	X	Y	x	y	xy +	xy −	x^2	y^2
蘇皖	172	187	131.1	145.7	19101.27		17187.21	21228.49
上海	78	62	37.1	20.7	767.97		1376.41	428.49
浙江	37	59	− 3.9	17.7		69.03	15.21	313.29
江西	22	14	−18.9	−27 3	515.97		357.21	745.29
湖北	57	44	16.1	2.7	43.47		259.21	7.29
湖南	31	43	− 9 9	1 7		16.83	98.01	2.89
東川	22	15	−18.9	−26.3	497.07		357.21	691.69
西川	24	27	−16 9	−14.3	241.67		285.61	204.49
山東	109	107	68.1	65.7	4474.17		4637.61	4316.49
河北	71	101	30 1	59.7	1796.97		906.01	3564.09
北平	92	107	51.1	65 7	3357.27		2611.21	4316.49
河南	62	65	21.1	23.7	500.07		445.21	561.69
山西	18	15	−22 9	−26.3	602.27		524.41	691.69
陝西	7	6	−33.9	−35.3	1196.67		1149.21	1246.09
甘肅	6	3	−34.9	−38.3	1336.67		1218.01	1466.89
福建	22	19	−18.9	−22.3	421.47		357.21	497.29
廣東	16	19	−24.9	−22.3	555.27		620.01	497.29
廣西	7	5	−33.9	−36.3	1230.57		1149.21	1317.69
雲南	12	11	−28.9	−30.3	875.67		835.21	918.09
貴州	5	3	−35.9	−38.3	1374.97		1288.81	1466.89
遼寧	38	22	− 2.9	−19.3	55.97		8.41	372.49
吉黑	31	16	− 9.9	−25.3	250.47		98.01	640.09
新疆	1	0	−39 9	−41.3	1647.87		1592.01	1705.69
	$\bar{x}=40.9$	$\bar{y}=41.3$			40843.77	85.86	37376.63	47200.87
					40757.91			

$$\Sigma(xy) = 40757.91$$

$$\Sigma x^2 \quad = 37376.63$$

$$\Sigma y^2 \quad = 47200.87$$

代入公式(6)則得：

$$r = \frac{40757.91}{\sqrt{37376.63 \times 47200.87}} = 0.97$$

與由公式(4)求得之結果相同。

上題中平均數均帶小數故計算稍繁，實際應用時可用簡捷法。簡捷法之公式如下：

$$r = \frac{\Sigma(x'y') - nc_x c_y}{\sqrt{(\Sigma x'^2 - nc_x{}^2)(\Sigma y'^2 - nc_y{}^2)}} \qquad (7)$$

（證明參看附錄甲24）

r　繫聯係數

x'　x 數列之各項與假定平均數之差

y'　y 數列之各項與假定平均數之差

c_x　x 數列之算術平均數與假定平均數之差即 $\bar{x} - \bar{x}'$

c_y　y 數列之算術平均數與假定平均數之差即 $\bar{y} - \bar{y}'$

n　項數

茲就前例應用簡捷法計算繫聯係數如下：

第七十三表　計算繫聯係數之簡捷法

郵區	X	Y	x	y′	x′y′ +	x′y′ −	x′²	y′²
蘇皖	172	187	131	146	19126		17161	21316
上海	78	62	37	21	777		1369	441
浙江	37	59	− 4	18		72	16	324
江西	22	14	− 19	− 27	513		361	729
湖北	57	44	16	3	48		256	9
湖南	31	43	− 10	2		20	100	4
東川	22	15	− 19	− 26	494		361	676
西川	24	27	− 17	− 14	238		289	196
山東	109	107	68	66	4488		4624	4356
河北	71	101	30	60	1800		900	3600
北平	92	107	51	66	3366		2601	4356
河南	62	65	21	24	504		441	576
山西	18	15	− 23	− 26	598		529	676
陝西	7	6	− 34	− 35	1190		1156	1225
甘肅	6	3	− 35	− 38	1330		1225	1444
福建	22	19	− 19	− 22	418		361	484
廣東	16	19	− 25	− 22	550		625	484
廣西	7	5	− 34	− 36	1224		1156	1296
雲南	12	11	− 29	− 30	870		841	900
貴州	5	3	− 36	− 38	1368		1296	1444
遼寧	38	22	− 3	− 19	57		9	361
吉黑	31	16	− 10	− 25	250		100	625
新疆	1	0	− 40	− 41	1640		1600	1681
	$\bar{x}=40.9$ $\bar{x}'=41$	$\bar{y}=41.3$ $\bar{y}'=41$			40849　40757	92	37377	47203

$$\Sigma(x'y') = 40757$$

$$\Sigma x'^2 = 37377$$

$$\Sigma y'^2 = 47203$$

$$c_x = 40.9 - 41 = -0.1$$

$$c_y = 41.3 - 41 = 0.3$$

$$n = 23$$

代入公式(7)則得:

$$r = \frac{40757 + 0.69}{\sqrt{(37377 - 23 \times 0.01)(47203 - 23 \times 0.09)}}$$

$$= \frac{40757.69}{\sqrt{37376.77 \times 47200.93}} = 0.97$$

[註] 由公式(6)求得之 r 其分子爲 40757.91 而此爲 40757.69,其分母方根下爲 37376.63×47200.87 而此爲37376.77×47200.93。所以有此微小差異者,由於所取算術平均數僅係近似數之故。若取其準確數值,則兩法所得之結果完全相同。若取算術平均數之準確數值,則:

$$c_x = 40\frac{20}{23} - 41 = -\frac{3}{23}$$

$$c_y = 41\frac{7}{23} - 41 = \frac{7}{23}$$

由簡捷法求得之 r 將爲:

$$r = \frac{40757 + \frac{21}{23}}{\sqrt{\left(37377 - \frac{9}{23}\right)\left(47203 - \frac{49}{23}\right)}} = \frac{40757.91}{\sqrt{37376.61 \times 47200.87}}$$

由公式(6)求得之 r 亦須依照簡捷法公式加以修正。

$$c_x = 40.8\frac{16}{23} - 40.9 = -0.0\frac{7}{23}$$

$$c_y = 41.3\frac{1}{23} - 41.3 = 0.0\frac{1}{23}$$

$$\therefore \ r=\cfrac{40757.91+0.00\dfrac{7}{23}}{\sqrt{\left(37376.63-0.02\dfrac{3}{23}\right)\left(47200.87-0.00\dfrac{1}{23}\right)}}$$

$$=\cfrac{40757.91}{\sqrt{37376.61\times47200.87}}$$

　　若 x 數列與 y 數列之分配甚爲散漫，則計算繫聯係數時不必先求各項與算術平均數或假定平均數之差，直接自各項求之可也。其公式如下：

$$r=\cfrac{\Sigma(XY)-n\bar{x}\bar{y}}{\sqrt{(\Sigma X^2-n\bar{x}^2)\,(\Sigma Y^2-n\bar{y}^2)}} \qquad (8)(證明參看附錄甲 24)$$

r　　繫聯係數

X　　x 數列之各項

Y　　y 數列之各項

$\bar{x}$　　x 數列之算術平均數

$\bar{y}$　　y 數列之算術平均數

n　　項數

　　茲依上述公式計算繫聯係數如下：

第七十四表　由各項直接計算繫聯係數

郵區	X	Y	XY	X²	Y²
皖蘇	172	187	32164	29584	34969
上海	78	62	4836	6084	3844
浙江	37	59	2183	1369	3481
江西	22	14	308	484	196
湖北	57	44	2508	3249	1936
湖南	31	43	1333	961	1849
東川	22	15	330	484	225
西川	24	27	648	576	729
山東	109	107	11663	11881	11449
河北	71	101	7171	5041	10201
北平	92	107	9844	8464	11449
河南	62	65	4030	3844	4225
山西	18	15	270	324	225
陝西	7	6	42	49	36
甘肅	6	3	18	36	9
福建	22	19	418	484	361
廣東	16	19	304	256	361
廣西	7	5	35	49	25
雲南	12	11	132	144	121
貴州	5	3	15	25	9
遼寧	38	22	836	1444	484
吉黑	31	16	496	961	256
新疆	1	0	0	1	0
	940	950	79584	75794	86440

$$\Sigma(XY) = 79584$$

$$\Sigma X^2 = 75794$$

$$\Sigma Y^2 = 86440$$

$$\bar{x} = 40\frac{20}{23}$$

$$\bar{y} = 41\frac{7}{23}$$

$$n = 23$$

代入公式(7)則得：

$$r = \frac{79584 - \dfrac{940 \times 950}{23}}{\sqrt{\left(75794 - \dfrac{940^2}{23}\right)\left(86440 - \dfrac{950^2}{23}\right)}}$$

$$= \frac{79584 - 38826.09}{\sqrt{(75794 - 38417.39)(86440 - 39239.13)}}$$

$$= \frac{40757.91}{\sqrt{37376.61 \times 47200.87}} = 0.97$$

上例中祇有二十三郵區,故計算尙不甚繁;但若項數多至數百,則欲依前法計算其繫聯係數,幾爲事實所不許。欲免計算過繁,不得不先將各項分組整理,然後研究其繫聯。惟在繫聯問題中變量不止一個,故須就簡單頻數表加以擴充以便計算,此卽所謂繫聯表是也。

繫聯表之編製及繫聯係數之計算,可按下列程序進行:

A. 各組之組距屬於 x 數列者書於第一列,屬於 y 數列者書於第一行。

B. 各組之頻數 f 屬於 x 數列者書於第二列,屬於 y 數列者書於第二行。

C. 各組與假定平均數所在組相差之組數 d' 屬於 x 數列者書於第三列,屬於 y 數列者書於第三行。

D. 求 fd',其屬於 x 數列者書於第四列,屬於 y 數列者書於第四行。

E. 求 fd'^2,其屬於 x 數列者書於第五列,屬於 y 數列者書於第五行。

F. 在第五列之下第五行之右各方格中各記入相當之頻數並加括弧以示區別,此頻數卽爲同行 x 組與同列 y 組之共同頻數也。

G. 各方格中頻數之上各記入 d'_x 與 d'_y 之乘積,卽 x 數列之 d' 與 y 數列之 d' 相乘之積。

H. 將各方格中已求得之二數相乘而記其乘積於頻數之下。

I. 將第二,第四,第五三列與第二,第四,第五三行之各項相加。

J. 將各列及各行方格中第三排數字相加而記其和於最後一行與最後一列。

K. 將最後一行與最後一列各數各自相加而記其和(兩個總和須相等)於右下角之方格中。

L. 應用下列公式計算繫聯係數:

$$r = \frac{\Sigma(d'_x d'_y) - n c'_x c'_y}{\sqrt{(\Sigma {d'_x}^2 - n {c'_x}^2)(\Sigma {d'_y}^2 - n {c'_y}^2)}} \qquad (9)$$

(9)(證明參看附錄甲24)

r　繫聯係數

d'_x　x 數列之各組與假定平均數所在組相差之組數

d'_y　y 數列之各組與假定平均數所在組相差之組數

c'_x　x 數列之算術平均數與假定平均數之差(以組距爲單位)

c'_y　y 數列之算術平均數與假定平均數之差(以組距爲單位)

n　項數

茲依以上程序計算美國聯邦準備銀行之貼現率與商業銀行之貼現率之繫聯係數於下:

第七十五表　繫聯表

美國聯邦準備銀行之貼現率（％）

（縱軸：美國商業銀行之貼現率（％））

組距	f	d'	fd'	fd'2	3.75—4.24	4.25—4.74	4.75—5.24	5.25—5.74	5.75—6.24	6.25—6.74	6.75—7.24	合計	d'xd'y
f					24	227	48	20	123	20	42	504	
	d'				−3	−2	−1	0	1	2	3		
		fd'			−72	−454	−48	0	123	40	126		−285
			fd'2		216	908	48	0	123	80	378		1753
7.75—8.24	4	4	16	64					+4 (1) +4	+8 (1) +8	+12 (2) +24		36
7.25—7.74	17	3	51	153					+3 (7) +21	+6 (9) +54	+9 (1) +9		84
6.75—7.24	117	2	234	468			−2 (5) −10	0 (4) 0	+2 (63) +126	+4 (9) +36	+6 (36) +216		368
6.25—6.74	47	1	47	47		−2 (2) −4	−1 (9) −9	0 (10) 0	+1 (22) +22	+2 (1) +2	+3 (3) +9		20
5.75—6.24	156	0	0	0	0 (1) 0	0 (90) 0	0 (29) 0	0 (6) 0	0 (30) 0				0
5.25—5.74	126	−1	−126	126	+3 (11) +33	+2 (110) +220	+1 (5) +5						258
4.75—5.24	34	−2	−68	136	+6 (10) +60	+4 (24) +96							156
4.25—4.74	3	−3	−9	27	+9 (2) +18	+6 (1) +6							24
合計	504		145	1021									
T'xd'y					111	318	−14	0	173	100	258		946

〔註〕　資料來源：米爾斯之統計方法。

$$\Sigma(d'_x d'_y) = 946$$

$$c'_x = -\frac{285}{504}$$

$$c'_y = \frac{145}{504}$$

$$\Sigma d'^2_x = 1753$$

$$\Sigma d'^2_y = 1021$$

$$n = 504$$

代入公式(9)則得:

$$r = \frac{946 + \dfrac{2.85 \times 145}{504}}{\sqrt{\left(1753 - \dfrac{285^2}{504}\right)\left(1021 - \dfrac{145^2}{504}\right)}} = \frac{1027.99}{\sqrt{1591.84 \times 979.28}}$$

$$= 0.82$$

繫聯表中各方格內之計算甚繁,方格愈多計算愈繁。欲求計算敏捷,不可不另籌簡捷之法。對角線法卽爲避免方格內之計算而創之簡捷方法也。應用對角線法以計算繫聯係數,其程序如下:

A──E　與繫聯表同。

F.　在第五列之下第五行之右各方格中各記入相當之頻數,此卽同行 x 組與同列 y 組之共同頻數也。

G.　在第五列之下第五行之右各方格中自左下角至右上角引若干對角線

H.　在繫聯表之下另組一數列 Z 並使 $Z = Y - X$。

I.　求 d'_z,卽對角線經過各方格中 d'_y 與 d'_x 之差,求得後卽

記於附表中第一列。

J. 將同一對角線經過各方格中之頻數相加而記於附表中第二列。

K. 求 fd'_z 與 fd'^2_z 而記於附表中第三,第四兩列。

L. 求附表中第二,第三,第四三列之合計。

M. 應用下列公式計算繫聯係數:

$$r = \frac{\Sigma d'^2_x + \Sigma d'^2_y - \Sigma d'^2_z + n(c'^2_z - c'^2_x - c'^2_y)}{2\sqrt{(\Sigma d'^2_x - nc'^2_x)(\Sigma d'^2_y - nc'^2_y)}} \qquad (10)$$

（證明參看附錄甲25）

r　繫聯係數

d'_x　x 數列之各組與假定平均數所在組相差之組數

d'_y　y 數列之各組與假定平均數所在組相差之組數

d'_z　z 數列之各組與假定平均數所在組相差之組數

c'_x　x 數列之算術平均數與假定平均數之差(以組距爲單位)

c'_y　y 數列之算術平均數與假定平均數之差(以組距爲單位)

c'_z　z 數列之算術平均數與假定平均數之差(以組距爲單位)

n　項數

$$Z = Y - X$$

[註一] 若對角線自右下角引至左上角,則:

$$Z = X + Y$$

$$r = \frac{\Sigma d'^2_z - \Sigma d'^2_x - \Sigma d'^2_y + n(c'^2_x + c'^2_y - c'^2_z)}{2\sqrt{(\Sigma d'^2_x - nc'^2_x)(\Sigma d'^2_y - nc'^2_y)}} \qquad (11)$$

（證明參看附錄甲25）

[註二]　應用對角線法計算繫聯係數時，x與y數列之組距須相等。

茲就前例應用對角線法計算繫聯係數如下：

第七十六表　應用對角線法計算繫聯係數

組距					3.75-4.24	4.25-4.74	4.75-5.24	5.25-5.74	5.75-6.24	6.25-6.74	6.75-7.24	合計
	f				24	227	48	20	123	20	42	504
		d'			-3	-2	-1	0	1	2	3	
			fd'		-72	-454	-48	0	123	40	126	-285
				fd'^2	216	908	48	0	123	80	378	1753
7.75-8.24	4	4	16	64					1	1	2	
7.25-7.74	17	3	51	153					7	9	1	
6.75-7.24	117	2	234	468			5	4	63	9	36	
6.25-6.74	47	1	47	47		2	9	10	22	1	3	
5.75-6.24	156	0	0	0	1	90	29	6	30			
5.25-5.74	126	-1	-126	126	11	110	5					
4.75-5.24	34	-2	-68	136	10	24						
4.25-4.74	3	-3	-9	27	2	1						
合計	504		145	1021								
$d'_z = d'_y - d'_x$					3	2	1	0	-1	-2		
f					9	122	233	69	68	3		504
fd'_z					27	244	233	0	-68	-6		430
fd'^2_z					81	488	233	0	68	12		882

[註]　y各組排列由下而上則對角線亦向上，否則對角線須向下。

$$\Sigma d'_x{}^2 = 1753$$

$$\Sigma d_y{}^2 = 1021$$

$$\Sigma d'_z{}^2 = 882$$

$$c'_x = -\frac{285}{504}$$

$$c'_y = \frac{145}{504}$$

$$c'_z = \frac{430}{504}$$

$$n = 504$$

以之代入公式(10)則得：

$$r = \frac{1753 + 1021 - 882 + \dfrac{1}{504}(430^2 - 285^2 - 145^2)}{2\sqrt{\left(1753 - \dfrac{285^2}{504}\right)\left(1021 - \dfrac{145^2}{504}\right)}}$$

$$= \frac{1892 + \dfrac{1}{504} \times 82650}{\dfrac{2}{504}\sqrt{(883512 - 81225)(514584 - 21025)}}$$

$$= \frac{953568 + 82650}{2\sqrt{802287 \times 493559}} = \frac{518109}{\sqrt{802287 \times 493559}} = 0.82$$

與前所得之結果相同。

此外尚有累積頻數法，亦可計算繫聯係數，無論各組排列由大而小，或由小而大，結果相同。惟 x 與 y 兩數列之累積方法必須一致，或均是由大而小，或均是由小而大，此學者所不可不注意者也。計算之程序如下：

A. 先將各組頻數記於相當各　格之左上角,並加括弧以示區別。

B. 先求左首第一行之累積頻數,記於相當之各方格中。

C. 次求第二行之累積頻數, 但同時須加上同列上一行已得之累積頻數,如是類推以至第末行。

D. 於是再就第末行所得之累積頻數,依次再累積之,是為各行之第二累積頻數。其中第末項即為各行第一累積頻數之和。

E. 同理,就第末列所得之累積頻數, 依次再累積之, 是為各列之第二累積頻數。其中第末項即為各列第一累積頻數之和。

F. 次將表中各項加之,或依行,或依列,相加結果相同,是為各行累積再依各列累積頻數之和。

G. 應用下列公式計算繫聯係數。

$$r = \frac{\Sigma f''_{x,y} - \dfrac{\Sigma f'_x \Sigma f'_y}{n}}{\sqrt{\left[2\,\Sigma f''_x - \Sigma f'_x - \dfrac{(\Sigma f'_x)^2}{n}\right]\left[2\,\Sigma f''_y - \Sigma f'_y - \dfrac{(\Sigma f'_y)^2}{n}\right]}} \qquad 12)$$

(證明參看附錄甲 26)

r 　繫聯係數。

f'_x 　各列第一累積頻數。

f'_y 　各行第一累積頻數。

f''_x 　各列第二累積頻數。

f''_y 　各行第二累積頻數。

$f''_{x,y}$ 依行累積再依列累積之頻數。

n 　總頻數。

茲仍就前例應用累積頻數法計算繫聯係數，如下表。

$$\Sigma f''_{x,y} = 8450$$

$$\Sigma f'_x \quad = 1731$$

$$\Sigma f'_y \quad = 2161$$

$$\Sigma f''_x = 4634$$

$$\Sigma f''_y = 6203$$

$$n \quad = 504$$

$$r = \frac{8450 - \dfrac{1731 \times 2161}{504}}{\sqrt{\left(2 \times 4634 - 1731 - \dfrac{1731^2}{504}\right)\left(2 \times 6203 - 2161 - \dfrac{2161^2}{504}\right)}}$$

$$= \frac{518109}{\sqrt{802287 \times 493559}}$$

$$= .82$$

與前二法所得之結果相同。此法累積係由大而小。若改爲由小而大，則如第七十八表，其結果亦同。

$$\Sigma f''_{x,y} = 11871$$

$$\Sigma f'_x \quad = 2301$$

$$\Sigma f'_y \quad = 2375$$

$$\Sigma f''_x = 7199$$

$$\Sigma f''_y = 7273$$

$$r = \frac{11871 - \dfrac{2301 \times 2375}{504}}{\sqrt{\left(2 \times 7199 - 2301 - \dfrac{2301^2}{504}\right)\left(2 \times 7273 - 2375 - \dfrac{2375^2}{504}\right)}}$$

$$= \frac{518109}{\sqrt{802287 \times 493559}}$$

$$= .82$$

第七十七表　應用累積頻數法計算繫聯係數（由大而小）

d'y ＼ d'x	7	6	5	4	3	2	1	f''y	f''x,y
8	(2) 2	(1) 3	(1) 4	4	4	4	4	4	25
7	(1) 3	(9) 13	(7) 21	21	21	21	21	25	121
6	(36) 39	(9) 58	(63) 129	(4) 133	(5) 138	138	138	163	773
5	(3) 42	(1) 62	(22) 155	(10) 169	(9) 183	(2) 185	185	348	981
4	42	62	(30) 185	(6) 205	(29) 248	(90) 340	(1) 341	689	1423
3	42	62	185	205	(5) 253	(110) 455	(11) 467	1156	1669
2	42	62	185	205	253	(24) 479	(10) 501	1657	1727
1	42	62	185	205	253	(1) 480	(2) 504	2161	1731
f''x	42	104	289	494	747	1227	1731	4634 / 6203	
f''x,y	254	384	1049	1147	1353	2102	2161		8450

第七十八表　應用累積頻數法計算繫聯係數（由小而大）

d'_y \ d'_x	1	2	3	4	5	6	7	f''_y	$f''_{x,y}$
1	(2) 2	(1) 3	3	3	3	3	3	3	20
2	(10) 12	(24) 37	37	37	37	37	37	40	234
3	(11) 23	(110) 158	(5) 163	163	163	163	163	203	996
4	(1) 24	(90) 249	(29) 233	(6) 289	(30) 319	319	319	522	1802
5	24	(2) 251	(9) 294	(10) 310	(22) 362	(1) 363	(3) 366	888	1970
6	24	251	(5) 299	(4) 319	(63) 434	(9) 444	(36) 483	1371	2254
7	24	251	299	319	(7) 441	(9) 460	(1) 500	1871	2294
8	24	251	299	319	(1) 442	(1) 462	(2) 504	2375	2301
f''_x	24	275	574	893	1335	1797	2301	7199 / 7273	
$f''_{x,y}$	157	1451	1677	1759	2201	2251	2375		11871

本章應用公式

$$y = a + by \tag{1}$$

$$\left.\begin{array}{l} a = \dfrac{\Sigma X^2 \Sigma Y - \Sigma X \Sigma (XY)}{n \Sigma X^2 - (\Sigma X)^2} \\[3mm] b = \dfrac{n \Sigma (XY) - \Sigma X \Sigma Y}{n \Sigma X^2 - (\Sigma X)^2} \end{array}\right\} \tag{2}$$

$$\left.\begin{array}{l} y = bx \\[2mm] b = \dfrac{\Sigma(xy)}{\Sigma x^2} \end{array}\right\} \tag{3}$$

$$r = \sqrt{\ - \dfrac{S_y^2}{\sigma_y^2}} \tag{4}$$

$$r = \dfrac{\Sigma'xy)}{n\sigma_x \sigma_y} \tag{5}$$

$$r = \dfrac{\Sigma'xy)}{\sqrt{\Sigma x\ \Sigma y^2}} \tag{6}$$

$$r = \dfrac{\Sigma(x'y') - nc_x c_y}{\sqrt{(\Sigma x'^2 - nc_x^2)(\Sigma y'^2 - nc_y^2)}} \tag{7}$$

$$r = \dfrac{\Sigma(XY) - n\bar{x}\bar{y}}{\sqrt{(\Sigma X^2 - n\bar{x}^2)(\Sigma Y^2 - n\bar{y}^2)}} \tag{8}$$

$$r = \dfrac{\Sigma(d'_x d'_y) - nc'_x c'_y}{\sqrt{(\Sigma d'^2_x - nc'^2_x)(\Sigma d'^2_y - nc'^2_y)}} \tag{9}$$

$$r = \dfrac{\Sigma d'_x{}' + \Sigma d'^2_y - \Sigma d'_z{}' + n(c'^2_z - c'^2_x - c'^2_y)}{2\sqrt{(\Sigma d'^2_x - nc'^2_x)(\Sigma d_y'^2 - nc'^2_y)}} \tag{10}$$

$$r = \dfrac{\Sigma d'_z{}' - \Sigma d'^2_x - \Sigma d'^2_y + n(c'^2_x + c'^2_y - c'^2_z)}{2\sqrt{(\Sigma d'^2_x - nc'^2_x)(\Sigma d'^2_y - nc'^2_y)}} \tag{11}$$

$$r = \dfrac{\Sigma f''_{x,y} - \dfrac{\Sigma f'_x \Sigma f'_y}{n}}{\sqrt{\left[2\,\Sigma f''_x - \Sigma f'_x - \dfrac{(\Sigma f'_x)^2}{n}\right]\left[2\,\Sigma f''_y - \Sigma f'_y - \dfrac{(\Sigma f'_y)^2}{n}\right]}} \tag{12}$$

第十一章　長期趨勢

第一節　長期趨勢之意義及其測定

經濟現象變動不絕，其甚者常至一日而數變。欲盡取此微小變動而一一研究之，勢有所不能，故吾人祇得就變動之大者作一精密之分析。使經濟現象生此大變動之原因不一，其原動力：或爲季節之影響，是曰季節變動；或爲世界經濟盛衰之起伏，是曰循環變動；或爲一時期內繼續增減之趨勢，是曰長期趨勢；或爲戰爭，罷工，災荒等之影響，是曰意外變動。研究一時期內時間數列之變動，自當先設法除去此意外變動之影響；惟意外變動之原因不一，測定之時無一般適用之方法，祇得隨時隨地研究，故本書所論僅以前三種之變動爲限。測定此三種變動之方法將分述於第十一章，第十二章，第十三章三章。

長期趨勢者。一種變量在一長時期內，逐漸向上或向下變動之傾向也。此種傾向或受外界之影響，或依自然之趨勢。保持此傾向之時期或短至數年，或長至數十年，數百年。人口誕生率高於其死亡率，故人口之變動常有向上之趨勢；五穀種植之法逐漸改良，故每年收穫之量亦逐漸增加；房屋之建築與豫防火災之設備逐漸改善，故每年火災之數亦逐漸減少；鑛產愈掘愈少，故鑛區之繁榮亦漸呈退化之勢；此皆長期趨勢之例也。

測定長期趨勢最簡單之方法爲極大極小法，卽取時間數列中之極大數值與極小數值而分別比較之：若極大值與極小值之趨勢均爲上漲，則全部數列之趨勢亦爲上漲；反之，若均爲下落，則全部數列之趨勢亦爲下落。試以民國元年至十六年上海每年粳米指數爲例：

第七十九表　　民國元年至十六年上海粳米指數
（基年：民國十五年）

民國	指數	民　國	指數
元年	50	九　年	61
二年	46	十　年	61
三年	41	十一年	71
四年	47	十二年	71
五年	45	十三年	65
六年	42	十四年	69
七年	42	十五年	100
八年	44	十六年	94

[註]　表中指數係根據上海特別市社會局在社會月刊第一卷第二號所發表之粳米平均價編製。

極大值：　　　　　　　　極小值：

47（民國四年）　　　　41（民國三年）

71（民國十一年，十二年）　42（民國六年，七年）

100（民國十五年）　　　65（民國十三年）

極大值與極小值之趨勢均爲上漲，故可知民國元年至十六年上海粳米之市價有上漲之趨勢；惟上漲之趨勢有種種，吾人所欲研究者，不特其趨勢之上漲或下落，且欲明其如何上漲，或如何下落。故此法雖

簡,所能指示吾人者,祇一空虛之概念,無大用處也。

　　長期趨勢大別之可分爲直線趨勢與曲線趨勢二種。其測定之方法將分述於以下二節。

第二節　　直線趨勢之測定

　　直線趨勢者,變量之長期趨勢可以直線表示者也。吾人已知繫聯直線可以表示兩數列之繫聯,若其中一數列代表時間,則此直線即表示其他一數列與時間之繫聯。換言之,即此其他數列之長期趨勢也。故趨勢直線實即爲繫聯直線之一種。第十章所論測定繫聯直線之方法均可適用於趨勢直線,惟應用最小平方法時趨勢直線之測定較之繫聯直線更爲簡易。

　　若年數爲奇數,則中間一年適爲時期之中點。以時間數列之算術平均數作爲中間一年之數值而繪之於圖,則得P點。依數學原理最小平方直線必經過此點(參看附錄甲 22),則最小平方直線之一點已可確定爲P。至其斜度則可自下列二公式之一求得。

$$b = \frac{\Sigma(Xy)}{\Sigma X^2} \qquad\qquad (1)$$

$$b = \frac{\Sigma(XY)}{\Sigma X^2} \qquad\qquad (2)$$

(證明參看附錄甲 22)

b　　斜度

X　　各年與中間一年相差之年數

Y　　時間數列之各項

y　　時間數列之各項與其算術平均數之差

　　斜度 b 亦卽爲每年增減之量,若爲正數則爲每年增加之量,若爲負數則爲每年減少之量。茲將最小平方直線計算之程序依次分述於下:

　　(第一法)應用公式(1)

A． 求時間數列之算術平均數。

B． 求各年與中間一年相差之年數 X。

C． 求各項與算術平均數之差 y。

D． 求 X 與 y 相乘之積,再以所得各乘積相加,而得 $\Sigma(Xy)$。

E． 求 X 之平方,再以所得各平方相加,而得 ΣX^2。

F． 以 ΣX^2 除 $\Sigma(Xy)$,卽得斜度 b。

G． 以時間數列之算術平均數,作爲中間一年之數量。

H． 後半期各年,依次遞加 b,前半期各年,依次遞減 b,卽得硏究時期內,長期趨勢之各年數量。

　　(第二法)應用公式(2)

A． 求各年與中間一年相差之年數 X。

B． 求時間數列之各項 Y 與 X 相乘之積,再以所得各乘積相加,而得 $\Sigma(XY)$。

C． 求 X 之平方,再以所得各平方相加,而得 ΣX^2。

D． 以 ΣX^2 除 $\Sigma(XY)$,卽得斜度 b。

E． 求時間數列之算術平均數,並以之作爲中間一年之數量。

F． 後半期各年,依次遞加 b,前半期各年,依次遞減 b,卽得硏究時期內長期趨勢之各年數量。

無論用第一法或第二法, b 之數值與長期趨勢之各年數量均無不

同。茲就民國元年至十五年上海粳米指數依第一第二兩法分別計算其
長期趨勢,如下列兩表:

第八十表　用最小平方法求長期趨勢直線(年數爲奇數)
(第一法)應用公式(1)

民國	粳米指數Y	X	y	Xy	X²	長期趨勢
元　年	50	—7	— 7	49	49	36
二　年	46	—6	—11	66	36	39
三　年	41	—5	—16	80	25	42
四　年	47	—4	—10	40	16	45
五　年	45	—3	—12	36	9	48
六　年	42	—2	—15	30	4	51
七　年	42	—1	—15	15	1	54
八　年	44	0	—13	0	0	57
九　年	61	1	4	4	1	60
十　年	61	2	4	8	4	63
十一年	71	3	14	42	9	66
十二年	71	4	14	56	16	69
十三年	65	5	8	40	25	72
十四年	69	6	12	72	36	75
十五年	100	7	43	103	49	78
ȳ=57				839	280	

$$b = \frac{839}{280} = 3$$

第八十一表　用最小平方法求長期趨勢直線(年數爲奇數)
(第二法)應用公式(2)

民國	粳米指數Y	X	XY —	XY +	X²	長期趨勢
元　年	50	—7	350		49	36
二　年	46	—6	276		36	39
三　年	41	—5	205		25	42
四　年	47	—4	188		16	45
五　年	45	—3	135		9	48
六　年	42	—2	84		4	51
七　年	42	—1	42		1	54
八　年	44	0	0		0	57
九　年	61	1		61	1	60
十　年	61	2		122	4	63
十一年	71	3		213	9	66
十二年	71	4		284	16	69
十三年	65	5		325	25	72
十四年	69	6		414	36	75
十五年	100	7		700	49	78
ȳ=57			1280	2119	280	
			839			

$$b = \frac{839}{280} = 3$$

第二十五圖　民國元年至十五年上海粳米指數之長期趨勢

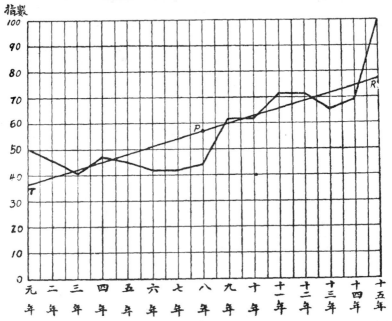

若年數爲偶數,假定爲十六年,則時期之中點,在第八年之末,第九年之始。故在長期趨勢中,第八年之數量,當自算術平均數,減去半年增加之量;第九年之數量,當以半年增加之量,加於算術平均數。故須以半年爲一單位,而公式中之 b,亦卽爲半年間增減之量。其計算之程序,可分述如下:

（第一法）應用公式(1)

A．求時間數列之算術平均數。

B．求各年與時期中點,相差半年之數 X,故 X 當爲……－5,－3,
－1,＋1,＋3,＋5………………。

C．求各項與算術平均數之差 y。

D．求 X 與 y 相乘之積,再以所得各乘積相加而得 $\Sigma(Xy)$。

E．求 X 之平方,再以所得各平方相加,而得 ΣX^2。

F．以 ΣX^2 除 $\Sigma(Xy)$,即得斜度 b。

G．以時間數列之算術平均數加 b,即得時期中點後半年之數量,在其後之各年, 依次遞加 2b,在其前之各年,依次遞減 2b,即得研究時期內,長期趨勢之各年數量。

(第二法)應用公式(2)

A．求各年與時期中點,相差半年之數 X,故 X 當為…… $-5, -3,$ $-1, +1, +3, +5$……………… 。

B．求時間數列之各項 Y 與 X 相乘之積,再以所得各乘積相加,而得 $\Sigma(XY)$。

C．求 X 之平方,再以所得各平方相加,而得 ΣX^2。

D．以 ΣX^2 除 $\Sigma(XY)$,即得斜度 b。

E．求時間數列之算術平均數。

F．以時間數列之算術平均數加 b,即得時期中點後半年之數量 在其後之各年, 依次遞加 2b,在其前之各年,依次遞減 2b,即得研究時期內長期趨勢之各年數量。

茲依第一第二兩法,分別計算民國元年至十六年上海粳米指數之長期趨勢。

第八十二表　用最小平方法求長期趨勢直線(年數為偶數)

(第一法)應用公式(1)

民國	粳米指數Y	X	y	Xy	X²	長期趨勢
元　年	50	—15	— 9.3	139.5	225	34.70
二　年	46	—13	—13.3	172.9	169	37.98
三　年	41	—11	—18.3	201.3	121	41.26
四　年	47	— 9	—12.3	110.7	81	44.54
五　年	45	— 7	—14.3	100.1	49	47.82
六　年	42	— 5	—17.3	86.5	25	51.10
七　年	42	— 3	—17.3	51.9	9	54.38
八　年	44	— 1	—15.3	15.3	1	57.66
九　年	61	1	1.7	1.7	1	60.94
十　年	61	3	1.7	5.1	9	64.22
十一年	71	5	11.7	58.5	25	67.50
十二年	71	7	11.7	81.9	49	70.78
十三年	65	9	5.7	51.3	81	74.06
十四年	69	11	9.7	106.7	121	77.34
十五年	100	13	40.7	529.1	169	80.62
十六年	94	15	34.7	520.5	225	83.90
	$\bar{y}=59.3$			2233.0	1360	

第八十三表　用最小平方法求長期趨勢直線(年數爲偶數)

(第二法)應用公式(2)

民國	粳米指數Y	X	XY —	XY +	X²	長期趨勢
元　年	50	—15	750		225	34.70
二　年	46	—13	598		169	37.98
三　年	41	—11	451		121	41.26
四　年	47	— 9	423		81	44.54
五　年	45	— 7	515		49	47.82
六　年	42	— 5	210		25	51.10
七　年	42	— 3	126		9	54.38
八　年	44	— 1	44		1	57.66
九　年	61	1		61	1	60.94
十　年	61	3		183	9	64.22
十一年	71	5		355	25	67.50
十二年	71	7		497	49	70.78
十三年	65	9		585	81	74.06
十四年	69	11		759	121	77.34
十五年	100	13		1300	169	80.62
十六年	94	15		1410	225	83.90
	$\bar{y}=59.3$		2917	5150	1360	
			2233			

$$b = \frac{2233}{1360} = 1.64$$

$$2b = 3.28$$

　　不論年數爲奇數,偶數,第一第二兩法所得之結果均相同。故實際計算,可應用第二法;蓋由時間數列之各項, 直接計算 XY ,可少一減法之手續故也。

　　以十二除每年增加之量,或以六除半年增加之量,卽得每月增加之量。若年數爲奇數,例如十五年,則時期之中點,適在第八年六月之末,七月之初。故以算術平均數,加上半月增加之量, 卽爲第八年七月之數量,在其後之各月,依次遞加每月增加之量,在其前之各月,依次遞減每月增加之量。若年數爲偶數,例如十六年,則時期之中點,適在第八年十二月之末,第九年一月之初。故以算術平均數,加上半月增加之量,卽得第九年一月之數量,在其後之各月, 依次遞加每月增加之量,在其前之各月,依次遞減每月增加之量。今試先計算第七十七表中,民國八年各月之長期趨勢數量(餘類推)。

$$\frac{3}{12}=0.25\quad 每月增加量$$

$$\frac{0.25}{2}=0.13\quad 每半月增加量$$

民國八年	長期趨勢	民國八年	長期趨勢
一月	55.63	七月	57.13
二月	55.88	八月	57.38
三月	56.13	九月	57.63
四月	56.38	十月	57.88
五月	56.63	十一月	58.13
六月	56.88	十二月	58.38

茲再計算第八十三表中民國八年七月至民國九年六月之長期趨勢數量。(餘可類推)

$$\frac{1.64}{6} = 0.27 \text{ 每月增加量}$$

$$\frac{0.27}{2} = 0.14 \text{ 每半月增加量}$$

民國八年	長期趨勢	民國九年	長期趨勢
七月	57.82	一月	59.44
八月	58.09	二月	59.71
九月	58.36	三月	59.98
十月	58.63	四月	60.25
十一月	58.90	五月	60.52
十二月	59.17	六月	60.79

斜度 b 乃以 ΣX^2 除 $\Sigma(XY)$ 而得,但此二數均可用簡捷法求得,故實際計算不必如第八十表至第八十三表之繁。

ΣX^2 可用下列二公式之一求之卽得:

若年數 n 爲奇數,則:

$$\Sigma X^2 = \frac{n(n-1)(n+1)}{12} \qquad (3) \text{(證明參看附錄甲27)}$$

若年數 n 爲偶數,則:

$$\Sigma X^2 = \frac{n(n+1)(n-1)}{3} \qquad (4) \text{(證明參看附錄甲28)}$$

但實際計算年數不至甚多，故可預製一表，以備應用。

第八十四表　計算長期趨勢中 ΣX^2 之數值

年　數	ΣX^2	年　數	ΣX^2
5	10	6	70
7	28	8	168
9	60	10	330
11	110	12	572
13	182	14	910
15	280	16	1360
17	408	18	1938
19	570	20	2660
21	770	22	3542
23	1012	24	4600
25	1300	26	5850
27	1638	28	7308
29	2030	30	8990

所需注意者年數為奇數之時以一年為單位，年數為偶數之時以半年為單位。至於 $\Sigma(XY)$ 之計算亦甚簡易，其程序分述如下（證明參看附錄甲29）：

(甲)年數為奇數：

A．將各年之數量分成兩行，中間一年可略而不書，前半期各年自上而下書於第一行，後半期各年自下而上書於第二行。

B．自第二行各項數量減去第一行各項數量而書其差數於第三行。

C．於第四行自下而上書 1,2,3,4,5,……。

D．將第三行與第四行各項兩兩相乘而書其乘積於第五行。

E．將第五行各項相加即得 $\Sigma(XY)$。

第八十五表　用簡捷法計算 $\Sigma(XY)$（年數爲奇數）

（1）	（2）	（3）	（4）	（5）
50	100	50	7	350
46	69	23	6	138
41	65	24	5	120
47	71	24	4	96
45	71	26	3	78
42	61	19	2	38
42	61	19	1	19
				839

與第八十一表所得之結果相同。

(乙)年數爲偶數:

A. 將各年之數量分成兩行，前半期各年自上而下書於第一行，後半期各年自下而上書於第二行。

B. 自第二行各項數量減去第一行各項數量而書其差數於第三行。

C. 於第四行自下而上書 1,3,5,7,9,………………。

D. 將第三行與第四行各項兩兩相乘而書其乘積於第五行。

E. 將第五行各項相加卽得 $\Sigma(XY)$。

第八十六表　用簡捷法計算 $\Sigma(XY)$（年數爲偶數）

（1）	（2）	（3）	（4）	（5）
50	94	44	15	660
46	100	54	13	702
41	69	28	11	308
47	65	18	9	162
45	71	26	7	182
42	71	29	5	145
42	61	19	3	57
44	61	17	1	17
				2233

與第八十三表所得之結果相同。

最小平方直線，不能表示長期趨勢之變動，此其缺點也。此種變動須觀圖上曲線，方能發見，研究時期之選擇亦可藉此確定。吾人用最小平方法求長期趨勢直線時關於研究時期之確定，應注意下列各點：

（一）研究時期內不應包含趨勢相反之兩時期。例如　1873　年至 1913　年間法國之物價指數實包含兩個不同之時期：前半期之指數自 144 跌至 82，後半期之指數自 82 漲至 116。若貿然在此四十一年間求法國物價指數之長期趨勢，則求得之最小平方直線將幾與橫坐標軸平行，其為謬誤不待言矣。故吾人須分別研究前後兩時期法國物價指數之長期趨勢 前期自 1873 年至 1896 年，後期自 1896 年至 1913年，必若是方能發見實際之長期趨勢。茲依最小平方法分別計算長期趨勢於下（見第八十七表）。

（二）研究時期亦不能過短，過短則其結果將受循環變動之影響；蓋若僅有三四年而此三四年或全為循環變動中之興盛期或衰落期，則變量之上升或下降並非為長期趨勢之結果。

（三）研究時期之始末亦須特別注意。吾人之測定長期趨勢原欲在可能範圍內盡除循環變動之影響，故研究時期之始末須擇其略能相似者。若以興盛期之末始而以衰落期之末終，或以衰落期之末始而以興盛期之末終，則其結果將有過低或過高之弊；蓋前者多一衰落期，而後者則多一興盛期，均足使循環變動影響於長期趨勢也。但若研究時期內包含循環甚多，則過高過低之弊稍減。

第八十七表　1873—1913年法國之物價指數及其長期趨勢

年　份	指　數	全時期趨勢 算術平均數 105 每年增加量—0.57	前半期趨勢 算術平均數 107.8 每年增加量—2.31	後半期趨勢 算術平均數 100 每年增加量1.95
1873	144	116.4	134.4	
1874	132	115.8	132.1	
1875	129	115.3	129.7	
1876	130	114.7	127.4	
1877	131	114.1	125.1	
1878	120	113.6	122.8	
1879	117	113.0	120.5	
1880	120	112.4	118.2	
1881	117	111.8	115.9	
1882	114	111.3	113.6	
1883	110	110.7	111.3	
1884	101	110.1	109.0	
1885	99	109.6	106.6	
1886	95	109.0	104.3	
1887	92	108.4	102.0	
1888	96	107.9	99.7	
1889	100	107.3	97.4	
1890	100	106.7	95.1	
1891	98	106.1	92.8	
1892	95	105.6	90.5	
1893	94	105.0	88.2	
1894	87	104.4	85.9	
1895	85	103.9	83.5	
1896	82	103.3	81.2	83.4
1897	83	102.7		85.4
1898	86	102.2		87.3
1899	93	101.6		89.3
1900	99	101.0		91.2
1901	95	100.4		93.2
1902	94	99.9		95.1
1903	96	99.3		97 1
1904	94	98.7		99.0
1905	98	98.2		101.0
1906	104	97.6		102.9
1907	109	97.0		104.9
1908	101	96.5		106.8
1909	101	95.9		108.8
1910	118	95.3		110.7
1911	113	94.7		112.7
1912	118	94.2		114.6
1913	116	93.6		116.6

〔註一〕　指數來源：*經濟學季刊*第三卷第四期第85-7頁。

〔註二〕　1901—1910年＝100

第三節　曲線趨勢之測定

曲線趨勢者可以曲線表示長期變動之趨勢也。其測定之方法甚多，最簡單者曰移動平均數法。此法乃以若干年之移動平均數代替原有時間數列之各項，而表示此新數列之曲線卽爲原有數列之趨勢曲線也。計算移動平均數之年數無一定之限制，但通常爲奇數，卽三年，五年，七年是也。設欲求上海粳米指數之五年移動平均數，則先求民國元年至五年之平均數得 46，卽書於民國三年（中間一年）之旁以代替原有之指數 41；然後將年份移下一年，卽求民國二年至六年之平均數得 44，卽書於民國四年（中間一年）之旁以代替原有之指數 47；以下各年之移動平均數可依同法計算，如下表。

第八十八表　移動平均數

民	國	指　　數	五年移動平均數
元	年	50	
二	年	46	
三	年	41	46
四	年	47	44
五	年	45	43
六	年	42	44
七	年	42	47
八	年	44	50
九	年	61	56
十	年	61	62
十一	年	71	66
十二	年	71	67
十三	年	65	75
十四	年	69	80
十五	年	100	
十六	年	94	

試以原有之指數與求得之移動平均數各繪一曲線，則前者之起伏甚多而後者甚少，故可以後者測定前者之趨勢。

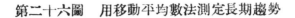

第二十六圖　　用移動平均數法測定長期趨勢

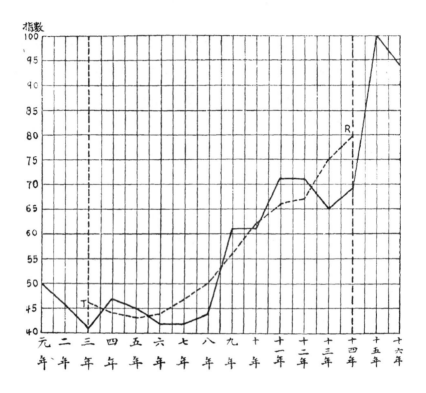

上圖中之虛線ＴＲ卽爲移動平均曲線。

　　移動平均數法計算甚易，且能測定趨勢方向之變動，此爲其優點。惟用移動平均數代替原有數列之各項，則研究之時期兩端各縮短若干年，此其不便一；計算移動平均數之年數隨統計家之主觀而定，五年移動平均數與九年移動平均數所得之結果或致相差甚遠，此其不便二；由移動平均數法求得之長期趨勢不能盡除循環變動之影響，設循環變動之時期爲九年，則用九年移動平均數求得之長期趨勢受循環變動之影

響甚微,惟循環變動之時期有長有短, 設有一循環其時期僅有七年,則用九年移動平均數求得之長期趨勢受循環變動之影響尙大, 蓋九年之中可有兩個極大值與一個極小值或兩個極小值與一個極大值故也, 此其不便三; 故統計學家有聯合移動平均數與最小平方法以測定長期趨勢者。其法先求移動平均數組成一新數列,然後由此新數列依最小平方法測定長期趨勢直線。此法兼具二者之長, 旣能表示趨勢方向之變動,又能免除循環變動之影響,故較單用移動平均數法爲優。

應用最小平方法以測定長期趨勢不以直線爲限,二次拋物線,三次拋物線與四次,五次拋物線均可應用此法求得。惟除二次,三次拋物線外,高次拋物線鮮有用以測定長期趨勢者。應用最小平方法以確定趨勢拋物線之位置, 卽欲使由拋物線公式求得之數值與原有數值相差平方之和爲最小。二次拋物線與三次拋物線之公式如下:

$$Y = a_1 + b_1 X + c_1 X^2 \qquad (5)$$

$$Y = a_2 + b_2 X + c_2 X^2 + d_2 X^3 \quad (6)$$

以上兩式中 a_1, b_1, c_1 與 a_2, b_2, c_2, d_2 之數值求得後,拋物線之位置卽能確定。依最小平方法求得 a_1, b_1, c_1 與 a_2, b_2, c_2, d_2 之數值如下:

$$a_1 = \frac{\Sigma X^4 \Sigma Y - \Sigma X^2 \Sigma (X^2 Y)}{n \Sigma X^4 - (\Sigma X^2)^2}$$

$$b_1 = \frac{\Sigma (XY)}{\Sigma X^2}$$

$$c_1 = \frac{n \Sigma (X^2 Y) - \Sigma X^2 \Sigma Y}{n \Sigma X^4 - (\Sigma X^2)^2}$$

(7)證明參看附錄甲(30)

$$a_2 = \frac{\Sigma X^4 \Sigma Y - \Sigma X^2 \Sigma(X^2 Y)}{n\Sigma X^4 - (\Sigma X^2)^2}$$

$$b_2 = \frac{\Sigma X^6 \Sigma(XY) - \Sigma X^4 \Sigma(X^3 Y)}{\Sigma X^2 \Sigma X^6 - (\Sigma X^4)^2}$$

$$c_2 = \frac{n\Sigma(X^2 Y) - \Sigma X^2 \Sigma Y}{n\Sigma X^4 - (\Sigma X^2)^2}$$

$$d_2 = \frac{\Sigma X^2 \Sigma(X^3 Y) - \Sigma X^4 \Sigma(XY)}{\Sigma X^2 \Sigma X^6 - (\Sigma X^4)^2}$$

(8)(證明參看附錄甲31)

X　若年數爲奇數,則爲各年與中間一年相差之年數:若年數爲偶數,則X爲各年與時期中點相差半年之數。

Y　時間數列之各項

n　年數

有時時間數列之散佈在算術圖中不能用趨勢直線或拋物線配合,但在單對數圖中則其趨勢可用直線或拋物線表示。例如各期末之複利終價在算術圖中爲一複利曲線,而在單對數圖中則爲一直線。故若時間數列之趨勢與複利終價相似,則可先求各項之對數,然後應用最小二乘法確定其在單對數圖中之趨勢直線。茲述其計算之程序於下:

A.　求時間數列各項之對數。

B.　應用最小平方直線求對數數列之長期趨勢。

C.　由求得之長期趨勢再求反對數,即得時間數列在算術圖中之長期趨勢。

若時間數列之趨勢在單對數圖中爲二次或三次拋物線,則其在算術圖中之趨勢曲線可用同法測定。

茲就1887年至1911年美國之產鋅量計算其長期趨勢於下。

第八十九表　美國國內鋅礦之產鋅量及其長期趨勢

（單位一千短頓）

年　　份	產鋅量 Y	log Y	長期趨勢之對數　log Yc	長期趨勢 Yc
1887	50.3	1.70157	1.72244	52.8
1888	55.9	1.74741	1.75234	56.5
1889	58.9	1.77012	1.78224	60.6
1890	63.7	1.80414	1.81214	64.9
1891	80.9	1.90795	1.84204	69.5
1892	87.3	1.94101	1.87194	74.5
1893	78.8	1.89653	1.90184	79.8
1894	75.3	1.87679	1.93174	85.5
1895	89.7	1.95279	1.96164	91.5
1896	81.5	1.91116	1.99154	98.1
1897	100.0	2.00000	2.02144	105.1
1898	115.4	2.06221	2.05134	112.5
1899	129.1	2.11093	2.08124	120.6
1900	123.9	2.09307	2.11114	129.2
1901	140.8	2.14860	2.14104	138.4
1902	156.9	2.19562	2.17094	148.2
1903	159.2	2.20194	2.20084	158.8
1904	186.7	2.27114	2.23074	170.1
1905	203.8	2.30920	2.26064	82.2
1906	199.7	2.30038	2.29054	195.2
1907	223.7	2.34967	2.32044	209.1
1908	190.7	2.28035	2.35034	224.0
1909	230.2	2.36211	2.38024	240.0
1910	252.5	2.40226	2.41014	257.1
1911	271.6	2.43393	2.44004	275.5
		52.03088		

[註一]　資料來源：經濟統計雜誌第二卷。

[註二]　第四行係應用最小平方方法自 logY 數列中求得。

本章應用公式

$$b = \frac{\Sigma(Xy)}{\Sigma X^2} \qquad (1)$$

$$b = \frac{\Sigma(XY)}{\Sigma X^2} \qquad (2)$$

$$\Sigma X^2 = \frac{n(n-1)(n+1)}{12} \qquad (3)$$

$$\Sigma X^2 = \frac{n(n+1)(n-1)}{3} \qquad (4)$$

$$Y = a_1 + b_1 X + c_1 X^2 \qquad (5)$$

$$Y = a_2 + b_2 X + c_2 X^2 + d_2 X^3 \qquad (6)$$

$$\left.\begin{aligned}
a_1 &= \frac{\Sigma X^4 \Sigma Y - \Sigma X^2 \Sigma (X^2 Y)}{n \Sigma X^4 - (\Sigma X^2)^2} \\[2mm]
b_1 &= \frac{\Sigma (XY)}{\Sigma X^2} \\[2mm]
c_1 &= \frac{n \Sigma (X^2 Y) - \Sigma X^2 \Sigma Y}{n \Sigma X^4 - (\Sigma X^2)^2}
\end{aligned}\right\} \qquad (7)$$

$$\left.\begin{aligned}
a_2 &= \frac{\Sigma X^4 \Sigma Y - \Sigma X^2 \Sigma (X^2 Y)}{n \Sigma X^4 - (\Sigma X^2)^2} \\[2mm]
b_2 &= \frac{\Sigma X^6 \Sigma (XY) - \Sigma X^4 \Sigma (X^3 Y)}{\Sigma X^2 \Sigma X^6 - (\Sigma X^4)^2} \\[2mm]
c_2 &= \frac{n \Sigma (X^2 Y) - \Sigma X^2 \Sigma Y}{n \Sigma X^4 - (\Sigma X^2)^2} \\[2mm]
d_2 &= \frac{\Sigma X^2 \Sigma (X^3 Y) - \Sigma X^4 \Sigma (XY)}{\Sigma X^2 \Sigma X^6 - (\Sigma X^4)^2}
\end{aligned}\right\} \qquad (8)$$

第十二章　季節變動

第一節　季節變動之性質及其效用

季節變動者,時間數列受季節之影響而生之變動也。草帽與皮貨之營業均受顯著之季節影響,他若牛油與鷄蛋之生產,建築業與旅行之活動,戲館公園顧客之多少,以及煤電之消費,靡不受季節之影響;凡此皆因氣候之寒暖,雨量之多少以及其他自然現象之變動而使時間數列發生變動,即米乞爾教授所謂自然因子是也。米氏謂自然因子之外尚有人為因子,有時亦為造成季節變動之原因。我國舊歷新年與歐美復活聖誕等節之習俗,我國三節還賬與歐美十二月雙薪之制度,均足使各種營業發生季節之變動,此則人為因子影響於季節變動之例也。雖然,人為因子有時亦能緩和季節之變動。羊毛衣襪祇能銷售於秋冬二季,然其生產全年不絕,煤商常於夏季以廉價之煤出售於消費者,使其夏季營業得維持相當之數量,此皆人為因子足以緩和季節變動之例也。

阿富塔里翁教授謂自然與人為因子之外各月日數之不同亦為季節變動原因之一。每月之日數多至三十一日少至二十八日,除二月外每月之日數或為三十一日或為三十日,故每月之中或有五個星期日或僅有四個星期日,凡此皆可造成季節之變動。惟此種不規則變動消除尚易。若能代以工作日之平均統計,則此種不規則之變動即能完全消滅。

季節變動之性質已如上述。茲更論其效用於次：

一．季節變動能示吾人以季節性工業之失業程度，並使吾人對於某種變動得一正確之觀念。例如某種工業產品盛銷於夏，則該工業之失業人數苟在冬季增加，不能即謂爲由於經濟之衰落；一國之通貨在清賬季節需用較多，則一時之多量通貨不能即謂爲通貨膨脹，更無所謂提高物價之危險。

二．季節變動之研究能使吾人確定非季節性之變動。例如每年冬季某種工業之失業人數常較其他各季爲多，設民國二十年十二月之失業人數多於同年六月，則此種失業人數之增加究僅受季節變動之影響？抑於季節變動之外尚有其他變動？此其他變動之測定非自時間數列中消除季節變動不可。

三．季節變動之研究能使吾人確定循環變動之時日。例如季節變動未除去以前物價之下降始自一月，但在循環變動中物價之下降或在十二月已開始，或至二月方開始。故欲確定循環變動之時日，非先研究季節變動而設法消除之不可。

四．季節變動之研究能使吾人對於經濟定理之價值與以正當之評判。有時經濟定理似與事實相反，但不能遽以爲定理謬誤之證；蓋此事理之相反或由於季節變動未消除之故亦未可知。故欲評論經濟定理之價值，亦非先研究季節變動而設法消除之不可。

第二節　季節變動存在之確定

季節變動雖爲時間數列變動原因之一，然此非謂一切時間數列均

有季節變動存在；故吾人在分析季節變動之前須先將原有數列作圖以斷定季節變動之有無。此項斷定之方法亦有數種。第一法則以此數列繪於單對數紙上，若某月常升，某月常降，則季節變動即可斷定其必然存在。所以必用單對數紙者，則以小數值之小差量與大數值之大差量從比例尺度上觀之初無二致。故用單對數紙作圖，則長期趨勢之性質與季節變動之有無皆可一覽而知。但此法有時亦不適用，則須用更精密之方法。可用透明紙作圖，每年數字各繪一圖，然後將此各圖疊而觀之，如其各年起伏升降之情形略相符合，則季節變動之存在可以斷言。

　　決定季節變動最適當之方法曰環比法。此法係美國哈佛大學潘蓀教授所倡，哈佛大學之經濟研究所即用此法。其第一步辦法即在計算各月之環比，環比之意義及其計算已詳述於指數一章。茲就上海鷄蛋價（第九十表）計算其環比如下表。（第九十一表）

第九十表　上海鷄蛋每打之平均躉售價（規元）

（民國八年十二月至十五年十二月）

月份	八年	九年	十年	十一年	十二年	十三年	十四年	十五年
一月		0.1615	0.196	0.1625	0.198	0.1975	0.238	0.177
二月		0.161	0.208	0.2075	0.198	0.198	0.235	0.205
三月		0.1395	0.162	0.236	0.198	0.2025	0.210	0.171
四月		0.125	0.128	0.1635	0.1985	0.161	0.199	0.155
五月		0.1025	0.138	0.162	0.154	0.162	0.153	0.163
六月		0.116	0.138	0.1615	0.162	0.160	0.141	0.159
七月		0.135	0.137	0.1615	0.162	0.160	0.140	0.169
八月		0.138	0.137	0.162	0.198	0.161	0.143	0.186
九月		0.1605	0.137	0.198	0.1625	0.164	0.165	0.188
十月		0.148	0.158	0.1965	0.199	0.237	0.174	0.192
十一月		0.1445	0.163	0.200	0.1995	0.238	0.183	0.227
十二月	0.139	0.158	0.164	0.200	0.1985	0.239	0.174	0.237
各年平均價格		0.1408	0.1555	0.1843	0.1857	0.1900	0.1796	0.1858

〔註〕　上表數字錄自前財政部駐滬貨價調查處之報告。惟調查處之調查方法中間

稍有變更，民國十四年三月以前每月調查四次或五次，自此以後則每月調查改爲初一及十五兩次。此表在民國十四年三月以前用中間一星期或兩星期之平均數，調查五次者則取中間一星期卽第三星期之報告，如其調查四次則取第二第三兩星期之平均數，民國十四年三月以後則用十五日之價格。價格之單位亦有變更，最初之單位爲一打，至民國十五年五月始改用千個爲單位。茲爲便於比較起見，均化作每打之價。

第九十一表　上海鷄蛋價格之環比

月份	九　年	十　年	十一　年	十二　年	十三　年	十四年	十五年
一　月	116	124	99	99	99	100	102
二　月	100	103	128	100	100	99	116
三　月	87	78	114	100	102	89	83
四　月	90	79	69	100	80	95	91
五　月	82	108	99	78	101	77	105
六　月	113	100	100	105	99	92	98
七　月	116	99	100	100	100	99	106
八　月	102	100	100	122	101	102	110
九　年	116	100	112	82	102	115	101
十　月	92	115	99	122	145	106	102
十一月	98	103	102	100	100	105	118
十二月	109	101	100	99	100	95	104

上表中第一橫行卽表示歷年一月對於其上年十二月之關係，第二橫行則爲二月對一月之關係，就此種種吾人可用平均數求得其平均關係；但一月之環比有七，二月之環比亦七，各月之環比各自成一數列，吾人究用何種平均數，須視此各數列分配之性質與其集散偏態之程度而定。欲解決此問題非將此十二數列各各組成頻數分配表不可，並爲便於比較起見須將此十二數列合成一表如下列之第九十二表。表中組距爲1%，而組中點定爲整數，但有時季節變動甚微，則此表組距非用0.1%不可。至於百分尺度之起訖須視環比兩端之情形而定，要必使「以上」「以下」兩組中之頻數極少爲歸。此表將十二數列合在一起，故曰多項頻數表。

第九十二表　上海鷄蛋價格環比之多項頻數表
（民國九年一月至十五年十二月）

環比	一月	二月	三月	四月	五月	六月	七月	八月	九月	十月	十一月	十二月
	十二月	一月	二月	三月	四月	五月	六月	七月	八月	九月	十月	十一月
120以上	l	l						l	l		ll	
120												
119												
118											l	
117												
116	l					l						
115										l		
114			l									
113					l							
112												
111												
110							l					
109												l
108				l								
107												
106		l							l			
105				l	l							
104												l
103												
102	l		l					ll	l	l		
101				l				l				l
100	l	ll		l				l	ll	l	ll	l
99	ll	l						l		l		l
98												
97												
96												
95			l								l	
94												
93												
92										l		
91												
90												
89			l									
88												
87			l									
86												
85												
84												
83			l									
82									l			
81												
80												
80以下			l	ll	ll							

　　此多項頻數表之所表示者有三點：（一）各月離中之方向可以表示季節變動之有無；（二）各行間中心之轉換可以表示季節變動之程度；（三）環比之集散可以表示季節指數正確之程度。有時季節變動明知存在，但不能正確測定者，則多項頻數表中之組距單位不必用1%，即用2%或5%亦無不可。

第三節　季節指數之計算

　　季節變動之存在旣已確定，其次則須從事於季節指數之計算。其計算之方法亦有數種，茲分別詳述於下。

　　（一）環比中位數法。環比中位數法之計算可分下列各步：

　　A.環比中位數。　上表之環比每月各有七個，故第一步之計算須就各月之環比而各求其平均數。然而平均數有多種，究以何者爲適宜？據統計學家之意見以中位數爲最善，蓋各月之價格容有例外之變化，吾人所求者乃其通常的變化非例外的變化，而一切極端的不規則之影響必須除去，故環比之平均數以中位數爲最適當。例如一月之環比依數值之大小順次排列則有 124,116,102,100,99,99,99，取其中間一數（100）爲平均數，是曰環比中位數；如其環比之數爲偶數，則取其中間二數之算術平均數。但有時環比分配甚爲散漫，則此環比中位數之意義不妨稍稍變通。如其環比之數爲奇數，吾人可取中間三數或五數之算術平均數爲環比中位數；如其環比之數爲偶數，則可取中間四數或六數之平均數爲環比中位數。本例環比不甚集中，故環比中位數不用中間之一數而取中間三數之算術平均數。

B.鎖比。各月之環比中位數雖已求得,但尙不能作爲季節指數。何則?環比之所表示者不過上一月與下一月之關係。欲使十二月之價格能互相比較,非將此等環比改至同一標準不可; 換言之卽先擇特定一月(十二月或一月)爲標準,然後計算其他十一月對此一月之百分比,是卽各月之鎖比。鎖比之意義及其計算方法已詳指數一章。第九十三表中第三行卽求得之各月鎖比。惟求得十一月之鎖比後再乘以十二月之環比,此鎖比按之理論亦當爲100%, 與第一次所得之十二月鎖比相同。然今 0.913×1.00＝0.913與1.00相差0.087卽8.7%; 此項差誤半由於他種勢力之影響,半由於計算之不能絕對正確所致。環比稍有差誤, 則以環比中位數與鎖比相乘之故愈積而愈大,至十二月而相差有8.7% 之多。欲求季節指數必先將此項差誤校正, 故環比中位數法之第三步卽爲累積差誤之校正。

C.校誤。　校正差誤之法共有兩種:一則假定此項差誤之增加與算術定律相同,換言之卽單利公式是也。一則假定與幾何定律相同, 換言之卽複利公式是也。但其根本目的初無二致,無非欲使十二月之鎖比等於 100%,如是而已。

設每環比中位數之差誤爲 d% 則依第一法。

$$d = \frac{8.7}{12} = 0.725$$

欲校正差誤可就一月之鎖比加上 1d,二月之鎖比加上 2d,三月之鎖比加上 3d, 餘可依次類推, 所得結果爲校正鎖比,卽第九十三表中之第(5)行。

第二法之假定較爲合理,蓋差誤之增加由於連乘而來,故應與複利

公式相近。設每環比中位數之差誤爲d,而第二次所得之十二月鎖比爲A ,則

$$A = 100(1+d)^{12} \qquad (1)$$

$$即 \log(1+d) = \frac{\log \dfrac{A}{100}}{12} \qquad (2)$$

代以本例之數字則得

$$\log(1+d) = \frac{\log \dfrac{91.3}{100}}{12} = \frac{\overline{1}.96047}{12} = \overline{1}.9967058$$

$$1+d = 0.9924$$

　　旣求得(1+d)則上項差誤不難校正,卽以0.9924卽(1+d)除一月之鎖比,以0.9924^2卽$(1+d)^2$除二月之鎖比,以0.9924^3卽$(1+d)^3$除三月之鎖比,餘類推,至十二月之鎖比則以0.9924^{12}卽$(1+d)^{12}$除之,是爲各月之校正鎖比,卽九十四表中之第(4)行。

第九十三表　　用環比中位數法計算季節指數(第一法)

(1) 月　　份	(2) 環比中位數	(3) 鎖　比	(4) 校　正　數	(5) 校正鎖比	(6) 季節指數
一　月	100	100.0	0.7	100.7	110
二　月	102	102.0	1.5	103.5	113
三　月	92	93.8	2.2	96.0	105
四　月	87	81.6	2.9	84.5	92
五　月	94	76.7	3.6	80.3	88
六　月	100	76.7	4.4	81.1	89
七　月	100	76.7	5.1	81.8	89
八　月	102	78.2	5.8	84.0	92
九　月	106	82.9	6.5	89.4	98
十　月	108	89.5	7.3	96.8	106
十 一 月	102	91.3	8.0	99.3	109
十 二 月	100	91.3	8.7	100.0	109
				1097.4	

$$1097.4 \div 12 = 91.5$$

第九十四表　用環比中位數法計算季節指數（第二法）

(1) 月　份	(2) 環比中位數	(3) 鎖　比	(4) 校　正　鎖　比	(5) 季　節　指　數
一　月	100	100.0	100.8	111
二　月	102	102.0	103.6	114
三　月	92	93.8	96.0	105
四　月	87	81.6	84.1	92
五　月	94	76.7	79.7	87
六　月	100	76.7	80.3	88
七　月	100	76.7	80.9	89
八　月	102	78.2	83.1	91
九　月	106	82.9	88.8	97
十　月	108	89.5	96.6	106
十一　月	102	91.3	99.3	109
十二　月	100	91.3	100.0	110
			1093.2	

$$1093.2 \div 12 = 91.1$$

D.季節指數。　校正鎖比爲各月對於十二月之百分比。環比中位數法之最後一步，須將其化爲各月對其一年平均數之百分比。故校正鎖比算出後，卽求十二個百分比之算術平均數，再以此算術平均數除各月之校正鎖比，所得之結果卽爲季節指數。上二表中最後一行所書之數字卽所謂季節指數是也。

以上兩法固以第二法爲較善，但實際計算之時往往不用此法，因計算鎖比之時累次相乘，改正錯誤之時累次相除，均極繁重，故不得不另覓更簡捷之法以便計算。第二法之簡捷法名曰對數法，蓋應用對數以便計算之法也。

任何一月之鎖比卽等於以前各月環比之乘積，十二月之鎖比卽將十二個環比相乘之積，故十二月鎖比之對數卽將十二個環比對數相加之總和。鎖比之計算旣以十二月爲標準，則第一次十二月之鎖比爲 100％，如其環比中位數完全無誤，而鷄蛋價格變動之原因祇有季節變動一

種,別無他種影響參雜其間,則十二個環比相乘之後所得第二次十二月之鎖比仍當爲100%。換言之各環比中位數之對數相加之總數當爲零。(log100%＝log1＝0)但觀第九十五表第(3)行之總和爲－0.03903,故當就十二個環比之對數各加上(若對數之總和爲正數,則須減去)0.03903之十二分之一,是爲校正對數;然後乃將此等對數累積相加,是卽各月鎖比之對數,故求其反對數卽得各月之鎖比,卽表中之第(7)行是也。

第九十五表　　用對數法計算季節指數

(1) 月　份	(2) 環比中位數	(3) 對　數	(4) 校正數之對數	(5) 校正對數	(6) 累積對數	(7) 鎖　比	(8) 季節指數
一　月	100	0.00000	0.00325	0.00325	0.00325	100.75	111
二　月	102	0.00860	0.00325	0.01185	0.01510	103 54	114
三　月	92	$\overline{1}$.96379	0.00325	$\overline{1}$.96704	$\overline{1}$.98214	95.97	105
四　月	87	$\overline{1}$.93952	0.00325	$\overline{1}$.94277	$\overline{1}$.92491	84.12	92
五　月	94	$\overline{1}$.97313	0.00325	$\overline{1}$.97638	$\overline{1}$.90129	79.67	87
六　月	100	0.00000	0.00325	0.00325	$\overline{1}$.90454	80.27	88
七　月	100	0.00000	0.00325	0.00325	$\overline{1}$.90779	80.87	89
八　月	102	0.00860	0.00325	0.01185	$\overline{1}$.91964	83.11	91
九　月	106	0.02531	0.00325	0.02856	$\overline{1}$.94820	88.76	97
十　月	108	0.03342	0.00325	0.03667	$\overline{1}$.98487	96.58	106
十一月	102	0.00860	0.00325	0.01185	$\overline{1}$.99672	99.25	109
十二月	100	0.00000	0.00328	0.00328	0.00000	100.00	110
		－0.03903				1092.89	

－0.03903÷12＝－0.00325　　　　　　　　1092.89÷12＝91.074

[註一]　環比中位數 100,102,……實爲 100%, 102%,……之縮寫, 故其對數爲 0.00000,0.00860,……而非2.00000,2.00860,……。

[註二]　－0.03903不能以12除盡, 故十二月校正數之對數較其他各月略大。

十二個鎖比求得後,以其算術平均數除各月之鎖比,卽爲季節指數

，與第九十四表所得之結果完全相同。以此等季節指數作圖，則爲第二十七圖。

第二十七圖　上海鷄蛋價格之季節變動

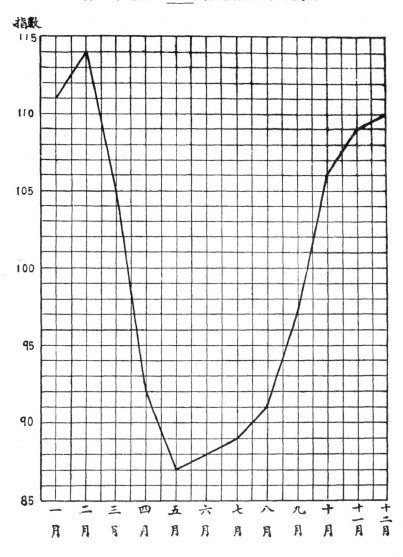

　　(二)平均法。　環比中位數法之計算稍覺繁複。據美國北達古塔大學教授戴維斯之經濟統計學緒論，凡年復一年無劇烈之變動者可用平均法，計算之簡易遠出環比中位數法之上。其法先求歷年各月之平均數，然後再除以長期趨勢之各項，所得之百分比即季節指數也。

　　茲仍就鷄蛋價格之一例用平均法計算其季節指數。觀第九十表可見鷄蛋價格自民國九年至十五年大有增加，此由於長期趨勢之故。單就長期趨勢而論，二月之價平均必大於一月，而三月又大於二月，欲測季節變動，此項長期趨勢不可不先分析。設就此七年之平均價格配以一直線，而用最小平方法（參看第十一章第二節）計算其每年之平均增加，則得

0.1408	0.1858	0.0450	3	0.1350
0.1555	0.1796	0.0241	2	0.0482
0.1843	0.1900	0.0057	1	$\dfrac{0.0057}{0.1889}$

$$b = \frac{\Sigma(XY)}{\Sigma X^2} = \frac{0.1889}{28} = 0.00675$$

　　即每年之平均增加有規元0.00675兩，而每月之平均增加則為0.00675之十二分之一即規元0.00056兩。各月價格皆受此長期趨勢之影響，故欲求季節指數，非將此長期趨勢之各項除每月之平均數不可。第九十六表中第(3)行即在長期趨勢中各月之價格，而第(4)行即為季節指數。

第九十六表　用平均法計算季節指數(甲)

(1) 月　別	(2) 各月平均數	(3) 長期趨勢	(4) 季節指數 (2)÷(3)
一　月	0.1901	0.17144	111
二　月	0.2018	0.17200	117
三　月	0.1884	0.17256	109
四　月	0.1614	0.17312	93
五　月	0.1478	0.17368	85
六　月	0.1482	0.17424	85
七　月	0.1521	0.17480	87
八　月	0.1607	0.17536	92
九　月	0.1679	0.17592	95
十　月	0.1864	0.17648	106
十一月	0.1936	0.17704	109
十二月	0.1958	0.17760	110
	2.0942	0.17452	100

$$2.0942 \div 12 = 0.17452$$

依米爾斯之統計方法，將此法稍變，其意亦同。先求各月之平均數，然後以任何一月爲標準月份而將其他各月之平均數依次校正，然後再以十二月之平均數除各月校正之平均數，卽得季節指數。例如上海之鷄蛋價格每月平均增加有規元 0.00056 兩，假以一月爲標準月份，則從二月之平均數減去 0.00056，從三月之平均數減去 0.00112，從四月減去0.00168，餘類推。設以十二月爲標準月份，則十一月之平均數須加上0.00056，十月之平均數須加0.00112，九月須加0.00168，餘類推。但實際計算之時標準以中間六七等月爲便，若以六月爲標準月份，則七月須減 0.00056，八月須減 0.00112，九月須減 0.00168，至於五月須加上 0.00056，四月須加 0.00112，餘類推，其結果卽第九十七表中之第(3)行是也。

第九十七表　　用平均法計算季節指數(乙)

(1) 月　別	(2) 每月平均數	(3) 校正平均數	(4) 季節指數
一　　月	0.1901	0.1929	111
二　　月	0.2018	0.2040	117
三　　月	0.1884	0.1901	109
四　　月	0.1614	0.1625	93
五　　月	0.1478	0.1484	85
六　　月	0.1482	0.1482	85
七　　月	0.1521	0.1515	87
八　　月	0.1607	0.1596	92
九　　月	0.1679	0.1662	95
十　　月	0.1864	0.1842	106
十 一 月	0.1936	0.1908	110
十 二 月	0.1958	0.1924	110
		2.0908	

$$2.0908 \div 12 = 0.1742$$

〔註〕　若統計時期祇有三四年,則可先求各月之平均數,以全年之平均數除之,卽得季節指數。

(三)移動平均數法。　環比中位數法與平均法之外尚有一法,用十二月移動平均數以測定季節變動者,是曰移動平均數法。季節變動既爲一年十二月中之變動,故求十二月之移動平均數則季節變動可以除去,然後將原有數列除以各月相當之移動平均數可得季節指數。但季節變動之程度至不一定,故原有數字對於移動平均數之百分比亦須求其平均數,方得正確之季節指數。

但原有數字與移動平均數相比之時必須時日相當。例如上海雞蛋之價格民國十四年三月以前用第二第三兩星期之平均數或第三星期之報告,民國十四年三月以後則用每年十五日之報告,故此雞蛋價格約略均可稱爲每月十五日之價。但就民國九年一月至十二月之平均數而言,其中心在七月初一日,從民國九年二月至民國十年一月之十二月平均

數,中心在八月初一日,欲與原有數值(七月之0.135)相比,必須將此二月之移動平均數再求其平均數。換言之,卽先求十二月移動平均數,繼求二月平均數。其結果見第九十八表。

第九十八表　上海雞蛋價格之移動平均數
(十二月移動平均數以二月移動平均數校正)

民國 月份	九　年	十　年	十一年	十二年	十三年	十四年	十五年
一　　月		0.1546	0.1668	0.1856	0.1833	0.1971	0.1686
二　　月		0.1546	0.1688	0.1871	0.1816	0.1955	0.1716
三　　月		0.1536	0.1724	0.1871	0.1802	0.1948	0.1744
四　　月		0.1530	0.1766	0.1857	0.1818	0.1922	0.1761
五　　月		0.1542	0.1797	0.1858	0.1850	0.1873	0.1786
六　　月		0.1553	0.1828	0.1857	0.1883	0.1823	0.1831
七　　月	0.1422	0.1541	0.1857	0.1856	0.1917	0.1770	
八　　月	0.1456	0.1527	0.1868	0.1856	0.1949	0.1732	
九　　月	0.1485	0.1558	0.1848	0.1858	0.1968	0.1704	
十　　月	0.1496	0.1603	0.1847	0.1844	0.1986	0.1669	
十一月	0.1512	0.1628	0.1858	0.1832	0.1999	0.1655	
十二月	0.1536	0.1648	0.1855	0.1834	0.1987	0.1666	

於是乃就雞蛋之原來價格而求其對於十二月移動平均數之百分比。例如民國九年七月之價爲0.135,而十二月移動平均數爲 0.1422,以後者除前者卽得94.9%,餘類推。其結果詳第九十九表。

第九十九表　雞蛋之實際價格對十二月移動平均數之百分比

民國 月份	九　年	十　年	十一年	十二年	十三年	十四年	十五年
一　　月		126.8	97.4	106.7	107.7	120.8	105.0
二　　月		134.5	122.9	105.8	109.0	120.2	119.5
三　　月		105.5	136.9	105.8	112.4	107.8	98.1
四　　月		83.7	92.6	106.9	88·6	103.5	88.0
五　　月		89.5	90.2	82.9	87.6	81.7	91.3
六　　月		88.9	88.3	87.2	85.0	77.3	86.8
七　　月	94.9	88.9	87.0	87.3	83.5	79.1	
八　　月	94.8	89.7	86.7	106.7	82.6	82.6	
九　　月	108.1	87.9	107.1	87.5	83.3	96.8	
十　　月	98.9	98.6	106.4	107.9	119.3	104.3	
十一月	95.6	100.1	107.6	108.9	119.1	110.6	
十二月	102.9	99.5	107.8	108.2	120.3	104.4	

　　然而此項百分比各年稍有出入。例如一月最高至 126.8 而最小則
僅 97.4，又如二月雖其百分比常在一百以上，然最小祇105.8最大則至
134.5。欲求季節指數非將此等百分比先求平均數不可。至於平均之方
法或用算術平均數或用中位數均無不可，但此十二月平均數之平均數
不必等於 100，故須設法校正。校正之道維何？即以全年之平均數除各
月即得。下表中之第二第三兩行即其實際之算術平均數與中位數，而第
四第五兩行則其校正之算術平均數與中位數也。

第一百表　用移動平均數法計算季節指數

(1) 月　別	(2) 算術平均數(原來的)	(3) 中位數(原來的)	(4) 算術平均數(校正的)	(5) 中位數(校正的)
一　　月	110.7	107.2	110.7	108.3
二　　月	118.7	119.9	118.7	121.1
三　　月	111.1	106.8	111.1	107.9
四　　月	93.9	90.6	93.9	91.5
五　　月	87.2	88.6	87.2	89.5
六　　月	85.6	87.0	85.6	87.9
七　　月	86.8	87.2	86.8	88.1
八　　月	90.5	88.2	90.5	89.1
九　　月	95.1	92.4	95.1	93.4
十　　月	105.9	105.4	105.9	106.5
十一　月	107.0	108.3	107.0	109.4
十二　月	107.2	106.1	107.2	107.2
算術平均數	99.975	98.975	100.0	100.0

　　(四)混合法。　季節指數之計算必須有極長之時期方爲妥善，然若
使時期甚短而季節變動又不能漠視者則將何如？據美國電話電報公司
稽核部之主張，此類數列可先求十二月移動平均數，以之除相當之各月
數字而得百分比，然後以此等百分比用環比中位數法計算之即得。此法
係將移動平均數法及環比中位數法二者合併而成，故可曰混合法。

設以民國九年至民國十四年之上海食糧指數爲例，以十二月移動平均數置於第七月下而計算其百分比，則得下表。

第一百零一表　食糧指數對十二月移動平均數之百分比

月　別	食糧指數	十二月移動平均數	食糧指數對移動平均數之百分比	月　別	食糧指數	十二月移動平均數	食糧指數對移動平均數之百分比
九年一月	126.9			十二年一月	148.5	145.7	101.9
二月	128.5			二月	153.5	146.3	104.9
三月	129.9			三月	149.2	147.3	101.3
四月	125.4			四月	150.1	148.3	101.2
五月	122.9			五月	154.1	149.0	103.4
六月	135.0			六月	153.7	149.5	102.8
七月	134.2	126.2	106.3	七月	152.8	149.6	102.1
八月	127.1	124.9	101.8	八月	150.9	148.8	101.4
九月	128.6	123.6	104.0	九月	153.2	148.1	103.4
十月	118.3	122.4	96.7	十月	146.1	147.5	99.1
十一月	118.2	121.6	97.2	十一月	141.5	145.9	97.0
十二月	119.2	121.6	98.0	十二月	141.2	144.2	97.9
十年一月	111.3	120.9	92.1	十三年一月	139.1	142.9	97.3
二月	113.4	120.4	94.2	二月	145.6	142.1	102.5
三月	115.4	121.1	95.3	三月	141.2	141.6	99.7
四月	115.5	122.1	94.6	四月	131.9	141.1	93.5
五月	123.5	123.5	100.0	五月	132.7	141.1	94.0
六月	126.6	125.0	101.3	六月	138.6	142.0	97 6
七月	127.4	126.7	100.6	七月	143.1	142.5	100.4
八月	136.1	129.6	105.0	八月	144.6	143.3	100.9
九月	139.7	132.9	105.1	九月	148.1	143.3	103.3
十月	135.9	136.4	99.6	十月	145.6	144.3	100.9
十一月	135.8	139.8	97.1	十一月	151.8	146.9	103.3
十二月	139.3	141.9	98.2	十二月	148.1	149.2	99.3
十一年一月	146.3	143.5	102.0	十四年一月	147.9	150.6	98.2
二月	153.2	144.9	105.7	二月	145 7	152.0	95.9
三月	157.9	145.2	108.7	三月	152 9	152.8	100.1
四月	156.3	145.3	107.6	四月	163.7	153.1	106 9
五月	148.1	145.5	101.8	五月	160.3	153.7	104.3
六月	145.6	145.4	100.1	六月	155.0	153.5	101.0
七月	144.8	145.5	99.5	七月	160.8	154.0	104.4
八月	139.7	145.7	95.9	八月	153.8		
九月	140.3	145.7	96.3	九月	151.5		
十月	138.5	145.0	95.5	十月	152.4		
十一月	134.9	144.5	93.4	十一月	150 0		
十二月	140.7	145.0	97.0	十二月	153.9		

〔註〕　資料來源：前財政部駐滬貨價調查處上海貨價季刊

將上表中之百分比求其環比則得下表。

第一百零二表　百分比之環比

年別＼月別	一月／十二月	二月／一月	三月／二月	四月／三月	五月／四月	六月／五月	七月／六月	八月／七月	九月／八月	十月／九月	十一月／十月	十二月／十一月
九年	94.0	102.3	101.2	99.3	105.7	101.3	99.3	95.8	102.2	93.0	100.5	100.8
十年	103.9	103.6	102.8	99.9	94.6	98.3	99.4	104.4	100.1	94.8	97.5	101.1
十一年	105.1	102.9	96.6	99.9	102.2	99.4	99.3	96.4	100.4	99.2	97.8	103.9
十三年	99.4	105.3	97.3	93.8	100.5	103.8	102.9	99.3	102.0	95.8	97.9	100.9
十四年	98.9	97.7	104.4	106.8	97.6	96.8	103.4	100.5	102.4	97.7	102.4	96.1
中間三數	302.2	308.8	301.3	298.3	300.3	299.0	301.6	296.2	304.6	288.3	296.2	302.8
平均數	100.7	102.9	100.4	99.4	100.1	99.7	100.5	98.7	101.5	96.1	98.7	100.9

既得環比中位數,乃用前法可得季節指數如下表。

第一百零三表　食糧指數之季節指數

月別	環比中位數	對數	校正數之對數	校正對數	累積對數	鎖比	季節指數
一月	100.7	0.00303 (註)	0.00020	0.00323	0.00323	100.7	98.2
二月	102.9	0.01242	0.00020	0.01262	0.01585	103.7	101.2
三月	100.4	0.00173	0.00020	0.00193	0.01778	104.2	101.6
四月	99.4	1̄.99739	0.00020	1̄.99759	0.01537	103.6	101.1
五月	100.1	0.00043	0.00020	0.00063	0.01600	103.8	101.3
六月	99.7	1̄.99870	0.00020	1̄.99890	0.01490	103.5	101.0
七月	100.5	0.00217	0.00020	0.00237	0.01727	104.1	101.6
八月	98.7	1̄.99432	0.00020	1̄.99452	0.01179	102.8	100.3
九月	101.5	0.00647	0.00020	0.00667	0.01846	104.3	101.7
十月	96.1	1̄.98272	0.00020	1̄.98292	0.00138	100.3	97.8
十一月	98.7	1̄.99432	0.00020	1̄.99452	1̄.99590	99.1	96.7
十二月	100.9	0.00389	0.00021	0.00410	0.00000	100.0	97.6
		1̄.99759				102.51	100.0

〔註〕　參看第九十五表註一。

（五）配線比例法。此外尚有一法則先配合直線或曲線，次求各月數值對於直線或曲線各項之百分比，然後再求各月之平均百分比，其意與上述之移動平均數相近。此法爲法爾克南及哈爾二人同時求得。至於季節變動之有無與如何平均之方法亦可用上述之多項頻數表決定之。

設就雞蛋一例用此法求其季節指數，則先配以直線，其始點在民國十二年七月一日，而其方程式則爲

$$Y = 0.1745 + 0.00675X$$

於是求得各月之標準價格，然後再就各月之實際價格而求其對於標準價格之百分比；如是吾人共得一月之百分比七，二月之百分比亦七，其他各月亦然，因吾人之統計本有七年故也。但一月之七個百分比大小不一，最大者至128.7，最小者僅92.3；二月亦然，最大者至131.2，最小者僅106.1；下列之多項頻數表卽根據此等百分比而成，其作法與前節所論者同，惟其組距較大，爲5%而非1%。

第一百零四表　雞蛋之實際價格對長期趨勢之百分比

月　　別	實際價格	長期趨勢	百分比	月　　別	實際價格	長期趨勢	百分比
九年一月	0.1615	0.1512	106.8	十二年七月	0.162	0.1748	92.7
二月	0.161	0.1517	106.1	八月	0.198	0.1753	113.0
三月	0.1395	0.1523	91.6	九月	0.1625	0.1759	92.4
四月	0.125	0.1528	81.8	十月	0.199	0.1765	112.7
五月	0.1025	0.1534	66.8	十一月	0.1995	0.1770	112.7
六月	0.116	0.1540	75.3	十二月	0.1985	0.1776	111.8
七月	0.135	0.1545	87.4				
八月	0.138	0.1551	89.0	十三年一月	0.1975	0.1782	110.8
九月	0.1605	0.1557	103.1	二月	0.198	0.1787	110.8
十月	0.148	0.1562	94.8	三月	0.2025	0.1793	112.9
十一月	0.1445	0.1568	92.2	四月	0.161	0.1798	89.5
十二月	0.158	0.1573	100.4	五月	0.162	0.1804	89.8
				六月	0.160	0.1810	88.4
十年一月	0.196	0.1579	124.1	七月	0.160	0.1815	88.2
二月	0.208	0.1585	131.2	八月	0.161	0.1821	88.4
三月	0.162	0.1590	101.9	九月	0.164	0.1827	89.8
四月	0.128	0.1596	80.2	十月	0.237	0.1832	129.4
五月	0.138	0.1602	86.1	十一月	0.238	0.1838	129.5
六月	0.138	0.1607	85.9	十二月	0.239	0.1843	129.7
七月	0.137	0.1613	84.9				
八月	0.137	0.1618	84.7	十四年一月	0.238	0.1849	128.7
九月	0.137	0.1624	84.4	二月	0.235	0.1855	126.7
十月	0.158	0.1630	96.9	三月	0.210	0.1860	112.9
十一月	0.163	0.1635	99.7	四月	0.199	0.1866	106.6
十二月	0.164	0.1641	99.9	五月	0.153	0.1872	81.7
				六月	0.141	0.1877	75.1
十一年一月	0.1625	0.1647	98.7	七月	0.140	0.1883	74.4
二月	0.2075	0.1652	125.6	八月	0.143	0.1888	75.7
三月	0.236	0.1658	142.3	九月	0.165	0.1894	87.1
四月	0.1635	0.1663	98.3	十月	0.174	0.1900	91.6
五月	0.162	0.1669	97.1	十一月	0.183	0.1905	96.1
六月	0.1615	0.1675	96.4	十二月	0.174	0.1911	91.1
七月	0.1615	0.1680	96.1				
八月	0.162	0.1686	96.1	十五年一月	0.177	0.1917	92.3
九月	0.198	0.1692	117.0	二月	0.205	0.1922	106.7
十月	0.1965	0.1697	115.8	三月	0.171	0.1928	88.7
十一月	0.200	0.1703	117.4	四月	0.155	0.1933	80.2
十二月	0.200	0.1708	117.1	五月	0.163	0.1939	84.1
				六月	0.159	0.1945	81.7
十二年一月	0.198	0.1714	115.5	七月	0.169	0.1950	86.7
二月	0.198	0.1720	115.1	八月	0.186	0.1956	95.1
三月	0.198	0.1725	114.8	九月	0.188	0.1962	95.8
四月	0.1985	0.1731	114.7	十月	0.192	0.1967	97.6
五月	0.154	0.1737	88.7	十一月	0.227	0.1973	115.1
六月	0.162	0.1742	93.0	十二月	0.237	0.1978	119.8

第一百零五表　雞蛋實際價格對長期趨勢百分比之多項頻數表

百 分 比	一月	二月	三月	四月	五月	六月	七月	八月	九月	十月	十一月	十二月
130— 以上													
125—129.9												
120—124.9												
115—119.9												
110—114.9												
105—109.9												
100—104.9												
95— 99.9												
90— 94.9												
85— 89.9												
80— 84.9												
75— 79.9												
75 以下												

從此多項頻數表觀之，季節變動之存在彰彰明甚，冬季各月之百分比常較夏季各月爲高。旣得此表，然後再求各月百分比之平均數。但從此多項頻數表而觀，算術平均數不甚合宜。何則？極大極小之百分比足以影響此平均數之數值。中位數亦不甚善。何則？一兩項之增減足以大變平均數之面目。然則究須用何種平均數方爲妥善？此問題一時頗難解答。不如多用幾個方法計算，然後再將其結果互相比較而取其最善之一法。例如第一百零三表共用四個方法：先用中間之一年作爲平均數，次用中間三年之平均數，再次中間五年之平均數，復次則用全體七年之平均

數。該表右半則將此等平均數經過一度之校正，卽將各月之平均數除各月所得之結果，故此各組校正指數之平均數各等於100。

第一百零六表　未校正與已校正之季節指數

月別	未　校　正　指　數 (中間各數之平均數)				校　正　指　數 (中間各數之平均數)			
	1	3	5	7	1	3	5	7
一　月	110.8	111.0	111.2	111.0	111.6	111.8	112.0	111.0
二　月	115.1	117.2	117.0	117.5	115.9	118.1	117.9	117.5
三　月	112.9	109.2	106.8	109.3	113.7	110.0	107.6	109.3
四　月	89.5	89.9	91.3	93.0	90.2	90.6	92.0	93.0
五　月	86.1	86.3	86.1	84.9	86.7	86.9	86.7	84.9
六　月	85.9	85.3	84.9	85.1	86.5	85.9	85.5	85.1
七　月	87.4	87.4	88.0	87.2	88.0	88.0	88.6	87.2
八　月	89.0	90.8	90.7	91.7	89.7	91.5	91.4	91.7
九　月	92.4	92.7	93.6	95.7	93.1	93.4	94.3	95.7
十　月	97.6	102.4	103.6	105.5	98.3	103.2	104.4	105.5
十一月	112.7	109.2	108.2	109.0	113.5	110.0	109.0	109.0
十二月	111.8	109.8	109.8	110.0	112.6	110.6	110.6	110.0
平　均	99.27	99.27	99.27	99.99	100.0	100.0	100.0	100.0

　　觀上表各種指數尚無顯著之差異，惟雞蛋價格除第四法外均以六月爲最低，而第四法之結果則以五月爲最低，就此表而觀，似以第二法爲最善，卽中間三項之平均數是也。大概平均之時取中間幾項，須視頻數分配集散之程度而定。頻數分配愈集中，則根據之項數愈少，如其分配不甚集中，則不得不多取幾項。如逢奇數則取中間三項，如逢偶數則取中間四項。

　　計算季節指數之方法已分別詳述於上。然則究以何法爲最善？茲將雞蛋價格之四種季節指數彙列一表如下。

第一百零七表　根據各種方法所得季節指數之比較

月　別	環比中位數法	平均法	移動平均數法（算術平均數）	移動平均數法（中位數）	配線比例法（三項平均）
一　月	111	111	110.7	108.3	111.8
二　月	114	117	118.7	121.1	118.1
三　月	105	109	111.1	107.9	110.0
四　月	92	93	93.9	91.5	90.6
五　月	87	85	87.2	89.5	86.9
六　月	88	85	85.6	87.9	85.9
七　月	89	87	86.8	88.1	88.0
八　月	91	92	90.5	89.1	91.5
九　月	97	95	95.1	93.4	93.4
十　月	106	106	105.9	106.5	103.2
十一月	109	109	107.0	109.4	110.0
十二月	110	110	107.2	107.2	110.6

　　以上各組之指數計算方法雖異而結果相差無多。至以何者爲最優，何者爲最劣，並無若何一定之標準。但有幾點可得而言者：(一)平均法計算便利，遠勝於環比中位數法，但有劇烈之變動或長期變化甚著之時不宜用之；(二)環比之計算手續甚繁，故於逐年變動不大或性質單純之數列，此法亦未必優於平均法；(三)移動平均數法與配線比例法二者通常最爲適用；(四)時期甚短者宜用混合法，但若祇有兩三年者則取各月對於平均數之百分比亦足矣。

　　潘蕷氏對於環比中位數法主張最力。據潘氏之說，環比中位數法之優點有三：(一)環比之頻數分配可以表示季節變動之程度；(二)極大的非季節的變動之影響可以因中位數而免去；(三)若用環比中位數法則不單純的統計數列亦可以測定其季節變動，例如一時期用五十城市之銀行票據交換數，另一時期則用一百城市，並無妨礙。但據米爾斯之說，此三點之中(一)(二)兩點移動平均數法與配線比例法亦有之。

　　但計算季節指數,時期愈長愈妙,至少不得少於十年，其有六七年者祇能作短期數列論。例題中雞蛋價格所以僅取七年者,以其便於計算故也。

本 章 應 用 公 式

$$A = 100(1+d)^{12} \qquad (1)$$

$$\log (1+d) \; = \frac{\log \dfrac{A}{100}}{12} \quad (2)$$

第十三章　循環變動

第一節　循環變動之意義及其起因

寒暑温涼相繼不息,此天時之循環變動也。繁榮衰落相替不絕,此經濟之循環變動也。天時之循環變動有春夏秋冬之別。經濟之循環變動亦可分爲四大時期,卽極盛期,清理期,衰落期與復興期是也。惟天時之循環有一定之時期,各期之始末亦略有一定之時日。經濟之循環則不然,其時期可短至三四年,亦可長至七八年或十一二年,各期之始末亦不能確定爲何年何月。然察往知來,苟能應用精密之統計方法,亦未始不可作種種之預測以爲經營事業之指南,此吾人於長期趨勢與季節變動之後所以不得不更研究循環變動也。

抑猶有進者,長期趨勢與季節變動非爲其本身而求,循環變動則不然。吾人之所以計算長期趨勢與季節變動者,蓋欲自時間數列之變動中除去此二種變動之影響以確定其循環變動,所謂將欲去之必先知之卽指長期趨勢與季節變動而言也。故以長期趨勢與季節變動之計算爲研究循環變動之準備亦無不可。

然則經濟現象何以有循環變動?其起因安在?關於此點衆說紛紜莫衷一是。茲就維廉斯麥胶之學說略譯其大意於下（錄自拙著統計新論中華書局出版）,蓋取其較近事理且又通俗易解也。

維氏以爲吾人若信歷史爲不謬，則盛衰循環之變遷乃產業之常態耳。欲考其原亦至易明。近世產業之特點爲分工，而分工之結果有不可避免者三事：(一)一切物品之價值全恃乎需要，而此物品之需要完全與製造者之意志無干。製造者之所能爲者物品耳，非價值也。價值之決定全恃乎他人之欲望與購買力。故製造者千方百計以求一適當之需要，而社會上事物之足以影響此需要者又層出不窮，其危險爲何如。富力愈增，文明程度愈高，則需要之變化亦愈速。需要一變則產業亦必有隨之而衰落不振者。貧乏之社會欲望簡單，需要之變化亦少，然在富足之社會則欲望時變，至不定也。每一變遷則其影響之所屆不僅一兩項產業而已，而其他互相關聯之諸產業亦無不受其影響者也。(二)每一產業之成功必有待於其他產業。何則？物品之製成由原料至商品必經許多產業。故方其製造也，每一產業必須仰給於前一產業之製品以爲之原料；及其成也，又必有待於下一產業之購求以爲之收容。此等產業前前後後成一聯環。此聯環中一節失其所，全體均有瓦解之虞。(三)一產業之成功與他產業所得之購買力亦有關係。任何一產業之失敗或由供給之無常，或由需要之變化，要必影響於其他諸產業；蓋一業失敗，此業失其購買力，於是而零售商，而批發商，而工廠，而他產業，轉輾影響以至無窮。

二三兩項所以明產業傳染之現象，而傳染現象乃盛衰循環之樞紐也。一業之衰往往引起他業之衰，此等現象吾人固熟知之。然健康之傳染不若疾病傳染之令人注意。其實產業衰落之極，向上運動漸生之時，一業之購買力增加，影響他業，轉輾影響以至全社會，其傳染之勢與衰落時初無二致也。

第二節　循環變動之測定

時間數列之變動吾人已知其有四大原因。除不規則變動難以確定姑置不論外,其餘三種均可用統計方法測定。長期趨勢與季節變動之測定已詳述於前兩章,本節請論循環變動之測定。若吾人能自時間數列之變動中除去長期趨勢與季節變動之影響,則所得結果卽爲循環變動。故欲測定循環變動祇須設法除去長期趨勢與季節變動可也。

若時間數列祇由按年統計組成,則季節變動之影響本已消除,故僅須除去長期趨勢卽得循環變動。其法卽自時間數列之各項減去長期趨勢之各項,所得之差量有正有負,此卽表示循環變動之變差也, 是曰循環變差。茲就 1896 年至 1913 年英國之物價指數而求其循環變差於下。

第一百零八表　1896 年至 1913 年英國物價指數之循環變差

年　　份	物 價 指 數	長 期 趨 勢	循 環 變 差
1896	83	85.5	−2.5
1897	85	87.2	−2.2
1898	87	88.8	−1.8
1899	93	90.4	+2.6
1900	102	92.1	+9.9
1901	96	93.7	+2.3
1902	94	95.4	−1.4
1903	94	97.0	−3.0
1904	96	98.7	−2.7
1905	98	100.3	−2.3
1906	105	102.0	+3.0
1907	109	103.6	+5.4
1908	100	105.3	−5.3
1909	101	106.9	−5.9
1910	107	108.6	−1.6
1911	109	110.2	−1.2
1912	116	111.8	+4.2
1913	116	113.5	+2.5

〔註一〕　資料來源:中國經濟學社經濟學季刊第三卷第四期第86—7頁。
〔註二〕　長期趨勢係用最小平方方法求得。

第二十八圖　　1896-1913年英國物價指數之循環變動

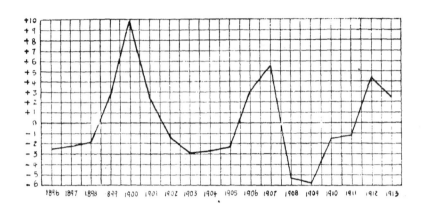

　　第一百零五表中之循環變差乃時間數列之各項與長期趨勢之各項相差之量。但若長期趨勢之變動甚大，則此相差之量尚不足表示循環變動。欲測定循環變動須視此等差量在長期趨勢中所佔百分比之大小，故須再以長期趨勢之各項除此等差量，由是求得之百分比即可繪之於圖以示時間數列之循環變動。

　　例如甲乙兩年之物價指數，甲年為106，乙年為306，在長期趨勢中甲年為100，乙年為300，若僅就實際數值與長期趨勢之差量而論，則兩年之循環變差均為6。但若就其百分比而論，則甲年之循環變動較甚於乙年，蓋前者之循環變差為百分之六而後者僅有百分之二故也。

　　若時間數列由按月統計組成，則季節變動之影響亦須消除，故測定循環變動之方法較為複雜。除去長期趨勢與季節變動之方法有二，其公式如下：

$$\frac{Y-so}{so} = \frac{Y}{so} - 1 \qquad (1)$$

$$\frac{Y-so}{o} = \frac{Y}{o} - s \qquad (2)$$

Y　　原有數值。

o　　長期趨勢之各項。

s　　季節指數(以小數表示)。

以長期趨勢各月之數字乘以季節指數,(卽 so)是爲各月之標準數值。原有數值旣以 Y 表示,則 Y−so 爲對於標準值之離中差,而 $\frac{Y-so}{so}$ 則表示其相對的離中差;若僅以長期趨勢爲標準值,則 $\frac{Y-so}{so}$ 可以改爲 $\frac{Y-so}{o}$;如其季節指數之上落不出百分之十或百分之十五,則此兩法相差極微。

就理論而言,第一公式較爲合理;就實際而論,第二公式較爲通行。若吾人單欲除去季節變動,則祇須將季節指數除原有數值足矣,其式爲 $\frac{Y}{s}$,而其單位仍爲原有事項之單位,非百分比也。

茲就 1903 年至 1916 年之生鐵產量應用第二法測定其循環變動於下表:

第一百零九表　　1903 至 1916 年生鐵產量之循環變差

年(1)	月(2)	產量(3) 單位千噸	長期趨勢(4) 單位 千噸	$\frac{Y}{O}$ (5) (3)÷(4)	季節指數(6)	循環變差(7) (5)—(6)	循環變差(單位標準差) (7)÷σ
1903	一月	1472	1416	104.0	98.9	5	0.3
	二月	1390	1424	97.6	93.9	4	0.2
	三月	1590	1432	111.0	105.9	5	0.3
	四月	1608	1440	111.7	102.6	9	0.5
	五月	1713	1448	118.3	104.0	14	0.7
	六月	1673	1456	114.9	97.7	17	0.9
	七月	1546	1463	105.7	96.6	9	0.5
	八月	1571	1471	106.8	98.4	8	0.5
	九月	1553	1479	105.0	98.3	7	0.4
	十月	1425	1487	95.8	104.5	— 9	—0.5
	十一月	1039	1495	69.5	99.2	—30	—1.6
	十二月	846	1503	56.3	100.0	—44	—2.3
1904	一月	921	1511	61.0	98.9	—38	—2.0
	二月	1205	1519	79.3	93.9	—15	—0.8
	三月	1447	1527	94.8	105.9	—11	—0.6
	四月	1555	1535	101.3	102.6	— 1	—0.1
	五月	1534	1543	99.4	104.0	— 5	—0.3
	六月	1292	1551	83.3	97.7	—14	—0.8
	七月	1106	1559	70.9	96.6	—26	—1.4
	八月	1167	1567	74.5	98.4	—24	—1.3
	九月	1352	1575	85.8	98.3	—12	—0.6
	十月	1450	1583	91.6	104.5	—13	—0.7
	十一月	1486	1591	93.4	99.2	— 6	—0.3
	十二月	1616	1598	101.1	100.0	1	0.1
1905	一月	1781	1606	110.9	98.9	12	0.6
	二月	1597	1614	98.9	93.9	5	0.3
	三月	1936	1622	119.4	105.9	13	0.7
	四月	1922	1630	117.9	102.6	15	0.8
	五月	1963	1638	118.2	104.0	16	0.8
	六月	1793	1646	108.9	97.7	11	0.6
	七月	1741	1654	105.3	96.6	9	0.5
	八月	1843	1662	110.9	98.4	13	0.7
	九月	1899	1670	113.7	98.3	15	0.8
	十月	2053	1678	122.3	104.5	18	0.9
	十一月	2014	1686	121.1	99.2	20	1.0
	十二月	2045	1694	120.7	100.0	21	1.1
1906	一月	2068	1702	121.5	98.9	23	1.2
	二月	1904	1710	111.3	93.9	17	0.9
	三月	2155	1718	125.4	105.9	20	1.0
	四月	2073	1726	120.1	102.6	18	0.9
	五月	2098	1733	121.1	104.0	17	0.9
	六月	1976	1741	113.5	97.7	16	0.8
	七月	2013	1749	115.1	96.6	18	0.9
	八月	1926	1757	109.6	98.4	11	0.6
	九月	1960	1765	111.0	98.3	13	0.7
	十月	2196	1773	123.9	104.5	19	1.0
	十一月	2187	1781	122.8	99.2	24	1.3
	十二月	2235	1789	124.9	100.0	25	1.3

年(1)	月(2)	產量(3) 單位千噸	長期趨勢(4) 單位千噸	$\frac{Y}{0}$ (5) (3)÷(4)	季節指數(6)	循環變差(7) (5)—(6)	循環變差 （單位標準差） (7)÷σ
1907	一月	2205	1797	122.7	98.9	24	1.3
	二月	2045	1805	113.3	93.9	19	1.0
	三月	2226	1813	122.8	105.9	17	0.9
	四月	2216	1821	121.7	102.6	19	1.0
	五月	2295	1829	125.5	104.0	21	1.1
	六月	2234	1837	121.6	97.7	24	1.3
	七月	2255	1845	122.2	96.6	26	1.4
	八月	2250	1853	121.4	98.4	23	1.2
	九月	2183	1861	117.3	98.3	19	1.0
	十月	2336	1868	125.1	104.5	20	1.1
	十一月	1828	1876	97.4	99.2	— 2	—0.1
	十二月	1234	1884	65.5	100.0	—34	—1.8
1908	一月	1045	1892	55.2	98.9	—44	—2.3
	二月	1077	1900	56.7	93.9	—37	—2.0
	三月	1228	1908	64.4	105.9	—42	—2.2
	四月	1149	1916	60.0	102.6	—43	—2.2
	五月	1165	1924	60.6	104.0	—44	—2.3
	六月	1092	1932	56.5	97.7	—41	—2.1
	七月	1218	1940	62.8	96.6	—34	—1.8
	八月	1348	1948	69.2	98.4	—29	—1.5
	九月	1418	1956	72.5	98.3	—26	—1.4
	十月	1563	1964	79.6	104.5	—25	—1.3
	十一月	1577	1972	80.0	99.2	—19	—1.0
	十二月	1740	1980	87.9	100.0	—12	—0.6
1909	一月	1801	1988	90.6	98.9	— 8	—0.4
	二月	1703	1996	85.3	93.9	— 8	—0.4
	三月	1832	2003	91.5	105.9	—14	—0.8
	四月	1738	2011	86.4	102.6	—16	—0.8
	五月	1880	2019	93.1	104.0	—11	—0.6
	六月	1929	2027	95.2	97.7	— 3	—0.2
	七月	2101	2035	103.2	96.6	7	0.4
	八月	2246	2043	109.9	98.4	12	0.6
	九月	2385	2051	116.3	98.3	18	0.9
	十月	2600	2059	126.3	104.5	22	1.1
	十一月	2547	2067	123.2	99.2	24	1.3
	十二月	2635	2075	127.0	100.0	27	1.4
1910	一月	2608	2083	125.2	98.9	26	1.4
	二月	2397	2091	114.6	93.9	20	1.1
	三月	2617	2099	124.7	105.9	19	1.0
	四月	2483	2107	117.8	102.6	15	0.8
	五月	2390	2115	113.0	104.0	9	0.5
	六月	2265	2123	106.7	97.7	9	0.5
	七月	2148	2131	100.8	96.6	4	0.2
	八月	2106	2138	98.5	98.4	0	0.0
	九月	2056	2146	95.8	98.3	— 3	—0.2
	十月	2093	2154	97.2	104.5	— 7	—0.4
	十一月	1909	2162	88.3	99.2	—11	—0.6
	十二月	1777	2170	81.9	100.0	—18	—0.9

年(1)	月(2)	產量(3)單位千噸	長期趨勢(4)單位千噸	$\frac{Y}{o}$ (5)(3)÷(4)	季節指數(6)	循環變差(7)(5)—(6)	循環變差(單位標準差)(7)÷σ
1911	一月	1759	2178	80.8	98.9	—18	—0.9
	二月	1794	2186	82.1	93.9	—12	—0.6
	三月	2188	2194	99.7	105.9	— 6	—0.3
	四月	2065	2202	93.8	102.6	— 9	—0.5
	五月	1893	2210	85.7	104.0	—18	—0.9
	六月	1787	2218	80.6	97.7	—17	—0.9
	七月	1793	2226	80.5	96.6	—16	—0.8
	八月	1926	2234	86.2	98.4	—12	—0.6
	九月	1977	2242	88.2	98.3	—10	—0.5
	十月	2102	2250	93.4	104.5	—11	—0.6
	十一月	1999	2258	88.5	99.2	—11	—0.6
	十二月	2043	2266	90.2	100.0	—10	—0.5
1912	一月	2057	2273	90.5	98.9	— 8	—0.5
	二月	2100	2281	92.1	93.9	— 2	—0.1
	三月	2405	2289	105.1	105.9	— 1	—0.1
	四月	2375	2297	103.4	102.6	1	0.1
	五月	2512	2305	109.0	104.0	5	0.3
	六月	2440	2313	105.5	97.7	8	0.4
	七月	2410	2321	103.8	96.6	7	0.4
	八月	2512	2329	107.9	98.4	9	0.5
	九月	2463	2337	105.4	98.3	7	0.4
	十月	2689	2345	114.7	104.5	10	0.5
	十一月	2630	2353	111.8	99.2	13	0.7
	十二月	2782	2361	117.8	100.0	18	0.9
1913	一月	2795	2369	118.0	98.9	19	1.0
	二月	2586	2377	108.8	93.9	15	0.8
	三月	2763	2385	115.8	105.9	10	0.5
	四月	2752	2393	115.0	102.6	12	0.7
	五月	2822	2401	117.5	104.0	14	0.7
	六月	2628	2408	109.1	97.7	11	0.6
	七月	2560	2416	106.0	96.6	9	0.5
	八月	2543	2424	104.9	98.4	6	0.4
	九月	2505	2432	103.0	98.3	5	0.3
	十月	2546	2440	104.4	104.5	0	0.0
	十一月	2233	2448	91.2	99.2	— 8	—0.4
	十二月	1983	2456	80.7	100.0	—19	—1.0
1914	一月	1885	2464	76.5	98.9	—22	—1.2
	二月	1888	2472	76.4	93.9	—18	—0.9
	三月	2348	2480	94.7	105.9	—11	—0.6
	四月	2270	2488	91.2	102.6	—11	—0.6
	五月	2093	2496	83.9	104.0	—20	—1.0
	六月	1918	2504	76.6	97.7	—21	—1.1
	七月	1958	2512	78.0	96.6	—19	—1.0
	八月	1995	2520	79.2	98.4	—19	—1.0
	九月	1883	2528	74.5	98.3	—24	—1.3
	十月	1778	2536	70.1	104.5	—34	—1.8
	十一月	1518	2543	59.7	99.2	—40	—2.1
	十二月	1516	2551	59.4	100.0	—41	—2.1

年(1)	月(2)	產量(3) 單位千噸	長期趨勢(4) 單位千噸	$\frac{Y}{O}$ (5) (3)÷(4)	季節指數(6)	循環變差(7) (5)—(6)	循環變差（單位標準差）(7)÷σ
1915	一月	1601	2559	62.6	98.9	—36	—1.9
	二月	1675	2567	65.3	93.9	—29	—1.5
	三月	2064	2575	80.2	105.9	—25	—1.3
	四月	2116	2583	81.9	102.6	—21	—1.1
	五月	2263	2591	87.3	104.0	—17	—0.9
	六月	2381	2599	91.6	97.7	— 6	—0.3
	七月	2563	2607	98.3	96.6	2	0.1
	八月	2780	2615	106.3	98.4	8	0.4
	九月	2853	2623	108.8	98.3	10	0.5
	十月	3125	2631	118.8	104.5	14	0.7
	十一月	3037	2639	115.1	99.2	16	0.8
	十二月	3203	2647	121.0	100.0	21	1.1
1916	一月	3185	2655	120.0	98.9	21	1.1
	二月	3087	2663	115.9	93.9	22	1.1
	三月	3338	2671	125.0	105.9	19	1.0
	四月	3228	2678	120.5	102.6	18	0.9
	五月	3351	2686	124.8	104.0	21	1.1
	六月	3212	2694	119.2	97.7	21	1.1
	七月	3226	2702	119.4	96.6	23	1.2
	八月	3204	2710	118.2	98.4	20	1.0
	九月	3202	2718	117.8	98.3	20	1.0
	十月	3569	2726	128.7	104.5	24	1.3
	十一月	3312	2734	121.1	99.2	22	1.1
	十二月	3171	2742	115.6	100.0	16	0.8

〔註一〕　上表自西克利斯脫之統計方法轉載。

〔註二〕　長期趨勢係用最小平方法直線求得，季節指數係用環比中位數法求得。

第二十九圖　　1903—1916年生鐵產量之循環變動

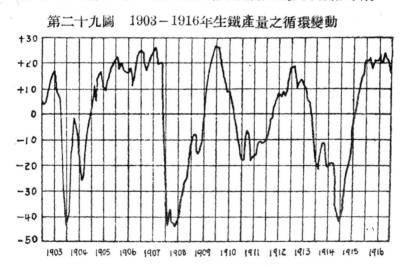

　　吾人之目的如在研究一單獨數列，則上表中之計算可至第七行爲止；但若欲將二三數列比較其變化之同異，則第七行之循環變差尙不適用。何則？各數列變化之範圍各各不同，有上落甚大者，有變動極微者，雖其升降之趨勢完全符合，而其升降之範圍迥乎不同。如欲互相比較，非將此等數列之循環變差改用標準差單位不可。至於標準差之記算，則可將第七行之各項各各平方然後求其算術平均數卽得 σ 之平方。

即
$$\sigma^2 = \frac{61664}{168}$$

$\therefore$
$$\sigma = 19.16$$

【註】　酉氏書中作爲 19.1，蓋未應用四捨五入法之故。

本　章　應　用　公　式

$$\frac{Y - so}{so} = \frac{Y}{so} - 1 \qquad\qquad (1)$$

$$\frac{Y - so}{o} = \frac{Y}{o} - s \qquad\qquad (2)$$

第十四章　時間數列之繫聯

第一節　時間數列繫聯之特性

以上三章均論時間數列變動之分析，本章則研究兩個時間數列之繫聯。直線繫聯已詳於第十章，但前所論者係非時間數列之繫聯，不能應用於時間數列；蓋時間數列有其特有之性質，某種變動原因消除以後之繫聯係數與其未消除以前之繫聯係數迥然不同，故時間數列之繫聯有特別討論之必要。

時間數列之變動有各種不同之原因，如長期趨勢，季節變動，循環變動等等前三章已詳言之矣。凡此種種混合一起，如不先行分析清楚，則繫聯係數亦無意義。然則所謂二數列之繫聯者，乃就二數列之長期趨勢而言乎？抑就其季節變動而言乎？抑須除去長期趨勢與季節變動之影響而就其循環變動而言乎？長期趨勢之不能爲計算繫聯之根據顯而易見。何則？渺不相涉之二數列若其長期趨勢均可用一直線表示，則根據長期趨勢而得之繫聯係數絕對值常甚大，然此不能卽謂兩數列間之繫聯甚大。至於兩數列之季節變動雖非不可求其繫聯係數，然此等係數之效用如何，尚屬疑問。且普通可用簡易方法卽能知之，固不必用極繁重之公式也。

故二數列之繫聯者，非指長期趨勢，亦非指季節變

動。此外尚有一種變動，月與月間或年與年間之變動，亦可以繫聯方法
而計算其繫聯程度。吾人於以下二節將分別討論此二種繫聯之計算。惟
在計算繫聯以前其他一切不相干之影響須先除去，然後繫聯係數乃有
意義之可言也。

第二節　循環變動繫聯之測定

第十章中公式(8)

$$r = \frac{\Sigma(XY) - n\bar{x}\bar{y}}{\sqrt{(\Sigma X^2 - n\bar{x}^2)(\Sigma Y^2 - n\bar{y}^2)}}$$

係根據甲乙兩數列之實際數值而計算其繫聯係數，式中 $\bar{x}$ 與 $\bar{y}$ 乃
甲乙兩數列之算術平均數。但在循環變動中 $\bar{x}$ 與 $\bar{y}$ 之數值均等於零，
蓋其各項之和均等於零故也。（若時間數列由按月統計組成，則循環變
差之和與零略有差異，然相差無幾，故可略而不計。）故計算繫聯係數之
公式不若上式之繁，茲列其公式於下：

$$r = \frac{\Sigma(xy)}{\sqrt{\Sigma x^2 \Sigma y^2}} \tag{1}$$

r　　循環變動之繫聯係數。

x　　x 數列之循環變差。

y　　y 數列之循環變差。

若循環變差已改用標準差單位，則計算繫聯係數之公式可改作如
下：

$$r = \frac{\Sigma(xy)}{n} \qquad (2)$$

r　循環變動之繫聯係數。

x　x 數列之循環變差(單位標準差)。

y　y 數列之循環變差(單位標準差)。

n　月數。

茲就 1896 年至 1913 年英法兩國物價指數之循環變差應用公式
(1)計算其繫聯係數於下：

第一百十表　　1896年至1913年英法物價指數間繫聯係數之計算

年份	英國物價指數之循環變差 x	法國物價指數之循環變差 y	x^2	y^2	xy
1896	−2.5	−1.4	6.25	1.96	3.50
1897	−2.2	−2.4	4.84	5.76	5.28
1898	−1.8	−1.3	3.24	1.69	2.34
1899	+2.6	+3.7	6.76	13.69	9.62
1900	+9.9	+7.8	98.01	60.84	77.22
1901	+2.3	+1.8	5.29	3.24	4.14
1902	−1.4	−1.1	1.96	1.21	1.54
1903	−3.0	−1.1	9.00	1.21	3.30
1904	−2.7	−5.0	7.29	25.00	13.50
1905	−2.3	−3.0	5.29	9.00	6.90
1906	+3.0	+1.1	9.00	1.21	3.30
1907	+5.4	+4.1	29.16	16.81	22.14
1908	−5.3	−5.8	28.09	33.64	30.74
1909	−5.9	−7.8	34.81	60.84	46.02
1910	−1.6	+7.3	2.56	53.29	−11.68
1911	−1.2	+0.3	1.44	0.09	− 0.36
1912	+4.2	+3.4	17.64	11.56	14.28
1913	+2.5	−0.6	6.25	0.36	− 1.50
合計	0	0	276.88	301.40	230.28

[註]　參看第八十七表及第一百零八表。

代入公式（1）則得

$$r = \frac{230.28}{\sqrt{276.88 \times 301.4}} = 0.797$$

第三十圖　　1896－1913年英法物價指數循環變動之比較

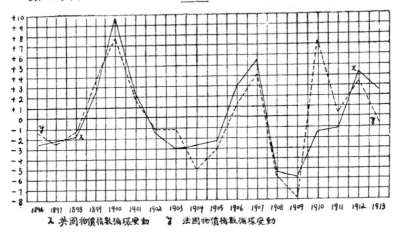

入 英國物價指數循環變動　　　ヱ 法國物價指數循環變動

茲再就 1903 年一月至 1916 年十二月生鐵之產量與紐約短期商業票據(60－90日)之利率應用公式（2）計算其繫聯係數於下：

第一百十一表　　1903 年一月至 1916 年十二月生鐵之產量與紐約短期商業票據(60－90日)之利率間繫聯係數之計算

年	月	生鐵產量之循環變差（單位標準差）x	票據利率之循環變差（單位標準差）y	xy	年	月	生鐵產量之循環變差（單位標準差）x	票據利率之循環變差（單位標準差）y	xy
1903	一月	0.3	—0.1	—0.03	1904	一月	—2.0	—0.3	0.60
	二月	0.2	0.1	0.02		二月	—0.8	0.0	0.00
	三月	0.3	0.5	0.15		三月	—0.6	—0.3	0.18
	四月	0.5	0.2	0.10		四月	—0.1	—0.7	0.07
	五月	0.7	—0.1	—0.07		五月	—0.3	—0.8	0.24
	六月	0.9	0.5	0.45		六月	—0.8	—1.0	0.80
	七月	0.5	0.4	0.20		七月	—1.4	—1.3	1.82
	八月	0.5	0.5	0.25		八月	—1.3	—1.5	1.95
	九月	0.4	0.3	0.12		九月	—0.6	—1.4	0.84
	十月	—0.5	—0.1	0.05		十月	—0.7	—1.3	0.91
	十一月	—1.6	0.3	—0.48		十一月	—0.3	—1.4	0.42
	十二月	—2.3	0.0	0.00		十二月	0.1	—1.4	—0.14

年	月	生鐵產量之循環變差（單位標準差）x	票據利率之循環變差（單位標準差）y	xy	年	月	生鐵產量之循環變差（單位標準差）x	票據利率之循環變差（單位標準差）y	xy
1905	一月	0.6	—1.1	—0.66	1909	一月	—0.4	—1.1	0.44
	二月	0.3	—0.9	—0.27		二月	—0.4	—0.9	0.36
	三月	0.7	—1.0	—0.70		三月	—0.8	—1.1	0.88
	四月	0.8	—0 8	—0.64		四月	—0.8	—1.0	0.80
	五月	0.8	—0.7	—0.56		五月	—0.6	—1.0	0.60
	六月	0.6	—0.8	—0.48		六月	—0.2	—1.0	0.20
	七月	0.5	— 0.7	—0.35		七月	0.4	—1.2	—0.48
	八月	0.7	—1.0	—0.70		八月	0.6	—0.9	—0.54
	九月	0.8	—0.9	—0.72		九月	0.9	—1.0	—0.90
	十月	0.9	—0.8	—0.72		十月	1.1	—0.3	—0.33
	十一月	1.0	0.1	0.10		十一月	1.3	0.0	0.00
	十二月	1.1	0.2	0.22		十二月	1.4	—0.2	—0.28
1906	一月	1.2	0.1	0.12	1910	一月	1.4	0.2	0.28
	二月	0.9	0.4	0.36		二月	1.1	0.2	0.22
	三月	1.0	0.5	0.50		三月	1.0	0.0	0.00
	四月	0.9	0.8	0.72		四月	0.8	0.4	0.32
	五月	0.9	0.8	0.72		五月	0.5	0.5	0.25
	六月	0.8	0.8	0.64		六月	0.5	0.8	0.40
	七月	0.9	0.8	0.72		七月	0.2	1.1	0.22
	八月	0.6	0.9	0.54		八月	0.0	0.7	0.00
	九月	0.7	1.1	0.77		九月	—0.2	0.5	—0.10
	十月	1.0	0.8	0.80		十月	—0.4	0.5	—0.20
	十一月	1.3	0.9	1.17		十一月	—0.6	0.6	—0.36
	十二月	1.3	0.8	1.04		十二月	—0.9	—0.5	0.45
1907	一月	1.3	1.3	1.69	1911	一月	—0.9	—0.6	0 54
	二月	1.0	1.4	1.40		二月	—0.6	—0.2	0.12
	三月	0.9	1.5	1.35		三月	—0.3	—0.6	0.18
	四月	1.0	1.3	1.30		四月	—0.5	—0.7	0.35
	五月	1.1	0.9	0.99		五月	—0.9	—0.6	0.54
	六月	1.3	1.2	1.56		六月	—0.9	—0.4	0.36
	七月	1.4	1.1	1.54		七月	—0.8	—0 6	0.48
	八月	1.2	1.3	1.56		八月	—0.6	—0 6	0.36
	九月	1.0	1.5	1.50		九月	— 0.5	—0.5	0 25
	十月	1.1	1.7	1.87		十月	—0.6	—0.8	0.48
	十一月	—0.1	2.2	—0.22		十一月	—0.6	—1.1	0.66
	十二月	—1.8	2.7	—4.86		十二月	—0 5	—0.5	0.25
1908	一月	—2.3	1.9	—4.37	1012	一月	—0.5	—0.6	0.30
	二月	—2.0	0.6	—1.20		二月	—0.1	—0.4	0.04
	三月	—2.2	1.0	—2.20		三月	—0.1	—0.1	0.01
	四月	—2.2	—0.2	0.44		四月	0.1	—0.1	—0.01
	五月	—2.3	—0.5	1.15		五月	0.3	0.1	0.03
	六月	—2.1	—0.7	1.47		六月	0.4	0.1	0.04
	七月	—1.8	—0.9	1.62		七月	0.4	0.4	0.16
	八月	—1.5	—1.4	2.10		八月	0.5	0.5	0.25
	九月	—1.4	—1.5	2.10		九月	0.4	0.8	0.32
	十月	—1.3	—1.3	1.69		十月	0 5	1.1	0.55
	十一月	—1.0	—1.2	1.20		十一月	0.7	1.1	0.77
	十二月	—0.6	—1.6	0.96		十二月	0.9	1.3	1.17

年	月	生鐵產量之循環變差（單位標準差）x	票據利率之循環變差（單位標準差）y	xy	年	月	生鐵產量之循環變差（單位標準差）x	票據利率之循環變差（單位標準差）y	xy
1913	一月	1.0	0.7	0.70	1915	一月	—1.9	—0.4	0.76
	二月	0.8	1.0	0.80		二月	—1.5	—0.2	0.30
	三月	0.5	1.8	0.90		三月	—1.3	—0.8	1.04
	四月	0.7	1.6	1.12		四月	—1.1	—0.4	0.44
	五月	0.7	1.5	1.05		五月	—0.9	—0.2	0.18
	六月	0.6	2.3	1.38		六月	—0.3	—0.1	0.03
	七月	0.5	2.2	1.10		七月	0.1	—0.9	—0.09
	八月	0.4	1.7	0.68		八月	0.4	—1.0	—0.40
	九月	0.3	1.2	0.36		九月	0.5	—1.6	—0.80
	十月	0.0	1.0	0.00		十月	0.7	—1.8	—1.26
	十一月	—0.4	1.0	—0.40		十一月	0.8	—1.8	—1.44
	十二月	—1.0	1.0	—1.00		十二月	1.1	—1.8	—1.98
1914	一月	—1.2	0.3	—0.36	1916	一月	1.1	—1.2	—1.32
	二月	—0.9	—0.2	0.18		二月	1.1	—0.8	—0.88
	三月	—0.6	—0.3	0.18		三月	1.0	—1.0	—1.00
	四月	—0.6	—0.4	0.24		四月	0.9	—0.9	—0.81
	五月	—1.0	—0.1	0.10		五月	1.1	—0.8	—0.88
	六月	—1.1	0.1	—0.11		六月	1.1	—0.1	—0.11
	七月	—1.0	0.4	—0.40		七月	1.2	0.1	0.12
	八月	—1.0	2.3	—2.30		八月	1.0	—0.6	—0.60
	九月	—1.3	2.4	—3.12		九月	1.0	—1.4	—1.40
	十月	—1.8	2.0	—3.60		十月	1.3	—1.5	—1.95
	十一月	—2.1	1.1	—2.31		十一月	1.1	—1.1	—1.21
	十二月	—2.1	—0.5	1.05		十二月	0.8	—0.8	—0.64

【註一】　參看第一百零九表。

【註二】　票據利率之循環變差(單位標準差)自西克利斯脫之統計方法轉載。

$$\Sigma(xy) = 18.48$$

$$n = 168$$

∴
$$r = \frac{18.48}{168} = 0.11$$

　　上例中求得之繫聯係數甚微，然不能即據此斷定生鐵之產量與紐約短期商業票據之利率間無多大之關係，常有兩循環變動曲線之起伏

甚相似而其繫聯係數甚微者。此無他，兩循環變動曲線之起伏雖甚相似，而其起伏之時期則有先後之別，故計算繫聯係數中之 xy 時不可以同月之二循環變差相乘。若曲線甲之升降平均較曲線乙之升降早四月，則計算繫聯係數中之 xy 時須以甲數列之一月與乙數列之五月相乘，甲數列之二月與乙數列之六月相乘，餘類推。由是求得之繫聯名曰落後繫聯，甲數列名曰前引數列，乙數列名曰落後數列。然而落後時間各月間亦稍有參差，不能完全一致，吾人所欲知者乃平均落後若干月耳。

第三十一圖　　1903－1916年生鐵產量與紐約短期商業票據之利率兩循環變動之比較

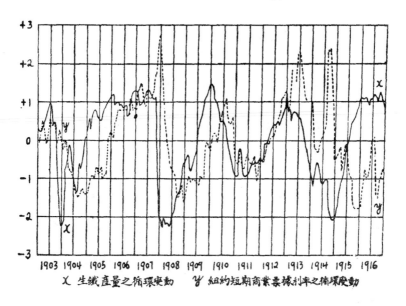

　　欲確定落後月數最簡捷方法可將兩循環變動曲線分別繪於透明之紙上,以一紙置於他紙之上,將上圖向左右移動至上圖之曲線略與下圖之曲線符合時爲止,然後在圖上察視兩曲線相差若干月,此卽平均落後之月數。

　　此法雖簡捷,然僅憑目力,不能謂爲十分正確。欲言正確,吾人可就落後不同之月數各試算其繫聯係數。如上例,票據利率落後四月則得繫聯係數+0.50,落後五月則得 +0.52,落後六月則得 +0.57,落後七月則得+0.58,落後八月則得+ 0.57,落後九月則得+0.57,落後十月則得+0.55,故最大之繫聯係數當在落後七月。

第三節　短期變動之繫聯

　　上文已言短期變動亦可以計算繫聯程度。所謂短期變動者,乃逐年逐月甚至逐週逐日之變動,此與長期趨勢不同,與季節變動亦異,讀者幸勿混爲一談。

　　計算短期變動之繫聯可用種種不同之方法, 或就二數列而計算相鄰兩項之絕對差額,卽所謂第一差額是也,或將此等差額改爲百分比亦無不可。 茲就 1901 年至 1923 年美國棉花產量與紐約棉價說明運算之方法如下:

第一百十二表　短期變動繫聯之計算

年別	美國棉花產量（單位一百萬包）	紐約每磅棉價（單位分）	棉花產量之第一差 X	棉價之第一差 Y	X²	Y²	XY
1900－01	10.123	11.30					
1901－02	9.510	10.02	−0.613	−1.28	0.375769	1.6384	+0.78464
1902－03	10.631	10.56	+1.121	+0.54	1.256641	0.2916	+0.60534
1903－04	9.851	14.90	−0.780	+4.34	0.608400	18.8356	−3.38520
1904－05	13.438	9.73	+3.587	−5.17	12.866569	26.7289	−18.54479
1905－06	10.575	12.35	−2.863	+2.62	8.196769	6.8644	−7.50106
1906－07	13.274	11.10	+2.699	−1.25	7.284601	1.5625	−3.37375
1907－08	11.107	12.24	−2.167	+1.14	4.695889	1.2996	−2.47038
1908－09	13.242	10.74	+2.135	−1.50	4.558225	2.2500	−3.20250
1909－10	10.005	14.53	−3.237	+3.79	10.478169	14.3641	−12.26823
1910－11	11.609	15.13	+1.604	+0.60	2.572816	0.3600	+0.96240
1911－12	15.693	10.34	+4.084	−4.79	16.679056	22.9441	−19.56236
1912－13	13.703	11.78	−1.990	+1.44	3.960100	2.0736	−2.86560
1913－14	14.156	13.40	+0.453	+1.62	0.205209	2.6244	+0.73386
1914－15	16.135	8.20	+1.979	−5.20	3.916441	27.0400	−10.29080
1915－16	11.192	9.93	−4.943	+1.73	24.433249	2.9929	−8.55139
1916－17	11.450	12.11	+0.258	+2.18	0.066564	4.7524	+0.56244
1917－18	11.302	15.14	−0.148	+3.03	0.021904	9.1809	−0.44844
1918－19	12.041	14.80	−0.739	−0.34	0.546121	0.1156	−0.25126
1919－20	11.421	17.07	−0.620	+2.27	0.384400	5.1529	−1.40740
1920－21	13.440	11.05	+2.019	−6.02	4.076361	36.2404	−12.15438
1921－22	7.954	14.68	−5.486	+3.63	30.096196	13.1769	−19.91418
1922－23	9.762	17.54	+1.808	+2.86	3.268864	8.1796	÷5.17088
			−0.361	+6.24	140.548313	208.6688	−117.37216

［註一］　上表自米爾斯之統計方法轉載。

［註二］　紐約每磅棉價乃將勃拉特斯脫里物價指數除棉花實際價格而得，故貨幣購買力變動之影響業已除去。

　　兩數列之算術平均數不等於零，故計算繫聯係數時須應用第十章中之公式(8)，即

$$r = \frac{\Sigma(XY) - n\bar{x}\bar{y}}{\sqrt{(\Sigma X^2 - n\bar{x}^2)(\Sigma Y^2 - n\bar{y}^2)}}$$

$$\Sigma(XY) = -117.37216$$

$$\Sigma X^2 = 140.548313$$

$$\Sigma Y^2 = 208.6688$$

$$n = 22$$

$$\bar{x} = -\frac{0.361}{22}$$

$$\bar{y} = \frac{6.24}{22}$$

$$\therefore \quad r = \frac{-117.37216 + \dfrac{0.361 \times 6.24}{22}}{\sqrt{\left(140.548313 - \dfrac{0.361^2}{22}\right)\left(208.6688 - \dfrac{6.24^2}{22}\right)}}$$

$$= -0.69$$

　求得之繫聯係數爲負數，故知產量增則棉價跌，產量減則棉價漲。但此係短期變動之繫聯係數。若欲測定全時期內之繫聯，則須依第二節方法計算。兩法所得之繫聯係數迥然不同，蓋其目的相異故也。

本章應用公式

$$r = \frac{\Sigma(xy)}{\sqrt{\Sigma x^2 \Sigma y^2}} \tag{1}$$

$$r = \frac{\Sigma(xy)}{n} \tag{2}$$

第十五章　非直線繫聯

第一節　直線繫聯與非直線繫聯之比較

吾人已知長期趨勢實爲繫聯之一種，吾人又知長期趨勢有直線趨勢與非直線趨勢之分，故繫聯亦有直線繫聯與非直線繫聯之別。直線繫聯已詳述於第十章，本章請論非直線繫聯。所謂非直線繫聯，卽 xy 兩事項之關係不能以直線而須以曲線表示之謂也。若用直線則繫聯之值甚微而離中差必致極大，如遇此等情形非用曲線不可，下表之事項卽其一例也。

第一百十三表　苜蓿之收成與灌溉量之關係

用水吋數	每畝收穫噸數						平均
	1910	1911	1912	1913	1914	1915	
0	3.85	5.94	5.52	2.75	2.89	2.35	3.88
12	4.78	7.52	6.51	4.31	5.83	4.84	5.63
18	–	–	7.02	5.69	8.02	6.46	6.80
24	6.00	8.38	8.32	6.89	9.96	7.96	7.92
30	7.53	9.54	9.43	7.97	11.06	8.32	8.98
36	7.58	9.33	9.38	8.22	12.48	8.63	9.27
48	8.45	9.52	8.63	8.83	10.62	8.05	9.02
60	–	–	10.17	7.25	10.70	5.55	8.42

〔註一〕　此表自米爾斯之統計方法轉載。

〔註二〕　"–"無報告之記號。

上表爲美國加利福尼亞大學農業試驗之結果。以此事項繪之於圖並配以直線與曲線二種則如第三十二圖。

第三十二圖　　苜蓿之收成與灌溉量之散佈及繫聯直線
與繫聯曲線之比較

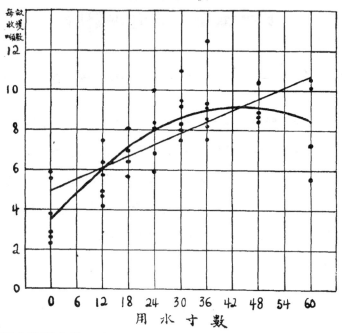

上圖中繫聯直線之方程式爲：

$$Y = 5.038 + 0.0886\,X$$

式中 Y 代表每畝收穫量而 X 爲灌漑所用水量也。此 x 與 y 間之繫聯
係數 r 等於 +0.68。

　　然就第三十二圖觀之，直線尙非配合最佳之線，故 r 之值亦不能爲
表示繫聯程度之適當標準。圖中共有二線，一爲直線，一爲抛物線。以此
直線與抛物線較，似以抛物線爲勝。此抛物線之方程式爲：

$$Y = 3.55 + 0.252\,X - 0.002816\,X^2$$

抛物線之所以異於直線者有最重要之一點在，卽水量漸增，收穫亦

隨之而多，但有一定之限度，過此以往，水量增而收穫反減。此點在拋物線上一覽而知，但直線則無此表示也。故表示苜蓿收穫與水量之關係宜用拋物線而不宜用直線。

第二節　繫聯拋物線方程式之計算

上圖中之拋物線爲二次拋物線，用以表示苜蓿收穫量與灌漑水量之繫聯，吾人已知其爲較勝於繫聯直線。然則吾人何以知此二次拋物線之方程式爲：

$$Y = 3.55 + 0.252\,X - 0.002816\,X^2$$

其計算之方法如何？此則本節所欲討論者也。

依最小平方法定理欲使由二次拋物線方程式計算而得之收穫量與實際收穫量相差平方之和爲最小，此二次拋物線之方程式當如下所示：

$$Y = a_1 + b_1 X + c_1 X^2$$

$$a_1 = \frac{\Sigma X^2 \Sigma X^4 \Sigma Y + \Sigma X \Sigma X^3 \Sigma(X^2Y) + \Sigma X^2 \Sigma X^3 \Sigma(XY) - (\Sigma X^2)^2 \Sigma(X^2Y) - (\Sigma X^3)^2 \Sigma Y - \Sigma X \Sigma X^4 \Sigma(XY)}{n \Sigma X^2 \Sigma X^4 + 2\Sigma X \Sigma X^2 \Sigma X^3 - (\Sigma X^2)^3 - n(\Sigma X^3)^2 - (\Sigma X)^2 \Sigma X^4}$$

$$b_1 = \frac{n \Sigma X^4 \Sigma(XY) + \Sigma X^2 \Sigma X^3 \Sigma Y + \Sigma X^2 \Sigma X^2 \Sigma(X^2Y) - (\Sigma X^2)^2 \Sigma(XY) - n \Sigma X^3 \Sigma(X^2Y) - \Sigma X \Sigma X^4 \Sigma Y}{n \Sigma X^2 \Sigma X^4 + 2\Sigma X \Sigma X^2 \Sigma X^3 - (\Sigma X^2)^3 - n(\Sigma X^3)^2 - (\Sigma X)^2 \Sigma X^4}$$

$$c_1 = \frac{n \Sigma X^2 \Sigma(X^2Y) + \Sigma X \Sigma X^2 \Sigma(XY) + \Sigma X \Sigma X^3 \Sigma Y - (\Sigma X^2)^2 \Sigma Y - n \Sigma X^3 \Sigma(XY) - (\Sigma X)^2 \Sigma(X^2Y)}{n \Sigma X^2 \Sigma X^4 + 2\Sigma X \Sigma X^2 \Sigma X^3 - (\Sigma X^2)^3 - n(\Sigma X^3)^2 - (\Sigma X)^2 \Sigma X^4}$$

　　　　　　　　　　　　　　（1）（證明參看附錄甲30）

X　　第一變量。

Y　　第二變量。

n　　項數。

故確定方程式以前須先計算 $\Sigma X, \Sigma X^2, \Sigma X^3, \Sigma X^4, \Sigma Y, \Sigma(XY)$ 與

$\Sigma(X^2Y)$，此七數值求得後方可確定 a_1，b_1 與 c_1 之數值。茲就前例以示

此七數之計算於下：

第一百十四表　　二次拋物線繫聯之計算

灌溉量X	收穫量Y	X²	X³	X⁴	XY	X² Y
0	3.85	0	0	0	0	0
0	5.94	0	0	0	0	0
0	5.52	0	0	0	0	0
0	2.75	0	0	0	0	0
0	2.89	0	0	0	0	0
0	2.35	0	0	0	0	0
12	4.78	144	1728	20736	57.36	688.32
12	7.52	144	1728	20736	90.24	1082.88
12	6.51	144	1728	20736	78.12	937.44
12	4.31	144	1728	20736	51.72	620.64
12	5.83	144	1728	20736	69.96	839.52
12	4.84	144	1728	20736	58.08	696.96
18	7.02	324	5832	104976	126.36	2274.48
18	5.69	324	5832	104976	102.42	1843.56
18	8.02	324	5832	104976	144.36	2598.48
18	6.46	324	5832	104976	116.28	2093.04
24	6.00	576	13824	331776	144.00	3456.00
24	8.38	576	13824	331776	201.12	4826.88
24	8.32	576	13824	331776	199.68	4792.32
24	6.89	576	13824	331776	165.36	3968.64
24	9.96	576	13824	331776	239.04	5736.96
24	7.96	576	13824	331776	191.04	4584.96
30	7.53	900	27000	810000	225.90	6777.00
30	9.54	900	27000	810000	286.20	8586.00
30	9.43	900	27000	810000	282.90	8487.00
30	7.97	900	27000	810000	239.10	7173.00
30	11.06	900	27000	810000	331.80	9954.00
30	8.32	900	27000	810000	249.60	7488.00
36	7.58	1296	46656	1679616	272.88	9823.68
36	9.33	1296	46656	1679616	335.88	12091.68
36	9.38	1296	46656	1679616	337.68	12156.48
36	8.22	1296	46656	1679616	295.92	10653.12
36	12.48	1296	46656	1679616	449.28	16174.08
36	8.63	1296	46656	1679616	310.68	11184.48
48	8.45	2304	110592	5308416	405.60	19468.80
48	9.52	2304	110592	5308416	456.96	21934.08
48	8.63	2304	110592	5308416	414.24	19883.52
48	8.83	2304	110592	5308416	423.84	20344.32
48	10.62	2304	110592	5308416	509.76	24468.48
48	8.05	2304	110592	5308416	386.40	18547.20
60	10.17	3600	216000	12960000	610.20	36612.00
60	7.25	3600	216000	12960000	435.00	26100.00
60	10.70	3600	216000	12960000	642.00	38520.00
60	5.55	3600	216000	12960000	333.00	19980.00
1212	329.03	47016	2086128	101163168	10269.96	107448.00

$$\Sigma X = 1212$$
$$\Sigma X^2 = 47016$$
$$\Sigma X^3 = 2086128$$
$$\Sigma X^4 = 101163168$$
$$\Sigma Y = 329.03$$
$$\Sigma(XY) = 10269.96$$
$$\Sigma(X^2Y) = 407448$$
$$n = 44$$

以之代入公式(1)則得：

$$a_1 = 3.5468$$
$$b_1 = 0.2520$$
$$c_1 = -0.0028162$$

故此二次拋物線之方程式為：

$$Y = 3.55 + 0.252X - 0.002816X^2$$

應用最小平方法亦可計算三次，四次拋物線之方程式，惟計算甚繁，實際上鮮有應用之者。

第三節　繫聯指數之意義及其測定

吾人既確定拋物線之方程式，然後可計算標準誤 S_v 之數值。此 S_y 仍可依前法求之，卽就各項之實際數值 Y 與計算數值 Yc 各差量平方之算術平均數而求其平方根是也。

第一百十五表　苜蓿之實際收穫與標準收穫

灌溉用水量 X	實 際 收 穫 Y	標準收穫（依拋物線方程式計算而得） Yc	v = Y - Yc	v²
0	3.85	3.55	+0.30	0.0900
0	5.94	3.55	+2.39	5.7121
0	5.52	3.55	+1.97	3.8809
0	2.75	3.55	-0.80	0.6400
0	2.89	3.55	-0.66	0.4356
0	2.35	3.55	-1.20	1.4400
12	4.78	6.16	-1.38	1.9044
12	7.52	6.16	+1.36	1.8496
12	6.51	6.16	+0.35	0.1225
12	4.31	6.16	-1.85	3.4225
12	5.83	6.16	-0.33	0.1089
12	4.84	6.16	-1.32	1.7424
18	7.02	7.17	-0.15	0.0225
18	5.69	7.17	-1.48	2.1904
18	8.02	7.17	+0.85	0.7225
18	6.46	7.17	-0.71	0.5041
24	6.00	7.97	-1.97	3.8809
24	8.38	7.97	+0.41	0.1681
24	8.32	7.97	+0.35	0.1225
24	6.89	7.97	-1.08	1.1664
24	9.96	7.97	+1.99	3.9601
24	7.96	7.97	-0.01	0.0001
30	7.53	8.57	-1.04	1.0816
30	9.54	8.57	+0.97	0.9409
30	9.43	8.57	+0.86	0.7396
30	7.97	8.57	-0.60	0.3600
30	11.06	8.57	+2.49	6.2001
30	8.32	8.57	-0.25	0.0625
36	7.58	8.97	-1.39	1.9321
36	9.33	8.97	+0.36	0.1296
36	9.38	8.97	+0.41	0.1681
36	8.22	8.97	-0.75	0.5625
36	12.48	8.97	+3.51	12.3201
36	8.63	8.97	-0.34	0.1156
48	8.45	9.15	-0.70	0.4900
48	9.52	9.15	+0.37	0.1369
48	8.63	9.15	-0.52	0.2704
48	8.83	9.15	-0.32	0.1024
48	10.62	9.15	+1.47	2.1609
48	8.05	9.15	-1.10	1.2100
60	10.17	8.53	+1.64	2.6896
60	7.25	8.53	-1.28	1.6384
60	10.70	8.53	+2.17	4.7089
60	5.55	8.53	-2.98	8.8804
				80.9871

[註]　上表自米爾斯之統計方法轉載。

$$S_y = \sqrt{\frac{\Sigma v^2}{n}} = \sqrt{\frac{80.9871}{44}} = 1.36$$

吾人旣得拋物線之方程式與標準誤之數值，乃須求一表示繫聯程度之抽象數量。繫聯係數之名詞旣限於直線繫聯，則非直線繫聯當另立一名詞以免混淆，統計學家乃稱之曰繫聯指數，以 ρ（讀如 rho）表之。計算繫聯指數之公式如下：

$$\rho_{yx}{}^2 = 1 - \frac{S_y{}^2}{\sigma_y{}^2} \tag{2}$$

ρ_{yx}　　y 對 x 之繫聯指數。

S_y　　y 數列之標準誤。

σ_y　　y 數列之標準差。

上式中 ρ 旁之二字母，第一字母常指因變數，而第二字母則指自變數。故在上式中 x 爲自變數，y 爲因變數；反之，在 ρ_{xy} 中則 y 爲自變數，x 爲因變數。ρ_{xy} 通常與 ρ_{yx} 不同，故 x 與 y 二字母之次序有區別之必要。至於直線繫聯之係數 r 則不論何者爲自變數其數值常相等，此亦繫聯係數與繫聯指數之異點也。

若 y 爲自變數，x 爲因變數，則繫聯指數之公式當改作如下：

$$\rho_{xy}{}^2 = 1 - \frac{S_x{}^2}{\sigma_x{}^2} \tag{3}$$

ρ_{xy}　　x 對 y 之繫聯指數。

S_x　　x 數列之標準誤。

σ_x　　x 數列之標準差。

σ_y 之數值依常法求得爲 2.27，以之代入公式 (2) 則得：

$$\rho_{yx} = \sqrt{1 - \frac{1.8496}{5.1529}} = 0.80$$

首藉之事項前已用直線計算 r 之值爲 $+0.68$，今配以拋物線，則繫聯指數之值遠在繫聯係數之上，足見此項關係爲非直線之關係，要無疑義矣。

然則繫聯指數之意義與其數值之限度如何？是亦吾人所不可不知者也。繫聯指數之數值視原有事項對所配曲線之差量與對算術平均數離中程度之關係而定。所配之線如爲直線，則 ρ 與 r 合而爲一。r 實爲 ρ 之特別情形。ρ 之數值不出 0 與 1 之間，如其爲 0，則謂兩事項間苟有關係存在，此關係不能以所用方程式表示；如其爲 1，則謂此方程式所表示之關係完全無缺。r 之前可有正負符號，而在二次以上之曲線則 ρ 之前不必附以正負符號，蓋此項關係在曲線之一部爲正而在其他一部爲負，如上述之拋物線卽其例也。

計算繫聯指數時又不可不將曲線之形態說明，蓋離開曲線，繫聯指數便無意義。r 之義最爲明白，蓋所配之線必爲直線故也。但在繫聯指數則何種曲線非加說明必致混淆。故就一方面言，繫聯指數亦可作某種曲線可否表示某種關係之標準也。

上文之計算按步就班，所以便學者研習耳；但實際計算時標準誤與繫聯指數皆可用簡捷法求之，其計算之公式如下：

$$S_y^2 = \frac{\Sigma Y^2 - a_1 \Sigma Y - b_1 \Sigma(XY) - c_1 \Sigma(X^2 Y)}{n}. \qquad (4)$$

$$\rho^2_{yx} = \frac{a_1 \Sigma Y + b_1 \Sigma(XY) + c_1 \Sigma(X^2Y) - n\bar{y}^2}{\Sigma Y^2 - n\bar{y}^2} \qquad (5)$$

（證明參看附錄甲 30）

上兩式中除 ΣY^2 與 $\bar{y}^2$（$\bar{y}$ 係 y 數列之算術平均數）須另行計算外，其餘 ΣY, $\Sigma(XY)$, $\Sigma(X^2Y)$, n, a_1, b_1 與 c_1 諸數均已求得，其數值如下：

$$\Sigma Y = 329.03$$

$$\Sigma(XY) = 10269.96$$

$$\Sigma(X^2Y) = 407448$$

$$n = 44$$

$$a_1 = 3.5468$$

$$b_1 = 0.2520$$

$$c_1 = -0.0028162$$

茲再求 $\bar{y}^2$ 與 ΣY^2 如下：

$$\bar{y} = \frac{329.03}{44} = 7.48$$

$$\bar{y}^2 = 7.48^2 = 55.9504$$

$$\Sigma Y^2 = 2688.3129$$

代入公式(4)與(5)則得：

$$S_y{}^2 = \frac{2688.3129 - 3.5468 \times 329.03 - 0.252 \times 10269.96 + 0.0028162 \times 407448}{44}$$

$$= \frac{80.7345}{44} = 1.8349$$

$$S_y = 1.36$$

$$\rho_{yx}{}^2 = \frac{3.5468 \times 329.03 + 0.252 \times 10269.96 - 0.0028162 \times 407448 - 44 \times 55.9504}{2688.3129 - 44 \times 55.9504}$$

$$= \frac{145.7608}{226.4953} = 0.6435$$

$$\rho_{yx} = 0.80$$

與以上所得之結果完全相同。

第四節　繫聯比

　　表示繫聯程度之數量上文已述 r 與 ρ 兩種，此外尚有一種名曰繫聯比，爲皮爾生教授所創，吾人常以 η（讀如 eta）表之。此項數量亦可作爲 ρ 之一種，但其計算方法稍有不同耳。

　　吾人已知兩變量之繫聯程度均可以下式求之：

$$繫聯之數量 = \sqrt{1 - \frac{S_y{}^2}{\sigma_y{}^2}}$$

　　若 S_y 表示對於一直線之標準誤，則此數量爲繫聯係數 r，而繫聯指數 ρ 則爲此項數量之一般的表示。繫聯比與此亦同，所不同者 S_y 之性質耳。在繫聯係數 S_y 爲對於直線之標準差，在繫聯指數 S_y 爲對於曲線之標準差，而在繫聯比則 S_y 與此稍異。吾人先就繫聯表中各行之平均數，連以一線，然後再計各項對此線之標準差，而 S_y 卽此標準差也。表中各行之中點如在一直線上，則繫聯比與繫聯係數合而爲一，各行中

點如其不在一直線上,則繫聯比大於繫聯係數。

故兩變量之相互關係如能以直線表示者可用繫聯係數, 如其不能以直線表示者則可用繫聯比, 此項關係可以通過各行中點之曲線表示之,而繫聯比則其關係之程度也。此項關係如其完全而對此曲線一無差量者,則 η 之值爲一;如其兩變量間無甚關係而對此曲線之差量與對於 y 數列平均數之差量相等者,則 η 之值爲零。

但此通過各行中點之線之標準差通常不用 S_y 而以 σ_{ay} 表示,其意義與 S_y 初無二致, 所不同者 σ_{ay} 常對繫聯表而言也, 故得計算 η 之公式如下:

$$\eta_{yx} = \sqrt{1 - \frac{\sigma_{ay}^2}{\sigma_y^2}} \tag{6}$$

η_{yx}　　y 對 x 之繫聯比。

σ_y　　y 數列之標準差。

σ_{ay}　　y 數列中各項對於各行算術平均數之標準差。

η_{yx} 與 η_{xy} 之區別在自變數與因變數之互換而已,正與 ρ_{yx} 與 ρ_{xy} 之區別相同。

茲據美國達文博氏農業試驗所得之結果將每畝所用氮素磅數與每畝小麥收穫量製成繫聯表以示繫聯比之計算。

第一百十六表　氮素肥料與小麥收成之繫聯表

		X —— 每 畝 所 用 氮 素 磅 數									合計	各列算術平均數
		0—19.9	20—39.9	40—59.9	60—79.9	80—99.9	100—119.9	120—139.9	140—159.9	160—179.9		
Y —— 每畝小麥收穫嘶數	32—35.9				5	16	12	4	5	2	44	107.27
	28—31.9			1	20	21	8	4	1		55	88.91
	24—27.9			16	19						35	60.86
	20—23.9			13							13	50.0
	16—19.9		12								12	30.0
	12—15.9		8								8	30 0
	8—11.9	3	5								8	22.50
	4—7.9	10									10	10.0
	0—3.9	8									8	10.0
	合計	21	25	30	44	37	20	8	6	2	193	
	各行算術平均數	5.05	15.12	24.4	28.73	31.73	32.4	32.0	33.33	34.0		

〔註〕　上表自米爾斯之統計方法轉載。

第三十三圖　氮素肥料與小麥收成之散佈及繫聯直線與
通過各行中點線之比較

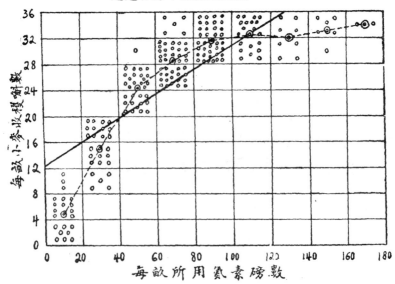

欲計算 η_{yx} 須先求 σ_y 與 σ_{ay} 之值，σ_y 之算法上文已屢屢言之，無待贅述。至於 σ_{ay} 則爲對於連絡各行算術平均數一線之標準差，故計算之時先求各項對於各行算術平均數之離中差，求其平方相加而除以項數，再開平方卽得。茲示其計算於下表。

第一百十七表　σ_{ay} 之計算

每畝小麥收穫噓數	$\overline{m}$	f	d	d^2	fd^2
0 — 3.9	2	8	−3.05	9.3025	74.4200
4 — 7.9	6	10	0.95	0.9025	9.0250
8 — 11.9	10	3	4.95	24.5025	73.5075
8 — 11.9	10	5	−5.12	26.2144	131.0720
12 — 15.9	14	8	−1.12	1.2544	10.0352
16 — 19.9	18	12	2.88	8.2944	99.5328
20 — 23.9	22	13	−2.40	5.7600	74.8800
24 — 27.9	26	16	1.60	2.5600	40.9600
28 — 31.9	30	1	5.60	31.3600	31.3600
24 — 27.9	26	19	−2.73	7.4529	141.6051
28 — 31.9	30	20	1.27	1.6129	32.2580
32 — 35.9	34	5	5.27	27.7729	138.8645
28 — 31.9	30	21	−1.73	2.9929	62.8509
32 — 35.9	34	16	2.27	5.1529	82.4464
28 — 31.9	30	8	−2.40	5.7600	46.0800
32 — 35.9	34	12	1.60	2.5600	30.7200
28 — 31.9	30	4	−2.00	4.0000	16.0000
32 — 35.9	34	4	2.00	4.0000	16.0000
28 — 31.9	30	1	−3.33	11.0889	11.0889
32 — 3 .9	34	5	0.67	0.4489	2.2445
32 — 35.9	34	2	0	0	0
		193			1124.9508

$$\sigma_{ay} = \sqrt{\frac{1124.9508}{193}} = 2.420$$

以 σ_{ay} 與 σ_y (9.188) 之值代入公式 (6) 則得：

$$\eta_{yx}^2 = 1 - \frac{\sigma_{ay}^2}{\sigma_y^2} = 1 - \frac{2.42^2}{9.188^2}$$

$$= 1 - 0.0694 = 0.9306$$

$$\eta_{yx} = 0.965$$

但上法計算太繁,不合實用,茲另述一簡捷法,可得相同之結果,其公式如下:

$$\eta_{yx} = \frac{\sigma_{my}}{\sigma_y} \qquad (7)(證明參看附錄甲32)$$

η_{yx}　　y 對 x 之繫聯比

σ_y　　y 數列之標準差

σ_{my}　各行算術平均數對於 $\bar{y}$（y 數列之算術平均數）之標準差

σ_{my} 之計算較易,故實際上每用公式(7)以求繫聯比。茲仍就前例述其計算於下:

第一百十八表　繫聯比之簡捷法

x 各組中點	y 各項之算術平均數	對 y 總平均數之離中差 d	d^2	頻數 f	fd^2
10	5.05	−19.955	398.202	21	8362.242
30	15.12	−9.885	97.713	25	2442.825
50	24.40	−0.605	0.366	30	10.980
70	28.73	+3.725	13.876	44	610.544
90	31.73	+6.725	45.226	37	1673.362
110	32.40	+7.395	54.686	20	1093.720
130	32.00	+6.995	48.930	8	391.440
150	33.33	+8.325	69.306	6	415.836
170	34.00	+8.995	80.910	2	161.820
	y 總平均數 25.005			193	15162.769

[註]　上表自米爾斯之統計方法轉載。

$$\sigma_{my} = \sqrt{\frac{15162.769}{193}} = 8.864$$

代入公式(7)則得:

$$\eta_{yx} = \frac{\sigma_{my}}{\sigma_y} = \frac{8.864}{9.188} = 0.965$$

依照簡捷法求得繫聯比之計算程序如下：

(一)將所有事項作成繫聯表。

(二)就各行之 y 數值而求其算術平均數。

(三)計算 y 數列全體之算術平均數。

(四)就各行算術平均數而求其對於全體算術平均數之離中差，求

　　 其平方乘以各行之頻數而求其總和。

(五)求得之總和以總項數除之，再開平方即得 σ_{my}。

(六)計算 σ_y。

(七)以 σ_y 除 σ_{my} 即得 η_{yx}。

如求 x 對 y 之繫聯比，則公式(7)可改作下式：

$$\eta_{xy} = \frac{\sigma_{mx}}{\sigma_x} \tag{8}$$

η_{xy}　x 對 y 之繫聯比。

σ_x　x 數列之標準差。

σ_{mx}　各列算術平均數對於 x̄ (x 數列之算術平均數)之標準差。

此 σ_{mx} 則為各列算術平均數對於 x 數列全體算術平均數之標準差，而 η_{xy} 之值則隨各項對於連絡各列中點之線之差量而定。其值，常與 y 對 x 之繫聯比不同。本例之 η_{yx} 等於 0.965 而 η_{xy} 則等於 0.824。連絡此各行中點與各列中點之線愈近於直線，則此二繫聯比亦愈相近。

　　η 與 r 相同，其值斷不能大於一。若等於一，即謂對於連絡各行(或

各列)算術平均數之線全無離中差也。由公式(7)吾人可見若 σ_{my} 等於零則繫聯比亦等於零；σ_{my} 等於零者卽各行算術平均數之值均與 y 數列全體之算術平均數相等。換言之，x 變量或增或減而 y 變量絕無任何變化同時發生，然則繫聯表中各行之分配均與 y 數列全體之分配相同，而此二變量間絕無關係之可言也。

　　繫聯比之數值斷不能為負數，但兩變量間之關係為正為負或正負二者均有，則於繫聯表中一覽可知也。

　　繫聯比之適用祇限於項數甚多而能排列成繫聯表之時。若項數不多而在繫聯表中每行祇有一項，則 σ_{my} 與 σ_y 之數值完全相同而繫聯比之數值當然為一。故由項數甚少分組甚多之繫聯表計算而得之繫聯比將無意義可言。皮爾生教授為欲糾正因分組太多而生之錯誤起見，乃創下列之校正公式：

$$\eta'^2 = \frac{\eta^2 - \dfrac{t-3}{n}}{1 - \dfrac{t-3}{n}} \tag{9}$$

η'　　校正繫聯比。

η　　未校正繫聯比。

n　　項數。

t　　行數。

應用於上例則得：

$$\eta'^2 = \frac{0.965^2 - \dfrac{9-3}{193}}{1 - \dfrac{9-3}{193}} = 0.929$$

$$\eta' = 0.964$$

與未校正繫聯比相差甚微。但若項數甚少或行數甚多，則兩者相差往往甚大。

本章應用公式

$$Y = a_1 + b_1 X + c_1 X^2$$

$$a_1 = \frac{\Sigma X^2 \Sigma X^4 \Sigma Y + \Sigma X \Sigma X^3 \Sigma (X^2 Y) + \Sigma X^2 \Sigma X^3 \Sigma (XY) - (\Sigma X^2)^2 \Sigma (X^2 Y) - (\Sigma X^4)^2 \Sigma Y - \Sigma X \Sigma X^4 \Sigma (XY)}{n \Sigma X^2 \Sigma X^4 + 2 \Sigma X \Sigma X^2 \Sigma X^3 - (\Sigma X^2)^3 - n(\Sigma X^3)^2 - (\Sigma X)^2 \Sigma X^4}$$

$$b_1 = \frac{n \Sigma X^4 \Sigma (XY) + \Sigma X^2 \Sigma X^3 \Sigma Y + \Sigma X \Sigma X^2 \Sigma (X^2 Y) - (\Sigma X^2)^2 \Sigma (XY) - n \Sigma X^3 \Sigma (X^2 Y) - \Sigma X \Sigma X^4 \Sigma Y}{n \Sigma X^2 \Sigma X^4 + 2 \Sigma X \Sigma X^2 \Sigma X^3 - (\Sigma X^2)^3 - n(\Sigma X^3)^2 - (\Sigma X)^2 \Sigma X^4}$$

$$c_1 = \frac{n \Sigma X^2 \Sigma (X^2 Y) + \Sigma X \Sigma X^2 \Sigma (XY) + \Sigma X \Sigma X^3 \Sigma Y - (\Sigma X^2)^2 \Sigma Y - n \Sigma X^3 \Sigma (XY) - (\Sigma X)^2 \Sigma (X^2 Y)}{n \Sigma X^2 \Sigma X^4 + 2 \Sigma X \Sigma X^2 \Sigma X^3 - (\Sigma X^2)^3 - n(\Sigma X)^2 - (\Sigma X)^2 \Sigma X^4} \quad (1)$$

$$\rho_{yx}^2 = 1 - \frac{S_y^2}{\sigma_y^2} \quad (2)$$

$$\rho_{xy}^2 = 1 - \frac{S_x^2}{\sigma_x^2} \quad (3)$$

$$S_y^2 = \frac{\Sigma Y^2 - a_1 \Sigma Y - b_1 \Sigma (XY) - c_1 \Sigma (X^2 Y)}{n} \quad (4)$$

$$o_{yx}^2 = \frac{a_1 \Sigma Y + b_1 \Sigma (XY) + c_1 \Sigma (X^2 Y) - n \bar{y}^2}{\Sigma Y^2 - n \bar{y}^2} \quad (5)$$

$$\eta_{yx} = \sqrt{1 - \frac{\sigma_{ay}^2}{\sigma_y^2}} \quad (6)$$

$$\eta_{yx} = \frac{\sigma_{my}}{\sigma_y} \quad (7)$$

$$\eta_{xy} = \frac{\sigma_{mx}}{\sigma_x} \qquad (8)$$

$$\eta'^2 = \frac{\eta^2 - \dfrac{t-3}{n}}{1 - \dfrac{t-3}{n}} \qquad (9)$$

第十六章　他種繫聯

第一節　等級繫聯

有時統計數列並非事物之實際數值,乃事物之等級,則其繫聯之決定方法與以前所論者稍稍不同。例如吾人就上海會考各中學中取其兼設高中部與初中部者而研究其成績之繫聯,吾人可就教育局所發表各校各部之名次而計算其繫聯係數。根據事物之等級而計算之繫聯名曰等級繫聯,其公式如下:

$$\rho = 1 - \frac{6\Sigma(v_x - v_y)^2}{n(n^2-1)} \quad (1)\,(\text{證明參看附錄甲38})$$

ρ　　等級繫聯係數。

v_x　　x 數列中各項之等級。

v_y　　y 數列中各項之等級。

n　　項數。

設前例上海中學會考之結果各校高中部與初中部之名次相等,卽高中部之成績若爲第一初中部之成績亦爲第一,高中部之成績若爲第二初中部之成績亦爲第二等等,則兩數列相對兩項等級之差均等於零,而公式(1)右邊之第二項亦等於零,ρ 之數值將等於一。此卽表示高中部之成績與初中部之成績有一完全之正繫聯存在。換言之,某校高中

部之成績優其初中部之成績亦優，高中部之成績劣其初中部之成績亦
劣。反之若某校高中部之成績優其初中部之成績反劣，高中部之成績劣
其初中部之成績反優，則 ρ 之數值將等於 -1。(證明參看附錄甲34)設
共有十校會考，則依此假定其成績如下所示：

	高中部(v_x)	初中部(v_y)
甲校	1	10
乙校	2	9
丙校	3	8
丁校	4	7
戊校	5	6
己校	6	5
庚校	7	4
辛校	8	3
壬校	9	2
癸校	10	1

$$\Sigma(v_x - v_y)^2 = 81+49+25+9+1+1+9+25+49+81 = 330$$

代入公式 (1) 則得：

$$\rho = 1 - \frac{6 \times 330}{10 \times 99} = 1 - 2 = -1$$

　　茲更就我國各電區所轄局數及所用職工人數之等級而計算其繫聯
係數如下表：

第一百十九表　等級繫聯之計算

電　區	等　級		$v_x - v_y$	$(v_x - v_y)^2$
	局數v_x	人數v_y		
江蘇	2	1	1	1
浙江	10	13	−3	9
安徽	11	12	−1	1
江西	12	10	2	4
湖北	7	5	2	4
湖南	9	9	0	0
山東	4	3	1	1
河北	5	2	3	9
山西	13	11	2	4
陝西	21	21	0	0
甘寧	16	18	−2	4
福建	17	16	1	1
廣東	9	14	5	25
廣西	3	4	−1	1
雲南	8	8	0	0
貴州	14	15	−1	1
遼黑	18	19	−1	1
吉西藏	1	6	−5	25
川青	6	7	−1	1
新綏	20	20	0	0
熱察蒙	15	17	−2	4
				96

〔註〕　資料來源：交通統計簡報（民國二十一年一月至六月）。

$$\Sigma(v_x - v_y)^2 = 96$$

$$n = 21$$

代入公式(1)則得

$$\rho = 1 - \frac{6 \times 96}{21 \times 440} = 1 - 0.062 = .938$$

　　等級中往往有相同者。例如上例中安徽與江西各有四十五局，陝西與甘寧各有三十一局，應屬同一等級，上表中列為兩級乃欲使學者易於瞭解耳。實際計算之時須列為一級。然則究應列入何級？解決此問題共有二法：一曰括弧法，一曰中級法。括弧法以較前一級為相同事項之

等級。例如第十一第十二兩級爲安徽與江西,但因兩區各有四五局,故以較前一級卽第十一級爲此相同事項之等級。又如第十六第十七兩級爲陝西與甘寧,但因兩區各有三一局,故以較前一級卽第十六級爲此相同事項之等級。中級法則不以較前一級而以各級之平均等級爲相同事項之等級,故依中級法安徽與江西應列入 11.5 級,而陝西與甘寧則應列入 16.5 級,此兩法之異點也。

等級繫聯計算雖簡,然究不能完全可恃。例如下之二數列:

100 80 70 65 62 60 55 50 40 20

100 99 98 97 96 95 10 9   8   7

其等級相同,卽 1, 2, 3, 4, 5, 6, 7, 8, 9, 10,但二者之分配大不相同。故除繫聯極高者外其繫聯係數必須十分審愼也。

此種分配如其爲正態或近似正態之形式,則 r 之數值可依皮爾生氏之改正公式求之。

$$r = 2\sin\left(\frac{\pi}{6}\rho\right) \tag{2}$$

r   繫聯係數。

ρ 等級繫聯係數。

π $= 180°$

若 $\rho = 1,$

則 $\sin 30° = \frac{1}{2},$

                          $r = 1。$

若　　　　$\rho = -1$,

則　　$\sin(-30°) = -\dfrac{1}{2}$,

$$r = -1_{\circ}$$

若　　　　$\rho = 0$,

則　　$\sin 0° = 0$,

$$r = 0_{\circ}$$

對於其他數值 ρ 與 r 略有差異，其數值大小之關係可查附錄己第七表。

計算等級繫聯係數尚有司佩蒙氏公式較公式（1）更爲簡單，惟以其更爲疏略，故不足恃。茲列其公式於下：

$$R = 1 - \frac{6L_p}{n^2 - 1} \tag{3}$$

R　司佩蒙氏等級繫聯係數

n　項數

L_p　等級正差之和

若應用公式（3）計算第一百十九表中之等級繫聯係數，則得：

$$L = 17$$

$$n = 21$$

$$R = 1 - \frac{6 \times 17}{440} = 1 - 0.232 = 0.768$$

依皮爾生氏之分析，r 與 R 之關係略如下式：

$$r = 2\cos\left[\frac{\pi}{3}(1-R)\right] - 1 \qquad (4)$$

r　繫聯係數

R　司佩蒙氏等級繫聯係數

$$\pi = 180°$$

若　　　$R = 1,$

則　　$\cos 0° = 1,$

$$r = 2 - 1 = 1 。$$

若　　　$R = 0,$

則　$\cos 60° = \frac{1}{2},$

$$r = 2 \times \frac{1}{2} - 1 = 0 。$$

若　　　$R = -\frac{1}{2},$

則　$\cos 90° = 0,$

$$r = -1 。$$

r 與 R 之其他關係可查三角表應用公式(4)求得。

第二節　相應增減法

吾人已知繫聯有正負與大小之別。若吾人不計其量祇欲知其正負之方向，則應用相應增減法已可求得。至其計算當分別時間數列與非時間數列而論之。若屬前者則須比較本期與上期之數量，若屬後者則須將

兩數列之各項與其平均數比較。設吾人欲研究民國元年至十年我國輸出入貿易之關係，則須以民國二年之輸出入額與民國元年之輸出入額相較，民國三年之輸出入額與民國二年之輸出入額相較等等。若民國二年之輸出與輸入均較民國元年爲多或均較民國元年爲少，則此二年爲相應，應記「相應一分」；若自民國元年至二年輸出額增加而輸入額減少或輸出額減少而輸入額增加，則此二年爲不相應，應記「不相應一分」；若自民國元年至二年輸出額不變或輸入額不變或輸出與輸入額均無變動，則此二年介於相應與不相應之間，應記「相應與不相應各半分」。又設吾人欲比較吾國各電區所轄局數與所用職工人數，則先計算各區之平均局數與平均人數。若江蘇之局數與人數均在平均數之上或均在其下，則爲相應，當記「相應一分」；若江蘇之局數較多於平均局數而其人數較少於平均人數或前者較少而後者較多，則爲不相應，當記「不相應一分」；若江蘇之局數與人數有一或兩者與平均數相等，則介於相應與不相應之間，當記「相應與不相應各半分」。相應與不相應分數記畢後相加，然後應用下列公式計算之：

$$R' = \pm\sqrt{\pm\frac{2l'-n}{n}} \qquad (5)$$

R′　　相應繫聯係數

l'　　相應分數

n　　相應分數與不相應分數之和

若　$\dfrac{2l'-n}{n}$ 爲正數則取正號，若爲負數則取負號。

若　$l'=n$，

則　　　$R' = +\sqrt{+\dfrac{2n-n}{n}} = +1$。

若　　　$l' = 0$,

則　　　$R' = -\sqrt{-\dfrac{0-n}{n}} = -1$。

若　　　$l' = \dfrac{n}{2}$,

則　　　$R' = \pm\sqrt{\pm\dfrac{n-n}{n}} = 0$。

茲取時間數列與非時間數列應用公式（5）分別計算其相應繫聯於

下列兩表：

第一百十表　時間數列相應繫聯之計算

年　份	由日本輸入我國棉織品值		由日本輸入我國棉紗值		相應分數	不相應分數
	單位一百萬海關兩	較上年增(+)或減(-)	單位一百萬海關兩	較上年增(+)或減(-)		
民國元年	15		23		1	
二年	23	+	32	+	1	
三年	26	+	36	+	0.5	0.5
四年	26	0	34	-	0.5	0.5
五年	30	+	34	0		1
六年	54	+	31	-		1
七年	57	+	33	+	1	
八年	88	+	29	-		1
九年	79	-	33	+		1
十年	63	-	31	-	1	
十一年	72	+	39	+	1	
十二年	69	-	25	-	1	
十三年	81	+	21	-		1
十四年	103	+	27	+	1	
十五年	121	+	17	-		1
十六年	96	-	8	-	1	
十七年	117	+	6	-		1
十八年	116	-	6	0	0.5	0.5
十九年	101	-	4	-	1	
二十年	81	-	2	-	1	
					11.5	7.5

〔註〕　資料來源：中日貿易統計（中國經濟學社中日貿易研究所）

$$l' = 11.5$$

$$n = 11.5 + 7.5 = 19$$

代入公式(5)則得

$$R' = +\sqrt{+\frac{23-19}{19}} = +\sqrt{\frac{4}{19}} = +0.46$$

卽棉織品與棉紗之輸入額間之繫聯爲正繫聯。

第一百廿一表　非時間數列相應繫聯之計算

學 生	英 文 成 績		數 學 成 績		相應分數	不相應分數
	分　數	較平均分數大(＋)或小(－)	分　數	較平均分數大(＋)或小(－)		
甲	75		95	＋		1
乙	80	0	96	＋	0.5	0.5
丙	85	＋	80	＋	1	
丁	82	＋	85	＋	1	
戊	90	＋	75	－		1
己	94	＋	82	＋	1	
庚	78	－	84	＋		1
辛	76	－	65	－	1	
壬	72	－	62	－	1	
癸	68	－	66	－	1	
	平均 80		平均 79		6.5	3.5

$$l' = 6.5$$

$$n = 6.5 + 3.5 = 10$$

代入公式(5)則得

$$R' = +\sqrt{+\frac{13-10}{10}} = +0.55$$

卽英文成績與數學成績之繫聯爲正繫聯。

第三節　異號成對法

此法與前法相似，惟前法以相應者爲主而此法則以不相應者爲主，前法中遇有零差時相應分數與不相應分數各記半分，而在異號成對法則另記零差分數。茲列其公式於下：

$$\left.\begin{aligned} U' &= \frac{u' + \dfrac{d_0}{2}\left(\dfrac{u'}{u'+l'} + \dfrac{1}{2}\right)}{n} \\ r &= \cos(\pi U') \end{aligned}\right\} \tag{6}$$

U'　異號成對繫聯係數

r　　繫聯係數

u'　不相應分數

l'　相應分數

d_0　零差分數

n　　項數

$\pi = 180°$

若　　　　$l' = n,$

則　　　　$u' = 0,$

　　　　　$d_0 = 0,$

　　　　　$U' = 0,$

　　　　　$r = \cos 0° = +1_{\bullet}$

若　　　　$u' = n,$

則　　　　　$l'=0,$

　　　　　　$d_0=0,$

　　　　　　$U'=1,$

　　　　　　$r=\cos 180°=-1。$

若　　　　　$l'=u'$

則　　　　　$n=2u'+d。$

$$U'=\frac{u'+\frac{d_。}{2}\left(\frac{1}{2}+\frac{1}{2}\right)}{n}=\frac{u'+\frac{d_。}{2}}{2u'+d_。}=\frac{1}{2}$$

　　　　　$r=\cos 90°=0$

U'與 r 之其他關係可查三角表應用公式(6)求得。

應用公式(6)以計算第一百廿一表中之繫聯則得：

　　　　　　$u'=3$

　　　　　　$l'=6$

　　　　　　$d_。=1$

　　　　　　$n=10$

$$U'=\frac{3+\frac{1}{2}\left(\frac{3}{9}+\frac{1}{2}\right)}{10}=\frac{3+\frac{1}{2}\times\frac{5}{6}}{10}=0.34$$

　　　　　$r=+0.48$

第四節　圖表法

　　圖表法者將圖表並列以橫條之長短表示繫聯之正負之法也。例如

第三十四圖為一種負繫聯之表示，第三十五圖為一種正繫聯之表示，第

三十六圖為一種零繫聯之表示。

第三十四圖　銷貨淨額與每單位銷貨額之盤存額之繫聯

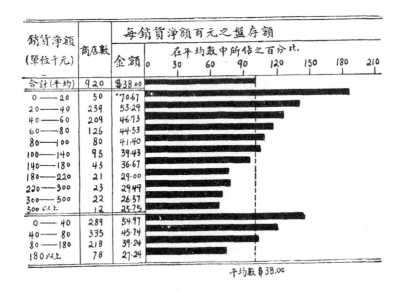

銷貨淨額 （單位千元）	商店數	金額	每銷貨淨額百元之盤存額 在平均數中所佔之百分比
合計（平均）	920	$38.00	
0 ——— 20	50	70.67	
20 ——— 40	239	53.29	
40 ——— 60	209	46.73	
60 ——— 80	126	44.53	
80 ——— 100	80	41.40	
100 ——— 140	95	39.43	
140 ——— 180	43	36.67	
180 ——— 220	21	29.00	
220 ——— 300	23	29.49	
300 ——— 500	22	26.57	
500 以上	12	25.75	
0 ——— 40	289	54.97	
40 ——— 80	335	45.74	
80 ——— 180	218	39.24	
180 以上	78	27.24	

平均數每$38.00

　　〔註〕　上圖自西克利斯脫之統計方法轉載。

　　第三十四圖中銷貨淨額之分組由小而大，但表示盤存額之橫條則

除第九組外均由長而短，故兩者之間顯然有一負繫聯存在。

第三十五圖 銷貨淨額與每年存貨銷售率之繫聯

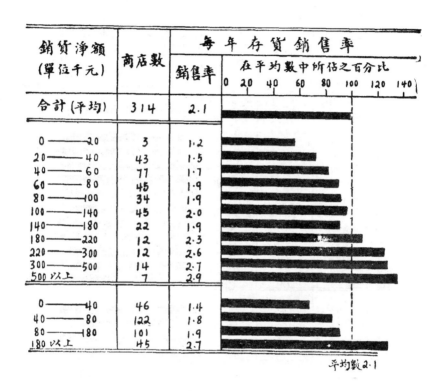

銷貨淨額 (單位千元)	商店數	每年存貨銷售率		
		銷售率	在平均數中所佔之百分比	
合計 (平均)	314	2.1		
0 ——— 20	3	1.2		
20 ——— 40	43	1.5		
40 ——— 60	77	1.7		
60 ——— 80	45	1.9		
80 ——— 100	34	1.9		
100 ——— 140	45	2.0		
140 ——— 180	22	1.9		
180 ——— 220	12	2.3		
220 ——— 300	12	2.6		
300 ——— 500	14	2.7		
500 以上	7	2.9		
0 ——— 40	46	1.4		
40 ——— 80	122	1.8		
80 ——— 180	101	1.9		
180 以上	45	2.7		

平均數 2.1

〔註〕 上圖自西克利斯脫之統計方法轉載。

第三十五圖中銷貨淨額之分組由小而大，表示銷售率之橫條除第七組外均由短而長，故知兩者之間必有一正繫聯存在。

第三十六圖　銷貨淨額與每百元營業費中薪資額之繫聯

銷貨淨額（單位千元）	商店數	每百元營業費中之薪資額 金額
合計（平均）	929	$55.23
0——20	48	56.30
20——40	244	55.87
40——60	214	54.54
60——80	130	55.85
80——100	82	55.22
100——140	90	54.96
140——180	44	58.26
180——220	23	57.22
220——300	23	53.75
300——500	21	53.20
500以上	10	54.87
0——40	292	55.92
40——80	344	55.17
80——180	216	55.97
180以上	77	54.50

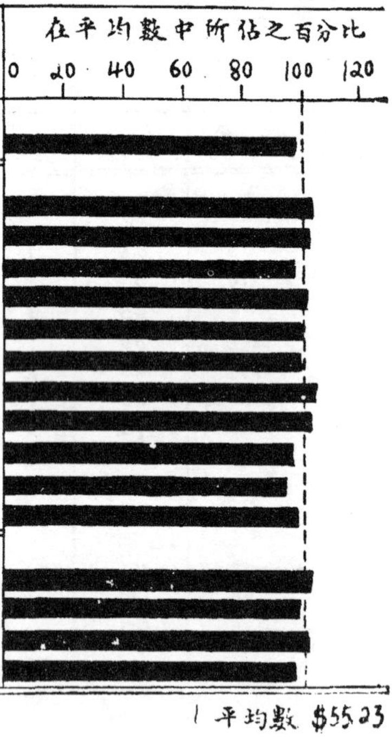

在平均數中所佔之百分比
0
20
40
60
80
100
120
| 平均數 $55.23

〔註〕 上表自西克利斯脫之統計方法轉載。

第三十六圖中橫條之長短相差甚微，且無一定之標準，足見銷貨淨額與每百元營業費中薪資額實無關係之可言。

本　章　應　用　公　式

$$\rho = 1 - \frac{6 \, \Sigma \, (v_x - v_y)^2}{n(n^2 - 1)} \qquad (1)$$

$$r = 2\sin \left(\frac{\pi}{6} \rho \right) \qquad (2)$$

$$R = 1 - \frac{6 \, Lp}{n^2 - 1} \qquad (3)$$

$$r = 2\cos \left[\frac{\pi}{3}(1 - R) \right] - 1 \qquad (4)$$

$$R' = \pm \sqrt{\pm \frac{2l' - n}{n}} \qquad (5)$$

$$\left. \begin{array}{l} U' = \dfrac{u' + \dfrac{d_o}{2}\left(\dfrac{u'}{u' + l'} + \dfrac{1}{2} \right)}{n} \\[2ex] r = \cos(\pi U') \end{array} \right\} \qquad (6)$$

第十七章　偏繫聯

第一節　偏繫聯之意義及其符號

上文所論之繫聯均限於兩個變量。然世間現象常與其他無數現象有關。物價之決定與物品之需要與供給均有密切之關係。米之收穫與雨量之多少溫度之高低有關。棉花之種植面積除與棉價有直接關係外與其他農產物價格之高低亦有間接之關係。故一變量之變化不僅受他一變量之影響，實受許多其他變量之共同影響；換言之，一個因變量之數值爲許多自變量所左右。今測量兩變量間之繫聯卽測量一因變量與一自變量之繫聯而忽略此因變量與其他自變量之繫聯，若此被測量之自變量爲因變量變動之主要原因而其他自變量均無顯著之影響，則求得之結果與事實相差無幾。反之在此被忽略之許多自變量中若有一二變量亦爲此因變量變動之主要原因，則忽視此一二自變量而得之繫聯實非眞正之繫聯。故僅知兩變量間繫聯之計算猶未足以資應用，此吾人所以不得不另求更精密之方法也。

經濟學中有所謂供求定律者，所謂供求定律卽謂供給不變時物價與需要成正比例，需要不變時物價與供給成反比例。可見欲測定物價與需要之關係，須先假定供給不變；欲測定物價與供給之關係，須先假定需要不變。若吾人僅求物價與需要之單繫聯（卽前所論之繫聯），是將供

給忽視而非假定其不變之法也。欲計算其眞正繫聯，須先假定供給不變，然後求物價與需要之繫聯，卽所謂偏繫聯是也。故偏繫聯者假定 $n-1$ 個（n 代表自變量之總數）自變量不變而計算因變量與一個自變量之繫聯也。依此定義則物價與供給之偏繫聯卽假定需要不變而計算物價與供給之繫聯也。

　　爲便於說明起見，統計學家常以 $X_1, X_2, X_3 \cdots\cdots X_n$ 代表各變量，$r_{12 \cdot 34 \cdots\cdots n}$ 代表 X_1 與 X_2 之偏繫聯係數，書於 r 右下角之數字以一小點分爲前後二部，前部數字祇有兩個，第一字代表因變量，第二字代表計算偏繫聯之自變量，後部數字則代表假定不變之自變量。故 $r_{34 \cdot 125}$ 乃 X_3 與 X_4 之偏繫聯係數，X_3 爲因變量，X_4 爲自變量之一，X_1, X_2 與 X_5 均假定不變之自變量也。

　　繫聯係數有零次，一次，二次……等之分。觀後部數字之多少卽可決定繫聯係數之次數。故 $r_{12 \cdot 345}$ 爲三次繫聯係數，$r_{12 \cdot 34567}$ 爲五次繫聯係數，而 r_{12} 爲零次繫聯係數，卽以前所論之單繫聯係數也。

第二節　偏繫聯係數之效用

　　零次繫聯係數吾人已知其效用，偏繫聯係數則除此效用之外尙能發見單繫聯係數所不能發見之事；蓋僅計算零次繫聯係數則兩事項間之眞實關係常爲所蔽而無由表現，故偏繫聯之探討實無異於在理化試驗室中所作分析之試驗。在理化試驗中常覺某種因子對於某現象具有若干作用，但此作用不能立卽表現；化學家欲使其表現，須先隔離其他因子之作用而使此因子單獨表現其作用。偏繫聯之探討亦然，惟所用之

方法係計算上之隔離方法而非實際之隔離方法耳。

　　有時兩變量間似有密切之關係，但此關係實受第三因子之影響，故極高之繫聯係數並非爲兩變量間眞正繫聯程度之表示。偏繫聯係數卽可藉以發見此混入不當之繫聯也。

　　夫日中之星視之不見，苟永無黑暗之夜吾人幾不知星之存在，星光巳爲日光所蔽，吾人烏能感知。欲知星之存在，須先將日光隔離，此固人力所不能及，然自然巳代吾人行此隔離方法矣；地球之轉動使太陽之光有時而能隔離，吾人遂得發見天上之星也。

　　吾人在月光之夜幾疑月之能自發光，然月固不能發光，吾人所見者乃日光反射之光耳。然則此眞理吾人又何由得知？欲證明此眞理，又須隔離太陽之光以察月之究能發光與否，此亦人力所不能及，然自然又代吾人行此隔離方法矣；太陽因月蝕而被遮蔽，吾人遂得知月之固不能發光也。

　　自然眞理之發見固須借重隔離方法，經濟現象之研究何獨不然。法國阿富塔里翁教授在其所著之生產過剩之恐慌時期一書中研究麥價與需要循環之關係，初見需要循環似無甚影響於麥價，其後將供給之作用隔離，則見麥價在繁榮之期較高而在衰落之期較低，此卽需要循環影響於麥價之證也。

　　美國馬爾教授在其所著之經濟循環一書中嘗謂農產品之價格與其供給成反比例而製造品之價格則與其供給成正比例。馬氏之結論似與經濟學中之供求定律相抵觸，其實製造品之產量增加時因其需要亦同時增加故其價格亦增加，製造品之產量減少時因其需要亦同時減少故

其價格亦減少。馬氏之結論實爲需要循環所蔽。若能使之隔離，則製造品之價格固亦與其供給成反比例也。偏繫聯係數之效用於此可見。

第三節　偏繫聯係數之計算

一次繫聯係數可由零次繫聯係數求得，其公式如下：

$$r_{12\cdot3} = \frac{r_{12} - r_{13}r_{23}}{(1-r_{13}{}^2)^{\frac{1}{2}}(1-r_{23}{}^2)^{\frac{1}{2}}} \tag{1}$$

二次繫聯係數可由一次繫聯係數求得，三次繫聯係數可由二次繫聯係數求得。簡言之，高次繫聯係數可由低次繫聯係數依次求得，其一般公式如下：

$$r_{12\cdot345\cdots n} = \frac{r_{12\cdot345\cdots(n-1)} - r_{1n\cdot345\cdots(n-1)}r_{2n\cdot345\cdots(n-1)}}{[1-r^2_{1n\cdot345\cdots(n-1)}]^{\frac{1}{2}}[1-r^2_{2n\cdot345\cdots(n-1)}]^{\frac{1}{2}}} \tag{2}$$

$$\text{故 } r_{12\cdot34} = \frac{r_{12\cdot3} - r_{14\cdot3}\,r_{24\cdot3}}{(1-r^2_{14\cdot3})^{\frac{1}{2}}(1-r^2_{24\cdot3})^{\frac{1}{2}}}$$

$$r_{13\cdot24} = \frac{r_{13\cdot2} - r_{14\cdot2}\,r_{34\cdot2}}{(1-r^2_{14\cdot2})^{\frac{1}{2}}(1-r^2_{34\cdot2})^{\frac{1}{2}}}$$

$$r_{14\cdot23} = \frac{r_{14\cdot2} - r_{13\cdot2}\,r_{43\cdot2}}{(1-r^2_{13\cdot2})^{\frac{1}{2}}(1-r^2_{43\cdot2})^{\frac{1}{2}}}$$

前部數字得任意互易，其值不變，故：

$$r_{12\cdot4} = r_{21\cdot4}$$

$$r_{13\cdot24} = r_{31\cdot24}$$

茲就下表中玉蜀黍之收穫與七八九三個月之溫度而計算其偏繫聯係數如下：

第一百二十二表　1890-1922 年美國開痕撒斯玉蜀黍之收穫與溫度之比較

年份	每畝所產唡數	長期趨勢	實際產量在長期趨勢中所佔之百分比 X_1	六月之平均溫度 X_2	七月之平均溫度 X_3	八月之平均溫度 X_4
1890	15.6	22.4	69.6	77.6	83.1	76.1
1891	26.7	22.2	120.3	70.7	74.0	75.1
1892	24.5	22.1	110.9	73.4	77.5	76.5
1893	21.3	21.9	97.3	74.7	79.5	73.8
1894	11.2	21.8	51.4	74.2	77.8	78.0
1895	24.3	21.6	112.5	71.7	74.9	76.0
1896	28.0	21.5	130.2	74.1	78.1	78.7
1897	18.0	21.3	84.5	76.6	80.2	76.0
1898	16.0	21.2	75.5	75.0	77.7	78.2
1899	27.0	21.0	128.6	73.9	76.2	80.6
1900	19.0	20.9	90.9	74.9	77.9	81.0
1901	7.8	20.7	37.7	77.3	85.0	79.1
1902	29.9	20.6	145.1	70.9	76.8	78.2
1903	25.6	20.4	125.5	67.2	78.3	75.3
1904	20.9	20.3	103.0	70.4	75.6	74.6
1905	27.7	20.1	137.8	75.5	74.5	78.7
1906	28.9	20.0	144.5	71.8	73.8	76.3
1907	22.1	19.8	111.6	72.0	78.4	78.1
1908	22.0	19.7	111.7	72.1	75.8	76.2
1909	19.9	19.5	102.1	73.1	78.1	80.1
1910	19.0	19.4	97.9	72.2	79.5	75.7
1911	14.5	19.2	75.5	80.5	78.6	76.4
1912	23.0	19.1	120.4	69.3	79.9	77.4
1913	3.2	18.9	16.9	74.2	82.1	84.2
1914	18.5	18.8	98.4	78.2	79.9	78.2
1915	31.0	18.6	166.7	69.2	74.0	70.1
1916	10.0	18.5	54.1	70.3	81.2	79.6
1917	13.0	18.3	71.0	72.8	80.8	73.4
1918	7.1	18.2	39.0	78.4	78.3	82.3
1919	15.2	18.0	84.4	72.3	80.2	78.3
1920	26.5	17.9	148.0	72.8	77.6	72.9
1921	22.2	17.7	125.4	74.4	79.2	78.6
1922	19.3	17.6	109.7	75.2	77.0	80.1

〔註〕　上表自米爾斯之統計方法轉載。

　　玉蜀黍產量與六月溫度之偏繫聯係數為 $r_{12 \cdot 34}$，產量與七月溫度之偏繫聯係數為 $r_{13 \cdot 24}$，產量與八月溫度之偏繫聯係數為 $r_{14 \cdot 23}$。欲求此二次繫聯係數，須先求下之一次繫聯係數：

$$r_{12 \cdot 3}, \quad r_{14 \cdot 3}, \quad r_{24 \cdot 3}, \quad r_{13 \cdot 2}, \quad r_{14 \cdot 2}, \quad r_{34 \cdot 2};$$

欲求以上之一次繫聯係數，須先求以下之零次繫聯係數：

$$r_{12}, \quad r_{13}, \quad r_{23}, \quad r_{14}, \quad r_{24}, \quad r_{34}。$$

依單繫聯係數之計算，吾人得：

$$r_{12} = -0.4814$$

$$r_{13} = -0.6968$$

$$r_{23} = +0.3737$$

$$r_{14} = -0.4937$$

$$r_{24} = +0.3633$$

$$r_{34} = +0.2862$$

此諸數求得後然後依下表之方式依次計算一次繫聯係數與二次繫聯係數。

第一百二十三表　二次繫聯係數之計算

符號	繫聯係數	$(1-r^2)^{\frac{1}{2}}$	分子中之乘積	全部分子	分母	符號	繫聯係數
r_{12}	-0.4814		-0.2604	-0.2210	0.6653	$r_{12\cdot3}$	-0.3322
r_{13}	-0.6968	0.7173					
r_{23}	$+0.3737$	0.9275					
r_{14}	-0.4937		-0.1994	-0.2943	0.6873	$r_{13\cdot3}$	-0.4282
r_{13}	-0.6968	0.7173					
r_{43}	$+0.2862$	0.9582					
r_{24}	$+0.3633$		$+0.1070$	$+0.2563$	0.8887	$r_{24\cdot3}$	$+0.2884$
r_{23}	$+0.3737$	0.9275					
r_{43}	$+0.2862$	0.9582					
r_{13}	-0.6968		-0.1799	-0.5169	0.8130	$r_{13\cdot2}$	-0.6358
r_{12}	-0.4814	0.8765					
r_{32}	$+0.3737$	0.9275					
r_{14}	-0.4937		-0.1749	-0.3188	0.8166	$r_{14\cdot2}$	-0.3904
r_{12}	-0.4814	0.8765					
r_{42}	$+0.3633$	0.9317					

r_{34} r_{32} r_{42}	+0.2862 +0.3737 +0.3633	0.9275 0.9317	+0.1358	+0.1504	0.8642	$r_{34\cdot2}$	+0.1740
$r_{12\cdot3}$ $r_{14\cdot3}$ $r_{24\cdot3}$	−0.3322 −0.4282 +0.2884	0.9037 0.9575	−0.1235	−0.2087	0.8653	$r_{12\cdot34}$	−0.2412
$r_{13\cdot2}$ $r_{14\cdot2}$ $r_{34\cdot2}$	−0.6358 −0.3904 +0.1740	0.9206 0.9847	−0.0679	−0.5679	0.9065	$r_{13\cdot24}$	−0.6265
$r_{14\cdot2}$ $r_{13\cdot2}$ $r_{43\cdot2}$	−0.3904 −0.6358 +0.1740	0.7719 0.9847	−0.1106	−0.2798	0.7601	$r_{14\cdot23}$	−0.3681

上表之計算須稍加說明。茲述其程序如下：

（一）分全表爲九格，每格各分三列，上六格乃由零次繫聯係數計算一次繫聯係數，下三格乃由一次繫聯係數計算二次繫聯係數。

（二）分全表爲八行，將必須計算之六個一次繫聯係數與三個二次繫聯係數之符號記於第七行，上六格記一次係數符號，下三格記二次係數符號。

（三）計算第七行各繫聯係數所需用之低次繫聯係數分別記其符號於第一行，公式（2）之分子中第一項之低次繫聯係數記於每格之第一列，第二項之兩低次繫聯係數分別記於第二第三兩列。

（四）將已求得之零次繫聯係數塡寫於第二行之上六格。

（五）將第二行每格中第二第三兩列數值分別代入 $(1-r^2)^{\frac{1}{2}}$ 中之 r 而記其結果於第三行之第二第三兩列。

（六）將第二行每格中第二第三兩列數值相乘而記其乘積於第四行之第一列。

（七）自第二行每格中第一列數值減去第四行每格中第一列數值而

記其差於第五行之第一列。

（八）將第三行每格中第二第三兩列數值相乘而記其乘積於第六行之第一列。

（九）以第六行每格中第一列數值除第五行每格中第一列數值而記其商於第八行之第一列。

（十）將第八行中已求得之一次繫聯係數填寫於第二行之下三格，自第三行至第八行之計算與上六格同。

本 章 應 用 公 式

$$r_{12 \cdot 3} = \frac{r_{12} - r_{13} r_{23}}{(1 - r^2{}_{13})^{\frac{1}{2}} (1 - r^2{}_{23})^{\frac{1}{2}}} \qquad (1)$$

$$r_{12 \cdot 345 \cdots n} = \frac{r_{12 \cdot 345 \cdots (n-1)} - r_{1n \cdot 345 \cdots (n-1)} r_{2n \cdot 345 \cdots (n-1)}}{[1 - r^2{}_{1n \cdot 345 \cdots (n-1)}]^{\frac{1}{2}} [1 - r^2{}_{2n \cdot 345 \cdots (n-1)}]^{\frac{1}{2}}} \qquad (2)$$

第十八章　響應

第一節　響應直線

兩現象間若有一整繫聯，卽其繫聯係數之絕對值若等於一，則吾人可得以下之結論：

（一）一數列隨他一數列而變動，其變動有一定之方向。

（二）由一數列變動之數量吾人可確定他一數列變動之數量。

（三）由一數列各項之大小吾人卽可確定他一數列各項之大小。

設煤價與鑛工工資之間有一完全之正繫聯，則由煤價之增減吾人卽可推知鑛工工資之增減，由鑛工工資之增減吾人卽可推知煤價之增減，且由煤之價值或其增減之額吾人卽可推知鑛工之工資及其增減之額；反之亦然。故煤價隨鑛工工資而變，鑛工工資隨煤價而變，二者之變動如響斯應，故曰響應。煤價隨鑛工工資而變，是曰煤價對工資之響應。鑛工工資隨煤價而變，是曰工資對煤價之響應。

兩數列之各項旣有一定之關係，則此關係卽可用一方程式表示，此方程式卽名曰響應方程式。在此方程式中若 X_1 爲因變量，X_2 爲自變量，則此方程式爲 X_1 對 X_2 之響應方程式。反之若 X_2 爲因變量，X_1 爲自變量，則爲 X_2 對 X_1 之響應方程式。若 X_1 與 X_2 之間有一整繫聯，則由 X_1 對 X_2 之響應方程式可化爲 X_2 對 X_1 之響應方程式，或

由後者化爲前者。蓋自 X_1 對 X_2 之響應方程式

$$X_1 = a + bX_2,$$

可化爲

$$X_2 = -\frac{a}{b} + \frac{1}{b}X_1。$$

以上兩式中 a 爲 X_2 等於零時 X_1 之數值，$-\dfrac{a}{b}$ 爲 X_1 等於零時 X_2 之數值，b 與 $\dfrac{1}{b}$ 爲兩方程式之響應係數。

$$b \times \frac{1}{b} = 1$$

故 X_1 與 X_2 之間有一整繫聯時，X_1 對 X_2 之響應係數與 X_2 對 X_1 之響應係數相乘之積必等於一。

上所論者均指整繫聯而言。然通常 X_1 與 X_2 之間不能有此完全繫聯，故不能以 X_1 與 X_2 兩數列中任意兩數確定響應方程式。吾人在第十章中應用最小平方法確定繫聯方程式，此方程式表示 X_1 (在第十章中爲 Y) 與 X_2 (在第十章中爲 X) 之平均關係，亦即表示 X_1 對 X_2 之平均響應，故第十章之繫聯方程式即爲 X_1 對 X_2 之響應方程式，以新符號記之，其式如下：

$$\left.\begin{array}{l} x_1 = b_{12}x_2 \\ b_{12} = \dfrac{\Sigma(x_1 x_2)}{\Sigma x_2{}^2} \end{array}\right\} \tag{1}$$

x_1　　　X_1 之各項與其算術平均數之差

x_2 X_2 之各項與其算術平均數之差

b_{12} X_1 對 X_2 之響應係數

但依第十章公式(5)

$$r = \frac{\Sigma(x_1 x_2)}{n\sigma_1\sigma_2}$$

而 $$\Sigma\, x_2{}^2 = n\sigma_2{}^2$$

故 X_1 對 X_2 之響應係數亦可自繫聯係數與標準差求得，其式如下：

$$b_{12} = r\,\frac{\sigma_1}{\sigma_2}。 \tag{2}$$

b_{12} X_1 對 X_2 之響應係數。

r X_1 與 X_2 之繫聯係數。

σ_1 X_1 之標準差。

σ_2 X_2 之標準差。

吾人應用最小平方法確定 X_1 對 X_2 之響應方程式時使 X_1 之實際數值與由方程式計算而得之數值相差平方之和爲最小。故欲確定 X_2 對 X_1 之響應方程式亦須使 X_2 之實際數值與由方程式計算而得之數值相差平方之和爲最小。依最小平方法定理 X_2 對 X_1 之響應方程式當如下：

$$\left.\begin{array}{l} x_2 = b_{21}x_1 \\[2mm] b_{21} = \dfrac{\Sigma(x_1 x_2)}{\Sigma x_1{}^2} \end{array}\right\} \tag{3}$$

x_1　　X_1之各項與其算術平均數之差

x_2　　X_2之各項與其算術平均數之差

b_{21}　　X_2對 X_1 之響應係數

X_2對 X_1 之響應係數亦可自繫聯係數與標準差求得，其式如下：

$$b_{21} = r\,\frac{\sigma_2}{\sigma_1}\,。 \tag{4}$$

b_{21}　　X_2 對 X_1 之響應係數。

r　　　X_1 與 X_2 之繫聯係數。

σ_1　　X_1 之標準差。

σ_2　　X_2 之標準差。

表示響應方程式之直線名曰響應直線。X_1 對 X_2 之響應直線通常與 X_2 對 X_1 之響應直線不同，但若 r 等於一，則兩直線合而爲一。蓋

若 $r=1$，

則　　　$b_{12}b_{21} = \dfrac{\sigma_1}{\sigma_2} \times \dfrac{\sigma_2}{\sigma_1} = 1\,。$

故可由 X_1 對 X_2 之響應方程式化爲 X_2 對 X_1 之響應方程式，亦可由後者化爲前者。換言之，實際上祇有一方程式，故響應直線亦祇有表示此方程式之一直線。

繫聯係數亦可自響應係數求得，其公式如下：

$$r = \sqrt{b_{12}b_{21}}\,。 \tag{5}$$

r　　繫聯係數。

b_{12}　　X_1對 X_2 之響應係數。

b_{21}　　X_2對 X_1 之響應係數。

公式(5)中之數字 1 與 2 互易 r 之數值不變,故 X_1 與 X_2 不論何者爲自變量,何者爲因變量,其繫聯係數常相等,換言之,卽 r_{12} 與 r_{21} 相等。

最初研究響應直線與響應方程式者爲生物學家葛爾登。葛氏研究父子身長之關係,發見兒子與一族平均高度之差小於其父親;換言之,若其祖若父之高度在平均高度之上或下,則其子若孫之高度必將回歸至平均高度。故表示此兩變量間平均關係之直線,葛氏卽名之曰回歸直線,而其方程式卽名之曰回歸方程式。我國統計學書中尙多沿用此名。惟當代統計學中響應直線之應用及其意義與葛氏初發見時迥異,故回歸二字實已不復適用。民國二十二年中國統計學社社務會議有鑒於此,故於討論統計譯名時改回歸爲回應,回應二字能將響應之義表出,因遠勝於回歸二字,然於應字之上仍冠以回字,究未能完全脫離葛氏定名之束縛,故余擬改爲響應。吾人在下章將討論響應在商情預測中之應用,響應二字之意義益加明顯。能響應故能預測,名不正則言不順,區區之意卽在於斯。

茲據第七十一表之結果以計算 X_1 對 X_2 之響應係數與 X_2 對 X_1 之響應係數(第七十一表中之 Y 卽爲 X_1,其中之 X 卽爲 X_2)。

$$\Sigma(x_1 x_2) = 40757.91$$

$$\Sigma x_1^2 = 47200.87$$

$$\Sigma x_2^2 = 37376.63$$

代入公式(1)則得：

$$b_{12} = \frac{40757.91}{37376.63} = 1.090$$

代入公式(3)則得：

$$b_{21} = \frac{40757.91}{47200.87} = 0.863$$

故　X_1　對　X_2　之響應方程式爲：

$$x_1 = 1.090x_2$$

X_2　對　X_1　之響應方程式爲：

$$x_2 = 0.863x_1$$

下圖(第三十七圖)中之直線　L_1　爲　X_1　對　X_2　之響應直線，L_2　爲　X_2　對　X_1　之響應直線。

$$r^2 = 1.090 \times 0.863 = 0.94067$$

$$r\cdot = 0.97$$

與前所得之結果相同。

公式(1)與公式(3)中之　x_1　與　x_2　均指各項與其算術平均數之差，即：

$$X_1 - \bar{x}_1 = x_1$$

$$X_2 - \bar{x}_2 = x_2$$

故響應方程式可改作下式：

$$X_1 - \bar{x}_1 = b_{12}(X_2 - \bar{x}_2) \tag{6}$$

$$X_2 - \bar{x}_2 = b_{21}(X_1 - \bar{x}_1) \tag{7}$$

　　X_1　　　　　X_1 數列之各項。

第三十七圖　響應直線

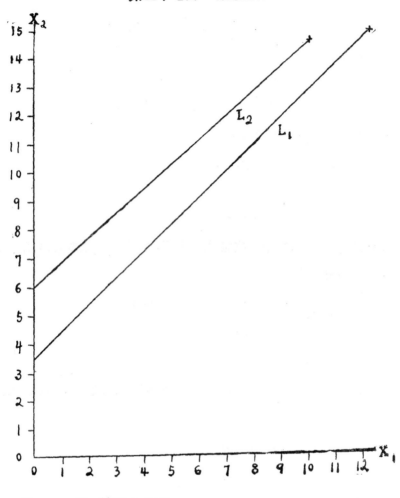

X₂　　　X₂ 數列之各項。

x̄₁　　　X₁ 數列之算術平均數。

x̄₂　　　X₂ 數列之算術平均數。

b₁₂　　　X₁ 對 X₂ 之響應係數。

b_{21}　　　X_2 對 X_1 之響應係數。

第二節　偏響應係數與複繫聯係數

兩變量之繫聯係數與兩變量之響應係數其間有密切之關係，上節已言之矣，本節所論乃就兩個以上變量之繫聯與響應而言。吾人在第十七章已就玉蜀黍之產量與六七八三個月之平均溫度而計算三種偏繫聯係數，吾人現將進而討論玉蜀黍之產量與六七八三個月溫度之響應方程式。此方程式中有因變量一自變量三，據此方程式則已知三自變量之數值便可確定因變量之數值也。

若因變量與三自變量之間各有直線關係，則其響應方程式可書之如下：

$$X_1 = a + b_{12\cdot34}X_2 + b_{13\cdot24}X_3 + b_{14\cdot23}X_4 \qquad (8)$$

上式中 X_1 爲因變量，X_2, X_3 與 X_4 爲自變量，a 爲三自變量均等於零時因變量之數值，$b_{12\cdot34}$，$b_{13\cdot24}$ 與 $b_{14\cdot23}$ 名曰偏響應係數，$b_{12\cdot34}$ 爲 X_1 對 X_2 之偏響應係數，$b_{13\cdot24}$ 爲 X_1 對 X_3 之偏響應係數，$b_{14\cdot23}$ 爲 X_1 對 X_4 之偏響應係數，後部數字仍指暫時假定不變之變量，故 $b_{12\cdot34}$ 即假定 X_3 與 X_4 暫時不變 X_1 對 X_2 之偏響應係數也。

依最小平方法定理得 $a, b_{12\cdot34}, b_{13\cdot24}$ 與 $b_{14\cdot23}$ 之數值如下：

$$b_{12\cdot34} = \frac{\Delta_{12\cdot34}}{\Delta}$$

$$b_{13\cdot24} = \frac{\Delta_{13\cdot24}}{\Delta}$$

$$b_{14 \cdot 23} = \frac{\Delta_{14 \cdot 23}}{\Delta}$$

$$\Delta = \sigma_2^2 \sigma_3^2 \sigma_4^2 + 2p_{23}p_{34}p_{24} - \sigma_3^2 p_{24}^2 - \sigma_2^2 p_{34}^2$$
$$- \sigma_4^2 p_{23}^2$$

$$\Delta_{12 \cdot 34} = \sigma_3^2 \sigma_4^2 p_{12} + p_{23}p_{34}p_{14} + p_{24}p_{13}p_{34}$$
$$- \sigma_3^2 p_{14}p_{24} - p_{12}p_{34}^2 - \sigma_4^2 p_{13}p_{23}$$

$$\Delta_{13 \cdot 24} = \sigma_2^2 \sigma_4^2 p_{13} + p_{12}p_{34}p_{24} + p_{24}p_{23}p_{14}$$
$$- p_{13}p_{24}^2 - \sigma_2^2 p_{34}p_{14} - \sigma_4^2 p_{23}p_{12}$$

$$\Delta_{14 \cdot 23} = \sigma_2^2 \sigma_3^2 p_{14} + p_{23}p_{13}p_{24} + p_{12}p_{23}p_{34}$$
$$- \sigma_3^2 p_{12}p_{24} - \sigma_2^2 p_{13}p_{34} - p_{14}p_{\cdot 3}^2$$

（證明參看附錄甲35）

$$a = \bar{x}_1 - \bar{x}_2 b_{12 \cdot 34} - \bar{x}_3 b_{13 \cdot 24} - \bar{x}_4 b_{14 \cdot 23}$$

$$\left.\right\} \quad (9)$$

上式中 σ_2, σ_3 與 σ_4 爲 X_2, X_3 與 X_4 之標準差，p_{12} 爲 x_1（X_1 之各項與其算術平均數之差）與 x_2（X_2 之各項與其算術平均數之差）各乘積之平均數，卽

$$p_{12} = \frac{\Sigma(x_1 x_2)}{n}$$

同理

$$p_{13} = \frac{\Sigma(x_1 x_3)}{n}$$

$$p_{14} = \frac{\Sigma(x_1 x_4)}{n}$$

$$p_{23} = \frac{\Sigma(x_2 x_3)}{n}$$

$$p_{24} = \frac{\Sigma(x_2 x_4)}{n}$$

$$p_{34} = \frac{\Sigma(x_3 x_4)}{n}$$

x_1　　X_1 之各項與其算術平均數 $\bar{x}_1$ 之差

x_2　　X_2 之各項與其算術平均數 $\bar{x}_2$ 之差

x_3　　X_3 之各項與其算術平均數 $\bar{x}_3$ 之差

x_4　　X_4 之各項與其算術平均數 $\bar{x}_4$ 之差

n　　項數

　　茲就第一百廿二表中玉蜀黍之產量與六七八三個月之平均溫度而求響應方程式如下：

$\Sigma X_1 = 3298.1$　　　$\Sigma X_1{}^2 = 368846.67$

$\Sigma X_2 = 2426.9$　　　$\Sigma X_2{}^2 = 178755.75$

$\Sigma X_3 = 2581.5$　　　$\Sigma X_3{}^2 = 202163.79$

$\Sigma X_4 = 2553.8$　　　$\Sigma X_4{}^2 = 197890.32$

$\Sigma(X_1 X_2) = 240967.22$

$\Sigma(X_1 X_3) = 255954.11$

$\Sigma(X_1 X_4) = 253664.85$

$\Sigma(X_2 X_3) = 189941.83$

$\Sigma(X_2 X_4) = 187909.38$

$\Sigma(X_3 X_4) = 199845.00$

$\bar{x}_1 = 99.9424$　　　$\bar{x}_1{}^2 = 9988.4833$

$\bar{x}_2 = 73.5424$　　　$\bar{x}_2{}^2 = 5408.4846$

$\bar{x}_3 = 78.2273$　　　$\bar{x}_3{}^2 = 6119.5105$

$$\bar{x}_4 = 77.3879 \qquad \bar{x}_4{}^2 = 5988.8871$$

$$\sigma_1{}^2 = \frac{\Sigma X_1{}^2}{n} - \bar{x}_1{}^2 = 1188.688$$

$$\sigma_2{}^2 = 8.3564$$

$$\sigma_3{}^2 = 6.6645$$

$$\sigma_4{}^2 = 7.7893$$

$$p_{12} = \frac{\Sigma(X_1 X_2)}{n} - \bar{x}_1 \bar{x}_2 = -47.967$$

$$p_{13} = -62.039$$

$$p_{14} = -47.519$$

$$p_{23} = 2.790$$

$$p_{24} = 2.932$$

$$p_{34} = 2.063$$

以此數值代入公式（9）則得：

$$\Delta = 8.3564 \times 6.6645 \times 7.7893 + 2 \times 2.79 \times 2.063 \times 2.932$$
$$- 6.6645 \times 2.932^2 - 8.3564 \times 2.063^2 - 7.7893 \times 2.79^2$$
$$= 314.058$$

$$\Delta_{12 \cdot 34} = 6.6645 \times 7.7893 \times (-47.967)$$
$$+ 2.79 \times 2.063 \times (-47.519)$$
$$+ 2.932 \times (-62.039) \times 2.063$$
$$- 6.6645 \times (-47.519) \times 2.932$$
$$- (-47.967) \times 2.063^2 - 7.7893 \times (-62.039) \times 2.79$$
$$= -657.894$$

$$\Delta_{13\cdot24}=8.3564 \times 7.7893 \times (-62.039)+(-47.967) \times 2.063$$

$$\times 2.932$$

$$+2.932 \times 2.79 \times (-47.519)-(-62.039) \times 2.932^2$$

$$-8.3564 \times 2.063 \times (-47.519)-7.7893 \times 2.79$$

$$\times (-47.967)$$

$$=-2322.028$$

$$\Delta_{14\cdot23}=8.3564 \times 6.6645 \times (-47.519)+2.79 \times (-62.039)$$

$$\times 2.932$$

$$+(-47.967) \times 2.79 \times 2.063-6.6645 \times (-47.967)$$

$$\times 2.932-8.3564 \times (-62.039) \times 2.063-(-47.519)$$

$$\times 2.79^2=-1053.304$$

$$b_{12\cdot34}=\frac{-657.894}{314.058}=-2.095$$

$$b_{13\cdot24}=\frac{-2322.028}{314.058}=-7.394$$

$$b_{14\cdot23}=\frac{-1053.304}{314.058}=-3.354$$

$$a=99.9424+73.5424 \times 2.095+78.2273 \times 7.394 + 77.3879$$

$$\times 3.354=1091.99$$

故得響應方程式如下：

$$X_1=1091.99-2.095\,X_2-7.394\,X_3-3.354\,X_4$$

或　　$$x_1=-2.095\,x_2-7.394\,x_3-3.354x_4$$

X_1,X_2,X_3 與 X_4 爲四數列中之各項，而 x_1,x_2,x_3 與 x_4 則爲各項

與其算術平均數之差也。

　　欲確定響應方程式之價值,須計算其標準誤。X_1 對X_2, X_3 與 X_4 之標準誤以 $S_{1 \cdot 234}$ 表示,前部數字表示因變量, 後部數字表示自變量,$S_{1 \cdot 234}$ 之數值可自下列公式求得:

$$S_{1 \cdot 234}{}^2 = \sigma_1{}^2 - b_{12 \cdot 34}p_{12} - b_{13 \cdot 24}p_{13} - b_{14 \cdot 23}p_{14} \tag{10}$$

(證明參看附錄甲35)

$S_{1 \cdot 234}$　　X_1 對X_2, X_3 與 X_4 之標準誤。

σ_1　　　X_1 之標準差。

$b_{12 \cdot 34}$　　X_1 對 X_2 之偏響應係數。

$b_{13 \cdot 24}$　　X_1 對 X_3 之偏響應係數。

$b_{14 \cdot 23}$　　X_1 對 X_4 之偏響應係數。

$$p_{12} = \frac{\Sigma(x_1 x_2)}{n}$$

$$p_{13} = \frac{\Sigma(x_1 x_3)}{n}$$

$$p_{14} = \frac{\Sigma(x_1 x_4)}{n}$$

x_1, x_2, x_3, x_4　　　四數列中各項與算術平均數之差。

　　n　　　　　項數。

以求得各數值代入公式(10)則得:

$$S_{1 \cdot 234}{}^2 = 1188.688 - 2.095 \times 47.967 - 7.394 \times 62.039 - 3.354$$

$$\times 47.519 = 470.1020$$

$$S_{1 \cdot 234} = 21.68$$

　　兩變量之繫聯係數愈大則其響應方程式愈可靠。兩個以上變量之響應方程式之可靠程度亦可用一種繫聯係數測定，此種係數名曰複繫聯係數。複繫聯係數與標準誤之關係如下：

$$R_{1\cdot234}^2 = 1 - \frac{S_{1\cdot234}^2}{\sigma_1^2} \tag{11}$$

$R_{1\cdot234}$　　X_1 對 X_2, X_3 與 X_4 之複繫聯係數

$S_{1\cdot234}$　　X_1 對 X_2, X_3 與 X_4 之標準誤

σ_1　　　　X_1 之標準差

以 $S_{1\cdot234}$ 之數值代入公式(11)則得：

$$R_{1\cdot234}^2 = \frac{b_{12\cdot34}p_{12} + b_{13\cdot24}p_{13} + b_{14\cdot23}p_{14}}{\sigma_1^2} \tag{12}$$

以上例中之數值代入則得：

$$R_{1\cdot234} = 0.778$$

　　r 有正負之別而 R 則否。在本例中因 $r_{12\cdot34}$, $r_{13\cdot24}$ 與 $r_{14\cdot23}$（參看第一百廿三表）均為負數，故可冠以負號，但有時諸偏繫聯中正負均有，則複繫聯之符號即無由確定，故 R 之前常不置符號。

　　上所論者係三個自變量之響應方程式，若自變量祇有二個，則其計算甚為簡捷。其公式如下：

$$\left.\begin{array}{l} x_1 = b_{12\cdot3}x_2 + b_{13\cdot2}x_3 \\[2mm] b_{12\cdot3} = \dfrac{\sigma_3^2 p_{12} - p_{13}p_{23}}{\sigma_2^2\sigma_3^2 - p_{23}^2} \\[3mm] b_{13\cdot2} = \dfrac{\sigma_2^2 p_{13} - p_{12}p_{23}}{\sigma_2^2\sigma_3^2 - p_{23}^2} \end{array}\right\} \tag{13}（證明參看附錄甲35）$$

x_1　　　X_1 之各項與其算術平均數之差。

x_2　　　X_2 之各項與其算術平均數之差。

x_3　　　X_3 之各項與其算術平均數之差。

$b_{12 \cdot 3}$　　X_1 對 X_2 之偏響應係數。

$b_{13 \cdot 2}$　　X_1 對 X_3 之偏響應係數。

σ_2　　　X_2 之標準差。

σ_3　　　X_3 之標準差。

$$p_{12} = \frac{\Sigma(x_1 x_2)}{n}。$$

$$p_{13} = \frac{\Sigma(x_1 x_3)}{n}。$$

$$p_{23} = \frac{\Sigma(x_2 x_3)}{n}。$$

n　項數。

標準誤與複繫聯係數則可自下列公式求得:

$$S_{1 \cdot 23}^2 = \sigma_1^2 - b_{12 \cdot 3} p_{12} - b_{13 \cdot 2} p_{13} \quad (14) (證明參看附錄甲35)$$

$$R_{1 \cdot 23}^2 = \frac{b_{12 \cdot 3} p_{12} + b_{13 \cdot 2} p_{13}}{\sigma_1^2} \quad\quad\quad (15)$$

$S_{1 \cdot 23}$　　X_1 對 X_2 與 X_3 之標準誤

$R_{1 \cdot 23}$　　X_1 對 X_2 與 X_3 之複繫聯係數

σ_1　　　X_1 之標準差

其他符號與公式(13)同。

吾人在第一節中已知繫聯係數 r 可自響應係數 b_{12} 與 b_{21} 求得,

此項關係可推及於偏繫聯係數與偏響應係數，其一般公式如下：

$$r_{12 \cdot 3456 \cdots n} = \sqrt{b_{12 \cdot 3456 \cdots n} b_{21 \cdot 3456 \cdots n}} \tag{16}$$

$r_{12 \cdot 3456 \cdots n}$　　　X_1對X_2之偏繫聯係數。

$b_{12 \cdot 3456 \cdots n}$　　　X_1對X_2之偏響應係數。

$b_{21 \cdot 3456 \cdots n}$　　　X_2對X_1之偏響應係數。

公式(16)中之數字 1 與 2 互易後 r 之數值不變，故 X_1 與 X_2 不論何者爲因變量，何者爲自變量，其偏繫聯係數相等，卽

$$r_{12 \cdot 3456 \cdots n} = r_{21 \cdot 3456 \cdots n}$$

本 章 應 用 公 式

$$\left. \begin{aligned} x_1 &= b_{12} x_2 \\ b_{12} &= \frac{\Sigma(x_1 x_2)}{\Sigma x_2^2} \end{aligned} \right\} \tag{1}$$

$$b_{12} = r \frac{\sigma_1}{\sigma_2} \tag{2}$$

$$\left. \begin{aligned} x_2 &= b_{21} x_1 \\ b_{21} &= \frac{\Sigma(x_1 x_2)}{\Sigma x_1^2} \end{aligned} \right\} \tag{3}$$

$$b_{21} = r \frac{\sigma_2}{\sigma_1} \tag{4}$$

$$r = \sqrt{b_{12} b_{21}} \tag{5}$$

$$X_1 - \bar{x}_1 = b_{12}(X_2 - \bar{x}_2) \tag{6}$$

$$X_2 - \bar{x}_2 = b_{21}(X_1 - \bar{x}_1) \tag{7}$$

$$X_1 = a + b_{12 \cdot 34} X_2 + b_{13 \cdot 24} X_3 + b_{14 \cdot 23} X_4 \tag{8}$$

$$b_{12 \cdot 34} = \frac{\Delta_{12 \cdot 34}}{\Delta}$$

$$b_{13 \cdot 24} = \frac{\Delta_{13 \cdot 24}}{\Delta}$$

$$b_{14 \cdot 23} = \frac{\Delta_{14 \cdot 23}}{\Delta}$$

$$\Delta = \sigma_2{}^2\sigma_3{}^2\sigma_4{}^2 + 2p_{23}p_{34}p_{24} - \sigma_3{}^2p_{24}{}^2 - \sigma_2{}^2p_{34}{}^2$$
$$\qquad - \sigma_4{}^2p_{23}{}^2$$

$$\Delta_{12 \cdot 34} = \sigma_3{}^2\sigma_4{}^2p_{12} + p_{23}p_{34}p_{14} + p_{24}p_{13}p_{34} - \sigma_3{}^2p_{14}p_{24}$$
$$\qquad - p_{12}p_{34}{}^2 - \sigma_4{}^2p_{13}p_{23}$$

$$\Delta_{13 \cdot 24} = \sigma_2{}^2\sigma_4{}^2p_{13} + p_{12}p_{34}p_{24} + p_{24}p_{23}p_{14} - p_{13}p_{24}{}^2$$
$$\qquad - \sigma_2{}^2p_{34}p_{14} - \sigma_4{}^2p_{23}p_{12}$$

$$\Delta_{14 \cdot 23} = \sigma_2{}^2\sigma_3{}^2p_{14} + p_{23}p_{13}p_{24} + p_{12}p_{23}p_{34} - \sigma_3{}^2p_{12}p_{24}$$
$$\qquad - \sigma_2{}^2p_{13}p_{34} - p_{14}p_{23}{}^2$$

$$a = \bar{x}_1 - \bar{x}_2 b_{12 \cdot 34} - \bar{x}_3 b_{13 \cdot 24} - \bar{x}_4 b_{14 \cdot 23}$$

$$\left. \right\} \quad (9)$$

$$S^2{}_{1 \cdot 234} = \sigma_1{}^2 - b_{12 \cdot 34}p_{12} - b_{13 \cdot 24}p_{13} - b_{14 \cdot 23}p_{14} \qquad (10)$$

$$R^2{}_{1 \cdot 234} = 1 - \frac{S^2{}_{1 \cdot 234}}{\sigma_1{}^2} \qquad (11)$$

$$R^2{}_{1 \cdot 234} = \frac{b_{12 \cdot 34}p_{12} + b_{13 \cdot 24}p_{13} + b_{14 \cdot 23}p_{14}}{\sigma_1{}^2} \qquad (12)$$

$$\left. \begin{array}{l} x_1 = b_{12 \cdot 3}x_2 + b_{13 \cdot 2}x_3 \\[2mm] b_{12 \cdot 3} = \dfrac{\sigma_3{}^2 p_{12} - p_{13}p_{23}}{\sigma_2{}^2\sigma_3{}^2 - p_{23}{}^2} \\[4mm] b_{13 \cdot 2} = \dfrac{\sigma_2{}^2 p_{13} - p_{12}p_{23}}{\sigma_2{}^2\sigma_3{}^2 - p_{23}{}^2} \end{array} \right\} \qquad (13)$$

$$S^2_{1\cdot23} = \sigma_1{}^2 - b_{12\cdot3}p_{12} - b_{13\cdot2}p_{13} \tag{14}$$

$$R^2_{1\cdot23} = \frac{b_{12\cdot3}p_{12} + b_{13\cdot2}p_{13}}{\sigma_1{}^2} \tag{15}$$

$$r_{12\cdot3456\cdots n} = \sqrt{b_{12\cdot3456\cdots n}\,b_{21\cdot3456\cdots n}} \tag{16}$$

第十九章 商情預測

第一節 商情預測之意義及其方法

商情預測者，就已往之統計預測未來變化之法也。世間現象雖千變萬化，然經濟連鎖各現象間常有相互之關係，其升降起伏或有時間之先後；苟能循其變動之跡而察其已往之關係，則可用先引數列之變動預測落後數列之變動，雖不中不遠矣。

商情預測爲統計學中最重要方法之一，或竟可稱爲統計學之冠冕。吾人研究科學不特爲求知，且欲支配吾人所研究之現象，而最能表現此支配能力者即爲預測。統計學中預測之成效雖較遜於理化中之預測，然經驗與事實已證明其可能性。雖然，學者中仍有持懷疑之態度者，反對商情預測之主要理由約有三點。茲先列舉於下，然後討論其是非。

(一)自然現象與經濟現象有一極大異點，卽前者與人慾無關而後者則至少受其一大部影響；故前者之變動循一定不變之規律，而支配人類現象之規律則不能固定而不變。吾人在人類現象中所發見之常態，當然不能如自然現象無絲毫之變動，人類事實無一能與他一事實完全相似，蓋在經過時期內已受新因子之影響故也。尤其在商情預測中常有影響於預測事實之新因子，此新因子非他，卽預測自己是也。故預測卽爲變動原因之一。預測之事實常因人之預測而其出現不能悉如預測，或竟

因此預測而絕不出現。使人能於一九一四年之初預測歐戰之爆發，則歐戰或竟可避免；卽不幸而不能避免，其時期之久暫與戰爭之經過亦必與吾人所經歷之歐戰迥異；此無他，預測影響於所測事實之變動故也。

(二)經濟現象變動之原因甚多，換言之，卽有許多自變量影響於一因變量之變動。吾人雖可應用響應方程式預測此因變量之變動，然所含自變量太多，計算太繁，事實上實爲不可能。

(三)統計預測根據數字上之關係。吾人分析之結果雖能確定一統計常態，但此常態祇能描寫過去，非謂未來之事實亦必將循此常態而變動也。

以上三點爲反對論者之主要理由。然據吾人見解，此三大理由均不足爲預測之病。第一理由且可藉此反證預測之效用。何則？歐戰之爆發苟因預測而能避免，是乃預測之效用而非預測之無能。生產者若因生產過剩之預測減少其生產而使生產不致過剩，是亦預測之效用而非預測之無能。預測之事實果不利於吾人，則預測之目的原欲設法避免而冀其不至。衞生家預測瘟疫之將至，原欲預籌防疫之法以免瘟疫之流行，故預測之言不驗，有時卽可反證預測之價值及其必要。至於人類之慾望志願與行爲固能影響於經濟現象之變動，然大部統計預測係指集合事實而言，故支配現象之規律不易避免，保險公司之能預測人口死亡率與火災率卽其例也。以上所論係就第一點而言，茲請進而討論第二點。經濟現象變動之原動力雖有種種，然就二個，三個或四個自變量預測因變量之變動，所得之結果已與事實相差無幾。統計預測本非謂未來事實必與預測事實完全一致，然根據少數主要自變量預測經濟現象之近似變動，

固爲吾人能力之所及。至於第三點亦不難答辯。吾人根據已往事實預測未來事實，本當有所保留。所謂保留卽假定未來之環境與過去環境相同之謂也。例如吾人根據已往之火災可預測未來之火災，然此預測必先假定未來之房屋建築與防火設備與以前相同。上海天文臺預測颶風若不改變方向必將經過上海，是天文臺之預測亦有所保留也。統計預測亦然。至於諸現象間之因果關係雖不能得之於統計數字，然苟能利用嚴密之經濟分析，則其間因果關係亦不難確定。僅憑統計數字之關係而誤測經濟現象之變動，雖不能謂爲必無，然此乃預測者之無能而非預測方法之無能也。

　　預測經濟變動之方法有二：一曰經濟法，一曰統計法。前者先觀察事實漸推及現象之原因，然後就已得之原因分析其現在之狀況而推測未來之結果。後者則就統計數字研究諸現象間之繫聯響應，或就曲線之升降起伏研究諸現象盛衰時期之先後而推測未來之結果。經濟法依現象之原因推測未來之事實，故能知研究現象之確實變動；惟所謂現象之原因無客觀之標準，經濟學家預測之根據乃其對於現象原因之意見；故預測之結果隨預測者之主觀而異。社會主義者與資本主義者對於經濟恐慌之原因各有絕不相同之見解，憑各人之主觀預測未來之經濟恐慌，其結果必不相同，此則經濟法之缺點也。統計法雖不能確定原因，然因不爲預測者主觀所蔽，故其結果常較勝於經濟法。有時亦可兼用經濟分析以補統計法之不足。

　　統計學中預測商情之方法甚多。研究現象之長期趨勢，季節變動與循環變動均可用作預測之根據。惟較完善之預測方法則必先詳察諸現

象在過去之關係然後預測未來之結果，其最著者有哈佛法與響應法二種。茲分別詳論於以下二節。

第二節　哈佛法

哈佛法爲美國哈佛大學經濟研究委員會所創，其預測之根據爲各種經濟現象變動方向與關係，預測方法及其結果曾詳載於經濟統計雜誌（哈佛大學季刊1919年初次發行）。其主要目的乃欲探討處理商業統計之方法，使能確定各項之重要程度，指示現在狀況，並於可能範圍內預測最近將來之趨勢。

委員會選取時間數列中之最可靠而最重要者，先用統計方法消除各數列之長期趨勢及其季節變動。再以標準差除之，然後比較各數列之變動。比較之結果發見各數列之極大值與極小值相隔之時期幾相等，但極大值與極小值出現之時日則未能盡同，各數列中有同時變動者，有先後變動者。故依委員會之分析，各數列得就其變動先後之次序分爲三大類。

第一爲與投機有關之各數列：若十種鐵路債券之平均價，工業股票之平均價，紐約之票據交換額等不論向上或向下常在首先變動之列，是爲投機類。其次爲工商業有關之各數列：若生鐵之生產，躉售物價等其變動常在投機類各數列之後，是爲商業類。至於與銀行金融有關之各數列：若紐約銀行之貼現率，放款利率，存款利率等則變動最後，是爲金融類。各類數列雖同受商業循環之影響而變動，然其變動非絕對同時，故依前引數列之變動即可預測落後數列之變動，此即哈佛大學經濟研究委員

會之重要貢獻也。

　　將上述三大類中各數列之指數平均而繪之於圖，則得曲線三，是曰組合曲線。投機類之組合曲線名曰曲線Ａ，商業類之組合曲線名曰曲線Ｂ，金融類之組合曲線名曰曲線Ｃ。1923年五月以前各組合曲線由下列諸數列組成：

　　Ａ．　投機類：

　　　1．　紐約銀行票據交換額。

　　　2．　紐約證券交易所成交股數。

　　　3．　工業股票之市價。

　　Ｂ．　商業類：

　　　1．　紐約以外各地銀行票據交換額。

　　　2．　勃拉特斯脫里蘦售物價指數。

　　Ｃ．　金融類：

　　　1．　四月至六月期商業票據之貼現率。

　　　2．　六十日至九十日商業票據之貼現率。

　　紐約證券交易所成交股數之變動太無規則，故經1923年五月修正以後曲線Ａ已將此數列刪除，其他數列亦略有修正。此次修正以後各組合曲線由下列諸數列組成：

　　Ａ．　投機類：

　　　1．　紐約市各銀行往來帳之支取額。

　　　2　　工業股票之市價。

　　Ｂ．　商業類：

1.　紐約市以外一百四十大城銀行往來帳之支取額。

2.　十種變動靈敏商品之物價指數。

C.　金融類：

1.　四月至六月期商業票據之貼現率。

2.　六十日至九十日商業票據之貼現率。

曲線A首先變動，故曲線A實爲其他兩曲線變動之指標。當A開始下降卽交易所中股票開始跌價之時，吾人卽可預測恐慌之將至。反之，當A開始上升卽股票開始漲價之時，吾人卽可預測繁榮之將至。據哈佛大學經濟研究委員會研究 1903–1914 年之循環變動所得之結果，經濟循環得分爲下列五大時期：

(一)衰落期：　A開始上升，B與C繼續下降。

(二)復興期：　A繼續上升，B開始上升，C至期末開始上升。

(三)興盛期：　A略再上升，但不久卽停止前進，B與C繼續上升。

(四)緊張期：　A下降，B上升甚少，C上升甚多。

(五)恐慌期：　A達到極小值，B開始下降，C達到極大值。

據哈佛委員會之意見，吾人須研究ＡＢＣ三曲線之整個關係。曲線A固能預測曲線B，而曲線C亦能預測曲線A。蓋三曲線之次序爲ABC ABC ABC……，依次連續而無終止。故若C已下降，則吾人可預測一新循環不久卽將開始而A卽將上升。但僅知C之下降，吾人猶未能斷定A之上升時期。據潘蓀教授在經濟統計雜誌(1926 年一月)中所發表之意見，由曲線C預測曲線A時吾人不可僅僅注意曲線C之下降與下期曲線A之上升在圖上相隔之橫的距離，吾人亦須研究曲線C自極小

值上升或自極大值下降之縱的距離，必如是吾人方能預測曲線 A 變動
方向之時期。設當工商業衰落之時貼現率已自其極大值跌下 1¼%，則
吾人卽可推知曲線 A 不久卽將上升或正在上升。反之，若貼現率已自其
極小值上漲 1¼%，則吾人卽可推知曲線 A 不久卽將下降或正在下降。
故若投機者在貼現率跌下 1¼%（自其極大值）時購入股票而於貼現率
上漲 1¼%（自其極小值）時重行售出，則必能獲利，蓋其購入之價幾爲
最低之價而其售出之價幾爲最高之價也。惟此關係哈佛委員會僅能證
實於 1884 年至 1913 年之時期中，當其發見之時此關係已不復生效。

第三十八圖　　哈佛委員會之三組合曲線

（1921 年至 1927 年）

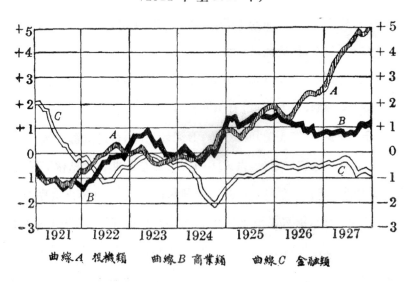

曲線A 投機類　　曲線B 商業類　　曲線C 金融類

　　自一九二九年大恐慌以後，三曲線均趨下流，直至一九三三年春間
爲止。其三曲線編製方法，一九三二年又有一度之修正。目下辦法，投機

曲線用紐約證券交易所列名之一切股票市價，商業曲線用紐約市以外二百四十一大城之銀行往來賬支取額，金融曲線則用短期利率，單位仍為標準差。

第三節　響應法

響應法者，根據自變量之變動應用響應方程式預測因變量變動之方法也。哈佛法預測之根據為各種經濟現象變動方向之關係，響應法則以其數量大小之關係為預測之根據。哈佛法祇能示吾人以變動之方向，響應法則於變動方向外且能示吾人以變動之範圍。故後者實較前者為優。近年美國農業預測常應用響應法預測農產物之產量及其價格，所得結果往往與事實相去無幾，誠商情預測中最有效之方法也。

雖然，響應方程式非均能為預測之根據。方程式中之因變量與自變量若同時變動，則知自變量即知因變量，不知因變量即亦不知自變量，故無預測之必要與可能。欲使響應方程式能為預測之根據，自變量之變動必須在因變量變動之前，必若是然後能就自變量之變動預測因變量之變動。例如溫度與雨量之變動在先，米麥產量之變動在後，故由溫度與雨量可用響應法預測米麥產量；米麥產量之變動在先，米麥價格之變動在後，故由米麥產量可用響應法預測米麥價格。預測之結果自不能悉如事實，繫聯係數愈大則所得結果愈近事實，故亦不可不計算繫聯係數。

馬爾教授為首先應用響應法者之一人。馬氏在其所著之經濟循環與棉花產量及其價格之預測二書中屢用響應方程式為預測之工具。均收顯著之成效，而於棉花產量之預測為尤著。美國為產棉之國，故甚重視棉花之生產。每年農業部就植棉狀況而作棉產之預測，[註] 各產棉區

域均派視察員前往調查,年需調查費甚巨;然農業部之預測盡不如馬氏
應用響應法所得之結果,響應法之價值於此可見。

　[註]　農業部之預測方法,見拙作統計新論。

　　馬氏依據玉蜀黍之產量推算其價格得響應方程式如下;

$$y = 7.8 - 0.89x$$

　　上式中 x 爲玉蜀黍產量增加百分比,y 爲玉蜀黍價格增加百分比。
馬氏又計算 x 與 y 之繫聯係數得:

$$r = -0.79$$

　　例如 1911 年美國玉蜀黍產量爲 2,531 百萬嘝, 1911 年十二月
一日玉蜀黍價格爲 0.618 元; 1912 年產量爲 3,125 百萬嘝, 依響應
方程式預測 1912 年十二月一日之價格則得:

$$\frac{3125 - 2531}{2531} = \frac{594}{2531} = 23\ 47\%$$

$$y = 7.8 - 0.89 \times 23.47 = -13.09$$

$$0.618 \times \frac{100 - 13.09}{100} = 0.618 \times \frac{86.91}{100} = 0.537 \ 元$$

　　故 1912 年十二月一日玉蜀黍之預測價格爲 0.537 元, 與其實在
價格(0.487 元)僅差 5 分。

　　馬爾教授在其棉花產量預測中選取溫度與雨量爲自變量,棉花產
量爲因變量,故其響應方程式爲三元方程式。馬氏先將溫度,雨量與產
量化作百分比(每年對前三年平均數之百分比)。例如 1892-1893-1894
年之平均產量爲每嘝 150 磅, 1895 年之產量爲 152 磅,則 189? 年
之數字爲 $\frac{152}{150}$ 即 101.3%

馬氏選取 1892—1914 年爲研究時期．讌查區域僅限於較重要之產棉區域。

馬氏計算每噉產量與六月溫度之繫聯係數得 $r = +0.55$，故知棉花在六月所需之溫度爲高溫度。馬氏又計算每噉產量與五月雨量之繫聯係數得 $r = -0.41$，故又知五月之雨有害於棉之收穫。換言之，棉花需要乾燥之五月與炎熱之六月。

馬氏分析之結果得響應方程式如下：

$$x_0 = -95.12 - 45x_1 + 2.033x_2$$

上式中 x_0 爲每噉產量。x_1 爲五月之雨量，x_2 爲六月之溫度（應用公式時 x_0, x_1 與 x_2 均須依上法化作百分比），複繫聯係數爲 0.58。

馬氏欲改善其響應方程式，又取八月之溫度作爲第三自變量，得複繫聯係數 0.73，較前增加　惟此預測須俟諸八月之末，距收穫期已不遠．不能在早期應用。

馬氏在六月所得之結果與農業部在九月所作之預測報告略同。至馬氏在八月所得之結果，則遠勝農業部之九月報告　馬氏之預測經費遠在農業部之下，而所得結果反在其上，謂非響應法之功用可乎！

第二十章　統計資料之搜集與整理

第一節　統計資料之搜集方法

統計資料之搜集對於研究結果之影響甚大。何則？所選資料若不適於研究之用，或不甚準確，則雖有精密之統計方法亦屬徒然。以精密之統計方法應用於不適當或不準確之資料，不特浪費金錢時間與精力，且常能導入極乖謬之結論。故統計資料之搜集不可不有適當之方法。惟適當方法之確定，大抵須賴常識之應用，而常識須得之於經驗。然所謂經驗非一蹴可幾，非經長時期之實際工作難得盡善盡美之經驗，故又不得不利用他人已得之經驗以爲實際工作之指南，此即本章所欲討論者也。

搜集資料以前須先預定調查之目的，否則搜得之資料或殘缺不全，或一部無用，或謬誤百出。例如吾人欲調查工人家庭之兒女人數，吾人須先自問調查之目的安在？設欲研究工人家庭之誕生率，則已死兒女亦須在調查之列。反之，設欲研究工人家庭之生活費用，則已死兒女與生活費用無關，即無庸調查。研究工人家庭之誕生率而不調查已死兒女，則搜得資料即殘缺不全，由是而得之結論必較實在誕生率爲低。研究工人家庭之生活費用而調查已死兒女，則搜得資料即有一部無用，而多搜一部無用資料即多浪費一部有用之金錢時間與精力。又如吾人欲研究工人工資率之大小，則工人每週或每月收入額之多少，吾人可以不問。

蓋工人之工作時間非均相等,收入額之多少不能爲工資率大小之標準,若貿然搜集卽犯謬誤不當之弊。由是觀之,搜集資料以前非先確定調查目的不可。

其次須確定調查之範圍。設吾人欲編製全國物價指數,則何城物價須在調查之列?何城物價可無庸調查?不可不先確定。又設吾人欲研究全國產米之量,吾人可先調查重要產米區域之產量,然後估計全國之產量;然所謂重要產米區域究何所指?年產若干石米之區域方得謂爲重要產米區域?搜集資料以前不可不先規定一種界限。規定重要產米區域之界限卽確定產米調查之範圍。

調查之目的及其範圍確定後,吾人方可進行資料之搜集。有時吾人所欲搜集之資料他人已搜集在前,若此資料準確可靠而又適合吾人之用,則吾人不必再行調查,應用他人已搜集之資料加以編製可也。此種資料在統計學上名曰次級資料。若他人已搜集之資料不甚可靠,或雖可靠而不適吾人之用,則吾人須自行調查,由是而得之資料名曰原始資料,以與次級資料相別。設吾人欲調查甲乙丙丁四城之生產狀況, 甲乙二城應用他人已搜集之資料,丙丁二城則自行搜集一切資料,前者之資料爲次級資料,後者之資料爲原始資料。抑原始資料與次級資料之分係隨主觀而異。甲乙二城之資料在吾人爲次級資料,但在最初直接搜集者爲原始資料。丙丁二城之資料在吾人爲原始資料,但在應用吾人資料者爲次級資料。此亦學者所不可不知者也。

原始資料與次級資料之分旣明,今請更舉數例以示資料選擇之標準。設吾人欲調查全國棉花種植面積,吾人已知前立法院統計處與紗廠

聯合會各有種植面積之估計,惟兩者之估計面積相差甚大,若兩者之估計俱不可靠,或吾人不能斷定孰是孰非,則吾人須設法搜集原始資料。設吾人欲調查全國工人工資,假定上海市社會局所搜集之工資資料爲準確可靠,則關於上海一地之工人工資吾人可用次級原料。但設吾人欲調查上海棉紡業工人之工資,則社會局所搜集之工資資料卽絕對準確,亦不能應用。何則?社會局所搜集之工資資料爲一般工人之工資,而吾人所欲研究者,則爲棉紡業工人之工資,故不能應用次級資料,吾人不可不另行搜集原始資料。有時次級資料雖不甚可靠,然吾人不能搜集更可靠之原始資料,或相差甚微,不値巨大調查經費之代價,則須捨原始資料而取次級資料。例如海關報告冊上之資料不甚可靠,吾人固可向輸出入商人直接調查,惟由是求得之結果未必能較勝於次級資料,故海關報告冊仍不失爲調查國際貿易者最適當之次級資料。

資料來源亦有原始與次級之分。登載原始資料之刊物名曰原始來源,登載次級資料之來源名曰次級來源。例如國際貿易局所編之國際貿易導報,其資料取自海關報告冊,故海關報告冊爲原始來源,國際貿易導報爲次級來源。

第二節　次級資料之編製

次級資料之來源常不止一種,吾人須選擇原始來源;蓋自原始來源輾轉至次級來源,數字易有錯誤而表下之註亦易脫落。惟原始來源所發表之數字若係根據臨時消息而尙非確定之數字,則編製次級資料時須採用最後更正之數字。

各級政府之報告，各職業團體與研究機關之刊物以及各種年鑑雜誌與日報均可爲次級資料之來源。本書中重要資料來源將載於書末附錄。

次級資料未必均能適用，編製之時須先加以測驗。茲就應注意各點列舉於下，以免誤用：

(一)供給次級資料之機關。任何統計機關均有其設立之目的與特殊之使命，有政府設立之機關，亦有私人組織之機關，有聲譽卓著之老機關，亦有創立未久之新機關，有經費充裕得向適當來源搜集資料之機關，亦有經費拮据祇能在可能來源搜集資料之機關，有可使用強迫權力以搜集資料之機關，有僅賴被詢人之善意合作以搜集資料之機關，凡此種種均與次級資料之價值有關。故發表次級資料統計機關之組織如何？其聲譽如何？其搜集資料之方法又如何？均爲編製次級資料者所不可不知。

(二)次級資料之性質。資料有無偏誤與是否抽樣而得？亦不可不詳加考察。資料之偏誤或由於調查者故意剔除一部之事實，或由於資料過少不能代表全部，或由於環境或時期選擇之不當。資料若係抽樣而得，則抽查樣本可有種種限制，或限於某時某地，或限於某類某特性。次級資料之價值隨規定限制之當否而異。

(三)次級資料之單位。各時各地或各類所用之單位是否一致？亦不可忽視。例如我國前立法院統計處與紗廠聯合會對於全國棉花種植面積之估計均以各地估計面積之畝數相加而得。惟各地一畝之大小不同，即所用之單位不等，故此種次級資料應用時亦須注意。

（四）資料之準確程度。社會經濟變動之測量常不能絕對準確。統計學上所謂準確乃指相對準確而言。吾人編製次級資料時雖不能期其絕對準確，然須考察其準確程度之大小。準確程度過小則不可輕意應用。計算有無錯誤？資料如何報告？答案有無標準？估計有何依據？均與準確程度之大小有關，編製次級資料者不可不詳加分析。

（五）資料是否同質？資料若非同質，則不能作異地異時之比較。例如歐戰後德法之境域俱有變更，故戰前與戰後德法之人口已非同質。歐戰後德國貨幣膨脹，馬克暴跌，戰前與戰後德國之物價亦非同質，故均不能比較。編製次級資料時對於資料之同質異質務須審慎分析，以免謬誤。

（六）次級資料是否適用？有時次級資料雖甚準確可靠，然不適於吾人之用，若貿然應用，卽得極不準確之結論。故次級資料是否切合吾人之研究問題，亦為編製次級資料者所不可不知。

第三節　原始資料之搜集與整理

資料之搜集必有其目的，必有一研究之問題。此問題之性質如何？能否適用統計方法？吾人在搜集原始資料以前須先詳細考察。研究問題已明，統計方法已知其能適用，吾人尤須探討何種資料適於吾人之用？吾人需要之資料能否在適宜之形式取得？取得之資料能否達到預期之準確程度？能否保持一致而有比較之可能？搜集之資料能否於規定時期內取得以免明日黃花之譏？搜集資料時需否行使強迫權力以助調查之進行？凡此種種問題均為搜集原始資料者所不可不預事籌謀者也。

　　原始資料之搜集須依一定程序進行，惟搜集程序隨調查之目的及其計劃而異，故事前須將研究問題澈底考慮，自始至終均須在計劃內規定。統計工作不能急進，須逐漸進步方能達到最後之成功。完善之計劃乃成功之基礎，

　　資料須自其來源搜集。惟同一資料常有無數來源。例如工人之工資資料可向工人搜集，亦可向工廠搜集，又可向工會搜集。各種來源所供給之資料常有極大之出入。又若用抽樣法搜集資料，則何者須包含在內，何者須擯除在外，對於調查之結果影響甚大。故搜集原始資料者須先決定向何人或何處搜集資料。主持調查者須先列舉可能來源，然後研究其所供給資料之可能偏誤以為選擇來源之標準。至於樣本之選擇則須使主要各部均有代表在樣本之內，且能保持適當之比例而無畸輕畸重之弊。

　　原始資料之搜集或賴資料來源之記錄，或憑被詢人之估計，或須由調查者一一計數。工廠之產銷狀況，職工人數均有詳細記錄，故此種資料可由原始記錄抄寫。明年營業狀況之預測，未來一般商業之趨勢，無記錄可資依據，故須憑推銷員之意見或其估計而取得資料。至於全國人口清查，上海市小學校清查則須一一計數方能取得所需資料。

　　搜集原始資料之途徑不一，或由主持調查者親往訪問，或令其代表前往訪問，或用私人信件探詢消息，或用調查表格答覆問題。應依何種途徑須視研究問題之性質與統計機關之財力而異。

　　訪問法之成功全恃訪問者之幹練，故主持調查者若不親往訪問，對於訪問者之選擇須詳加考慮。茲略舉選擇之標準於下；

(一)訪問者須智勇機警,富好奇心而有交際手腕。

(二)訪問者須能了解研究問題之內容與被詢人之心理。

(三)訪問者須能解釋被詢人所供給之消息。

(四)訪問者須有健全之記憶力。

用私人信件探詢消息時須遵守下列各點,然後有成功之希望:

(一)須向能供給消息者搜集資料。

(二)明白規定所需資料。

(三)問題中所用單位須單純通俗,不致誤解。

(四)不可要求供給難於搜集或需費甚大之資料。

(五)保證不供競爭者之利用,以免被詢人之猜疑。

　　調查表格或由調查員分發,或由郵局寄去。若由調查員分發,則答案可由調查員填寫,或由被詢人填寫而受調查員之指導。調查之目的,問題之性質以及所用術語均可由調查員詳細解釋,被詢人猜疑可以消除。答案有疑義時調查員可用反證方法探詢究竟,故問題不妨稍多。

　　調查之成敗常繫於調查員之得力與否,故主持調查者對於調查員之人選務須特別注意。未出發前尤當預擬調查須知,俾調查員知所遵循。茲就調查員應知各項略舉其重要者如下:

　　(一)調查員於未調查前,須先將應調查事項悉心研究;調查時被詢人如有疑問,須詳細解釋。

　　(二)調查員調查時對於被調查機關職員須謙恭有禮,態度務須鎮靜,語言須簡單扼要,被詢人如有謊言或錯誤,切不可直接加以辯論,務須用間接方法,糾正其謬誤。

(三)調查員與被詢人約定時間,切不可失信。

(四)調查員調查時如遇被詢人談話敷衍,不着邊際,切不可隨之作泛論,應卽提出調查事項,以取得必要消息。

(五)任何消息調查員不得洩漏。

(六)調查時期須遵守調查表上規定時期,不得任意更改。其因被詢人無法供給規定時期內資料而不得不更改時, 亦須將更改原因與更改時期,詳細註明表上,以便查考。

(七)調查員填表務須精細準確,由計算或抄錄而得之數字,須加覆核,以免錯誤。

(八)調查員須各備一日記簿,凡非表上所載而與調查有關之消息,均須記入。

調查表格若由郵局寄去,則被詢人填寫時無人指導,一切疑點卽無由解釋。此種調查欲收成效,須嚴守下列各點:

(一)調查若依法律規定進行,則須在調查表格內說明。若係私人調查,則亦須說明所欲研究問題之重要。

(二)信內須附回信信封與郵票.

(三)問題不可太多,且須簡單而切合調查之目的。

(四)單位須明確規定,單純而通俗,定義與解釋須置於表中, 蓋填寫者對於表之上下不甚注意。

(五)分格劃線須簡單明確,以免誤填。

(六)每一答案須予以充分地位,相關問題須互相接近。

(七)用反證問題以防錯誤或不準確之答案。

（八）各種計算如合計百分比等須留待統計機關自作。

（九）問題之意義務須簡明而能人人了解，以防誤解雙關或有意掩飾之答案。問題語調須婉轉客氣，切忌命令式之問題。問題之排列須合邏輯而使被詢人易於答覆。問題須能用「是」「否」二字或簡單數字答覆。

調查表格以同時寄出爲原則，蓋被詢人常因接到表格之先後而生猜疑，且同時寄出，收回時亦不致相距過遠；否則截止時期難於確定，遲到答案亦不易處理。調查表格發出後若無答案寄回，則可去函催索，惟語氣須特別客氣，以促進被詢人之好感。

調查表格寄回後須分別歸類。填寫各項須辨別其正誤。發見矛盾錯誤之處如能自行改正則改正之，若有懷疑而不能決其正誤，則須致函被詢人探詢究竟；若填寫各項太不可靠，則棄而不用。調查表格經一次淘汰後，其留存者比較可靠而能適合調查者之用，然後依其性質應用活葉卡片分別歸類以便編製圖表。

附錄甲　數學原理

第四章　平均數

1.任何數列之各項對於算術平均數離中差之總和等於零,卽:

$$\Sigma(X - \bar{x}) = 0$$

X　變量之數值

$\bar{x}$　算術平均數

〔證〕設 n 爲項數,則依算術平均數之定義,

$$\bar{x} = \frac{X_1 + X_2 + X_3 + \cdots\cdots + X_n}{n}$$

或 $n\bar{x} = X_1 + X_2 + X_3 + \cdots\cdots + X_n$

$n\bar{x}$ 爲 n 個 $\bar{x}$ 相加之和,故

$$\underbrace{\bar{x} + \bar{x} + \bar{x} + \cdots\cdots + \bar{x}}_{n\text{個}} = \underbrace{X_1 + X_2 + X_3 \cdots\cdots + X_n}_{n\text{個}}$$

移項得

$$0 = (X_1 - \bar{x}) + (X_2 - \bar{x}) + (X_3 - \bar{x}) + \cdots\cdots + (X_n - \bar{x})$$

卽 $\Sigma(X - \bar{x}) = 0$

2.任何數列之算術平均數等於假定平均數與各項對於假定平均數所有離中差之平均數之和,卽:

$$\bar{x} = \bar{x}' + \frac{\Sigma(X - \bar{x}')}{n}$$

$\bar{x}$　算術平均數。

$\bar{x}'$　假定平均數。

X　變量之數值。

n　項數。

〔證〕$\Sigma(X - \bar{x}') = \Sigma[(X - \bar{x}) + (\bar{x} - \bar{x}')] = \Sigma(X - \bar{x}) + n(\bar{x} - \bar{x}')$

但 $\Sigma(X - \bar{x}) = 0$

故 $\Sigma(X - \bar{x}') = n(\bar{x} - \bar{x}')$

或　$\frac{\Sigma(X - \bar{x}')}{n} = \bar{x} - \bar{x}'$

移項得

$$\bar{x} = \bar{x}' + \frac{\Sigma(X - \bar{x}')}{n}$$

3. 分組頻數表之組距若不相等,則應用公式 8：

$$\bar{x} = \bar{x}' + \frac{\Sigma(fd')}{\Sigma f} \times i$$

以求算術平均數時須注意 d' 之數值。

例由下列分組頻數表求算術平均數。

　I. 由組距不等之分組頻數表求算術平均數

G	f	d′	d′	
			−	+
$10——12	5	−3	15	
12——14	12	−2	24	
14——16	23	−1	23	
16——18	35	0	0	
18——22	22	+1.5		33
22——26	10	+3.5		35
26——32	8	+6		48
	115		62	116

上表中之組距有大小之別,前四組之組距爲二元,第五第六兩組之組距爲四元,末一組之組距爲六元,故若以 17 元爲假定平均數而以二元爲標準組距,則在 d′ 一行中,前四組爲 −3, − 2, − 1, 0,但在後三組中,不能仍作爲 +1, + 2, +3。蓋第五組之中點爲 20,與假定平均數相差 3,合之標準組距當爲 1.5 組而非 1 組;第六組之中點爲 24,與假定平均數相差 7,合之標準組距當爲 3.5 組而非 2 組;第七組之中點爲 29,與假定平均數相差 12,合之標準組距當爲 6 組而非 3 組;故公式 (8) 中之 i 與 d′ 所代表之數值須改正如下:

　　i　標準組距。

　　d′　各組與假定平均數所在組相差之組數(合成標準組距之組數)。

計算 d′ 時不必先求中點與假定平均數相差之量。譬自第四組至第五組,組距自二元增至四元,計算第五組之 d′ 時不必先求中點 20 與假定平均數相差之量,祇須求第四組組距與第五組組距之平均數,再由此平均數計算合成標準組距之組數,第四組之組距爲二,第五組之組距爲四,其平均數爲三,合之標準組距則得 1.5 組,以之與第四組之 d′ 相加

即得第五組之 d′；第五第六兩組之組距相等，故祇須以此相等之組距合

成標準組距之組數即得二組，以之與第五組之 d′ 相加即得第六組之 d′；

第六組之組距爲四，第七組之組距爲六，其平均數爲五，合之標準組距

則得 2.5 組，以之與第六組之 d′ 相加即得第七組之 d′。旣求得 d′ 再計

算 fd′ 然後代入公式 (8) 即得。

$$\bar{x} = 17 + \frac{116 - 62}{115} \times 2 = 17.94$$

4. 由分組頻數表求算術平均數可應用累積頻數法，其公式如下：

$$\bar{x} = \bar{x}' \pm \frac{i \Sigma f'}{n}$$

$\bar{x}$　　算術平均數。

$\bar{x}'$　　假定平均數。

f'　　累積頻數。

n　　項數，即頻數之總和。

i　　組距。

〔註〕應用上列公式時各組之排列若由大而小，則取正號而 $\bar{x}' = \bar{m}_1 - i$；若由小而大，

　　　則取負號而 $\bar{x}' = \bar{m}_t + i$。

〔證〕設 $\bar{m}_1, \bar{m}_2, \bar{m}_3 \cdots\cdots \bar{m}_t$ 爲各組之中點，$\bar{m}_1$ 爲 t 組中最小一組

之中點，$\bar{m}_t$ 爲最大一組之中點，又設各組之組距均爲 i。各組排列若由

大而小，則取 $\bar{m}_1 - i$ 作爲假定平均數，並以組距爲單位，而各組之 d' 爲 1, 2, 3, ……t。

各組排列由大而小 $(\bar{x}' = \bar{m}_1 - i)$		各組排列由小而大 $(\bar{x}' = \bar{m}_t + i)$		f	f'
$\bar{m}$	d	$\bar{m}$	d'		
$\bar{m}_t$	t	$\bar{m}_1$	$-t$	f_1	f_1
$\bar{m}_{t-1}$	$t-1$	$\bar{m}_2$	$-(t-1)$	f_2	$f_1 + f_2$
$\bar{m}_{t-2}$	$t-2$	$\bar{m}_3$	$-(t-2)$	f_3	$f_1 + f_2 + f_3$
$\bar{m}_3$	3	$\bar{m}_{t-2}$	-3	f_{t-2}	$f_1 + f_2 + \cdots\cdots + f_{t-2}$
$\bar{m}_2$	2	$\bar{m}_{t-1}$	-2	f_{t-1}	$f_1 + f_2 + \cdots\cdots + f_{t-2} + f_{t-1}$
$\bar{m}_1$	1	$\bar{m}_t$	-1	f_t	$f_1 + f_2 + \cdots\cdots + f_{t-2} + f_{t-1} + f_t$

依公式 (8) 得算術平均數：

$$\bar{x} = \bar{x}' + \frac{tf_1 + (t-1)f_2 + (t-2)f_3 + \cdots + 3f_{t-2} + 2f_{t-1} + 1f_t}{n} \times i$$

若各組排列由小而大，則取 $\bar{m}_t + i$ 爲假定平均數，而各組之 d' 爲 $-1, -2, -3, \cdots -t$，而

$$\bar{x} = \bar{x}' - \frac{tf_1 + (t-1)f_2 + (t-2)f_3 + \cdots + 3f_{t-2} + 2f_{t-1} + 1f_t}{n} \times i$$

但　$\Sigma f' = tf_1 + (t-1)f_2 + (t-2)f_3 + \cdots + 3f_{t-2} + 2f_{t-1} + 1f_t$

$$\therefore \bar{x} = \bar{x}' \pm \frac{i\,\Sigma f'}{n}$$

5. 由分組頻數表求中位數可用下之插補公式:

$$M = L + \frac{\frac{n}{2} - l}{f} \times i$$

M　中位數。

n　項數。

f　中位數所在組之頻數。

i　組距。

l　小於中位數各組頻數之和。

L　中位數所在組之下限。

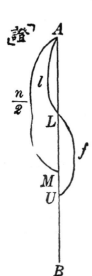

設以直線 AB 之長代表項數, 則中位數 M 分全線爲 AM 與 MB 二等分。

$$AM = MB = \frac{n}{2}$$

設中位數所在組之頻數爲 f, 而其下限與上限爲 L 與 U, 則 LU = f

但 LM = AM – AL

而 AL 卽代表小於中位數各組頻數之和, 故等卽於 l。

$$\therefore LM = \frac{n}{2} - l$$

中位數離下限之距離等於全組距離之 $\frac{\frac{n}{2} - l}{f}$, 故中位數值與下限數值相差之量卽爲:

$$M - L = \frac{\frac{n}{2} - l}{f} \times i$$

移項卽得:

$$M = L + \frac{\frac{n}{2} - l}{f} \times i$$

6.任何數列之中位數與各項相差絕對值之和爲最小。

〔證〕$\overline{\text{P　A　B　C　M　D　E　F}}$

設 PM 爲數列

　　PA　PB　PC　PM　PD　PE　PF 之中位數,令 d 爲中位數與各

項相差絕對值之和,則

$$\begin{aligned}
d &= (PM-PA)+(PM-PB)+(PM-PC)+(PM-PM) \\
&\quad +(PD-PM)+(PE-PM)+(PF-PM) \\
&= AM+BM+CM+MD+ME+MF
\end{aligned}$$

任取一數PD,令 d′ 爲 PD 與各項相差絕對值之和,則

$$\begin{aligned}
d' &= (PD-PA)+(PD-PB)+(PD-PC)+(PD-PM) \\
&\quad +(PD-PD)+(PE-PD)+(PF-PD) \\
&= AD+BD+CD+MD+DE+DF \\
&= AM+MD+BM+MD+CM+MD+MD+ME-MD \\
&\quad +MF-MD \\
&= (AM+BM+CM+MD+ME+MF)+MD \\
&= d+MD
\end{aligned}$$

但 MD > 0

$$\therefore \ d < d'$$

7. 已知第一期之人口爲 P_1，第二期之人口爲 P_2，而每年之增加率相等，則兩時期中間一年之人口 P_0 即爲 P_1 與 P_2 之幾何平均數。

〔證〕設第一期與第二期相距 n 年，則其中間一年卽在第一期後 $\dfrac{n}{2}$ 年。令每年之增加率爲 r，則：

$$P_2 = P_1(1+r)^n$$

$$P_0 = P_1(1+r)^{\frac{n}{2}}$$

$$P_1 P_2 = P_1 \times P_1(1+r)^n = P_1{}^2(1+r)^n$$

$$P_0{}^2 = [P_1(1+r)^{\frac{n}{2}}]^2 = P_1{}^2(1+r)^n$$

$$\therefore \ P_0{}^2 = P_1 P_2$$

兩邊開方則得：

$$P_0 = \sqrt{P_1 P_2}$$

即 P_0 爲 P_1 與 P_2 之幾何平均數。

8. 任何二數（限於不等於零之正數）之幾何平均數卽等於其算術平均數與倒數平均數之幾何平均數。

〔證〕設 $X_1 > 0$

$$X_2 > 0$$

X_1 與 X_2 之幾何平均數算術平均數與倒數平均數爲 G, x 與 H，則依平均數之定義，得：

$$G = \sqrt{X_1 X_2}$$

$$\bar{x} = \frac{X_1 + X_2}{2}$$

$$H = \cfrac{1}{\cfrac{\cfrac{1}{X_1} + \cfrac{1}{X_2}}{2}}$$

$$\bar{x}H = \frac{X_1 + X_2}{2} \times \cfrac{1}{\cfrac{\cfrac{1}{X_1} + \cfrac{1}{X_2}}{2}} = \frac{X_1 + X_2}{2} \times \cfrac{2}{\cfrac{1}{X_1} + \cfrac{1}{X_2}}$$

$$= \cfrac{X_1 + X_2}{\cfrac{X_2 + X_1}{X_1 X_2}} = X_1 X_2$$

$$\therefore \sqrt{\overline{\bar{x}H}} = \sqrt{\overline{X_1 X_2}} = G$$

第五章　　離中趨勢

9. 由分組頻數表求平均差可應用下列公式：

$$A.D = \frac{i\Sigma(f\bar{d}') + (a-b)\bar{c}}{n}$$

A.D.　平均差。

n　項數。

i　組距。

f　頻數。

$\bar{d}'$　各組與假定平均數所在組相差組數之絕對值。

$\bar{c}$　改正數,即中位數與假定平均數相差之絕對值。

b　若中位數大於假定平均數,則 b 為大於中位數各組頻數之和;若中位數小於假定平均數,則 b 為小於中位數各組頻數之和。

$a = n - b$

〔證〕設 M 為中位數。

M′為中位數所在組之中點。

$\bar{m}_1, \bar{m}_2, \bar{m}_3 \cdots \bar{m}_r$ 為小於中位數各組之中點,而 $f_1, f_2, f_3 \cdots$ f_r 為此各組之頻數。

$\bar{m}_{r+1}, \quad \bar{m}_{r+2}, \quad \bar{m}_{r+3} \quad \cdots \quad \bar{m}_t$ 為大於中位數各組之中點,而 $f_{r+1}, f_{r+2}, f_{r+3} \cdots f_t$ 為此各組之頻數。

$$A.D. = \frac{\Sigma(f\bar{d})}{n} (\bar{d} \text{ 為各項與中位數相差之絕對值})$$

$$= \frac{f_1(M-\bar{m}_1)+f_2(M-\bar{m}_2)+f_3(M-\bar{m}_3)+\cdots\cdots+f_r(M-\bar{m}_r)}{n}$$

$$+\frac{f_{r+1}(\bar{m}_{r+1}-M)+f_{r+2}(\bar{m}_{r+2}-M)+f_{r+3}(\bar{m}_{r+3}-M)+\cdots\cdots+f_t(\bar{m}_t-M)}{n}$$

若 $M=M'+\bar{c}$（$\bar{c}$ 爲改正數），則

$$A.D.=\frac{f_1(M'-\bar{m}_1+\bar{c})+f_2(M'-\bar{m}_2+\bar{c})+f_3(M'-\bar{m}_3+\bar{c})+\cdots\cdots+f_r(M'-\bar{m}_r+\bar{c})}{n}$$

$$+\frac{f_{r+1}(\bar{m}_{r+1}-M'-\bar{c})+f_{r+2}(\bar{m}_{r+2}-M'-\bar{c})+f_{r+3}(\bar{m}_{r+3}-M'-\bar{c})+\cdots+f_t(\bar{m}_t-M'-\bar{c})}{n}$$

$$=\frac{i\Sigma(f\bar{d}')}{n}+\frac{a\,\bar{c}}{n}-\frac{b\,\bar{c}}{n}=\frac{i\Sigma(f\bar{d}')+(a-b)\bar{c}}{n}$$

若 $M=M'-\bar{c}$（$\bar{c}$ 爲改正數），則

$$A.D.=\frac{f_1(M'-\bar{m}_1-\bar{c})+f_2(M'-\bar{m}_2-\bar{c})+f_3(M'-\bar{m}_3-\bar{c})+\cdots\cdots+f_r(M'-\bar{m}_r-\bar{c})}{n}$$

$$+\frac{f_{r+1}(\bar{m}_{r+1}-M'+\bar{c})+f_{r+2}(\bar{m}_{r+2}-M'+\bar{c})+f_{r+3}(\bar{m}_{r+3}-M'+\bar{c})+\cdots+f_t(\bar{m}_t-M'+\bar{c})}{n}$$

$$=\frac{i\Sigma(f\bar{d}')}{n}-\frac{b\,\bar{c}}{n}+\frac{a\,\bar{c}}{n}=\frac{i\Sigma(f\bar{d}')+(a-b)\bar{c}}{n}$$

10.標準差之數值以從算術平均數計算者爲最小，即

$$\sqrt{\frac{\Sigma(X-\bar{x})^2}{n}}<\sqrt{\frac{\Sigma(X-\bar{x}')^2}{n}}$$

X　變量。

n　項數。

$\bar{x}$　算術平均數。

$\bar{x}'$　任意一數，但不等於算術平均數。

〔證〕$\Sigma(X-\bar{x}')^2=\Sigma[(X-\bar{x})+(\bar{x}-\bar{x}')]^2$

$\qquad=\Sigma[(X-\bar{x})^2+2(X-\bar{x})(\bar{x}-\bar{x}')+(\bar{x}-\bar{x}')^2]$

$\qquad=\Sigma(X-\bar{x})^2+2(\bar{x}-\bar{x}')\Sigma(X-\bar{x})+n(\bar{x}-\bar{x}')^2$

但 $\Sigma(X-\bar{x})=0$

$$n(\bar{x}-\bar{x}')^2 > 0$$

$$\therefore \Sigma(X-\bar{x})^2 < \Sigma(X-\bar{x}')^2$$

$$\sqrt{\frac{\Sigma(X-\bar{x})^2}{n}} < \sqrt{\frac{\Sigma(X-\bar{x}')^2}{n}}$$

又設 $\bar{x}'$ 爲假定平均數，

　　c 爲 $\bar{x}$ 與 $\bar{x}'$ 之差，

　　σ 爲標準差，

則 $\Sigma(X-\bar{x}')^2 = \Sigma(X-\bar{x})^2 + nc^2$

或 $\Sigma(X-\bar{x})^2 = \Sigma(X-\bar{x}')^2 - nc^2$

$$\frac{\Sigma(X-\bar{x})^2}{n} = \frac{\Sigma(X-\bar{x}')^2}{n} - c^2$$

$$\therefore \sigma = \sqrt{\frac{\Sigma(X-\bar{x}')^2}{n} - c^2}$$

此卽計算標準差簡捷法之公式。

若 $\bar{x}' = 0$，

則 $c = \bar{x}$

$$\sigma = \sqrt{\frac{\Sigma X^2}{n} - \bar{x}^2}$$

11. 由分組頻數表計算標準差時，可用薛立愛氏校核法稽核計算之正誤，其公式如下：

$$\Sigma[f(d'+1)^2] = \Sigma(fd'^2) + 2\,\Sigma(fd') + n$$

f　　頻數。

n　　項數。

d′　　假定平均數所在組與各組相差之組數。

〔證〕$\Sigma[f(d'+1)^2] = \Sigma(fd'^2 + 2fd' + f)$

$\qquad = \Sigma(fd'^2) + 2\Sigma(fd') + n$

12. 由分組頻數表求標準差可應用累積頻數法依照下列公式計算：

$$\sigma = i\sqrt{\frac{2}{n}\Sigma f'' - \frac{\Sigma f'}{n}\left(1 + \frac{\Sigma f'}{n}\right)}$$

σ　　標準差。

f′　　第一累積頻數。

f″　　第二累積頻數。

n　　項數。

i　　組距。

〔註〕應用上列公式時各組之排列得由大而小或由小而大，兩者之結果相等。(參看甲 4 與甲 18。)

〔證〕設 $\bar{m}_1, \bar{m}_2, \bar{m}_3, \cdots\cdots\bar{m}_t$ 爲各組之中點，$\bar{m}_1$ 爲 t 組中最小一組之中點，又設各組之組距均爲 i。

各組排列 由大而小 ($\bar{x}' = \bar{m}_1 - i$)		各組排列 由小而大 ($\bar{x}' = \bar{m}_t + i$)		f	f	f″
$\bar{m}$	d′	$\bar{m}$	d′			
$\bar{m}_t$	t	$\bar{m}_1$	$-t$	f_1	f_1	f_1
$\bar{m}_{t-1}$	$t-1$	$\bar{m}_2$	$-(t-1)$	f_2	$f_1 + f_2$	$2f_1 + f_2$
$\bar{m}_{t-2}$	$t-2$	$\bar{m}_3$	$-(t-2)$	f_3	$f_1 + f_2 + f_3$	$3f_1 + 2f_2 + f_3$
$\bar{m}_3$	3	$\bar{m}_{t-2}$	-3	f_{t-2}	$f_1 + f_2 + \cdots + f_{t-2}$	$(t-2)f_1 + (t-3)f_2 + \cdots + f_{t-1}$
$\bar{m}_2$	2	$\bar{m}_{t-1}$	-2	f_{t-1}	$f_1 + f_2 + \cdots + f_{t-2} + f_{t-1}$	$(t-1)f_1 + (t-2)f_2 + \cdots + 2f_{t-2} + f_{t-1}$
$\bar{m}_1$	1	$\bar{m}_t$	-1	f_t	$f_1 + f_2 + \cdots + f_{t-2} + f_{t-1} + f_t$	$tf_1 + (t-1)f_2 + \cdots + 3f_{t-2} + 2f_{t-1} + f_t$

$$\Sigma f'' = \{1 + 2 + 3 + \cdots + (t-2) + (t-1) + t\}f_1$$
$$+ \{1 + 2 + 3 + \cdots + (t-3) + (t-2) + t-1)\}f_2$$
$$+ \{1 + 2 + 3 + \cdots + (t-3) + (t-2)\}f_3 + \cdots$$
$$+ (1 + 2 + 3)f_{t-2} + (1+2)f_{t-1} + 1f_t$$

式中 $f_1, f_2, + f_3, \cdots f_t$ 之係數均爲等差級數之和, 故

$$\Sigma f'' = \frac{t(t+1)}{2} f_1 + \frac{(t-1)t}{2} f_2 + \frac{(t-2)(t-1)}{2} f_3 + \cdots$$
$$\cdots + \frac{3.4}{2} f_{t-2} + \frac{2.3}{2} f_{t-1} + \frac{1.2}{2} f_t$$

但　$t(t+1) = t^2 + t$

$\qquad (t-1)t = (t-1)^2 + (t-1)$

$$(t-2)(t-1) = (t-2)^2 + (t-2)$$

....

....

$$2 \cdot 3 = 2^2 + 2$$

$$1 \cdot 2 = 1^2 + 1$$

$$\therefore 2 \Sigma f'' = (t^2+t)f_1 + [(t-1)^2+(t-1)]f_2 + [(t-2)^2+(t-2)]f_3 + \cdots\cdots$$

$$+ (3^2+3)f_{t-2} + (2^2+2)f_{t-1} + (1^2+1)f_t$$

$$= [t^2 f_1 + (t-1)^2 f_2 + (t-2)^2 f_3 + \cdots\cdots + 3^2 f_{t-2} + 2^2 f_{t-1} + 1^2 f_t]$$

$$+ [tf_1 + (t-1)f_2 + (t-2)f_3 + \cdots\cdots + 3f_{t-2} + 2f_{t-1} + 1f_t]$$

$$= \Sigma(d'^2 f) + \Sigma f'$$

即　$\Sigma(d'^2 f) = 2\Sigma f'' - \Sigma f'$

依第五章公式 (9), 得

$$\sigma^2 = \frac{i \, \Sigma(d'^2 f)}{n} - c^2$$

$$c^2 = \left[\frac{i \, \Sigma(d'f)}{n}\right]^2$$

$$= \frac{i^2 (\Sigma d'f)^2}{n^2}$$

$$= \frac{i^2 (\Sigma f')^2}{n^2}$$

$$\therefore \quad \sigma^2 = i^2 \left[\frac{2}{n} \Sigma f'' - \frac{\Sigma f'}{n} - \left(\frac{\Sigma f'}{n}\right)^2\right]$$

$$= i^2 \left[\frac{2}{n} \Sigma f'' - \frac{\Sigma f'}{n}\left(1 + \frac{\Sigma f'}{n}\right)\right]$$

即　$\sigma = i \sqrt{\dfrac{2}{n}\Sigma f'' - \dfrac{\Sigma f'}{n}\left(1 + \dfrac{\Sigma f'}{n}\right)}$

13. 由不分組之數列求相互平均差，可應用下列公式計算：

$$M.D. = \frac{(n-1)(X_n-X_1) + (n-3)(X_{n-1}-X_2) + (n-5)(X_{n-2}-X_3) + \cdots + (n-2r+1)(X_{n-r+1}-X_r)}{\frac{n(n-1)}{2}}$$

M.D.　相互平均差。

n　　項數。

$X_1, X_2, X_3 \cdots\cdots X_{n-1}, X_n$ 由小而大排列之變量。

$r = \dfrac{n}{2}$（若 n 爲偶數）

$r = \dfrac{n-1}{2}$（若 n 爲奇數）

〔證〕各項相互之差離可排列如下表：

X_n-X_1	X_n-X_2　$X_n-X_3 \cdots X_n-X_{n-3}$　X_n-X_{n-2}　X_n-X_{n-1}		
$X_{n-1}-X_1$	$X_{n-1}-X_2$　$X_{n-1}-X_3 \cdots X_{n-1}-X_{n-3}$　$X_{n-1}-X_{n-2}$		
$X_{n-2}-X_1$	$X_{n-2}-X_2$	$X_{n-1}-X_3 \cdots X_{n-2}-X_{n-3}$	
$\cdots\cdots$	$\cdots\cdots$	$\cdots\cdots$	
X_4-X_1	X_4-X_2	X_4-X_3	
X_3-X_1	X_3-X_2		
X_2-X_1			

以直角若干將上表分成數部，自外而內，行列中項數遞減二項，第一部行列中共有 n－1 項，第二部 n－3 項，第三部 n－5 項，至最後一部僅有 n－2r＋1 項。

以第一部中橫行之末項與其縱行之第二項加，得：

$$X_n - X_{n-1} + X_{n-1} - X_1 = X_n - X_1$$

以第一部中橫行之末二項與其縱行之第三項相加，得：

$$X_n - X_{n-2} + X_{n-2} - X_1 = X_n - X_1$$

以第一部中橫行之末三項與其縱行之第四項相加，或橫行之末四項與縱行之第五項相加，均等於 $X_n - X_1$，故第一部中各數之和，當爲：

$$(n-1)(X_n - X_1)$$

同理，第二部中各數之和爲 $(n-3)(X_{n-1} - X_2)$

第三部中各數之和爲 $(n-5)(X_{n-2} - X_3)$

第 r 部中各數之和爲 $(n-2r+1)(X_{n-r+1} - X_r)$

而 n 項中共有 $_nC_2$ 種差離，但

$$_nC_2 = \frac{n(n-1)}{2}$$

〔註〕n 物中每兩物組合之種類，代數學中用 $_nC_2$ 表之。

$$\therefore M.D. = \frac{(n-1)(X_n - X_1) + (n-3)(X_{n-1} - X_2) + (n-5)(X_{n-2} - X_3) + \cdots + (n-2r+1)(X_{n-r+1} - X_r)}{\frac{n(n-1)}{2}}$$

14. 由分組頻數表求相互平均差，可應用下列公式計算：

$$M.D. = \frac{S_1 + S_2}{\frac{n(n-1)}{2}}$$

$$S_1 = d_1 f_1(n - f_1) + d_2 f_2(n - 2f_1 - f_2) + d_3 f_3(n - 2f_1 - 2f_2 - f_3) + \cdots$$

$$S_2 = d'_1 f'_1(n - f'_1) + d'_2 f'_2(n - 2f'_1 - f'_2) + d'_3 f'_3(n - 2f'_1 - 2f'_2 - f'_3) + \cdots$$

M.D. 相互平均差

n 項數

$d_1, d_2, d_3 \cdots\cdots$ 中位數組之中點減去小於中位數各組（第一組，第二組，第三組$\cdots\cdots$）（由小而大排列）之中點所餘之數，$f_1, f_2, f_3 \cdots\cdots$ 爲第一組，第二組，第三組$\cdots\cdots$之頻數。

$d'_1, d'_2, d'_3 \cdots\cdots$ 大於中位數各組（第一組，第二組，第三組$\cdots\cdots$）（由大而小排列）之中點減去中位數組之中點所餘之數，$f'_1, f'_2, f'_3 \cdots\cdots$ 爲第一組，第二組，第三組$\cdots\cdots$之頻數。

〔證〕設 $\bar{m}$ 爲中位數組之中點，f 爲中位數組之頻數，$\bar{m}_1, \bar{m}_2, \bar{m}_3,$ $\cdots\cdots$ 爲小於中位數各組（第一組，第二組，第三組$\cdots\cdots$）（由小而大排列）之中點，$\bar{m}'_1, \bar{m}'_2, \bar{m}'_3 \cdots\cdots$ 爲大於中位數各組（第一組，第二組，第三組$\cdots\cdots$）（由大而小排列）之中點，依相互平均差之定義，得：

$$\frac{n(n-1)}{2}(M.D.) = [\{f_1 f'_1(\bar{m}'_1 - \bar{m}_1) + f_2 f'_1(\bar{m}'_1 - \bar{m}_2) + f_3 f'_1(\bar{m}'_1 - \bar{m}_3)$$

$$+ \cdots\cdots\} + \{ff'_1(\bar{m}'_1 - \bar{m})\} + \{f'_2 f'_1(\bar{m}'_1 - \bar{m}'_2) + f'_3 f'_1(\bar{m}'_1 - \bar{m}'_3)$$

$$+ f'_4 f'_1(\bar{m}'_1 - \bar{m}'_4) + \cdots\cdots\}] + [\{f_1 f'_2(\bar{m}'_2 - \bar{m}_1) + f_2 f'_2(\bar{m}'_2 - \bar{m}_2)$$

$$+ f_3 f'_2(\bar{m}'_2 - \bar{m}_3) + \cdots\cdots\} + \{ff'_2(\bar{m}'_2 - \bar{m})\} + f'_3 f'_2(\bar{m}'_2 - \bar{m}'_3)$$

$$+ f'_4 f'_2(\bar{m}'_2 - \bar{m}'_4) + \cdots\cdots\}] + \cdots\cdots + [f_1 f(\bar{m} - \bar{m}_1) + f_2 f(\bar{m} - \bar{m}_2)$$

$$+ f_3 f(\bar{m} - \bar{m}_3) + \cdots\cdots] + \cdots\cdots + [f_1 f_3(\bar{m}_3 - \bar{m}_1) + f_2 f_3(\bar{m}_3 - \bar{m}_2)]$$

$$+ [f_1 f_2(\bar{m}_2 - \bar{m}_1)]$$

但 $\bar{m}'_1 - \bar{m}_1 = (\bar{m}'_1 - \bar{m}) + (\bar{m} - \bar{m}_1) = d'_1 + d_1$

$\bar{m}'_1 - \bar{m}'_3 = (\bar{m}'_1 - \bar{m}) - (\bar{m}'_3 - \bar{m}) = d'_1 - d'_3$

$\bar{m}_3 - \bar{m}_1 = (\bar{m} - \bar{m}_1) - (\bar{m} - \bar{m}_3) = d_1 - d_3$

$\bar{m}'_1 - \bar{m} = d'_1$

$\bar{m} - \bar{m}_1 = d_1$

（餘可依此類推）

$$\therefore \frac{n(n-1)}{2}(\text{M.D.}) = [\{f_1f'_1(d'_1 + d_1) + f_2f'_1(d'_1 + d_2) + f_3f'_1(d'_1 + d_3) + \cdots\}$$

$$+ \{ff'_1d'_1\} + \{f'_2f'_1(d'_1 - d'_2) + f'_3f'_1(d'_1 - d'_3) + f'_4f'_1(d'_1 - d'_4)$$

$$+ \cdots\cdots\}] + [\{f_1f'_2(d'_2 + d_1) + f_2f'_2(d'_2 + d_2) + f_3f'_2(d'_2 + d_3)$$

$$+ \cdots\cdots\} + \{ff'_2d'_2\} + \{f'_3f'_2(d'_2 - d'_3) + f'_4f'_2(d'_2 - d'_4) + \cdots\}]$$

$$+ \cdots\cdots [f_1fd_1 + f_2fd_2 + f_3fd_3 + \cdots\cdots] + \cdots\cdots[f_1f_3(d_1 - d_3)$$

$$+ f_2f_3(d_2 - d_3)] + [f_1f_2(d_1 - d_2)]$$

若將上式之右邊依照 $d'_1f'_1,\ d'_2f'_2,\ d_3'f'_3 \cdots\cdots$ **與** d_1f_1, d_2f_2, d_3f_3
$\cdots\cdots$**排列,則得:**

$$\frac{n(n-1)}{2}(\text{M.D.}) = d'_1f'_1[(f_1 + f_2 + f_3 + \cdots\cdots) + (f) + (f'_2 + f'_3 + f'_4$$

$$+ \cdots\cdots)] + d'_2f'_2[(f_1 + f_2 + f_3 + \cdots\cdots) + (f) + (-f'_1 + f'_3 + f'_4$$

$$+ \cdots\cdots)] + \mathbf{d'_3f'_3}[(f_1 + f_2 + f_3 + \cdots\cdots) + (f) + (-f'_1 - f'_2 + f'_4 + f'_5$$

$$+ \cdots\cdots)] + \cdots\cdots + d_1f_1[(f'_1 + f'_2 + f'_3 + \cdots\cdots) + f + (f_2 + f_3 + f_4$$

$$+ \cdots\cdots)] + d_2f_2[(f'_1 + f'_2 + f'_3 + \cdots\cdots) + (f) + (-f_1 + f_3 + f_4 + \cdots)]$$

$$+ d_3f_3[(f'_1 + f'_2 + f'_3 + \cdots\cdots) + (f) + (-f_1 - f_2 + f_4 + f_5 + \cdots\cdots)]$$

但 $(f_1 + f_2 + f_3 + \cdots\cdots) + (f) + (f'_1 + f'_2 + f'_3 + \cdots\cdots) = \mathbf{n}$

$$\frac{n(n-1)}{2}(M.D.)=d'_1f'_1(n-f'_1)+d'_2f'_2(n-2f'_1-f'_2)$$

$$+d'_3f'_3(n-2f_1'-2f'_2-f'_3)+\cdots\cdots+d_1f_1(n-f_1)$$

$$+d_2f_2(n-2f_1-f_2)+d_3f_3(n-2f_1-2f_2-f_3)+\cdots\cdots=S_2+S_1$$

即 $M.D.=\dfrac{S_2+S_1}{\dfrac{n(n-1)}{2}}$

第六章　　機率與差誤正態曲線

15．　已知獨立單純事件之總數與成功之機率，則理論頻數分配之算術平均數及其標準差可自下列二式求得：

$$\bar{x} = np$$

$$\sigma = \sqrt{npq}$$

$\bar{x}$　　算術平均數

σ　　標準差

n　　獨立單純事件之總和

p　　成功之機率

q　　失敗之機率

[證]依 $(p+q)^n$ 之展開式可知 n 個俱實現之機率爲 p^n，而 $(n-1)$ 個實現 1 個不實現之機率爲 $np^{n-1}q$，簡言之 $(n-r)$ 個實現 r 個不實現之機率爲 $\dfrac{n(n-1)(n-2)\cdots(n-r+1)}{r!} \, p^{n-r}q^r$。

以實現之個數爲變量，其機率爲頻數，則得頻數表如下，卽表中之第一·第二兩行是也，第三行爲第一第二兩行相乘之積，第四行爲第一第三兩行相乘之積。

II.　由理論頻數分配計算算術平均數與標準差

實現個數 X	機　　率 f	Xf	X²f
n	p^n	np^n	n^2p^n
n−1	$np^{n-1}q$	$n(n-1)p^{n-1}q$	$n(n-1)^2p^{n-1}q$
n−2	$\dfrac{n(n-1)}{2}p^{n-2}q^2$	$\dfrac{n(n-1)(n-2)}{2}p^{n-2}q^2$	$\dfrac{n(n-1)(n-2)^2}{2}p^{n-2}q^2$
n−3	$\dfrac{n(n-1)(n-2)}{2\times3}p^{n-3}q^3$	$\dfrac{n(n-1)(n-2)(n-3)}{2\times3}p^{n-3}q^2$	$\dfrac{n(n-1)(n-2)(n-3)^2}{2\times3}p^{n-3}q^3$
……	……	……	……
……	……	……	……
2	$\dfrac{n(n-1)}{2}p^2q^{n-2}$	$n(n-1)p^2q^{n-2}$	$2n(n-1)p^2q^{n-2}$
1	npq^{n-1}	npq^{n-1}	npq^{n-1}
0	q^n	0	0

$$\sum(Xf)=np^n+n(n-1)p^{n-1}q+\frac{n(n-1)(n-2)}{2}p^{n-2}q^2$$

$$+\frac{n(n-1)(n-2)(n-3)}{2\times3}p^{n-3}q^3+\cdots\cdots$$

$$+n(n-1)p^2q^{n-2}+npq^{n-1}$$

$$=np\Big(p^{n-1}+(n-1)p^{n-2}q+\frac{(n-1)(n-2)}{2}p^{n-3}q^2$$

$$+\frac{(n-1)(n-2)(n-3)}{2\times3}p^{n-4}q^3+\cdots\cdots$$

$$+(n-1)pq^{n-2}+q^{n-1}\Big)$$

$$=np(p+q)^{n-1}$$

$$=np\times1^{n-1}$$

$$=np$$

而 $\sum f = 1$

$$\therefore \bar{x} = np$$

$$\sigma = \sqrt{\frac{\Sigma(X^2 f)}{\Sigma f} - \bar{x}^2} = \sqrt{\Sigma(X^2 f) - n^2 p^2}$$

$$\sum(X^2 f) = n^2 p^n + n(n-1)^2 p^{n-1} q + \frac{n(n-1)(n-2)^2}{2} p^{n-2} q^2$$

$$+ \frac{n(n-1)(n-2)(n-3)^2}{2 \times 3} p^{n-3} q^3 + \cdots\cdots$$

$$+ 2n(n-1) p^2 q^{n-2} + npq^{n-1}$$

$$= np[np^{n-1} + (n-1)^2 p^{n-2} q + \frac{(n-1)(n-2)^2}{2} p^{n-3} q^2$$

$$+ \frac{(n-1)(n-2)(n-3)^2}{2 \times 3} p^{n-4} q^3 + \cdots + 2(n-1)pq^{n-2} + q^{n-1}]$$

設括弧中之數值為 y,則:

$$\sum(X^2 f) = npy$$

但 $y - (p+q)^{n-1} = (n-1)p^{n-1} + (n-1)[(n-1)-1]p^{n-2} q$

$$+ (n-1)\,[\frac{(n-2)^2}{2} - \frac{n-2}{2}]p^{n-3} q^2$$

$$+ (n-1)\,[\frac{(n-2)(n-3)^2}{2 \times 3} - \frac{(n-2)(n-3)}{2 \times 3}]p^{n-4} q^3 + \cdots\cdots$$

$$+ (n-1)(2-1)pq^{n-2}$$

$$= (n-1)p[p^{n-2} + (n-2)\,p^{n-3}q + \frac{(n-2)(n-3)}{2} p^{n-4} q^2$$

$$+ \frac{(n-2)(n-3)(n-4)}{2 \times 3} p^{n-5} q^3 + \cdots\cdots q^{n-2}]$$

$$= (n-1)p(p+q)^{n-2}$$

但　p+q=1

∴　$y-1=(n-1)p$

卽　$y=1+(n-1)p$

∴　$\sigma=\sqrt{\Sigma(X^2f)-n^2p^2}=\sqrt{npy-n^2p^2}=\sqrt{np+n^2p^2-np^2-n^2p^2}$

　　　$=\sqrt{np-np^2}=\sqrt{np(1-p)}=\sqrt{npq}$

16. 差誤正態曲線之特性

差誤正態曲線可用下之方程式表示：

$$y=y_0e^{-\frac{x^2}{2\sigma^2}}\qquad\left(y_0=\frac{N}{\sigma\sqrt{2\pi}}\right)$$

x　對於算術平均數之離中差(橫坐標)

y　頻數(縱坐標)

y_0　最大之縱坐標

σ　標準差

e　$=2.7182818$

π　$=3.14159$

N　頻數之和

就此曲線之性質而研究之，x 等於零時 $y=y_0$，此爲 y 之最大值，蓋

$$x=0,\ e^{-\frac{x^2}{2\sigma^2}}=e^0=1$$

$$x\neq0,\ e^{-\frac{x^2}{2\sigma^2}}=\frac{1}{e^{\frac{x^2}{2\sigma^2}}}<1$$

故此曲線之衆數與算術平均數合而爲一。

　　x 之絕對值相同而符號相反時 y 之數值相等，故此曲線之兩邊對中心之縱線（此縱線之長名曰中縱坐標）而對稱，頻數在此縱線之左右各有一半，換言之，中位數亦與算術平均數合一。

　　不論 x 之數值多少，y 不能等於零，但 x 在 $\pm 3\sigma$ 以外時，y 之值已甚小。

　　設　$y_1 = \dfrac{y}{N}$

　　即以 y_1 表示頻數與頻數總和之比，

　　則　$y_1 = \dfrac{1}{\sigma\sqrt{2\pi}}\ \ \theta^{-\frac{x^2}{2\sigma^2}}$

　　單純事件實現數介於 x_1 與 x_2 間之機率當爲

$$\int_{x_1}^{x_2} y_1 dx$$

　　令　$Z = \dfrac{x}{\sigma}$

　　則　$dZ = \dfrac{dx}{\sigma}$

　　即　$dx = \sigma dZ$

$$\int_{x_1}^{x_2} y_1 dx = \int_{z_1}^{z_2} \dfrac{1}{\sqrt{2\pi}}\ \ \theta^{-\frac{1}{2}Z^2}\ dZ$$

　　其數值可自附錄乙第四表求得。

　　在平均數之左右取相等之距離，在其兩端中所包含之頻數若爲總頻數之半，則此距離名曰機差，其數值與四分位差相等，蓋 Q_1 與 Q_3 間所包含之頻數適爲總頻數之半。設 Q.D. 爲四分位差（或即機差），則：

$$\int_{0}^{\frac{Q.D.}{\sigma}} \frac{1}{\sqrt{2\pi}} \ e^{-\frac{1}{2}Z^2} dZ = \frac{1}{4}$$

查附錄乙第四表,得:

$$0.67 < \frac{Q.D.}{\sigma} < 0.68$$

在較詳計算表中,可得:

$$\frac{Q.D.}{\sigma} = 0.67449$$

卽 $Q.D. = 0.67449\sigma$

設 A.D. 爲平均差,則

$$A.D. = 2\int_{0}^{\infty} y_1 x dx = 2 \int_{0}^{\infty} \frac{1}{\sigma\sqrt{2\pi}} \ e^{-\frac{x^2}{2\sigma^2}} \ x \ dx$$

$$= \sigma\sqrt{\frac{2}{\pi}} \int_{0}^{\infty} \ e^{-\frac{1}{2}Z^2} ZdZ \quad (Z = \frac{x}{\sigma})$$

$$= \sigma\sqrt{\frac{2}{\pi}} \left[- e^{-\frac{1}{2}Z^2} \right]_{0}^{\infty}$$

$$= \sigma\sqrt{\frac{2}{\pi}} (0+1)$$

$$= \sigma\sqrt{\frac{2}{\pi}}$$

$$= 0.7979\sigma$$

第七章　偏態與轉矩

17.　算術平均數若非整數，則可先任取一整數作爲假定平均數，然後應用下列公式以計算偏態較爲簡捷：

$$K = \sqrt[3]{\frac{\Sigma x'^3 - 3c\Sigma x'^2}{n} + 2c^3}$$

K　偏態

x'　各項與假定平均數之差

c　算術平均數與假定平均數之差

n　項數

〔證〕令 x 爲各項與算術平均數之差

∵　$x' = x + c$

∴　$\Sigma x'^3 = \Sigma(x+c)^3 = \Sigma x^3 + 3c\Sigma x^2 + 3c^2\Sigma x + nc^3$

但　$\Sigma x^2 = \Sigma x'^2 - nc^2$（甲10）

　　$\Sigma x = 0$　　　　（甲 1 ）

∴　$\Sigma x'^3 = \Sigma x^3 + 3c\Sigma x'^2 - 3nc^3 + nc^3$

即　$\Sigma x^3 = \Sigma x'^3 - 3c\Sigma x'^2 + 2nc^3$

$$K = \sqrt[3]{\frac{\Sigma x^3}{n}}$$

$$\therefore \quad K = \sqrt[3]{\dfrac{\Sigma x'^3 - 3c\Sigma x'^2}{n} + 2c^3}$$

若 $\bar{x} = 0$ 則 $x' = X$（X 為變量）

$$c = \bar{x}$$

$$K = \sqrt[3]{\dfrac{\Sigma X^3 - 3\bar{x}\Sigma X^2}{n} + 2\bar{x}^3}$$

18.　由分組頻數表求偏態,可應用累積頻數法依照下列公式計算:

$$K = \pm\sqrt[3]{\dfrac{6}{n}\left[\Sigma f''' - \Sigma f''\left(1 + \dfrac{\Sigma f'}{n}\right)\right] + \dfrac{\Sigma f'}{n}\left(1 + \dfrac{\Sigma f}{n}\right)\left(1 + \dfrac{2\Sigma f'}{n}\right)} \times i$$

K　偏態

n　項數

f'　第一累積頻數

f''　第二累積頻數

f'''　第三累積頻數

i　組距

〔註〕　應用上列公式時,各組排列若由大而小,則取正號;若由小而大,則取負號。

〔證〕　依 (甲 12) 之證明得:

$$2\Sigma f'' = (t^2 + t)f_1 + [(t-1)^2 + (t-1)]f_2 + \quad t-2)^2$$
$$+ (t-2)]f_3 + \cdots\cdots + (2^2 + 2)f_{t-1} + (1^2 + 1)f_t$$

即　$t = 1$ 時,　$2f_1'' = (1^2 + 1)f_1$

$t = 2$ 時,　$2(f_1'' + f_2'') = (2^2 + 2)f_1 + (1^2 + 1)f_2$

$t = 3$ 時,　$2(f_1'' + f_2'' + f_3'') = (3^2 + 3)f_1 + (2^2 + 2)f_2 + (1^2 + 1)f_3$

$$t=t時\quad 2(f_1''+f_2''+f_3''+\cdots\cdots+f_t'')=(t^2+t)f_1$$
$$+[(t-1)^2+(t-1)]f_2+[(t-2)^2+(t-2)]f_3$$
$$+\cdots\cdots(2^2+2)f_{t-1}+(1^2+1)f_t$$

上列諸式中之左邊爲 f″ 之累積頻數之二倍,卽:

$$2f_1'''=(1^2+1)f_1$$

$$2f_2'''=(2^2+2)f_1+(1^2+1)f_2$$

$$2f_3'''=(3^2+3)f_1+(2^2+2)f_2+(1^2+1)f_3$$

$$\cdots\cdots\cdots\cdots\cdots\cdots\cdots\cdots\cdots\cdots\cdots\cdots\cdots\cdots$$

$$2f_t'''=(t^2+t)f_1+[(t-1)^2+(t-1)]f_2+[(t-2)^2+(t-2)]f_3+\cdots$$
$$\cdots+(2^2+2)f_{t-1}+(1^2+1)f_t$$

左右兩邊各自相加,則得:

$$2\Sigma f'''=(1^2+2^2+3^2+\cdots\cdots+t^2)f_1+(1^2+2^2+3^2+\cdots+\overline{t-1}^2)f_2$$
$$+(1^2+2^2+3^2+\cdots\cdots+\overline{t-2}^2)f_3+\cdots+(1^2+2^2)f_{t-1}+1^2f_t$$
$$+(1+2+3+\cdots\cdots+t)f_1+(1+2+3+\cdots+\overline{t-1})f_2$$
$$+(1+2+3+\cdots\cdots+\overline{t-2})f_3+\cdots\cdots+(1+2)f_{t-1}+1f_t$$

但 $1^2+2^2+3^2+\cdots\cdots+t^2=\dfrac{t}{6}(2t+1)(t+1)=\dfrac{t^3}{3}+\dfrac{t^2}{2}+\dfrac{t}{6}$

$$1+2+3+\cdots\cdots+t=\dfrac{t(t+1)}{2}=\dfrac{t^2}{2}+\dfrac{t}{2}$$

$$\therefore\quad 2\Sigma f'''=f_1(\dfrac{t^3}{3}+\dfrac{t^2}{2}+\dfrac{t}{6})+f_2(\dfrac{\overline{t-1}^3}{3}+\dfrac{\overline{t-1}^2}{2}+\dfrac{t-1}{6})$$

$$+f_3(\dfrac{\overline{t-2}^3}{3}+\dfrac{\overline{t-2}^2}{2}+\dfrac{t-2}{6})+\cdots\cdots\cdots\cdots\cdots\cdots$$

$$+ f_{t-1}\left(\frac{2^3}{3} + \frac{2^2}{2} + \frac{2}{6}\right) + f_t\left(\frac{1^3}{3} + \frac{1^2}{2} + \frac{1}{6}\right)$$

$$+ f_1\left(\frac{t^2}{2} + \frac{t}{2}\right) + f_2\left(\frac{\overline{t-1}^2}{2} + \frac{t-1}{2}\right) + f_3\left(\frac{\overline{t-2}^2}{2} + \frac{t-2}{2}\right)$$

$$+ \cdots\cdots + f_{t-1}\left(\frac{2^2}{2} + \frac{2}{2}\right) + f_t\left(\frac{1^2}{2} + \frac{1}{2}\right)$$

$$= \pm \frac{1}{3}\Sigma(d'^3 f) + \frac{1}{2}\Sigma(d'^2 f) + \frac{1}{6}\Sigma f' + \frac{1}{2}\Sigma(d'^2 f)$$

$$+ \frac{1}{2}\Sigma f' = \pm \frac{1}{3}\Sigma(d'^3 f) + \Sigma(d'^2 f) + \frac{2}{3}\Sigma f'$$

即　$\Sigma(d'^3 f) = \pm\left[6\Sigma f''' - 3\Sigma(d'^2 f) - 2\Sigma f'\right]$

依公式 (9)，　　$K = \sqrt[3]{\dfrac{\Sigma x'^3 - 3c\Sigma x'^2}{n} + 2c^3}$

但　$\Sigma(d'^3 f) = \pm\left[6\Sigma f''' - 3\Sigma(d'^2 f) - 2\Sigma f'\right]$

$\Sigma(d'^2 f) = 2\Sigma f'' - \Sigma f'$ （甲 12）

$$c' = \pm\frac{\Sigma f'}{n}$$

$$\therefore \left(\frac{K}{i}\right)^3 = \pm\left[\frac{6}{n}\Sigma f''' - \frac{6}{n}\Sigma f'' + \frac{3}{n}\Sigma f' - \frac{2}{n}\Sigma f' - \frac{6}{n}\frac{\Sigma f'}{n}\Sigma f''\right.$$

$$\left. + \frac{3}{n}\frac{\Sigma f'}{n}\Sigma f' + 2\left(\frac{\Sigma f'}{n}\right)^3\right]$$

即 $\left(\dfrac{K}{i}\right)^3 = \pm\left\{\dfrac{6}{n}\left[\Sigma f''' - \Sigma f''\left(1+\dfrac{\Sigma f'}{n}\right)\right] + \dfrac{\Sigma f'}{n}\left(1+\dfrac{\Sigma f'}{n}\right)\left(1+\dfrac{2\Sigma f'}{n}\right)\right\}$

$\therefore K = \pm\sqrt[3]{\dfrac{6}{n}\left[\Sigma f''' - \Sigma f''\left(1+\dfrac{\Sigma f'}{n}\right)\right] + \dfrac{\Sigma f'}{n}\left(1+\dfrac{\Sigma f'}{n}\right)\left(1+\dfrac{2\Sigma f'}{n}\right)} \times i$

19.　由補助轉矩計算主要轉矩可應用下列諸公式:

$m_1' = c$

$m_2 = m_2' - c^2$

$m_3 = m_3' - 3m_2'c + 2c^3$

$m_4 = m_4' - 4m_3'c + 6m_2'c^2 - 3c^4$

m_2　第二主要轉矩

m_3　第三主要轉矩

m_4　第四主要轉矩

m_1'　第一補助轉矩

m_2'　第二補助轉矩

m_3'　第三補助轉矩

m_4'　第四補助轉矩

c　算術平均數與假定平均數之差

〔證〕　設 x 爲各項與算術平均數之差, x' 爲各項與假定平均數之差, f 爲頻數, n 爲項數,則依轉矩之定義:

$m_1' = \dfrac{\Sigma(fx')}{n}$

但　　　$x' = x + c$

$$\therefore \quad m_1' = \frac{\Sigma(fx) + c\Sigma f}{n} = \frac{0 + nc}{n} = c$$

$$m_2' = \frac{\Sigma(fx'^2)}{n}$$

但　$\Sigma(fx'^2) = \Sigma[f(x+c)^2] = \Sigma(fx^2) + 2c\Sigma(fx) + c^2\Sigma f = nm_2 + nc^2$

$$\therefore \quad m_2' = m_2 + c^2$$

即　　　$m_2 \cdot m_2' - c^2$

$$m_3' = \frac{\Sigma(fx'^3)}{n}$$

但　$\Sigma(fx'^3) = \Sigma[f(x+c)^3] = \Sigma(fx^3) + 3c\Sigma(fx^2) + 3c^2\Sigma(fx) + c^3\Sigma f$

$$= nm_3 + 3ncm_2 + nc^3$$

$$\therefore \quad m_3' = m_3 + 3cm_2 + c^3$$

即　　　$m_3 = m_3' - 3cm_2 - c^3$

$$= m_3' - 3cm_2 + 3c^3 - c^3$$

$$= m_3' - 3cm_2' + 2c^3$$

$$m_4' = \frac{\Sigma(fx'^4)}{n}$$

但　$\Sigma(fx'^4) = \Sigma[f(x+c)^4] + \Sigma(fx^4) + 4c\Sigma(fx^3) + 6c^2\Sigma(fx^2)$

$$+ 4c^3\Sigma(fx) + c^4\Sigma f = nm_4 + 4ncm_3 + 6nc^2m_2 + nc^4$$

$$\therefore \quad m_4' = m_4 + 4cm_3 + 6c^2m_2 + c^4$$

即　　　$m_4 = m_4' - 4cm_3 - 6c^2m_2 - c^4 = m_4' - 4cm_3' + 12c^2m_2'$

$$- 8c^4 - 6c^2m_2 + 6c^4 - c^4 = m_4' - 4cm_3' + 6c^2m_2' - 3c^4$$

第八章　指數

20.　定基指數與連鎖指數之研究

關於定基指數與連鎖指數之差異，潘蓀氏嘗就數理上探討其必然性。依潘蓀氏之研究，於理想公式與幾何平均數二公式，結果相同。茲節錄其關於理想公式之一節，以供參考。

假令 n 年之連鎖指數與定基指數之比爲 R_n，則

$$R_2 = \frac{P_{21}}{P_{21}} = 1$$

$$R_3 = \frac{P_{32} \cdot P_{21}}{P_{31}} = \left(\frac{\Sigma p_3 q_2}{\Sigma p_2 q_3} \cdot \frac{\Sigma p_2 q_1}{\Sigma p_1 q_2} \cdot \frac{\Sigma p_1 q_3}{\Sigma p_3 q_1} \right)^{\frac{1}{2}}$$

$$R_4 = \left(\frac{\Sigma p_4 q_3}{\Sigma p_3 q_4} \cdot \frac{\Sigma p_3 q_2}{\Sigma p_2 q_3} \cdot \frac{\Sigma p_2 q_1}{\Sigma p_1 q_2} \cdot \frac{\Sigma p q_4}{\Sigma p_4 q_1} \right)^{\frac{1}{2}}$$

....

....

$$R_n = \left(\frac{\Sigma p_n q_{n-1}}{\Sigma p_{n-1} q_n} \cdot \frac{\Sigma p_{n-1} q_{n-2}}{\Sigma p_{n-2} q_{n-1}} \ldots \ldots \frac{\Sigma p_2 q_1}{\Sigma p_1 q_2} \cdot \frac{\Sigma p_1 q_n}{\Sigma p_n q_1} \right)^{\frac{1}{2}}$$

$$R_{n+1} = \left(\frac{\Sigma p_{n+1} q_n}{\Sigma p_n q_{n+1}} \cdot \frac{\Sigma p_n q_{n-1}}{\Sigma p_{n-1} q_n} \ldots \ldots \frac{\Sigma p_2 q_1}{\Sigma p_1 q_2} \cdot \frac{\Sigma p_1 q_{n+1}}{\Sigma p_{n+1} q_1} \right)^{\frac{1}{2}}$$

以 R_2 除 R_{n+1}，則

$$\frac{R_{n+1}}{R_n} = \left(\frac{\Sigma p_{n+1} q_n}{\Sigma p_n q_{n+1}} \cdot \frac{\Sigma p_1 q_{n+1}}{\Sigma p_{n+1} q_1} \cdot \frac{\Sigma p_n q_1}{\Sigma p_1 q_n} \right)^{\frac{1}{2}}$$

此乃表示任何連續二年間連鎖指數與定基指數之變化率。其值或大於一,或小於一,或等於一,視 p 與 q 之數值而定。

$\frac{R_{n+1}}{R_n} \gtreqless 1$, 亦可改用三個加權平均數表示如下:

$$\frac{\Sigma \frac{p_{n+1}}{p_1}(p_1 q_n)}{\Sigma p_1 q_n} \Bigg/ \frac{\Sigma \frac{p_n}{p_1}(p_1 q_{n+1})}{\Sigma p_1 q_{n+1}} \gtreqless \frac{\Sigma \frac{p_{n+1}}{p_n}(p_n q_1)}{\Sigma p_n q_1}$$

固然有許多特殊情形, $\frac{R_{n+1}}{R_n} = 1$, 即連鎖指數與定基指數有相同之變化。然通常而論,此二指數常不相同。即使在 n 與 n+1 兩時期之物價完全相同,此二指數亦往往不同。

　　據潘蓀氏之研究,如其重要物品大漲過於其平均數,而下一時期生產雖增,物價仍高,或重要物品大跌過於其平均數,而下一時期生產雖減物價仍低(即謂如其通常生產,一年之時間尚不能調整,其時以高價之故生產增加,但尚不足以壓低物價,其他物品以低價之故生產減少,但尚不足以抬高物價) 則

$$\frac{\Sigma \frac{p_{n+1}}{p_1}(p_1 q_n)}{\Sigma p_1 q_n} \quad \text{常較小於}$$

$$\frac{\Sigma \frac{p_n}{p_1}(p_1 q_{n+1})}{\Sigma p_1 q_{n+1}}$$

蓋前式中之權數 q_n 常小於後式中之權數 q_{n+1} 故也。而

$$\frac{\Sigma \frac{p_{n+1}}{p_n}(p_n q_1)}{\Sigma p_n q_1}$$ 幾等於 1，蓋 p_{n+1} 與 p_n 之值相近也。

換言之，$\dfrac{R_{n+1}}{R_n}$ 常 <1，而定基指數常大於連鎖指數也。

如其上述之狀態在連續幾年中反覆不已，則此二指數將愈走而愈遠。其差異之程度依照複息定律而進行。

例如有 1, 2, 3 三年，並令其第三年之連鎖指數對定基指數之比為 R_3，卽

$$R_3 = \frac{P_{21} \cdot P_{32}}{P_{31}}$$

假定第四年 p 與 q 之值與第一年相同，第五年之值與第二年相同，第六年之值與第三年相同，則

$$R_6 = \frac{P_{21} \cdot P_{32} \cdot P_{43} \cdot P_{54} \cdot P_{65}}{P_{61}}$$

依上述之假定，$P_{43} = P_{13}$，$P_{54} = P_{21}$，$P_{65} = P_{32}$，

$$P_{61} = P_{31}, \quad P_{13} = \frac{1}{P_{31}}$$

$$\therefore \quad R_6 = \left(\frac{P_{21} \cdot P_{32}}{P_{31}}\right)^2 = (R_3)^2$$

故依潘蓀氏之結論，連鎖指數不甚可靠，除非權數為常數外，不宜使用。權數如為常數，則指數可適合循環測驗，而連鎖指數與定基指數合一。

21. 設以 P_{21} 代表時期 1 爲基期而計算時期 2 之物價指數，P_{31} 代表時期 1 爲基期而計算時期 3 之指數，P_{32} 代表時期 2 爲基期而計算時期 3 之指數，若能滿足循環測驗，則 P_{31}/P_{21} 應等於 P_{32}。但在 P_{31}，P_{21} 及 P_{32} 三數值中權數不相同時，一切指數均不能適合此條件。換言之，要使 $P_{31}/P_{21} = P_{32}$，其中權數必相同。例如理想公式，如能適合循環測驗，則應得下列之關係：

$$\left(\frac{\Sigma p_3 q_1}{\Sigma p_1 q_1} \cdot \frac{\Sigma p_3 q_3}{\Sigma p_1 q_3}\right)^{\frac{1}{2}} = \left(\frac{\Sigma p_2 q_1}{\Sigma p_1 q_1} \cdot \frac{\Sigma p_2 q_2}{\Sigma p_1 q_2} \cdot \frac{\Sigma p_3 q_2}{\Sigma p_2 q_2} \cdot \frac{\Sigma p_3 q_3}{\Sigma p_2 q_3}\right)^{\frac{1}{2}}$$

卽

$$\frac{\Sigma p_3 q_1}{\Sigma p_3 q_2} = \frac{\Sigma p_2 q_1}{\Sigma p_2 q_3} \cdot \frac{\Sigma p_1 q_3}{\Sigma p_1 q_2}$$

此式二邊通常不能相等，故知理想公式不能適合循環測驗。祇有 $q_1 = q_2 = q_3$ 之時，方可滿足上式之關係。換言之，祇有權數不變之時，始能適合循環測驗。其他各公式亦然。

第十章　直線繫聯

22.　最小平方直線之測定

設有 n 點 P_1, P_2, P_3……P_n,其橫坐標爲 X_1, X_2, X_3……X_n,組成 x 數列,其縱坐標爲 Y_1, Y_2, Y_3……Y_n,組成 y 數列,設有直線 L,其方程式爲:

$$Y = a + bX$$

令 Yc 爲根據上式計算而得之縱坐標,又令 $v = Yc - Y$,則

$$\Sigma v^2 = (Yc_1 - Y_1)^2 + (Yc_2 - Y_2)^2 + (Yc_3 - Y_3)^2 + \cdots + (Yc_n - Y_n)^2$$

Σv^2 之數值隨直線 L 之位置而異,若 Σv^2 爲最小,則直線 L 卽爲最小二乘直線。欲確定直線 L 之位置,須求 a 與 b 之數值。

$$\Sigma v^2 = \Sigma (Yc - Y)^2 = \Sigma (a + bX - Y)^2$$

依微積分上極大極小定理:若 Σv^2 爲最小,則其對於 a 與 b 之偏引伸函數當均等於零,卽:

$$\frac{\partial \Sigma v^2}{\partial a} = 0$$

$$\frac{\partial \Sigma v^2}{\partial b} = 0$$

但

$$\frac{\partial \Sigma v^2}{\partial a} = 2\Sigma (a + bX - Y)$$

$$\frac{\partial \Sigma v^2}{\partial b} = 2\Sigma (aX + bX^2 - XY)$$

∴　　$\Sigma(a+bX-Y)=0$

　　　　$\Sigma(aX+bX^2-XY)=0$

即　　$na+b\Sigma X=\Sigma Y$

　　　　$a\Sigma X+b\Sigma X^2=\Sigma(XY)$

依行列式法解之則得：

$$a=\frac{\begin{vmatrix} \Sigma Y & \Sigma X \\ \Sigma(XY) & \Sigma X^2 \end{vmatrix}}{\begin{vmatrix} n & \Sigma X \\ \Sigma X & \Sigma X^2 \end{vmatrix}}=\frac{\Sigma X^2\Sigma Y-\Sigma X\Sigma(XY)}{n\Sigma X^2-(\Sigma X)^2}$$

$$b=\frac{\begin{vmatrix} n & \Sigma Y \\ \Sigma X & \Sigma(XY) \end{vmatrix}}{\begin{vmatrix} n & \Sigma X \\ \Sigma X & \Sigma X^2 \end{vmatrix}}=\frac{n\Sigma(XY)-\Sigma X\Sigma Y}{n\Sigma X^2-(\Sigma X)^2}$$

故得 x 數列與 y 數列之繫聯直線方程式如下：

$$Y=\frac{\Sigma X^2\Sigma Y-\Sigma X\Sigma(XY)}{n\Sigma X^2-(\Sigma X)^2}+\frac{n\Sigma(XY)-\Sigma X\Sigma Y}{n\Sigma X^2-(\Sigma X)^2}X$$

上式中之 X 與 Y 為兩數列之各項，若代以 x（x 數列之各項與算術平均數 $\bar{x}$ 之差）與 y（y 數列之各項與算術平均數 $\bar{y}$ 之差），則可得更簡之方程式如下：

$$y=\frac{\Sigma(xy)}{\Sigma x^2}x$$

蓋　　$\Sigma X=n\bar{x}$

　　　$\Sigma X^2=\Sigma(\bar{x}+x)^2=n\bar{x}^2+\Sigma x^2$

　　　　$\Sigma Y=n\bar{y}$

$$\Sigma(XY) = \Sigma[(\bar{x}+x)(\bar{y}+y)] = n\bar{x}\bar{y}+\Sigma(xy)$$

$$\bar{y}+y = \frac{n\bar{y}(n\bar{x}^2+\Sigma x^2)-n\bar{x}[n\bar{x}\bar{y}+\Sigma(xy)]}{n(n\bar{x}^2+\Sigma x^2)-n^2\bar{x}^2}$$

$$+\frac{n[n\bar{x}\bar{y}+\Sigma(xy)]-n^2\bar{x}\bar{y}}{n(n\bar{x}^2+\Sigma x^2)-n^2\bar{x}^2}(\bar{x}+x)$$

即　　$$\bar{y}+y = \frac{\bar{y}\Sigma x^2-\bar{x}\Sigma(xy)}{\Sigma x^2}+\frac{\Sigma(xy)}{\Sigma x^2}(\bar{x}+x)$$

即　　$$y = -\frac{\bar{x}\Sigma(xy)}{\Sigma x^2}+\frac{\bar{x}\Sigma(xy)}{\Sigma x^2}+\frac{\Sigma(xy)}{\Sigma x^2}x$$

∴　　$$y = \frac{\Sigma(xy)}{\Sigma x^2}x$$

x 等於零時 y 亦等於零，故此繫聯直線必經過 $P\left(\frac{\Sigma X}{n},\frac{\Sigma Y}{n}\right)$點。

設 x 數列代表時間，又設 X 爲各年與中間一年相差之年數，(若年數爲奇數)或各年與時期中點相差半年之數(若年數爲偶數)，則

$$\Sigma X = 0$$

$$a = \frac{\Sigma X^2 \Sigma Y}{n\Sigma X^2} = \frac{\Sigma Y}{n}$$

$$b = \frac{n\Sigma(XY)}{n\Sigma X^2} = \frac{\Sigma(XY)}{\Sigma X^2}$$

而繫聯直線卽變爲長期趨勢直線，故得長期趨勢直線之方程式如下：

$$Y = \frac{\Sigma Y}{n}+\frac{\Sigma(XY)}{\Sigma X^2}X$$

設 $\bar{y}$ 爲 y 數列之算術平均數，而 y 爲 y 數列中各項與 $\bar{y}$ 之差，則

$$\Sigma(XY) = \Sigma[X(\bar{y}+y)] = \bar{y}\Sigma X + \Sigma(Xy)$$

$\because$　　　$\Sigma X = 0$

$\therefore$　　$\Sigma(XY) = \Sigma(Xy)$

故長期趨勢直線之方程式亦可改作如下：

$$Y = \frac{\Sigma Y}{n} + \frac{\Sigma(Xy)}{\Sigma X^2} X$$

23.　　根據標準誤求得之繫聯係數與由皮爾生公式求得之繫聯係數其絕對值相同，卽：

$$1 - \frac{S_y^2}{\sigma_y^2} = \frac{[\Sigma(xy)]^2}{n^2 \sigma_x^2 \sigma_y^2}$$

x　　x 數列之各項與算術平均數之差

y　　y 數列之各項與算術平均數之差

n　　項數

σ_x　　x 數列之標準差

σ_y　　y 數列之標準差

S_y　　y 數列之標準誤

〔證〕　　令 $v = a + bX - Y$

$$\Sigma v^2 = \Sigma[v(a + bX - Y)]$$

$$= a\Sigma v + b\Sigma(vX) - \Sigma(vY)$$

但　　　$\left.\begin{array}{l}\Sigma v=0 \\ \Sigma(vX)=0\end{array}\right\}$（甲20）

$\therefore$　　　$\Sigma v^2 = -\Sigma(vY) = -a\Sigma Y - b\Sigma(XY) + \Sigma Y^2$

$\because$　　　$a = \bar{y} - \dfrac{\bar{x}\Sigma(xy)}{\Sigma x^2}$

$\Sigma Y = n\bar{y}$

$b = \dfrac{\Sigma(xy)}{\Sigma x^2}$

$\Sigma(XY) = n\bar{x}\bar{y} + \Sigma(xy)$

$\Sigma Y^2 = n\bar{y}^2 + \Sigma y^2$

$\therefore$　$\Sigma v^2 = -n\bar{y}^2 + \dfrac{n\bar{x}\bar{y}\Sigma(xy)}{\Sigma x^2} - \dfrac{n\bar{x}\bar{y}\Sigma(xy)}{\Sigma x^2} - \dfrac{[\Sigma(xy)]^2}{\Sigma x^2}$

$+ n\bar{y}^2 + \Sigma y^2$

$= -\dfrac{[\Sigma(xy)]^2}{\Sigma x^2} + \Sigma y^2$

$\dfrac{S_y^2}{\sigma_y^2} = \dfrac{\dfrac{\Sigma v^2}{n}}{\dfrac{\Sigma y^2}{n}} = \dfrac{\Sigma v^2}{\Sigma y^2} = -\dfrac{[\Sigma(xy)]^2}{\Sigma x^2 \Sigma y^2} + 1$

$\therefore$　$1 - \dfrac{S_y^2}{\sigma_y^2} = \dfrac{[\Sigma(xy)]^2}{\Sigma x^2 \Sigma y^2} = \dfrac{[\Sigma(xy)]^2}{n^2 \sigma_x^2 \sigma_y^2}$

24.　計算繫聯係數可用簡捷法，其公式如下：

$$r = \frac{\Sigma(x'y') - nc_x c_y}{\sqrt{(\Sigma x'^2 - nc_x^2)(\Sigma y'^2 - nc_y^2)}}$$

r 　繫聯係數

x′ 　x 數列之各項與假定平均數之差

y′ 　y 數列之各項與假定平均數之差

c_x 　x 數列之算術平均數 x̄ 與假定平均數 x̄′ 之差

c_y 　y 數列之算術平均數 ȳ 與假定平均數 ȳ′ 之差

n 　項數

〔證〕 $\Sigma(x'y') = \Sigma[(x+c_x)(y+c_y)] = \Sigma(xy) + nc_x c_y$

$$\Sigma x'^2 = \Sigma x^2 + nc_x^2$$

$$\Sigma y'^2 = \Sigma y^2 + nc_y^2$$

$$r = \frac{\Sigma(xy)}{\sqrt{\Sigma x^2 \Sigma y^2}} = \frac{\Sigma(x'y') - nc_x c_y}{\sqrt{(\Sigma x'^2 - nc_x^2)(\Sigma y'^2 - nc_y^2)}}$$

若　　　　$\bar{x}' = \bar{y}' = 0$

則　　　　$x' = X$

　　　　　　$y' = Y$

　　　　　　$c_x = \bar{x}$

　　　　　　$c_y = \bar{y}$

$$r = \frac{\Sigma(XY) - n\bar{x}\bar{y}}{\sqrt{(\Sigma X^2 - n\bar{x}^2)(\Sigma Y^2 - n\bar{y}^2)}}$$

若以 d'_x 與 d'_y 代表 x 與 y 數列之各組與假定平均數所在組相差之組數，i_x 與 i_y 代表 x 與 y 數列之組距，c'_x 與 c'_y 代表 x 與 y 數列之

算術平均數與假定平均數之差(以組距爲單位)，則：

$$\Sigma(x'y') = i_x i_y \Sigma(d'_x d'_y)$$

$$c_x c_y = i_x i_y c'_x c'_y$$

$$c_x^2 = i_x^2 c'^2_x$$

$$c_y^2 = i_y^2 c'^2_y$$

$$\Sigma x'^2 = i_x^2 \Sigma d'^2_x$$

$$\Sigma y'^2 = i_y^2 \Sigma d'^2_y$$

$$r = \frac{\Sigma(x'y') - n c_x c_y}{\sqrt{(\Sigma x'^2 - n c_x^2)(\Sigma y'^2 - n c_y^2)}}$$

$$= \frac{i_x i_y [\Sigma(d'_x d'_y) - n c'_x c'_y]}{i_x i_y \sqrt{(\Sigma d'^2_x - n c'^2_x)(\Sigma d'^2_y - n c'^2_y)}}$$

$$= \frac{\Sigma(d'_x d'_y) - n c'_x c'_y}{\sqrt{(\Sigma d'^2_x - n c'^2_x)(\Sigma d'^2_y - n c'^2_y)}}$$

25.　由繫聯表計算繫聯係數可應用對角線法，其公式如下：

I.　對角線自左下角引至右上角

$$r = \frac{\Sigma d'^2_x + \Sigma d'^2_y - \Sigma d'^2_z + n(c'^2_z - c'^2_x - c'^2_y)}{2\sqrt{(\Sigma d'^2_x - n c'^2_x)(\Sigma d'^2_y - n c'^2_y)}}$$

II.　對角線自右下角引至左上角

$$r = \frac{\Sigma d'^2_z - \Sigma d'^2_x - \Sigma d'^2_y + n(c'^2_x + c'^2_y - c'^2_z)}{2\sqrt{(\Sigma d'^2_x - n c'^2_x)(\Sigma d'^2_y - n c'^2_y)}}$$

r　繫聯係數

d'_x　x 數列之各組與假定平均數所在組相差之組數

d'_y　y 數列之各組與假定平均數所在組相差之組數

d'_z　z 數列之各組與假定平均數所在組相差之組數

c'_x　x 數列之算術平均數與假定平均數之差(以組距爲單位)

c'_y　y 數列之算術平均數與假定平均數之差(以組距爲單位)

c'_z　z 數列之算術平均數與假定平均數之差(以組距爲單位)

n　項數

【註】　應用對角線法計算繫聯係數時, x 與 y 數列之組距須相等。

〔證〕 I.　　$Z = Y - X$

$$P_1 = \Sigma d'^2_x + \Sigma d'^2_y - \Sigma d'^2_z + n(c'^2_z - c'^2_x - c'^2_y)$$

$$= (\Sigma d'^2_x - nc'^2_x) + (\Sigma d'^2_y - nc'^2_y) - (\Sigma d'^2_z - nc'^2_z)$$

$$= \frac{1}{i^2}(\Sigma x^2 + \Sigma y^2 - \Sigma z^2)$$

但　　　　$\Sigma z^2 = \Sigma x^2 + \Sigma y^2 - 2\Sigma(xy)$

∴　　　　$P_1 = \frac{1}{i^2} \times 2\Sigma(xy) = 2[\Sigma(d'_x d'_y) - nc'_x c'_y]$

依(甲24):

$$r = \frac{\Sigma(d'_x d'_y) - nc'_x c'_y}{\sqrt{(\Sigma d'^2_x - nc'^2_x)(\Sigma d'^2_y - nc'^2_y)}}$$

$$= \frac{\dfrac{P_1}{2}}{\sqrt{(\Sigma d'^2_x - nc'^2_x)(\Sigma d'^2_y - nc'^2_y)}}$$

$$= \frac{\Sigma d'_x{}^2 + \Sigma d'_y{}^2 - \Sigma d'_z{}^2 + n(c'_z{}^2 - c'_x{}^2 - c'_y{}^2)}{2\sqrt{(\Sigma d'_x{}^2 - nc'_x{}^2)(\Sigma d'_y{}^2 - nc'_y{}^2)}}$$

II.　　　$Z = X + Y$

$$P_2 = \Sigma d'_z{}^2 - \Sigma d'_x{}^2 - \Sigma d'_y{}^2 + n(c'_x{}^2 + c'_y{}^2 - c'_z{}^2)$$

$$= \frac{1}{i^2}(\Sigma z^2 - \Sigma x^2 - \Sigma y^2) = \frac{1}{i^2} \times 2\Sigma(xy)$$

以下與 (I) 相似。

26. 計算繫聯係數之時通常以適中一組之中點爲假定平均數，以組距爲單位，故 d' 等於 $-p, -(p-1), \cdots\cdots -3, -2, -1, 0, 1, 2, \cdots\cdots q-1, q$。但用累積頻數法計算繫聯係數之時，則以最小組之下一組中點爲假定平均數。故 x 各組之 d' 爲 $1, 2, 3, \cdots\cdots s$，y 各組之 d' 爲 $1, 2, 3, \cdots\cdots t$。設以 $f_{x, y}$ 表示繫聯各組之頻數，則普通之繫聯表當如下列之形式：

d'_y ＼ d'_x	s	……	……	2	1
t	$f_{s, t}$	……	……	$f_{2, t}$	$f_{1, t}$
……	……	……	……	……	……
……	……	……	……	……	……
2	$f_{s, 2}$	……	……	$f_{2, 2}$	$f_{1, 2}$
1	$f_{s, 1}$	……	……	$f_{2, 1}$	$f_{1, 1}$

由上表可知

$$\Sigma d'_y f_y = \Sigma d'_y f_{x,y} = 1f_{1,1} + 1f_{2,1} + \cdots\cdots + 1f_{s,1}$$

$$+ 2f_{1,2} + 2f_{2,2} + \cdots\cdots + 2f_{s,2}$$

$$+ \cdots\cdots\cdots\cdots\cdots\cdots\cdots\cdots\cdots\cdots$$

$$+ tf_{1,t} + tf_{2,t} + \cdots\cdots + tf_{s,t}$$

式中　$1f_{1,1} + 2f_{1,2} + \cdots\cdots + tf_{1,t}$　　爲第　s　行累積頻數之和，

　　　$1f_{2,1} + 2f_{2,2} + \cdots\cdots + tf_{2,t}$　　爲第(s-1)行累積頻數之和，

$\cdots\cdots\cdots\cdots\cdots\cdots\cdots\cdots\cdots\cdots\cdots\cdots\cdots\cdots\cdots\cdots\cdots\cdots$

　　　$1f_{s,1} + 2f_{s,2} + \cdots\cdots + tf_{s,t}$　　爲第　一　行累積頻數之和。

∴　　$\Sigma d'_y f_y =$ 各行累積頻數之和。

同理，　　$\Sigma d'_x f_x =$ 各列累積頻數之和。

而　　$\Sigma d'_x d'_y f_{x,y} = (1 \times 1f_{1,1} + 2 \times 1f_{2,1} + \cdots\cdots + s \times 1f_{s,1})$

$$+ (1 \times 2f_{1,2} + 2 \times 2f_{2,2} + \cdots\cdots + s \times 2f_{s,2})$$

$$+ \cdots\cdots\cdots\cdots\cdots\cdots\cdots\cdots\cdots\cdots\cdots\cdots$$

$$+ (1 \times tf_{1,t} + 2 \times tf_{2,t} + \cdots\cdots + s \times tf_{s,t})$$

$$= 1 \times \begin{Bmatrix} 1f_{1,1} + \\ 2f_{1,2} + \\ \cdots\cdots + \\ tf_{1,t} \end{Bmatrix} + 2 \times \begin{Bmatrix} 1f_{2,1} + \\ 2f_{2,2} + \\ \cdots\cdots + \\ tf_{2,t} \end{Bmatrix} + \cdots\cdots + s \times \begin{Bmatrix} 1f_{s,1} + \\ 2f_{s,2} + \\ \cdots\cdots + \\ tf_{s,t} \end{Bmatrix}$$

$$= 1 \times \boxed{\text{第 s 行累積頻數和}} + 2 \times \boxed{\text{第 s-1 行累積頻數和}} + \cdots\cdots + s \times \boxed{\text{第 一 行累積頻數和}}$$

=行之累積頻數再依列之累積頻數之和。

上法累積係由大而小。若由小而大則以最大組之上一組中點為假定平均數，故 d'_x 為 $-1, -2, \cdots\cdots -s$，而 d'_y 為 $-1, -2, \cdots\cdots -t$。d'_x 與 d'_y 相乘仍為正號，故上述之方程式仍然適合。依公式 (9)

$$r = \frac{\Sigma(d'_x d'_y) - nc'_x c'_y}{\sqrt{(\Sigma d'^2_x - nc'^2_x)(\Sigma d'^2_y - nc'^2_y)}}$$

而

$$c'_x = \frac{\Sigma d'_x f_x}{n} = \pm \frac{\Sigma f'_x}{n} \text{ (附錄甲 4)}$$

$$c'_y = \frac{\Sigma d'_y f_y}{n} \quad \pm \frac{\Sigma f'_y}{n}$$

$$\Sigma d'^2_x = 2\Sigma f''_x - \Sigma f'_x \text{ (甲 12)}$$

$$\Sigma d'^2_y = 2\Sigma f''_y - \Sigma f'_y$$

設以 $\Sigma f''_{x, y}$ 表示各行之累積頻數再依各列累積頻數之和，則上式可以變為

$$r = \frac{\Sigma f'_{x, y} - \dfrac{\Sigma f'_x \, \Sigma f'_y}{n}}{\sqrt{\left[2\Sigma f''_x - \Sigma f'_x - \dfrac{(\Sigma f'_x)^2}{n}\right]\left[2\Sigma f''_y - \Sigma f'_y - \dfrac{(\Sigma f'_y)^2}{n}\right]}}$$

第十一章　長期趨勢

27.　t 個連續自然數(自 1 起)平方之和等於 $\frac{t}{6}(2t+1)(t+1)$。

〔證〕　$\Sigma t^2 = 1^2 + 2^2 + 3^2 + 4^2 + 5^2 + \cdots\cdots + t^2$

$$
\begin{array}{cccccc}
1 & 4 & 9 & 16 & 25 & 36 \quad \cdots\cdots\cdots\cdots \\
3 & 5 & 7 & 9 & 11 & \quad \cdots\cdots\cdots\cdots \\
2 & 2 & 2 & 2 & & \quad \cdots\cdots\cdots\cdots \\
\end{array}
$$

依數學上定理得：

$$\Sigma t^2 = 1t + 3 \times \frac{t(t-1)}{2} + 2 \times \frac{t(t-1)(t-2)}{2 \times 3}$$

$$= \frac{t}{6}(6 + 9t - 9 + 2t^2 - 6t + 4)$$

$$= \frac{t}{6}(2t^2 + 3t + 1) = \frac{t}{6}(2t+1)(t+1)$$

長期趨勢直線之斜度 b 乃以 ΣX^2 除 $\Sigma(XY)$ 而得。若年數 n 爲奇數,則

$$\Sigma X^2 = 2\Sigma t^2 \qquad \left(t = \frac{n-1}{2} \right)$$

以 t 之值代入 Σt^2,則得

$$\Sigma X^2 = 2\Sigma t^2 = \frac{n-1}{6} \times n \times \frac{n+1}{2} = \frac{n(n-1)(n+1)}{12}$$

28.　　t 個連續奇數(自 1 起)平方之和等於$\frac{t}{3}$(2t+1)(2t−1)

〔證〕　$\Sigma t^2 = 1^2 + 3^2 + 5^2 + 7^2 + 9^2 + \cdots\cdots + (2t-1)^2$

$$\begin{array}{ccccc} 1 & 9 & 25 & 49 & 81 \cdots\cdots\cdots \\ 8 & 16 & 24 & 32 & \cdots\cdots\cdots \\ 8 & 8 & 8 & & \cdots\cdots\cdots \end{array}$$

依數學上定理得:

$$\Sigma t^2 = 1t + 8 \times \frac{t(t-1)}{2} + 8 \times \frac{t(t-1)(t-2)}{2 \times 3}$$

$$= \frac{t}{3}(3 + 12t - 12 + 4t^2 - 12t + 8)$$

$$= \frac{t}{3}(2t+1)(2t-1)$$

長期趨勢直線之斜度 b 乃以 ΣX^2 除 $\Sigma(XY)$ 而得。若年數 n 爲偶數，則

$$\Sigma X^2 = 2\Sigma t^2 \qquad \left(t = \frac{n}{2}\right)$$

以 t 之值代入 Σt^2,則得

$$\Sigma X^2 = 2\Sigma t^2 = \frac{n(n+1)(n-1)}{3}$$

29.　求長期趨勢直線之斜度 b 時須先計算 $\Sigma(XY)$。設年數 n 爲奇數,$t = \frac{n-1}{2}$，則

$$\Sigma(XY) = t(Y_n - Y_1) + (t-1)(Y_{n-1} - Y_2)$$

$$+ (t-2)(Y_{n-2} - Y_3) + \cdots\cdots + 2(Y_{\frac{n+5}{2}} - Y_{t-1})$$

$$+ 1(Y_{\frac{n+3}{2}} - Yt)$$

設年數 n 為偶數，$t = \dfrac{n}{2}$，則

$$\Sigma(XY) = (2t-1)(Y_n - Y_1) + (2t-3)(Y_{n-1} - Y_2)$$

$$+ (2t-5)(Y_{n-2} - Y_3) + \cdots\cdots + 3(Y_{\frac{n+4}{2}} - Y_{t-1})$$

$$+ 1(Y_{\frac{n+2}{2}} - Y_t)$$

〔證〕　(甲)年數n為奇數$t = \dfrac{n-1}{2}$

$$
\begin{array}{ll}
Y_1 & -t \\
Y_2 & -(t-1) \\
Y_3 & -(t-2) \\
\vdots & \vdots \\
\vdots & \vdots \\
Y_{t-1} & -2 \\
Y_t & -1 \\
Y_{t+1} & \\
Y_{t+2} = Y_{\frac{n+3}{2}} & \quad 1
\end{array}
$$

$$Y_{t+3} = Y_{\frac{n+5}{2}} \qquad 2$$

$$\vdots \qquad\qquad \vdots$$
$$\vdots \qquad\qquad \vdots$$

$$Y_n - _2 \qquad\qquad t-2$$

$$Y_{n-1} \qquad\qquad t-1$$

$$Y_n \qquad\qquad t$$

$$\Sigma(XY) = tY_n - tY_1 + (t-1)Y_{n-1} - (t-1)Y_2$$
$$+ (t-2)Y_{n-2} - (t-2)Y_3 + \cdots\cdots$$
$$+ 2Y_{\frac{n+5}{2}} - 2Y_{t-1} + 1Y_{\frac{n+3}{2}} - 1Y_t$$

$$= t(Y_n - Y_1) + (t-1)(Y_{n-1} - Y_2)$$
$$+ (t-2)(Y_{n-2} - Y_3) + \cdots\cdots + 2\ (Y_{\frac{n+5}{2}} - Y_{t-1})$$

$$+ 1(Y_{\frac{n+3}{2}} - Y_t)$$

(乙)年數n爲偶數$t = \dfrac{n}{2}$

$$Y_1 \qquad\qquad -(2t-1)$$

$$Y_2 \qquad\qquad -(2t-3)$$

$$Y_3 \qquad\qquad -(2t-5)$$

$$\vdots \qquad\qquad \vdots$$
$$\vdots \qquad\qquad \vdots$$

$$Y_{t-1} \qquad\qquad -3$$

$$Y_t \qquad\qquad -1$$

$$Y_{t+1} = Y_{\frac{n+2}{2}} \qquad\qquad 1$$

$$Y_{t+2} = Y_{\frac{n+4}{2}} \qquad\qquad 3$$

$$\vdots \qquad\qquad\qquad \vdots$$

$$\vdots \qquad\qquad\qquad \vdots$$

$$Y_{n-2} \qquad\qquad 2t-5$$

$$Y_{n-1} \qquad\qquad 2t-3$$

$$Y_n \qquad\qquad 2t-1$$

$$\Sigma(XY) = (2t-1)Y_n - (2t-1)Y_1 + (2t-3)Y_{n-1} - (2t-3)Y_2$$

$$+ (2t-5)Y_{n-2} - (2t-5)Y_3$$

$$+ \cdots\cdots + 3Y_{\frac{n+4}{2}} - 3Y_{t-1} + 1\,Y_{\frac{n+2}{2}} - 1Y_t$$

$$= (2t-1)(Y_n - Y_1) + (2t-3)(Y_{n-1} - Y_2)$$

$$+ (2t-5)(Y_{n-2} - Y_3) + \cdots\cdots$$

$$+ 3(Y_{\frac{n+4}{2}} - Y_{t-1}) + 1\,(Y_{\frac{n+2}{2}} - Y_t)$$

80. 最小平方法二次拋物線之測定

設有 n 點 $P_1, P_2, P_3, \cdots\cdots P_n$，其橫坐標爲 $X_1, X_2, X_3, \cdots\cdots X_n$，組成 x 數列，其縱坐標爲 $Y_1, Y_2, Y_3, \cdots\cdots Y_n$，組成 y 數列，設有二次拋物線 R，其方程式爲：

$$Y = a_1 + b_1 X + c_1 X^2$$

令 Y_c 爲根據上式計算而得之縱坐標，又令 $v = Y_c - Y$，則

$$\Sigma v^2 = (Yc_1 - Y_1)^2 + (Yc_2 - Y_2)^2 + (Yc_3 - Y_3)^2 + \cdots\cdots + (Yc_n - Y_n)^2$$

Σv^2 之數值隨拋物線R之位置而異，若Σv^2爲最小，則拋物線R即爲最小平方法二次拋物線。欲確定拋物線R之位置，須求a_1，b_1與c_1之數值。

$$\Sigma v^2 = \Sigma(Yc - Y)^2 = \Sigma(a_1 + b_1 X + c_1 X^2 - Y)^2$$

依微積分上極大極小定理：若Σv^2爲最小，則其對於a_1，b_1與c_1之偏引伸函數當均等於零，卽：

$$\frac{\partial \Sigma v^2}{\partial a_1} = 0$$

$$\frac{\partial \Sigma v^2}{\partial b_1} = 0$$

$$\frac{\partial \Sigma v^2}{\partial c_1} = 0$$

但　$$\frac{\partial \Sigma v^2}{\partial a_1} = 2\Sigma(a_1 + b_1 X + c_1 X^2 - Y)$$

$$\frac{\partial \Sigma v^2}{\partial b_1} = 2\Sigma(a_1 X + b_1 X^2 + c_1 X^3 - XY)$$

$$\frac{\partial \Sigma v^2}{\partial c_1} = 2\Sigma(a_1 X^2 + b_1 X^3 + c_1 X^4 - X^2 Y)$$

$$\therefore \Sigma(a_1 + b_1 X + c_1 X^2 - Y) = 0$$

$$\Sigma(a_1 X + b_1 X^2 + c_1 X^3 - XY) = 0$$

$$\Sigma(a_1 X^2 + b_1 X^3 + c_1 X^4 - X^2 Y) = 0$$

卽　$$na_1 + b_1 \Sigma X + c_1 \Sigma X^2 = \Sigma Y$$

$$a_1 \Sigma X + b_1 \Sigma X^2 + c_1 \Sigma X^3 = \Sigma(XY)$$

$$a_1 \Sigma X^2 + b_1 \Sigma X^3 + c_1 \Sigma X^4 = \Sigma(X^2 Y)$$

依行列式法解之,則得:

$$a_1 = -\frac{\begin{vmatrix} \Sigma Y & \Sigma X & \Sigma X^2 \\ \Sigma(XY) & \Sigma X^2 & \Sigma X^3 \\ \Sigma(X^2Y) & \Sigma X^8 & \Sigma X^4 \end{vmatrix}}{\begin{vmatrix} n & \Sigma X & \Sigma X^2 \\ \Sigma X & \Sigma X^2 & \Sigma X^3 \\ \Sigma X^2 & \Sigma X^3 & \Sigma X^4 \end{vmatrix}}$$

$$= \frac{\Sigma X^2 \Sigma X^4 \Sigma Y + \Sigma X \Sigma X^3 \Sigma(X^2Y) + \Sigma X^2 \Sigma X^3 \Sigma(XY) - (\Sigma X^3)^2 \Sigma(X^2Y) - (\Sigma X^3)^2 \Sigma Y - \Sigma X \Sigma X^4 \Sigma(XY)}{n \Sigma X^2 \Sigma X^4 + 2\Sigma X \Sigma X^2 \Sigma X^3 - (\Sigma X^2)^3 - n(\Sigma X^3)^2 - (\Sigma X)^2 \Sigma X^4}$$

$$b_1 = \frac{\begin{vmatrix} n & \Sigma Y & \Sigma X^2 \\ \Sigma X & \Sigma(XY) & \Sigma X^3 \\ \Sigma X^2 & \Sigma(X^2Y) & \Sigma X^4 \end{vmatrix}}{n \Sigma X^2 \Sigma X^4 + 2\Sigma X \Sigma X^2 \Sigma X^3 - (\Sigma X^2)^3 - n(\Sigma X^3)^2 - (\Sigma X)^2 \Sigma X^4}$$

$$= \frac{n \Sigma X^4 \Sigma(XY) + \Sigma X^2 \Sigma X^3 \Sigma Y + \Sigma X \Sigma X^2 \Sigma(X^2Y) - (\Sigma X^2)^2 \Sigma(XY) - n \Sigma X^3 \Sigma(X^2Y) - \Sigma X \Sigma X^4 \Sigma Y}{n \Sigma X^2 \Sigma X^4 + 2\Sigma X \Sigma X^2 \Sigma X^3 - (\Sigma X^2)^3 - n(\Sigma X^3)^2 - (\Sigma X)^2 \Sigma X^4}$$

$$c_1 = \frac{\begin{vmatrix} n & \Sigma X & \Sigma Y \\ \Sigma X & \Sigma X^2 & \Sigma(XY) \\ \Sigma X^2 & \Sigma X^3 & \Sigma(X^2Y) \end{vmatrix}}{n \Sigma X^2 \Sigma X^4 + 2\Sigma X \Sigma X^2 \Sigma X^3 - (\Sigma X^2)^3 - n(\Sigma X^3)^2 - (\Sigma X)^2 \Sigma X^4}$$

$$= \frac{n \Sigma X^2 \Sigma(X^2Y) + \Sigma X \Sigma X^2 \Sigma(XY) + \Sigma X \Sigma X^3 \Sigma Y - (\Sigma X^2)^2 \Sigma Y - n \Sigma X^3 \Sigma(XY) - (\Sigma X)^2 \Sigma(X^2Y)}{n \Sigma X^2 \Sigma X^4 + 2\Sigma X \Sigma X^2 \Sigma X^3 - (\Sigma X^2)^3 - n(\Sigma X^3)^2 - (\Sigma X)^2 \Sigma X^4}$$

設 x 數列代表時間,又設 X 爲各年與中間一年相差之年數,(若年數爲奇數)或各年與時期中點相差半年之數(若年數爲偶數),則:

$$\Sigma X = 0$$

$\Sigma X^3 = 0$

$$a_1 = \frac{\Sigma X^2 \Sigma X^4 \Sigma Y - (\Sigma X^2)^2 \Sigma (X^2 Y)}{n \Sigma X^2 \Sigma X^4 - (\Sigma X^2)^3} \qquad = \frac{\Sigma X^4 \Sigma Y - \Sigma X^2 \Sigma (X^2 Y)}{n \Sigma X^4 - (\Sigma X^2)^2}$$

$$b_1 = \frac{n \Sigma X^4 \Sigma (XY) - (\Sigma X^2)^2 \Sigma (XY)}{n \Sigma X^2 \Sigma X^4 - (\Sigma X^2)^3} \qquad = \frac{\Sigma (XY)}{\Sigma X^2}$$

$$c_1 = \frac{n \Sigma X^2 \Sigma (X^2 Y) - (\Sigma X^2)^2 \Sigma Y}{n \Sigma X^2 \Sigma X^4 - (\Sigma X^2)^3} \qquad = \frac{n \Sigma (X^2 Y) - \Sigma X^2 \Sigma Y}{n \Sigma X^4 - (\Sigma X^2)^2}$$

設 S_y 爲標準誤，則

$$S_y^2 = \frac{\Sigma v^2}{n} = \frac{\Sigma [v(a_1 + b_1 X + c_1 X^2 - Y)]}{n}$$

$$= \frac{a_1 \Sigma v + b_1 \Sigma (vX) + c_1 \Sigma (vX^2) - \Sigma (vY)}{n}$$

但　$\Sigma v = 0$

$\Sigma (vX) = 0$

$\Sigma (vX^2) = 0$

$$\therefore S_y^2 = \frac{-\Sigma (vY)}{n} = \frac{-\Sigma (a_1 Y + b_1 XY + c_1 X^2 Y - Y^2)}{n}$$

$$= \frac{\Sigma Y^2 - a_1 \Sigma Y - b_1 \Sigma (XY) - c_1 \Sigma (X^2 Y)}{n}$$

設 ρ_{yx} 爲 y 對 x 之繫聯指數，則

$$\rho_{yx}{}^2 = 1 - \frac{S_y^2}{\sigma_y^2} = 1 - \frac{\dfrac{\Sigma v^2}{n}}{\dfrac{\Sigma y^2}{n}} = 1 - \frac{\Sigma v^2}{\Sigma y^2}$$

（y爲y數列之各項與其算術平均數 $\bar{y}$ 之差）

但 $\Sigma y^2 = \Sigma Y^2 - n \bar{y}^2$

$$\therefore \rho_{yx}{}^2 = 1 - \frac{\Sigma v^2}{\Sigma Y^2 - n\bar{y}^2} = \frac{\Sigma Y^2 - n\bar{y}^2 + \Sigma(vY)}{\Sigma Y^2 - n\bar{y}^2}$$

$$= \frac{\Sigma Y^2 - n\bar{y}^2 + a_1\Sigma Y + b_1\Sigma(XY) + c_1\Sigma(X^2Y) - \Sigma Y^2}{\Sigma Y^2 - n\bar{y}^2}$$

$$= \frac{a_1\Sigma Y + b_1\Sigma(XY) + c_1\Sigma(X^2Y) - n\bar{y}^2}{\Sigma Y^2 - n\bar{y}^2}$$

31. 最小平方法三次拋物線之測定

若(甲30)中之拋物線爲三次拋物線，而其方程式爲：

$$Y = a_2 + b_2X + c_2X^2 + d_2X^3$$

則$\Sigma v^2 = \Sigma(Yc - Y)^2 = \Sigma(a_2 + b_2X + c_2X^2 + d_2X^3 - Y)^2$

依微積分上極大極小定理：若Σv^2爲最小，則

$$\frac{\partial \Sigma v^2}{\partial a_2} = 0$$

$$\frac{\partial \Sigma v^2}{\partial b_2} = 0$$

$$\frac{\partial \Sigma v^2}{\partial c_2} = 0$$

$$\frac{\partial \Sigma v^2}{\partial d_2} = 0$$

$$\therefore \quad \Sigma(a_2 + b_2X + c_2X^2 + d_2X^3 - Y) = 0$$

$$\Sigma(a_2X + b_2X^2 + c_2X^3 + d_2X^4 - XY) = 0$$

$$\Sigma(a_2X^2 + b_2X^3 + c_2X^4 + d_2X^5 - X^2Y) = 0$$

$$\Sigma(a_2X^3 + b_2X^4 + c_2X^5 + d_2X^6 - X^3Y) = 0$$

即 $na_2 + b_2\Sigma X + c_2\Sigma X^2 + d_2\Sigma X^3 = \Sigma Y$

$$a_2\Sigma X+b_2\Sigma X^2+c_2\Sigma X^3+d_2\Sigma X^4=\Sigma(XY)$$

$$a_2\Sigma X^2+b_2\Sigma X^3+c_2\Sigma X^4+d_2\Sigma X^5=\Sigma(X^2Y)$$

$$a_2\Sigma X^3+b_2\Sigma X^4+c_2\Sigma X^5+d_2\Sigma X^6=\Sigma(X^3Y)$$

設 x 數列代表時間，又設 X 爲各年與中間一年相差之年數（若年數爲奇數）或各年與時期中點相差半年之數（若年數爲偶數），則

$$\Sigma X=0$$

$$\Sigma X^3=0$$

$$\Sigma X^5=0$$

以上四式將化如下式：

$$na_2+c_2\Sigma X^2=\Sigma Y$$

$$b_2\Sigma X^2+d_2\Sigma X^4=\Sigma(XY)$$

$$a_2\Sigma X^2+c_2\Sigma X^4=\Sigma(X^2Y)$$

$$b_2\Sigma X^4+d_2\Sigma X^6=\Sigma(X^3Y)$$

依行列式法解之，則得：

$$a_2=\cfrac{\begin{vmatrix}\Sigma Y & \Sigma X^2\\ \Sigma(X^2Y) & \Sigma X^4\end{vmatrix}}{\begin{vmatrix}n & \Sigma X^2\\ \Sigma X^2 & \Sigma X^4\end{vmatrix}}=\cfrac{\Sigma X^4\Sigma Y-\Sigma X^2\Sigma(X^2Y)}{n\Sigma X^4-(\Sigma X^2)^2}$$

$$c_2=\cfrac{\begin{vmatrix}n & \Sigma Y\\ \Sigma X^2 & \Sigma(X^2Y)\end{vmatrix}}{\begin{vmatrix}n & \Sigma X^2\\ \Sigma X^2 & \Sigma X^4\end{vmatrix}}=\cfrac{n\Sigma(X^2Y)-\Sigma X^2\Sigma Y}{n\Sigma X^4-(\Sigma X^2)^2}$$

$$b_2 = \frac{\begin{vmatrix} \Sigma(XY) & \Sigma X^4 \\ \Sigma(X^3Y) & \Sigma X^6 \end{vmatrix}}{\begin{vmatrix} \Sigma X^2 & \Sigma X^4 \\ \Sigma X^4 & \Sigma X^6 \end{vmatrix}} = \frac{\Sigma X^6 \Sigma(XY) - \Sigma X^4 \Sigma(X^3Y)}{\Sigma X^2 \Sigma X^6 - (\Sigma X^4)^2}$$

$$d_2 = \frac{\begin{vmatrix} \Sigma X^2 & \Sigma(XY) \\ \Sigma X^4 & \Sigma(X^3Y) \end{vmatrix}}{\begin{vmatrix} \Sigma X^2 & \Sigma X^4 \\ \Sigma X^4 & \Sigma X^6 \end{vmatrix}} = \frac{\Sigma X^2 \Sigma(X^3Y) - \Sigma X^4 \Sigma(XY)}{\Sigma X^2 \Sigma X^6 - (\Sigma X^4)^2}$$

第十五章　非直線繫聯

32. 從 x 繫聯比可自下之公式求得:

$$\eta_{yx} = \frac{\sigma_{my}}{\sigma_y}$$

η_{yx}　從 x 繫聯比。

$\sigma_{\bar{y}}$　y 數列之標準差。

σ_{my}　各行算術平均數對於 $\bar{y}$（y 數列之算術平均數）之標準差。

〔證〕 分全部數列爲二部,令 n_1,$\bar{y}_1$ 與 σ_1 爲第一部之項數,算術平均數與標準差, n_2,$\bar{y}_2$ 與 σ_2 爲第二部之項數,算術平均數與標準差, 設

$$n = n_1 + n_2$$

$$c_1 = \bar{y} - \bar{y}_1$$

$$c_2 = \bar{y} - \bar{y}_2$$

又設 S_1 與 S_2 爲第一部各項與第二部各項對於 $\bar{y}$ 之標準差,則

$$S_1{}^2 = \sigma_1{}^2 + c_1{}^2$$

$$S_2{}^2 = \sigma_2{}^2 + c_2{}^2$$

但　$n\sigma^2{}_y = n_1 S_1{}^2 + n_2 S_2{}^2$

∴　$n\sigma_y{}^2 = n_1(\sigma_1{}^2 + c_1{}^2) + n_2(\sigma_2{}^2 + c_2{}^2)$

同理,設分全部數列爲 t 部,則

$$n\sigma_y{}^2 = n_1(\sigma_1{}^2 + c_1{}^2) + n_2(\sigma_2{}^2 + c_2{}^2) + n_3(\sigma_3{}^2 + c_3{}^2) + \cdots\cdots$$

$$+ n_t(\sigma_t{}^2 + c_t{}^2) = \Sigma(n\sigma^2) + \Sigma(nc^2)$$

在繫聯表中 $\Sigma(n\sigma^2)$ 即為 y 數列中各項與各行算術平均數相差各平方之和,故設 σ_{ay} 為 y 數列中各項對於各行算術平均數之標準差,則

$$\Sigma(n\sigma^2)=n\sigma_{ay}{}^2$$

σ_{my} 為各行算術平均數(即 $\bar{y}_1, \bar{y}_2, \bar{y}_3, , \cdots\cdots \bar{y}_t$)對於 $\bar{y}$ 之標準差,

故　$\Sigma(nc^2)=n\sigma^2{}_{my}$

$\therefore$　$n\sigma^2{}_y=n\sigma^2{}_{ay}+n\sigma^2{}_{my}$

即　$\sigma^2{}_y-\sigma^2{}_{ay}=\sigma^2{}_{my}$

$$\therefore \quad \eta_{yx}=\sqrt{1-\frac{\sigma_{ay}{}^2}{\sigma_y{}^2}}$$

$$\therefore \quad \eta_{yx}=\sqrt{\frac{\sigma_y{}^2-\sigma_{ay}{}^2}{\sigma_y{}^2}}=\sqrt{\frac{\sigma^2{}_{my}}{\sigma_y{}^2}}=\frac{\sigma_{my}}{\sigma_y}$$

第十六章　他種繫聯

33.　**等級繫聯係數可自下列公式求得：**

$$\rho = 1 - \frac{6 \Sigma (v_x - v_y)^2}{n(n^2 - 1)}$$

ρ　等級繫聯係數

v_x　x 數列中各項之等級

v_y　y 數列中各項之等級

n　項數

〔證〕　設 $\bar{v}_x$ 與 σv_x 爲 x 數列中各項等級之算術平均數與標準差，$\bar{v}_y$ 與 σv_y 爲 y 數列中各項等級之算術平均數與標準差，則

$$\bar{v}_x = \bar{v}_v = \frac{n+1}{2}$$

$$\sigma v_x = \sigma v_y$$

$$n\sigma^2 v_x = \Sigma(v_x - \bar{v}_x)^2 = \Sigma v^2_x - 2\bar{v}_x \Sigma v_x + n\bar{v}^2_x$$

但　$\Sigma v^2_x = \frac{1}{6} n(n+1)(2n+1)$（參看甲 27）

$$\Sigma v_x = \frac{n(n+1)}{2}\ （等差級數之和）$$

$$\therefore n\sigma^2 v_x = \frac{1}{6} n(n+1)(2n+1) - \frac{n(n+1)^2}{2} + \frac{n(n+1)^2}{4} = \frac{1}{12}(n^3 - n)$$

卽　$\sigma^2 v_x = \frac{1}{12}(n^2 - 1)$

設 $\sigma_x,\ \sigma_y$ 與 $\sigma_{(x-y)}$ 爲 x 數列, y 數列與 (x−y) 數列之標準差而 r 爲 x 數列與 y 數列之繫聯係數，則

$$r = \frac{\sigma^2_x + \sigma^2_y{}^2 - \sigma_{(x-y)}}{2\sigma_x \sigma_y}\ （證明與甲 25 相似）$$

但在等級繫聯其繫聯係數常以 ρ 表之，故

$$\rho = \frac{\sigma^2 v_x + \sigma^2 v_y - \dfrac{\Sigma (v_x - v_y)^2}{n}}{2\sigma v_x \sigma v_y}$$

$\because \quad \sigma v_x = \sigma v_y$

$\therefore \quad \rho = \dfrac{2\sigma^2 v_x}{2\sigma^2 v_x} - \dfrac{\Sigma (v_x - v_y)^2}{2n\sigma^2 v_x} = 1 - \dfrac{6\Sigma (v_x - v_y)^2}{n(n^2 - 1)}$

34. 如其兩數列之等級完全相同，則 $\Sigma(v_x - v_y)^2 = 0$，是爲絕對正繫聯。但亦有絕對負繫聯，在一數列之等級適與他一數列之等級相反，而 $\rho = -1$。

〔證〕 若 n 爲奇數，則

$$\Sigma(v_x - v_y)^2 = 2[(n-1)^2 + (n-3)^2 + \cdots\cdots + 4^2 + 2^2 + 0]$$
$$= 8\left[\frac{(n-1)^2}{4} + \frac{(n-3)^2}{4} + \cdots\cdots + 9 + 4 + 1 + 0\right]$$
$$= 8\left[1 + 2^2 + 3^2 + \cdots\cdots \left(\frac{n-1}{2}\right)^2\right]$$
$$= 8 \times \frac{1}{6} \times \frac{n-1}{2}\left(\frac{n-1}{2}+1\right)\left(2 \times \frac{n-1}{2}+1\right) = \frac{1}{3}n(n^2-1)$$

若 n 爲偶數，則

$$\Sigma(v_x - v_y)^2 = 2[(n-1)^2 + (n-3)^2 + \cdots\cdots + 25 + 9 + 1]$$
$$= 2[(n-1)^2 + (n-2)^2 + (n-3)^2 + \cdots\cdots + 25 + 16 + 9$$
$$\qquad + 4 + 1] - 2[(n-2)^2 + \cdots\cdots + 36 + 16 + 4]$$
$$= 2 \times \frac{1}{6}(n-1)n(2n-1) - 8\left[1 + 4 + 9 + \cdots + \left(\frac{n-2}{2}\right)^2\right]$$
$$= \frac{1}{3}n(n-1)(2n-1) - \frac{1}{3}n(n-1)(n-2) = \frac{1}{3}n(n^2-1)$$

無論 n 爲奇數或偶數，$\Sigma(v_x - v_y)^2 = \frac{1}{3}n(n^2-1)$

$$\therefore \quad \rho = 1 - \frac{6 \times \frac{1}{3}n(n^2-1)}{n(n^2-1)} = -1.$$

第十八章　響應

35. 若因變量 X_1 與自變量 X_2, X_3, X_4 各有直線關係，則其響應方程式可書之如下：

$$X_1 = a + b_{12.34} \, X_2 + b_{13.24} \, X_3 + b_{14.23} \, X_4$$

$$b_{12.34} = \frac{\triangle 12.34}{\triangle}$$

$$b_{13.24} = \frac{\cdot \triangle 13.24}{\triangle}$$

$$b_{14.23} = \frac{\triangle 14.23}{\triangle}$$

$$\triangle = \sigma_2{}^2\sigma_3{}^2\sigma_4{}^2 + 2p_{23}p_{34}p_{24} - \sigma_3{}^2 p^2{}_{24} - \sigma_2{}^2 p^2{}_{34} - \sigma_4{}^2 p^2{}_{23}$$

$$\triangle 12.34 = \sigma_3{}^2\sigma_4{}^2 p_{12} + p_{23}p_{34}p_{14} + p_{24}p_{13}p_{34}$$
$$- \sigma_3{}^2 p_{14}p_{24} - p_{12}p^2{}_{34} - \sigma_4{}^2 p_{13}p_{23}$$

$$\triangle 13.24 = \sigma_2{}^2\sigma_4{}^2 p_{12} + p_{12}p_{34}p_{24} + p_{24}p_{23}p_{14}$$
$$- p_{13}p^2{}_{24} - \sigma_2{}^2 p_{34}p_{14} - \sigma_4{}^2 p_{23}p_{12}$$

$$\triangle 14.23 = \sigma_2{}^2\sigma_3{}^2 p_{14} + p_{23}p_{13}p_{24} + p_{12}p_{23}p_{34}$$
$$- \sigma_3{}^2 p_{12}p_{24} - \sigma_2{}^2 p_{13}p_{34} - p_{14}p^2{}_{23}$$

$$a = \bar{x}_1 - \bar{x}_2 b_{12.34} - \bar{x}_3 b_{13.24} - \bar{x}_4 p_{14.23}$$

$\sigma_2, \sigma_3, \sigma_4$ 爲 X_2, X_3, X_4 之標準差

$\bar{x}_1, \bar{x}_2, \bar{x}_3, \bar{x}_4$ 爲 $X_1, X_2 X_3, X_4$ 之算術平均數

$$p_{12} = \frac{\Sigma (x_1 x_2)}{n}$$

$$x_1 = X_1 - \bar{x}_1$$

$$x_2 = X_2 - \bar{x}_2$$

n　項數

$p_{13}, p_{14}, p_{23}, p_{24}, p_{34}$ 之定義與 p_{12} 相似

〔證〕　令 $v = X_1 - (a + b_{12.34}X_2 + b_{13.24}X_3 + b_{14.23}X_4)$

依最小平方法定理 Σv^2 若爲最小，則

$$\frac{\partial \Sigma v^2}{\partial a} = 0$$

$$\frac{\partial \Sigma v^2}{\partial b_{12.34}} = 0$$

$$\frac{\partial \Sigma v^2}{\partial b_{13.24}} = 0$$

$$\frac{\partial \Sigma v^2}{\partial b_{14.23}} = 0$$

卽　$\Sigma X_1 - \Sigma(a + b_{12.34}X_2 + b_{13.24}X_3 + b_{14.23}X_4) = 0$

$\Sigma(X_1 X_2) - \Sigma(aX_2 + b_{12.34}X_2{}^2 + b_{13.24}X_2 X_3 + b_{14.23}X_2 X_4)$
$= 0$

$\Sigma(X_1 X_3) - \Sigma(aX_3 + b_{12.34}X_2 X_3 + b_{13.24}X_3{}^2 + b_{14.23}X_3 X_4)$
$= 0$

$\Sigma(X_1 X_4) - \Sigma(aX_4 + b_{12.34}X_2 X_4 + b_{13.24}X_3 X_4 + b_{14.23}X_4{}^2)$
$= 0$

即　$na + b_{12.34}\Sigma X_2 + b_{13.24}\Sigma X_3 + b_{14.23}\Sigma X_4 = \Sigma X_1$

$a\Sigma X_2 + b_{12.34}\Sigma X_2^2 + b_{13.24}\Sigma (X_2 X_3)$

$\qquad + b_{14.23}\Sigma (X_2 X_4) = \Sigma (X_1 X_2)$

$a\Sigma X_3 + b_{12.34}\Sigma (X_2 X_3) + b_{13.24}\Sigma X_3^2$

$\qquad + b_{14.23}\Sigma (X_3 X_4) = \Sigma (X_1 X_3)$

$a\Sigma X_4 + b_{12.34}\Sigma (X_2 X_4) + b_{13.24}\Sigma (X_3 X_4)$

$\qquad + b_{14.23}\Sigma X_4^2 = \Sigma (X_1 X_4)$

但　$\Sigma X_1 = n\bar{x}_1$

$\Sigma X_2 = n\bar{x}_2$

$\Sigma X_3 = n\bar{x}_3$

$\Sigma X_4 = n\bar{x}_4$

$\Sigma X_2^2 = n(\sigma_2^2 + \bar{x}_2^2)$

$\Sigma X_3^2 = n(\sigma_3^2 + \bar{x}_3^2)$

$\Sigma X_4^2 = n(\sigma_4^2 + \bar{x}_4^2)$

$\Sigma (X_1 X_2) = \Sigma (x_1 x_2) + n\bar{x}_1 \bar{x}_2 = n(p_{12} + \bar{x}_1 \bar{x}_2)$

$\Sigma (X_1 X_3) = n(p_{13} + \bar{x}_1 \bar{x}_3)$

$\Sigma (X_1 X_4) = n(p_{14} + \bar{x}_1 \bar{x}_4)$

$\Sigma (X_2 X_3) = n(p_{23} + \bar{x}_2 \bar{x}_3)$

$\Sigma (X_2 X_4) = n(p_{24} + \bar{x}_2 \bar{x}_4)$

$\Sigma (X_3 X_4) = n(p_{34} + \bar{x}_3 \bar{x}_4)$

以之代入上式則得:

$a = \bar{x}_1 - \bar{x}_2 b_{12.34} - \bar{x}_3 b_{13.24} - \bar{x}_4 b_{14.23}$

$$\sigma_2{}^2 b_{12.34} + p_{23} b_{13.24} + p_{24} b_{14.23} = p_{12}$$

$$p_{23} b_{12.34} + \sigma_3{}^2 b_{13.24} + p_{34} b_{14.23} = p_{13}$$

$$p_{24} b_{12.34} + p_{34} b_{13.24} + \sigma_4{}^2 b_{14.23} = p_{14}$$

令 $b_{12.34} = \dfrac{\triangle_{12.34}}{\triangle}$

$$b_{13.24} = \dfrac{\triangle_{13.24}}{\triangle}$$

$$b_{14.23} = \dfrac{\triangle_{14.23}}{\triangle}$$

依行列式法解之則得

$$\triangle = \begin{vmatrix} \sigma_2{}^2 & p_{23} & p_{24} \\ p_{23} & \sigma_3{}^2 & p_{34} \\ p_{24} & p_{34} & \sigma_4{}^2 \end{vmatrix}$$

$$= \sigma_2{}^2 \sigma_3{}^2 \sigma_4{}^2 + 2 p_{23} p_{34} p_{24} - \sigma_3{}^2 p_{24}{}^2 - \sigma_2{}^2 p_{34}{}^2 - \sigma_4{}^2 p_{23}{}^2$$

$$\triangle_{12.34} = \begin{vmatrix} p_{12} & p_{23} & p_{24} \\ p_{13} & \sigma_3{}^2 & p_{34} \\ p_{14} & p_{34} & \sigma_4{}^2 \end{vmatrix}$$

$$= \sigma_3{}^2 \sigma_4{}^2 p_{12} + p_{23} p_{34} p_{14} + p_{24} p_{13} p_{34}$$

$$\quad - \sigma_3{}^2 p_{14} p_{24} - p_{12} p_{34}{}^2 - \sigma_4{}^2 p_{13} p_{23}$$

$$\triangle_{13.24} = \begin{vmatrix} \sigma_2{}^2 & p_{12} & p_{24} \\ p_{23} & p_{13} & p_{34} \\ p_{24} & p_{14} & \sigma_4{}^2 \end{vmatrix}$$

$$= \sigma_2{}^2 \sigma_4{}^2 p_{13} + p_{12} p_{34} p_{24} + p_{24} p_{23} p_{14}$$

$$-p_{13}p_{24}{}^2-\sigma_2{}^2p_{34}p_{14}-\sigma_4{}^2p_{23}p_{12}$$

$$\triangle_{14\cdot23}=\begin{vmatrix} \sigma_2{}^2 & p_{23} & p_{12} \\ p_{23} & \sigma_3{}^2 & p_{13} \\ p_{24} & p_{34} & p_{14} \end{vmatrix}$$

$$=\sigma_2{}^2\sigma_3{}^2p_{14}+p_{23}p_{13}p_{24}+p_{12}p_{23}p_{34}$$

$$-\sigma_3{}^2p_{12}p_{24}-\sigma_2{}^2p_{13}p_{34}-p_{14}p^2{}_{23}$$

設 $S_{1\cdot234}$ 爲 X_1 對 X_2, X_3 與 X_4 之標準誤，則

$$S_{1\cdot234}=\frac{\Sigma v^2}{n}=\frac{\Sigma(v(X_1-a-b_{12\cdot34}X_2-b_{13\cdot24}X_3-b_{14\cdot23}X_4))}{n}$$

$$=\frac{\Sigma(vX_1)-a\Sigma v-b_{12\cdot34}\Sigma(vX_2)-b_{13\cdot24}\Sigma(vX_3)-b_{14\cdot23}\Sigma vX_4)}{n}$$

$\because\ \Sigma v=0$

$\quad\Sigma(vX_2)=0$

$\quad\Sigma(vX_3)=0$

$\quad\Sigma(vX_4)=0$

$\therefore S^2{}_{1\cdot234}=\dfrac{\Sigma(vX_1)}{n}=\dfrac{\Sigma(X_1(X_1-a-b_{12\cdot34}X_2-b_{13\cdot24}X_3-b_{14\cdot23}X_4))}{n}$

$$=\frac{\Sigma X_1{}^2-a\Sigma X_1-b_{12\cdot34}\Sigma(X_1X_2)-b_{13\cdot24}\Sigma(X_1X_3)-b_{14\cdot23}\Sigma(X_1X_4)}{n}$$

$$=\sigma_1{}^2+\bar{x}_1{}^2-\bar{x}_1(\bar{x}_1-\bar{x}_2b_{12.34}-\bar{x}_3b_{13.24}-\bar{x}_4b_{14.23})-p_{12}b_{12.34}$$

$$-\bar{x}_1\bar{x}_2b_{12.34}-p_{13}b_{13.24}-\bar{x}_1\bar{x}_3b_{13.24}-p_{14}b_{14.23}-\bar{x}_1\bar{x}_4b_{14.23}$$

$$=\sigma_1{}^2-p_{12}b_{12.34}-p_{13}b_{13.24}-p_{14}b_{14.23}$$

若自變量祇有二個，則

$$X_1=a+b_{12.3}X_2+b_{13.2}X_3$$

$$a = \bar{x}_1 - \bar{x}_2 b_{12.3} - \bar{x}_3 b_{13.2}$$

$$b_{12.3} = \frac{\Delta 12.3}{\Delta}$$

$$b_{13.2} = \frac{\Delta 13.2}{\Delta}$$

$$\Delta = \begin{vmatrix} \sigma_2^2 & p_{23} \\ p_{23} & \sigma_3^2 \end{vmatrix} = \sigma_2^2 \sigma_3^2 - p_{23}^2$$

$$\Delta 12.3 = \begin{vmatrix} p_{12} & p_{23} \\ p_{13} & \sigma_3^2 \end{vmatrix} = \sigma_3^2 p_{12} - p_{13} p_{23}$$

$$\Delta 13.2 = \begin{vmatrix} \sigma_2^2 & p_{12} \\ p_{23} & p_{13} \end{vmatrix} = \sigma_2^2 p_{13} - p_{12} p_{23}$$

以 x_1 與 x_2 代入響應方程式則得:

$$x_1 = b_{12.3} x_2 + b_{13.2} x_3$$

設 $S_{1.23}$ 為 X_1 對 X_2 與 X_3 之標準誤,則

$$S^2_{1.23} = \frac{\Sigma[X_1(X_1 - a - b_{12.3}X_2 - b_{13.2}X_3)]}{n}$$

$$= \sigma_1^2 + \bar{x}_1^2 - \bar{x}_1^2 + \bar{x}_1\bar{x}_2 b_{12.3} + \bar{x}_1\bar{x}_3 b_{13.2}$$

$$- p_{12} b_{12.3} - \bar{x}_1\bar{x}_2 b_{12.5} - p_{13} b_{13.2} - \bar{x}_1\bar{x}_3 b_{13.2}$$

$$= \sigma_1^2 - p_{12} b_{12.2} - p_{13} b_{13.2}$$

附錄乙　統計習題

第一章　緒論

1. 試述統計學之定義！

2. 試述統計方法之程序！

3. 解釋下列各名詞：

    a. 計數。

    b. 估量。

    c. 抽樣。

4. 解釋下列各法則：

    a. 統計常態之法則。

    b. 小數永存之法則。

    c. 大量惰性之法則。

5. 試述統計學之應用及其誤用！

第二章　統計表

6．　統計表有何功用？

7．　區別下列各名詞：

　　a．　科學的分類與非科學的分類。

　　b．　歷史的分類，地理的分類，性質的分類與數量的分類。

　　c．　總表與摘要表。

　　d．　時間數列，空間數列與質量數列。

　　e．　連續數列，非連續數列與近似連續數列。

　　f．　普通頻數表與分組頻數表。

　　g．　外表組限與實際組限。

　　h．　簡單頻數表與累積頻數表。

　　i．　較小制累積頻數表與較大制累積頻數表。

8．　解釋下列各名詞：

　　a．　特性。

　　b．　變量。

　　c．　統計數列。

　　d．　頻數。

　　e．　頻數分配。

　　f．　組距。

　　g ．　組限。

　　h ．　上限。

　　i ．　下限。

　　J ．　組中點。

9 ．　組距應否相等?試論之!

10．　組限之選擇應以何者爲標準?其表示之方法如何?

11．　累積頻數表中各組之累積頻數有何意義?試舉例以明之!

12．　試製三項表!

13．　就上星期上海金業交易所之標金行情製一分組頻數表!

14．　由A表中之上海小麥按月平均價編製分組頻數表:

　　a ．　組距爲半元。

　　b ．　組距爲二角。

A ．　民國元年至十七年上海小麥按月平均價（單位爲一元）

年別＼月別	一	二	三	四	五	六	七	八	九	十	十一	十二
元年	4.56	4.65	4.50	4.34	4.53	4.39	4.22	4.13	4.23	4.01	4.06	4.21
二年	4.93	4.81	5.10	5.17	4.43	4.53	3.63	3.67	4.07	4.50	4.87	4.80
三年	4.35	5.05	4.98	4.87	4.60	3.75	4.75	4.95	5.10	5.50	6.00	5.95
四年	5.85	5.93	6.26	6.05	5.42	5.22	5.17	5.26	5.74	5.59	4.54	4.71
五年	5.15	4.32	4.30	4.16	4.14	3.74	4.00	4.05	3.97	3.98	3.85	3.76
六年	4.34	3.91	5.65	5.65	5.85	4.21	3.53	3.70	4.54	5.37	3.72	5.10
七年	5.10	5.00	4.43	4.43	3.86	4.45	4.58	4.70	4.73	4.63	4.50	4.50
八年	4.55	4.55	4.53	4.37	3.05	3.18	3.40	3.40	3.59	3.52	3.82	3.77
九年	4.50	4.48	4.38	4.70	3.97	3.97	4.29	4.00	4.37	3.94	3.72	3.87
十年	4.82	4.86	5.13	4.94	3.91	4.55	4.41	4.49	5.21	5.42	5.13	5.31
十一年	5.12	5.07	5.97	5.02	4.72	4.53	4.90	4.54	4.96	5.33	5.53	5.50
十二年	5.73	6.01	5.76	5.19	4.03	5.02	4.92	5.00	5.41	5.08	4.85	4.66
十三年	5.56	4.80	4.37	3.99	4.28	4.41	4.58	4.91	4.74	4.90	5.12	5.40
十四年	5.60	5.83	6.02	6.34	5.85	5.20	5.11	5.38	5.60	5.63	6.16	6.35
十五年	6.67	6.81	6.67	6.49	5.93	5.76	5.81	5.84	5.79	6.61	6.74	6.52
十六年	6.51	6.59	6.49	6.45	6.68	6.46	5.82	6.06	6.13	5.83	5.84	5.83
十七年	5.85	6.30	6.60	6.35	6.01	5.22	4.91	4.79	5.25	5.77	5.66	6.05

【註一】　＊該月無市,用前後兩月平均價代之。

[註二]　資料來源：上海特別市社會局所編社會月刊第一卷第三號。

15.　由第13題中之分組頻數表製：

　　　a．　較小制累積頻數表。

　　　b．　較大制累積頻數表。

16.　由第14題中之分組頻數表製累積頻數表！

第三章　統計圖

17. 試述統計圖之功用及製圖之主要原則！

18. 統計圖如何分類？

19. 解釋下列各名詞：

 a. 度點。

 b. 指線。

 c. 像形圖。

 d. 角曲線。

 e. 修勻曲線。

 f. 四分點統計地圖。

20. 區別下列各名詞：

 a. 算術圖與單對數圖。

 b. 歷史線圖與頻數線圖。

21. 修勻曲線與角曲線之最高點應否一致？試論之！

22. 頻數曲線之修勻有何規則？

23. 統計地圖有何效用？

24. 根據 B 表中之統計製民國十九年及二十年我國輸入貨值按國比較圖！

B. 民國十九年及二十年由各國輸入我國貨值總額按國比較表(單位:1000海關兩)

國　別	民 國 十 九 年	民 國 二 十 年
美　　國	232,406	321,342
日本及臺灣	327,165	295,727
香　　港	218,370	222,077
英　　國	108,258	119,986
印　　度	132,168	85,186
德　　國	69,105	83,514
其他各國	240,760	320,355

〔註〕 資料來源: 民國二十年海關中外貿易統計年刊下卷卷一。

25. 製民國二十一年我國輸往外國茶量按國按類比較圖!（查民國二十一年海關中外貿易統計年刊下卷卷二。）

26. 根據C表中之統計製民國二十年各省棉花種植面積比較圖!

　　a. 條形圖。

　　b. 圓形圖。

C. 民國二十年各省棉花種植面積表

省　別	單 位 千 畝
遼　寧	1145
河　北	2953
山　東	5219
山　西	359
河　南	1821
陝　西	1424
江　蘇	8336
浙　江	1818
安　徽	531
江　西	266
湖　北	10424
湖　南	1173

〔註〕 資料來源: 上海紗廠聯合會報告。

27.　根據D表中之統計,製最近二十年(民國元年至二十年)由外
　　國輸入我國貨值淨額按年比較圖!

D.　最近二十年（民國元年至二十年）我國輸出入值
　　按年比較表(單位:百萬海關兩)

年　　別	輸出值總額	輸入值淨額
元　　年	371	473
二　　年	403	570
三　　年	356	569
四　　年	419	454
五　　年	482	516
六　　年	463	550
七　　年	486	555
八　　年	631	647
九　　年	542	762
十　　年	601	906
十 一 年	655	945
十 二 年	753	923
十 三 年	772	1,018
十 四 年	776	948
十 五 年	864	1,124
十 六 年	919	1,013
十 七 年	991	1,196
十 八 年	1,016	1,266
十 九 年	895	1,310
二 十 年	909	1,433

[註]　資料來源: 最近中國對外貿易統計圖解（中國銀行出版）及民國二十年
　　　海關中外貿易統計月刊上卷。

28.　根據第十三題中之分組頻數表製:

　　a.　頻數線圖。

　　b.　累積頻數曲線圖。

29．　根據第十四題中之分組頻數表製：

　　a．　直方圖。

　　b．　頻數線圖。

　　c．　修勻曲線。

　　〔註〕　須畫在同一圖上。

30．　根據E表中之統計製最近二十年　（民國元年至二十年）我
　　國輸往外國蛋產品量按年比較圖！

　　a．　算術圖。

　　b．　單對數圖。

E．　最近二十年（民國元年至二十年）我國輸往外國

蛋產品量按年比較表

年　　別	輸出量(千擔)	年　　別	輸出量(千擔)
元　　年	125	十 一 年	432
二　　年	156	十 二 年	378
三　　年	132	十 三 年	458
四　　年	191	十 四 年	1,004
五　　年	288	十 五 年	994
六　　年	405	十 六 年	756
七　　年	289	十 七 年	951
八　　年	606	十 八 年	1,135
九　　年	423	十 九 年	1,150
十　　年	393	二 十 年	995

　　〔註〕　資料來源：與D表同。

31．　根據F表中之統計製最近二十年　（民國元年至二十年）我國
　　由荷屬東印度與日本(包含臺灣)輸入糖量按年比較圖！

F． 最近二十年(民國元年至二十年)我國由荷屬東印度及日本
　(包含臺灣)輸入糖量按年比較表(單位：千擔)

年　別	由荷屬東印度輸入	由日本(包含臺灣)輸入
元　年	436	880
二　年	809	1,670
三　年	601	1,346
四　年	373	1,013
五　年	164	1,382
六　年	53	2,260
七　年	290	2,434
八　年	372	1,355
九　年	109	663
十　年	516	938
十 一 年	676	1,674
十 二 年	435	1,210
十 三 年	1,290	2,350
十 四 年	3,821	2,829
十 五 年	2,941	3,050
十 六 年	2,791	2,694
十 七 年	5,180	3,559
十 八 年	6,070	2,918
十 九 年	4,181	3,176
二 十 年	3,339	2,812

〔註〕 資料來源：與 D 表同。

32. 根據 G 表中之統計製最近二十年（民國二年至二十一年）華
　北香片茶葉與香片茶末之平均批發物價按年比較圖！

G. 最近二十年（民國二年至二十一年）華北香片茶葉與
香片茶末之平均批發物價按年比較表

年　　別	香片茶葉　（百斤）	香片茶末　（百斤）
二　年	$　43.20	$　7.20
三　年	44.80	7.55
四　年	45.68	7.83
五　年	43.67	7.13
六　年	46.50	7.99
七　年	46.89	8.37
八　年	47.35	8.61
九　年	49.23	8.98
十　年	50.61	9.40
十一年	52.16	10.14
十二年	53.76	10.90
十三年	49.57	10.21
十四年	54.99	11.57
十五年	58.36	13.13
十六年	60.81	15.20
十七年	68.98	13.46
十八年	96.15	18.00
十九年	119.03	19.83
二十年	125.00	21.02
廿一年	115.33	30.74

〔註〕 資料來源：經濟統計季刊第二卷第一期（南開大學出版）。

第四章　平均數

33. 試述平均數之定義及其分類！

34. 單純平均數與加權平均數有何區別？

35. 算術平均數中位數與衆數有何關係？

36. 有時一數列之衆數不止一個，其故安在？

37. 求證：

$$\Sigma(X-\bar{x})=0$$

　　X　變量之數值

　　$\bar{x}$　算術平均數

38. 幾何平均數與倒數平均數有何效用？

39. 由第十三題中之分組頻數表求算術平均數！

　　a．　應用簡捷法

　　b．　應用累積頻數法

40. 由第十四題中之分組頻數表求：

a．　算術平均數。

b．　中位數。

c．　第一四分位數。

d．　第三四分位數。

e．　第五十分位數。

f ． 第三十七百分位數。

41． 求昨日上海金業交易所所開標金行情之算術平均數與中位

數！(不必製成分組頻數表)

42． 由第二十八題中之累積頻數曲線圖求：

　　a． 中位數。

　　b． 第一四分位數。

　　c． 第三四分位數。

43． 由下表求算術平均數：

　　a． 應用簡捷法。

　　b． 應用累積頻數法。

　　AA． 上海三百零五家工人家庭每年收入分配表

每　年　收　入	家　　數
＄ 200——300	62
300——400	95
400——500	80
500——600	31
600——700	25
700——800	8
800——900	4

〔註〕 資料來源：民國十五年至二十年上海市工人生活費指數 (上海市政府社

會局出版)。

44． 由下表求：

　　a． 衆數。

　　b． 算術平均數。

c . 中位數。

AB. <u>美國某鞋廠工人每週收入分配表</u>

每　週　收　入	工　人　人　數
$ 0 —— 2.49	3
2.50—— 4.99	12
5.00—— 7.49	17
7.50—— 9.99	48
10.00——12.49	61
12.50——14.99	76
15.00——17.49	103
17.50——19.99	118
20.00——22.49	99
22.50——24.99	84
25.00——27.49	85
27.50——29.99	61
30.00——32.49	53
32.50——34.99	47
35.00——37.49	50
37.50——39.99	26
40.00——42.49	15
42.50——44.99	8
45.00——47.49	4
47.50——49.99	1
50.00——52.49	1

［註］　資料來源：鄒獨克所編之統計方法習題。

45. 將ＡＢ表之組距改爲五元(第一組定爲\$0−4.99)重製一分

組頻數表,並由此表求:

a . 衆數。

b . 算術平均數。

c . 中位數。

　　　d. 第一四分位數。

46. 某校分甲,乙,丙三級,甲級學生七十八人,平均成績七十五分,乙級學生六十九人,平均成績六十八分,丙級學生八十四人,平均成績六十五分,求全校學生之平均成績!

47. 求下列十數之幾何平均數與倒數平均數:

　　58,56,54,58,63,65,68,62,59,60.

第五章　離中趨勢

48. 試略述離中趨勢之意義及其測定之方法！

49. 試略述各種離中差之關係！

50. 解釋下列各名詞：

　　a.　全距。

　　b.　四分位差。

　　c.　相互平均差。

51. 離中差與離中係數有何區別？

52. 求證：

$$\sigma = \sqrt{\frac{\Sigma x'^2}{n} - c^2}$$

　σ　標準差。

　n　項數。

　x'　各項與假定平均數之差。

　c　算術平均數與假定平均數之差。

53. 由昨日上海金業交易所所開之標金行情，求：

　　a.　平均差與平均差係數；

　　b.　標準差與標準差係數；

　　c.　相互平均差與相互平均差係數。

54. 由第十三題中之分組頻數表，求：

　　a. 四分位差與四分位差係數；

　　b. 平均差與平均差係數；

　　c. 標準差與標準差係數；

　　d. 相互平均差與相互平均差係數。

55. 由第十四題中之分組頻數表，求標準差與標準差係數：

　　a. 應用簡捷法。

　　b. 應用累積頻數法。

56. 由A.A.表，求：

　　a. 四分位差與四分位差係數；

　　b. 平均差與平均差係數；

　　c. 標準差與標準差係數；

　　d. 相互平均差與相互平均差係數。

57. 由A.B.表：

　　a. 用普通法求平均差；

　　b. 用簡捷法求平均差；

　　c. 用簡捷法求標準差；

　　d. 用累積頻數法求標準差。

第六章　機率與差誤正態曲線

58. 解釋下列各名詞：

　　a.　機率。

　　b　互相排斥事件。

　　c.　獨立事件。

　　d.　差誤正態曲線。

　　e.　機差。

　　f.　標準誤。

59. 何謂機率之加法與乘法？試各舉二例以明之！

60. 區別下列各名詞：

　　a.　單純事件與繁複事件。

　　b.　實在頻數與理論頻數。

61. 擲骰三粒，求各點之機率！

62. 擲骰四粒，求各點之機率！

63. 今有二囊，甲囊內有紅球十個黑球七個，乙囊內有紅球八個黑球六個，設自甲乙二囊各取一球，求下列各種之機率：

　　a.　兩個紅球。

　　b.　一紅一黑。

　　c.　兩個黑球。

64. 今有三囊,甲囊內有紅球十個黑球七個白球六個,乙囊內有紅球八個黑球六個白球三個,丙囊內有紅球四個黑球五個,設自甲乙丙三囊各取一球,求下列各種之機率:

　　a.　三個紅球。

　　b.　三個黑球。

　　c.　三個白球。

　　d.　兩個紅球。

　　e.　兩個黑球。

　　f.　兩個白球。

　　g.　一紅一黑一白。

65. 求 $_nC_r$:

　　a.　n＝10　　r＝ 1

　　b.　n＝10　　r＝ 5

　　c.　n＝10　　r＝10

　　d.　n＝11　　r＝ 5

　　e.　n＝11　　r＝ 6

66. 求:

　　a.　$_{12}C_4$

　　b.　$_{12}C_8$

　　c.　$_{14}C_3$

　　d.　$_{14}C_{11}$

67. 今有獨立單純事件五,其機率爲 $p_1, p_2, p_3, p_4,$ 與 p_5,求下列各

種之機率:

a. 五件均實現.

b. 第一件實現其他四件不實現。

c. 第二第四兩件實現其他三件不實現。

d. 五件均不實現。

68. 擲骰四粒,求至少擲得六點之機率!

69. 若平均一百商船中能有九十九船平安返埠,求十隻商船中至少有兩隻平安返埠之機率!

70. 籃內有小球十個,各編以號碼(自一號至十號),茲欲同時取二球而得第三號球與第五號球,問其機率幾何?

71. 籃中有白球三個黑球五個,茲欲同時取二球,求:

a. 二白球之機率;

b. 二黑球之機率·

c. 一白一黑之機率。

72. 以同一算題令甲乙二生各自演算,甲生演出之機率爲 $\frac{1}{4}$,乙生演出之機率爲 $\frac{1}{3}$,問若二人合演此題,則其演出之機率幾何?

73. 甲乙二人參加賽跑,甲奪得錦標(第一名)之機率爲 $\frac{1}{4}$,乙奪得錦標之機率爲 $\frac{1}{3}$,求甲或乙奪得錦標之機率!

74. 擲幣五枚連續六十次,求下列各種出現之次數:

a. 五面。

b. 四面一背。

    c.　三面二背。

    d.　二面三背。

    e.　一面四背。

    f.　五背。

75.　由下表配合差誤正態曲線及確定理論頻數：

    a.　以差誤正態曲線配合於**男孩體重**之頻數分配。每間隔 0.25σ 竪一縱線。

    b.　繪實在曲線與配合曲線。

    c.　年齡自一月至二月之一般白種男孩其體重爲九磅或九磅以下之比例約有幾何？

    d.　確定各組之理論頻數。

AC.　美國1431白種男孩之體重（年齡自一月至二月）

體　　　重　　　（磅）	男　孩　　數
$5\frac{1}{4}$ —— $6\frac{1}{4}$	12
$6\frac{1}{4}$ —— $7\frac{1}{4}$	31
$7\frac{1}{4}$ —— $8\frac{1}{4}$	87
$8\frac{1}{4}$ —— $9\frac{1}{4}$	136
$9\frac{1}{4}$ —— $10\frac{1}{4}$	254
$10\frac{1}{4}$ —— $11\frac{1}{4}$	314
$11\frac{1}{4}$ —— $12\frac{1}{4}$	282
$12\frac{1}{4}$ —— $13\frac{1}{4}$	186
$13\frac{1}{4}$ —— $14\frac{1}{4}$	81
$14\frac{1}{4}$ —— $15\frac{1}{4}$	36
$15\frac{1}{4}$ —— $16\frac{1}{4}$	10
$16\frac{1}{4}$ —— $17\frac{1}{4}$	0
$17\frac{1}{4}$ —— $18\frac{1}{4}$	0
$18\frac{1}{4}$ —— $19\frac{1}{4}$	0
$19\frac{1}{4}$ —— $20\frac{1}{4}$	1
$20\frac{1}{4}$ —— $21\frac{1}{4}$	0
$21\frac{1}{4}$ —— $22\frac{1}{4}$	1
	1431

（註）　上表自卻獨克之﹝統計方法習題﹞轉載。

第七章　偏態與轉矩

76. 何謂偏態?

77. 問任何數列之各項與其算術平均數相差立方之和是否等於零? 試舉二例以說明之!

78. 區別主要轉矩與補助轉矩!

79. 求證:

$$m_4 = m_4' - 4m_3'c + 6m_2'c^2 - 3c^4$$

m_4　第四主要轉矩

m_2'　第二補助轉矩

m_3'　第三補助轉矩

m_4'　第四補助轉矩

c　　算術平均數與假定平均數之差

80. 根據 AD. 表中之統計繪製線圖!

AD. 1887年至1906年美國離婚人數依照結婚年齡分配表

結　婚　年　齡	離　婚　人　數
不滿五年	255085
5 ——10	282 04
10——15	162407
15——20	91176
20——25	54578
25——30	29245
30——35	15035
35——40	6555
40——45	2507
45——50	805
50年以上	287

〔註〕　資料來源：1913年美國統計摘要。

81. 由第四十三題中之分組頻數表求偏態與偏態係數!

    a. 應用公式(1)與(2)

    b. 應用公式(3)與(4)

    c. 應用公式(5)與(6)

    d. 應用公式(10)與(8)

    e. 應用公式(11)與(8)

82. 由下列十數:

85	86	82	78	79
76	94	91	90	86

求 m_2, m_3, m_4, σ 與 K !

第八章　指數

83. 試述指數之意義!

84. 解釋下列各名詞:

　　a.　價比

　　b.　基期

　　c.　變換基期

85. 區別下列各名詞:

　　a.　固定基期與變動基期。

　　b.　定基價比環比與鎖比。

　　c.　定基指數連環指數與連鎖指數。

　　d.　單純指數與加權指數。

　　e.　前進指數與後退指數。

　　f.　型偏誤與權偏誤。

86. 簡單總值式指數是否爲良指數?試論之!

87. 價比之上升下落有無限制?

88. 倒數式連鎖指數何以通常小於倒數式定基指數? 試舉例詳細說明之!

89. 問加權方法有幾種?試舉例說明各種加權指數之編製!

90. 何謂時間互換測驗與因子互換測驗? 試就費暄氏理想公式說明之!

91. 何謂交叉公式?其作用何在?

92. 根據第五十表之統計計算民國十二年至二十一年小麥之定基價比(基期:民國十二年)環比與鎖比1

93. 根據第五十表之統計編製民國十二年至二十一年之定基指數(基期:民國十二年)與連鎖指數!

  a. 算術式指數。

  b. 幾何式指數。

  c. 倒數式指數。

  d. 中位數式指數。

  e. 總值式指數。

第九章　吾國重要指數之編製

94. 試述下列各種指數之效用：

 a. 物價指數。

 b. 生活費指數。

 c. 工資指數。

 d. 外滙指數。

 e. 證券指數。

 f. 國外貿易指數。

95. 解釋下列各名詞：

 a. 增補權數。

 b. 絀工。

 c. 替工。

 d. 工資率。

96. 區別下列各名詞：

 a. 總合支出法與模範家計調查法。

 b. 工資率與實入額。

 c. 件工與時工。

 d. 常工工資與溢工工資。

 e. 總交易率指數與淨交易率指數。

97. 依工廠法之規定，工廠與重工之定義如何？

98. 編製外滙指數,應以何者爲基價?

99. 試論調查工資之時期及其區域l

第十章　直線繫聯

100. 試述直線繫聯之意義！

101. 解釋下列各名詞：

    a.　標準誤。

    b.　繫聯表。

    c.　隨手畫法。

102. 區別下列各名詞：

    a.　正繫聯負繫聯與零繫聯。

    b.　直線繫聯與非直線繫聯。

103. 設有學生十人，其考試成績如下：

學生	國文	英文	數學
甲	80	100	20
乙	50	40	50
丙	38	16	62
丁	65	70	35
戊	75	90	25
己	40	20	60
庚	45	30	55
辛	55	50	45
壬	70	80	30

|　　　癸　　　　　78　　　　　96　　　　　22|

求繫聯直線方程式, 標準誤與繫聯係數!

　a.　國文與英文。

　b.　國文與數學。

　c.　數學與英文。

104.　根據 AE.表中之統計應用公式(6), (7), (8)計算繫聯係數:

　a.　錠子數目與布機臺數。

　b.　錠子數目與用花包數。

AE.各國紗布廠內紡錠織機與用花量:

國　　　別	錠　子　數　目 (單位一百萬錠)	布　機　臺　數 (單位一百萬臺)	用　花　包　數 (單位一百萬包)
英　　國	50.2	69.3	2.4
美　　國	31.3	69.9	4.8
法　　國	10.2	20.0	0.9
德　　國	9.8	22.4	1.2
俄　　國	9.2	15.9	1.5
印　　度	9.5	18.0	2.7
日　　本	8.0	7.9	2.8
意　大利	5.4	14.7	0.8
中　　國	4.5	3.0	2.3
捷　克	3.6	12.5	0.3
巴　西	2.6	7.8	0.5
比　利時	2.1	5.4	0.3
西班牙	2.1	8.1	0.4
波　蘭	1.8	4.1	0.2

　　[註]　資料來源: 1933年萬國棉紡織業總聯合會報告。

105.　由下表計算繫聯係數:

　a.　應用公式(9)。

　b.　應用公式(10)。

　c.　應用公式(11)。

AF. 民國十九年天津紗廠內男工身長與年齡之分配

身長 年齡	4 —4'2"	4'2" —4'4"	4'4" —4'6"	4'6" —4'8"	4'8" —4'10"	4'10" —5'	5'—5'2" 5'2"—5'4"		5'4" —5'6"	5'6" —5'8"	5'8" —5'10"	5'10" —6'	人數
10—12	6	3											9
12—14	5	16	9	6	1								37
14—16	37	59	54	50	29	7	6	2	1	1		1	247
16—18	11	25	46	40	49	34	50	17	12	5	1	1	291
18—20	2	4	16	15	31	16	62	34	48	20	5	1	254
20—22		1	9	8	17	1	43	29	42	31	11	1	193
22—24			2	4	5	4	16	25	32	37	4	1	130
24—26					7	1	14	14	27	25	6		94
26—28					1		12	6	22	15	7		63
28—30				1	2		4	8	9	14	5	1	44
30—32							1	7	11	5	4		28
32—34			1		1		1	6	6	6	1		22
34—36							3	3	8	5	4		23
36—38					1		3	1	5	3	3		16
38—40					1		3	1	3	4	2		14
人數	61	108	137	124	145	63	218	153	226	171	53	6	1465

[註一]　資料來源：方顯廷編中國棉業及其貿易第二冊。

[註二]　年齡在四十歲以上或身長不滿四呎與高出六呎以上之男工均不包含在內。

第十一章　長期趨勢

106. 試述經濟現象變動之原因!

107. 試述長期趨勢之意義!

108. 試舉例說明極大極小法!

109. 試述移動平均數法之利弊!

110. 用最小二乘法求長期趨勢直線，研究時期應如何選擇? 試論之!

111. 由下表求美國印度埃及（1909－10年至1929－30年）中國 (1916－17年至1929－30年)皮棉產量之長期趨勢並製長期趨勢圖!

　　a. 應用最小二乘法。

　　　I. 應用公式(1)。

　　　II. 應用公式(2)。

　　　III. 應用簡捷法。

　　b. 應用移動平均數法。

　　　I. 三年移動平均數。

　　　II. 五年移動平均數。

　　c. 求二次拋物線長期趨勢。

　　d. 求複利曲線長期趨勢。

AG. 中國美國印度埃及每年皮棉產量（單位—百萬包＠純重 478 磅）1909－10年至1929－30年：

收 穫 年 度	中　　國	美　　國	印　　度	埃　　及
1909－10		10.0	4.0	1.0
1910－11		11.6	3.3	1.6
1911－12		15.7	2.7	1.5
1912－13		13.7	3.7	1.6
1913－14		14.2	4.2	1.6
1914－15		16.1	4.4	1.3
1915－16		11.2	3.1	1.0
1916－17	1.5	11.5	3.8	1.0
1917－18	2.1	11.3	3.4	1.3
1918－19	3.1	12.0	3.3	1.0
1919－20	2.5	11.4	4.9	1.2
1920－21	1.9	13.4	3.0	1.3
1921－22	1.5	8.0	3.8	0.9
1922－23	2.3	9.8	4.2	1.4
1923－24	2.0	10.1	4.3	1.4
1924－25	2.2	13.6	5.1	1.5
1925－26	2.2	16.1	5.2	1.6
1926－27	1.7	18.0	4.2	1.6
1927－28	1.9	13.0	5.0	1.3
1928－29	1.8	14.5	4.9	1.7
1929－30	2.0	14.8	4.4	1.7

［註］　資料來源：全國經濟委員會棉業統制委員會編棉花統計。

112. 由上題中 a 再求各月之長期趨勢！

第十二章　季節變動

113. 試述季節變動之意義及其起因！

114. 季節變動有何效用？試論之！

115. 季節變動如何確定？試論之！

116. 試舉例說明混合法與配線比例法！

117. 由下表計算季節指數並製季節變動圖！

　　a. 應用環比中位數法；

　　b. 應用平均法；

　　c. 應用移動平均數法。

BA.　　上海雞蛋每月平均躉售價

（民國十六年一月至二十二年九月）

月份 民國	十六年 規　元	十七年 規　元	十八年 規　元	十九年 規　元	二十年 規　元	二十一年 規　元	二十二年 國　幣
一　月	20.862	18.561	18.875	24.634	20.382	20.835	25.200
二　月	19.048	18.910	18.886	27.072	20.382		26.900
三　月	19.706	17.213	18.420	19.011	20.244	19.415	23.500
四　月	16.165	17.354	17.086	18.223	19.124	17.678	21.700
五　月	17.261	16.877	16.319	18.026	18.251	17.287	20.900
六　月	16.661	16.378	15.539	17.288	18.881	17.410	20.000
七　月	15.972	16.594	15.211	18.892	18.607	16.890	20.350
八　月	15.711	16.166	15.760	17.135	19.060	17.192	20.000
九　月	16.290	16.740	16.155	17.330	19.569	18.644	22.700
十　月	18.662	17.443	17.148	18.715	19.372	18.443	
十一月	19.777	18.565	17.627	19.717	20.102	19.597	
十二月	19.173	18.994	22.028	20.287	20.048	17.967	

〔註一〕　資料來源：國定稅則委員會編貨價季刊。

〔註二〕　參看第九十表。

〔註三〕　表中數字係雞蛋千枚之價，二十一年十二月以前用規元價，二十二年以後用國幣價。

第十三章　循環變動

118. 試述循環變動之意義及其起因！

119. 由 AG 表求美國印度埃及皮棉產量之循環變動，並製循環變動圖！

120. 根據第一百零九表求 1903 年至 1915 年生鐵產量之循環變動，並製循環變動圖！

第十四章　時間數列之繫聯

121. 時間數列之繫聯與其他數列之繫聯有何區別？試論之！

122. 根據 AG 表計算美印埃皮棉產量之繫聯係數：

   a. 美國皮棉產量與印度皮棉產量；

   b. 美國皮棉產量與埃及皮棉產量；

   c. 印度皮棉產量與埃及皮棉產量。

123. 試由下列兩表比較 1918–1927 生鐵產量與紐約 4–6 月商業票據之利率兩循環變動，並計算其繫聯係數！

BB.　美國每月生鐵產量(單位一千長噸)

(1916—1927)

月別＼年別	1916	1917	1918	1919	1920	1921	1922	1923	1924	1925	1926	1927*
一月	3185	3151	2412	3302	3015	2416	1645	3230	3019	3370	3316	3104
二月	3087	2645	2319	2940	1979	1937	1630	2904	3075	3214	2923	2941
三月	3338	3251	3213	3090	3376	1596	2036	3524	3466	3564	3442	3483
四月	3228	3335	3288	2478	2740	1193	2072	3550	3233	3259	3436	3422
五月	3361	3417	3146	2188	2986	1221	2307	3868	2615	2931	3481	3391
六月	3212	3270	3324	2115	3044	1065	2361	3676	2026	2673	3235	3090
七月	3225	3342	3421	2429	3067	865	2405	3678	1785	2664	3223	2951
八月	3204	3248	3390	2743	3147	954	1816	3449	1887	2704	3200	2947
九月	3202	3134	3418	2488	3129	986	2034	3126	2053	2726	3136	2775
十月	3509	3303	3487	1864	3293	1247	2638	3149	2477	3023	3334	2784
十一月	3312	3206	3354	2392	2935	1415	2850	2894	2510	3023	3237	2648
十二月	3179	2883	3434	2633	2704	1649	3087	2921	2962	3250	3091	2696

〔註一〕 資料來源：郤獨克編統計習題。

〔註二〕 參看第一百零九表。

* 暫定數。

BC. 紐約 4-6 月商業票據每月利率

(1918-1927)

月別＼年別	1918	1919	1920	1921	1922	1923	1924	1925	1926	1927
一 月	% 5.58	5.19	6.00	7.83	4.88	4.63	4.88	3.63	4.31	4.13
二 月	5.69	5.19	6.41	7.75	4.88	4.69	4.78	3.65	4.19	3.88
三 月	5.88	5.38	6.68	7.63	4.78	5.00	4.59	3.94	4.28	4.00
四 月	5.90	5.38	6.81	7.55	4.60	5.13	4.63	3.95	4.19	4.09
五 月	5.88	5.38	7.16	6.88	4.25	5.13	4.23	3.88	4.00	4.13
六 月	5.88	5.53	7.72	6.63	4.05	4.88	3.91	3.88	3.88	4.13
七 月	5.88	5.42	7.84	6.28	3.94	4.94	3.53	3.93	3.97	4.06
八 月	5.94	5.38	8.00	6.00	3.91	5.03	3.23	4.00	4.25	3.90
九 月	6.00	5.38	8.00	5.90	4.25	5.16	3.13	4.25	4.43	3.91
十 月	6.00	5.38	8.00	5.65	4.38	5.13	3.13	4.44	4.50	4.00
十一月	5.97	5.50	7.94	5.13	4.63	5.09	3.28	4.38	4.44	3.94
十二月	5.86	5.88	7.88	5.13	4.63	4.98	3.56	4.38	4.38	3.95

〔註〕 資料來源:鄧徹克編統計習題。

124. 由 AG 表求美印埃皮棉產量短期變動之繫聯:

a. 美國皮棉產量與印度皮棉產量;

b. 美國皮棉產量與埃及皮棉產量;

c. 印度皮棉產量與埃及皮棉產量。

第十五章　非直線繫聯

125.　解釋下列各名詞：

a.　非直線繫聯。

b.　繫聯指數。

c.　繫聯比。

d.　自變數。

e.　因變數。

126.　由 AE 表中錠子數目（自變量）與用花包數（因變量）計算繫聯拋物線方程式，標準誤與繫聯指數！

127.　由 AF 表中男工年齡（自變量）與男工身長（因變量）求繫聯比！

第十六章　他種繫聯

128. 括弧法與中級法有何區別?試舉例以明之!

129. 試舉例說明下列各種繫聯計算:

   a. 等級繫聯;

   b. 相應增減法;

   c. 異號成對法;

   d. 圖表法。

第十七章　偏繫聯

130. 試述偏繫聯之意義！

131. 偏繫聯係數有何效用？試詳論之！

132. 何謂 n 次繫聯係數？試舉例以明之！

133. 由第一百二十二表求 1890 年至 1920 年下列各種偏繫聯係數：

　a. 玉蜀黍產量與六月溫度；

　b. 玉蜀黍產量與七月溫度；

　c. 玉蜀黍產量與八月溫度。

第十八章　響應

134.　解釋下列各名詞；

　a.　響應。

　b.　響應係數。

　c.　響應方程式。

　d.　偏響應係數。

　e.　複繫聯係數。

135.　X_1 對 X_2 之響應係數與 X_2 對 X_1 之響應係數有何區別？試論之！

136.　由AE表求用花量對錠子數之響應方程式並繪響應直線！

137.　根據第一百二十二表中 1890 年至 1920 年之統計，求玉蜀黍之產量與六七八三個月溫度之響應方程式，並計算其標準誤與複繫聯係數！

138.　根據第一百二十二表中 1890 年至 1922 年之統計，求玉蜀黍之產量與六七兩月溫度之響應方程式，並計算其標準誤與複繫聯係數！

第十九章　商情預測

139. 試述商情預測之意義！

140. 反對商情預測者之理由安在？試詳論其得失！

141. 經濟預測法與統計預測法之區別安在？試論之！

142. 哈佛法與響應法有何區別？試論之！

143. 試詳述哈佛法之三曲線及其預測之作用！

144. 試述應用響應法之必要條件！

第二十章　統計資料之搜集與整理

145. 區別下列各名詞：

  a. 原始資料與次級資料。

  b. 原始來源與次級來源。

146. 試述選擇資料之標準！

147. 試述次級資料之編製！

148. 試略述原始資料之搜集及其整理！

149. 試擬調查須知以供調查員之參考！

150. 試擬調查中國絲業計畫及其進行程序！

附 錄 丙
英 華 對 照 統 計 名 詞
（附 人 名 地 名 索 引）

下列統計譯名係根據民國二十二年中國統計學社社務會議初讀通過統計名詞。其未經社務會議通過而新增補名詞則用括弧以示區別。

例：(Cumulative frequency method)（累積頻數法）為新添入之名詞。至於吾人認為譯名尚有更正之必要者則置括弧於提議改正譯名之兩端以示區別。

例 Regression 回應（響應），上字中［回應］為社務會議通過之譯名，［響應］為吾人提議改正之譯名。

民國二十三年七月統計譯名經中國統計學社第四屆年會通過。大體上與上次社務會議初讀通過者相同，但亦有不少變更。例如「轉矩」之改為「動差」等等。本書暫不照改，有下列三種原因：（一）版已排就修改困難；（二）尚有德法日各國名詞，正由本屆理事會另組委員會設法補入，故不如俟全部編成後，再行修正；（三）本屆所通過之名詞亦尚有應商榷者。例如 trend 譯為「趨向」，而 secular trend 譯為「長期趨勢」。bias 譯為「偏性」而 formula bias 譯為「公式之偏誤」。同一 trend，一曰趨向，一曰趨勢。同一 bias，一曰偏性，一曰偏誤。似尚有討論之餘地。至於 type bias 譯為「型偏」，而 weight bias 譯為「偏權」而不作「權偏」，恐係手民之誤。因此種種故本書暫照上屆社務會議通過之稿。最後修正姑待來日。

A

Abscissa, 橫坐標
Absolute dispersion, 絕對離中趨勢
Absolute variation, 絕對離中趨勢
Accidental fluctuation, 無規則變動
Actual frequency, 實在類數
(Actual limits), (實際組限)
Aggregative index number, 總值式指數
Alignment chart, 直綫圖
All over, 以上
All under, 以下
Alphabetic order, 依字母次序
Amplitude, 變幅
(Analysis chart), (分析圖)
(Angular curve), (角曲線)
Anisotrapic distribution, 異向異質分配
Annual increment, 年增量
Anti-logarithm, 反對數
(Approximately continuous series), (近
　似連續數列)
(Arbitrary average), 假定平均數
Arbitrary mean, 假定中數
(Area chart), (面積圖)
Arithmetic average, 算術平均數
Arithmetic index number, 算術式指數
Arithmetic series, 算術級數
(Arithmetic triangle), (算術三角形)
Array, 序列, 列
Ascending order, 遞升次序
Associated variates, 相聯變量
Association, 伴聯
(Assumed average), (假定平均數)
Assumed mean, 假定中數
Asymmetrical distribution, 非對稱分配
Asymmetry, 非對稱
Asymptote, 漸近綫
Attenuation, 減弱
Attribute, 屬性
Average, 平均數
Average deviation, 平均差
Axis, 軸

B

Bar chart, 條形圖
Bar diagram, 條形圖
Base, 基, 基期
Base period, 基期

Bias, 偏誤
Bimodal, 雙峯
Binomial distribution, 二項分配
Binomial equation, 二項方程式
Binomial expansion, 二項展開式
Binomial series, 二項級數
Biometry, 生物統計學
Blank form, 調查表式
Block diagram, 直方圖
(Book chart), (書圖)
(Bracket rank method), (括弧法)
Broadened base, 擴張基期
Broken series, 非聯續數列
Broken trend, 斷線長期趨勢
Business barometer, 商情指標
Business cycles, 商情循環
Business forecasting, 商情預測

C

Caption, 縱標目
Cartogram, 統計地圖
Case method, 個案法
Case work, 個案調查
Categorical series, 類別數列
(Census), (人口清查)
Central ordinate, 中縱坐標
Central tendency, 集中趨勢
Central value, 集中值
Chain base, 連鎖基期
Chain index numbers, 連鎖指數
Chain relatives, 鎖比
Chance, 機
Characteristic, 首數; (特性)
Charlier check, 薛立愛氏校核法
Chart, 圖
Chart field, 圖位
Charting, 製圖
(Chi-square test of goodness of fit), (配
　合適度之 χ^2 測驗法)
Chronological order, 依時次序
(Circle chart), (圓形圖)
Circular test, 循環測驗法
Class, 組
Classification, 分類
Classified frequency series, 分組類數,
　數列
Class index number, 類指數

Class interval, 組距
Class limit, 組限
Class mark, 組中點
Class mid-value, 組中點
Class weight, 類權數
Code, 分類記號
Coefficient, 係數
Coefficient of association, 伴聯係數
Coefficient of contingency, 列聯係數
Coefficient of correlation, 繫聯係數
Coefficient of disturbance, 反常係數
Coefficient of first order, 一次係數
Coefficient of multiple correlation, 複繫聯係數
Coefficient of partial correlation, 偏繫聯係數
Coefficient of pth order, p 次係數
Coefficient of regression, 回應係數 (響應係數)
Coefficient of second order, 二次係數
Coefficient of skewness, 偏態係數
Coefficient of variation, 離中係數
Coefficient of zero order, 零次係數
Colored map, 彩色統計地圖
Column, 縱行; (行)
Column diagram, 直方圖
Commodity weight, 物品權數
Compartment, 局部
Compensating fluctuations, 補償變動
Compilation, 編製
Component part bar diagram. 條形成分圖
Component part diagram, 成分圖
Component part pie diagram, 圓形成分圖
Composite bar diagram, 組合條形圖
(Composite curve), (組合曲線)
Composite unit, 組合單位
Compound event, 繁複事件
(Computation chart), (計算圖)
Computed value, 計算價值
Concentration, 集中
Concurrent deviations method, 符號同異法 (相應增減法)
(Condition series), (質量數列)
Constant, 常數
Constant weight, 固定權數
Contingency, 列聯
Continuous series, 連續數列
Contrary classes, 反組
Contrary frequencies, 反組頻數
Coordinate classes, 同等類
Correlation, 繫聯
Correlation ratio, 繫聯比
Correlation ratio of x on y, 從 y 繫聯比 (x 對 y 之繫聯比)

Correlation ratio of y on x, 從 x 繫聯比 (y 對 x 之繫聯比)
Correlation surface, 繫聯面
Correlation table, 繫聯表
Costing index number, 成本指數
Cost of living index number, 生活費指數
(Counting), (計數)
Covariation, 同變
Crest, 峯
Cross check, 互校
Cross-hatched map, 交叉線統計地圖
Crossing formula, 交叉公式
Cross moment method, 乘積率法
Crude mode, 近似衆數
Crude moment, 補助轉矩; 補助動矩
Cumulative block diagram, 累積直方圖
Cumulative frequency curve, 累積頻數圖
(Cumulative frequency method), (累積頻數法)
(Cumulative frequency of first order), (第一累積頻數)
(Cumulative frequency of second order), (第二累積頻數)
(Cumulative frequency of third order), (第三累積頻數)
Cumulative frequency polygon, 累積多邊圖
Cumulative frequency table, 累積頻數表
(Cumulative frequency table on the "less than" basis), (較小制累積頻數表)
(Cumulative frequency table on the "more than" basis), (較大制累積頻數表)
Cumulative table, 累積表
Curve, 曲線
Curve fitting, 曲線配合
Curvilinear regression, 曲線回應 (曲線響應)
Curvilinear trend, 曲線長期趨勢
(Cyclical deviation), 循環變差
(Cyclical fluctuation), (循環變動)

D

Data, 資料
Decile, 十分位數
Decrement rate, 減率
Dependent variable, 因變數
Descending order, 遞降次序
(Desk chart), (桌圖)
Determinant, 行列式

Deviation, 差離; 離中差
Diagonal method, 對角線法
Dichotomy, 二分類法
Direct correlation, 正繁聯
(Discontinuous series), (非連續數列)
Discrete series, 非連續數列
Dispersion, 離中趨勢
Distribution, 分配
Doolittle method, 杜立特氏計算方程式法
Dot map, 點式統計地圖
Double frequency table, 二項頻數表
Double logarithmic scale, 雙對數尺度
Double table, 雙項表
Downward bias, 向下偏誤

E

Edit, 校勘
Elimination of trend, 消除長期趨勢
Empirical mode, 近似衆數
Empirical probability, 試驗機率
Enquiry, 詢問
Enumeration method, 點查法
Enumerator, 查點人
Episodic movement, 特出變動
Equation, 方程式
Equation of normal curve of error, 差
　誤正態曲線方程式
Error of sampling, 抽樣的差譌
Estimation, 估量
Event, 事件
Exponent, 冪數
Exponential average, 變冪平均數
Expontial series, 變冪級數
(Expressed limits), (外表組限)
Extrapolation, 外推法

F

Factor reversal test, 因子互換測驗法
Failure, 敗
(Field method), (實地調查法)
First moment, 一次轉矩; 一次動矩
First quartile, 第一四分位數
Fisher's ideal formula, 費暄氏理想公式
Fit, 配合
Fixed base, 固定基期
Fixed base index numbers, 定基指數
Fixed base relatives, 固定價比
Fixed weighting, 固定加權法
Fixed weights, 固定權數
Forecasting sequence, 預測順序
Freehand method, 隨手畫法
Frequency, 頻數

Frequency curve, 頻數曲線
Frequency distribution, 頻數分嘴
Frequency histogram, 頻數直方圖
Frequency polygon, 頻數多邊形
Frequency series, 頻數數列
Frequency surface, 頻數面
Frequency table, 頻數表
Function, 函數

G

Gamperg curve, 甘佩氏曲線
Gantt progress chart, 甘悌氏進行圖
Gaussian curve, 高斯式曲線
General index number, 總指數
General table, 總表
(Geographical classification), (地理的
　分類)
Geographical order, 依地次序
Geometric average, 幾何平均數
Geometric index number, 幾何式指數
Geometric series, 幾何級數
Given period, 計算期
Goodness of fit, 配合的適度
Grand total, 共計
Graph, 線圖
Grouped frequency series, 分組頻數數列
(Grouped frequency table), (分組頻數表)
Group index number, 類指數

H

Hand card, 手片
Harmonic average, 倒數平均數
Harmonic index number, 倒數式指數
Heading, 標目
Heterogeneity, 異質
Histogram, 直方圖
(Historical classification), (歷史的分類)
Historical series, 時間數列
Homogeneity, 同質
Horizontal axis, 橫軸
Horizontal bar diagram, 橫條形圖
Horizontal scale, 橫尺度
Hyperbola, 雙曲線

I

(Illustration chart), (說明圖)
Increment rate, 增率
Independent event, 獨立事件
Independent variable, 自變數
Index number, 指數
Index number of imports and exports,
　進出口貨指數

Mutual deviation, 相互平均差
Mutually exclusive event, 互相排斥事件

N

Natural scale, 實數尺度
Negative correlation, 負繫聯
Net correlation, 偏繫聯
Non-linear correlation, 非直線繫聯
Non-linear regression, 曲線回應 (曲線響應)
Non-linear trend, 曲線長期趨勢
(Non-scientific classification), (非科學的分類)
Normal correlation, 正態繫聯
Normal correlation surface, 正態繫聯面
Normal curve of error, 差談正態曲線
Normal equations, 正則方程式
Normal frequency distribution, 正態頻數分配
Normal histogram, 正態直方圖
Normal law of error, 差談正態定律
Normal values, 正則價值

O

Observed frequencies, 觀察頻數
Observed values, 觀察價值
Ogive, 累積頻數圖
Open ends, 餘空兩端
Order, 次序
Ordinate, 縱坐標
Origin, 原點
Original table, 原表
Original values, 原來價值

P

Parabola, 拋物線
Parameter, 參數
Part correlation, 部分繫聯
Partial association, 偏伴聯
Partial contingency, 偏列聯
Partial correlation, 偏繫聯
Partial regression, 偏回應 (偏響應)
Partial regression coefficient, 偏回應係數 (偏響應係數)
Pearsonian coefficient, 皮爾生氏係數
Percentile, 百分位數
Perfect correlation, 整繫聯
Period, 期
Periodicity, 週期
Periodogram analysis, 遍期循環分析

Permanence of small numbers, 小數永存
Personal enquiry, 訪問
Pictogram 像形圖
(Pie), (圓形圖)
Pin map, 插針統計地圖
Platy kurtic, 平峯態的
Point of inflection, 折形點
Population, 人口, 全域
Positive correlation, 正繫聯
Potential series, 定冪級數
Price relative, 價比
Primary data, 原始資料
Primary investigation, 原始調查
Primary source, 原始來源
Primary statistics, 原始資料
Primary survey, 原始調查
Principal moment, 主要轉矩; 主要動矩
Probability, 機率
Probability a priori, 先定機率
Probability integral, 機率積分
Probable error, 機差
Product moment method, 乘積率法
Pth degree parabola, p 次拋物線
Pth moment, p 次轉矩; p 次動矩
Publication table, 刊佈表
Punch, 打點
Punching machine, 打點機
Purposive sampling, 計劃抽樣

Q

Quadrature method, 積分法
Quadruple table, 四項表
(Qualitative classification), (性質的分類)
(Quantitative classification), (數量的分類)
Quantity index number, 數量指數
(Quartered-dot-map), (四分點統計地圖)
Quartile, 四分位數
Quartile coefficient, 四分位係數
Quartile deviation, 四分位差
Questionnaire, 調查表式

R

Random fluctuation, 無規則變動
Random sampling, 簡單抽樣
Range, 全距
Ratio, 比; 比率
Ratio-actual-to-ordinate method, 比率平均計算法
Ratio scale, 比例尺度
Reciprocal, 倒數

Straight line, 直線
Stub, 橫標目
Sub-class, 小組
Sub-classification, 分目
Sub-heading, 小標目
Subordinate class, 附屬類
Subsidiary class, 附屬類
Success, 成
Summary number, 總括數
Summary table, 摘要表
Symmetrical distribution, 對稱分配
Symmetry 對稱
System of coordinates, 縱橫坐標制

T

Table, 表
Table of first order, 單項表
Table of fourth order, 四項表
Table of second order, 雙項表
Table of third order, 三項表
Tabulating machine, 製表機
Tabulation, 製表
Tabulation card, 表片
Tetrad, 四項組
Theoretical frequency, 理論頻數
Third quartile, 第三四分位數
Time reversal test, 時間互換測驗法
Time series, 時間數列
Title, 標題
Total, 合計
Total association, 全伴聯
Total correlation, 全繫聯
Total index number, 總指數
Total regression, 全回應 (全響應)
Transcription, 謄錄
Transcription form, 謄錄表式
Trend, 長期趨勢
Trial, 試
Triple table, 三項表
Trough, 谷
True mean, 眞實中數
Type, 型, 式
Type bias, 型偏誤
Type of averages, 平均數的型類
Type of index numbers, 指數的型類
Typical value, 範值

U

Ultimate class, 極組
Ultimate frequency, 極組頻數
Uniformity, 劃一
Unimodal, 單峯

Unit, 單位
Universe, 域
Unweighted average, 單純平均數
Upper limit, 上限
Upper limit inclusive, 上限包含
Upper quartile, 上四分位數
Upward bias, 向上偏誤
U-shaped distribution, U 形分配

V

Value-index number, 價值指數
Variable, 變數
Variable weighting, 變動加權法
Variable weights, 變動權數
Variance, 二次轉矩; 二次動矩
Variate, 變量
Variate differences correlation, 變差繫
　聯法
Variation, 離中趨勢
Vertical axis, 縱軸
Vertical bar diagrrm, 縱條形圖
Vertical scale, 縱尺度
Vital statistics, 人口統計學
(Volume chart), (體積圖)

W

(Wall chart), (壁圖)
Weight, 權數
Weight bias, 權偏誤
Weighted average, 加權平均數
Weighted index number, 加權指數
Weighting, 加權
Working table, 工作表

Z

Zero correlation, 零繫聯
Zero line, 零線

附 人 名 地 名 索 引

Mitchell, W. C., 米乞爾
Moore, H. L., 馬爾

N

New Engineering and Shipbuilding Works, Ltd., 瑞鎔船廠
New England, 新英蘭
New York State Department of Health. 紐約衛生局
New York Stock Exchange, 紐約證券交易所
North Dakota, 北達古塔

P

Pacific Ocean, 太平洋
Pearson, Karl, 皮爾生
Persons, W. M., 潘搖
Philippine, 菲列濱

R

Riggleman, J. R., 李格爾孟

S

Sauerbeck, 薩安貝克
Say, Leon, 雷翁衰
Secrist, H., 西克里斯脫
Shanghai Cotton Manufacturing Co., Ltd., 上海紡織株式會社
Shanghai Dock and Engineering Co., Ltd., 耶松船廠
Shanghai Electric Construction Co., Ltd., 上海電車公司
Shanghai Land Investment Co., Ltd., 業廣地產公司
Shanghai Stock Exchange, 上海股票交易所
Shanghai Telephone Co., 上海電話公司
Shanghai Waterworks Co., Ltd., 上海自來水公司
Sheppard, U. F., 薛伯
Smart, William, 維廉斯麥脫
Spearman, C., 司佩蒙
Standard Statistics Corporation, 標準統計公司
Swan Culbertson, and Fritz, 新豐洋行

W

Washington, 華盛頓
Weldon, W. F. R., 維爾屯

Wester, C. J., 威斯脫
Wisconsin, 威士康辛

Y

Yantsze Finance Co., Ltd., 揚子銀公司
Young, A. A, 楊氏
Yule, G. U., 游爾

附錄丁　統計符號

A	單純算術式指數
A_1	第一種加權算術式指數
A_2	第二種加權算術式指數
A_3	第三種加權算術式指數
A_4	第四種加權算術式指數
Ag	單純總值式指數
Ag_1	第一種加權總值式指數
Ag_2	第二種加權總值指數
A.D.	平均差
$A'.D'.$	平均差係數
b_{12}	X_1 對 X_2 之響應係數
b_{21}	X_2 對 X_1 之響應係數
$b_{12 \cdot 34}$	X_3 與 X_4 假定不變 X_1 對 X_2 之偏響應係數
C	眞正平均數與假定平均數之差
C'	眞正平均數與假定平均數之差（以組距爲單位）
$\bar{C}$	眞正平均數與假定平均數相差之絕對值
C_x	x 數列之算術平均數與假定平均數之差
C_y	y 數列之算術平均數與假定平均數之差
C'_x	x 數列之算術平均數與假定平均數之差（以組距爲單位）
C'_y	y 數列之算術平均數與假定平均數之差（以組距爲單位）
nCm	n 物中每 m 物組合之種類
d'	各組與假定平均數所在組相差之組數
$\bar{d}$	各項與平均數相差之絕對值
$\bar{d'}$	各組與假定平均數所在組相差組數之絕對值
d'_x	x 數列中各組與假定平均數所在組相差之組數
d'_y	y 數列中各組與假定平均數所在組相差之組數
d_0	零差分數
D_m	第 m 十分位數
f	頻數
f'	第一累積頻數
f''	第二累積頻數
f'''	第三累積頻數
$f''_{x, y}$	依行累積並依列累積之頻數
f_t	理論頻數
f_0	實在頻數
G	幾何平均數；單純幾何式指數
G_1	第一種加權幾何式指數
G_2	第二種加權幾何式指數
G_3	第三種加權幾何式指數
G_4	第四種加權幾何式指數
H	倒數平均數；單純倒數式指數
H_1	第一種加權倒數式指數
H_2	第二種加權倒數式指數
H_3	第三種加權倒數式指數
H_4	第四種加權倒數式指數
i	組距
i_x	x 數列之組距
i_y	y 數列之組距
I	指數
K	偏態
K'	偏態係數
l	小於 M_s, Qm, Dm 或 Pm 各組類數之和
ν	相應分數
L	下限
L_p	等級正差之和
m	組中點
m_1	第一主要轉矩
m_2	第二主要轉矩
m_3	第三主要轉矩
m_4	第四主要轉矩
m'_1	第一補助轉矩
m'_2	第二補助轉矩
m'_3	第三補助轉矩
m'_4	第四補助轉矩
M	中位數
M'	假定中位數
M.D.	相互平均差
$M'.D'.$	相互平均差係數
n	項數
o	長期趨勢
O_M	中位數在數列中之項次
O_{Dm}	第 m 十分位數在數列中之項次
O_{Pm}	第 m 百分位數在數列中之項次
O_{Qm}	第 m 四分位數在數列中之項次
p_0	基期之物價
p_1	計算期之物價
p_{12}	x_1 (X_1 之各項與其算術平均數之差) 與 x_2 (X_2 之各項與其算術平均數之差) 相乘積之平均數
Pm	第 m 百分位數
q_0	基期之貿易量
q_1	計算期之貿易量
Qm	第 m 四分位數
Q.D.	四分位差

Q', D'	四分位係數
r	繫聯係數
r_{12}	零次繫聯係數
$r_{12 \cdot 3}$	一次繫聯係數
$r_{12 \cdot 34}$	二次繫聯係數
$r_{12 \cdot 345}$	三次繫聯係數
$r_{12 \cdot 345 \ldots n}$	X_1 與 X_2 之偏繫聯係數
R	司佩蒙氏等級繫聯係數
R'	相應繫聯係數
$R_{1 \cdot 234}$	X_1 對 X_2, X_3 與 X_4 之複繫聯係數
s	季節指數
S	標準誤
S_x	x 數列之標準誤
S_y	y 數列之標準誤
$S_{1 \cdot 234}$	X_1 對 X_2, X_3 與 X_4 之標準誤
t	組數
u	大於 M, Qm, Dm 或 Pm 各組類數之和
u'	不相應分數
U	上限
U'	異號成對繫聯係數
v_x	x 數列中各項之等級
v_y	y 數列中各項之等級
$\bar{v}_x$	x 數列中各項等級之算術平均數
$\bar{v}_y$	y 數列中各項等級之算術平均數
$W.$	標數
$W.A.$	加權算術平均數
$W.G.$	加權幾何平均數
x	x 數列之各項與其算術平均數之差
x'	x 數列之各項與其假定平均數之差
$\bar{x}$	x 數列之算術平均數
$\bar{x}'$	x 數列之假定平均數
$\bar{x}_1$	X_1 之算術平均數
$\bar{x}_2$	X_2 之算術平均數
X	x 數列之各項
y	y 數列之各項與其算術平均數之差
y'	y 數列之各項與假定平均數之差
$\bar{y}$	y 數列之算術平均數
$\bar{y}'$	y 數列之假定平均數
Y	y 數列之各項
Z	衆數
Σ	總和之記號
σ	標準差
σ'	標準差係數
σ_1	X_1 之標準差
σ_2	X_2 之標準差
σ_c	校正標準差
σ_c'	校正標準差係數
σ_x	x 數列之標準差
σ_y	y 數列之標準差
σ_{ay}	y 數列中各項對於各行算術平均數之標準差
σ_{my}	各行算術平均數對於 y（y 數列之算術平均數）之標準差
σ_{vx}	x 數列中各項等級之標準差
σ_{vy}	y 數列中各項等級之標準差
ρ	等級繫聯係數；繫聯指數
ρ_{xy}	y 對 x 之繫聯指數
ρ_{yx}	y 對 x 之繫聯指數
η	繫聯比
η'	校正繫聯比

附錄戊　本書重要參考書

Fisher (I.) The Making and Use of Index Numbers

Secrist (H.) An Introduction to Statistical Methods

Readings and Problems in Statistical Methods

Bowley (A.L.) Elements of Statistics

Chaddock (R.E.) Statistical Method

Exercises in Statistical Methods

Yule (G.U.) An Introduction to the Theory of Statistics

Jerome (H.) Statistical Method

King (W. I.) Elements of Statistical Method

Crum (W. L.) An Introduction to the Methods of Economic Statistics

Moore (H. L.) Forecasting the Yield and the Price of Cotton

Mills (F. C.) Statistical Methods Applied to Economics and Business

Riggleman (J.R.) Business Statistics

Rabson (R. W.) Business Barometers used in the Management of Business and Investment of Money

Davies (G. R.) Introduction to Economic Statistics

Persons (W. M.) Correlation of Time Series

The Construction of Index Numbers

Mitchell (W. C.) Index Numbers of Wholesale Prices in the United States and Foreign Countries (U. S. Department of Labour)

Journal of the Royal Statistical Society

Journal of the American Statistical Association

Darmois (G) Statistique Mathématique

Julin (G) Principes de Statistique théorique et appliquée

Aftalion (A) Cours de Statistique

Zizek (F) Grundrisz der Statistik

Meerwarth (F) Nationalökonomie und Statistik

Charlier (C. V. L.) Vorlesungen über die Grundzüge der mathematischen Statistik

Fläskamper (P) Statistik Theorie der Indexzahlen

社會月刊 (上海市社會局)

海關中外貿易統計年刊 (海關)

上海市工人生活費指數 (上海市社會局)

最近中國對外貿易統計圖解 (中國銀行)

經濟統計季刊 (南開大學經濟學院)

上海生活費指數 (國定稅則委員會)

棉花統計 (棉業統制委員會)

上海特別市工資和工作時間 (上海市社會局)

交通統計簡報 (交通部)

中國棉業及其貿易 (方顯廷)

經濟學季刊 (中國經濟學社)

中日貿易統計 (中國經濟學社中日貿易研究所)

統計月報 (立法院統計處及主計處統計局)

貨價季刊 (國定稅則委員會)

試辦句容縣人口農業總調查報告 (張心一等)

附錄己　計算應用表

(一)　連續自然數各平方之總和表

n	$\Sigma(n^2)$	n	$\Sigma(n^2)$	n	$\Sigma(n^2)$	n	$\Sigma(n^2)$
1	1	26	6,201	51	45,526	76	149,226
2	5	27	6,930	52	48,230	77	155,155
3	14	28	7,714	53	51,039	78	161,239
4	30	29	8,555	54	53,955	79	167,480
5	55	30	9,455	55	56,980	80	173,880
6	91	31	10,416	56	60,116	81	180,441
7	140	32	11,440	57	63,365	82	187,165
8	204	33	12,529	58	66,729	83	194,054
9	285	34	13,685	59	70,210	84	201,110
10	385	35	14,910	60	73,810	85	208,335
11	506	36	16,206	61	77,531	86	215,731
12	650	37	17,575	62	81,375	87	223,300
13	819	38	19,019	63	85,344	88	231,044
14	1,015	39	20,540	64	89,440	89	238,965
15	1,240	40	22,140	65	93,665	90	247,065
16	1,496	41	23,821	66	98,021	91	255,346
17	1,785	42	25,585	67	102,510	92	263,810
18	2,109	43	27,434	68	107,134	93	272,459
19	2,470	44	29,370	69	111,895	94	281,295
20	2,870	45	31,395	70	116,795	95	290,320
21	3,311	46	33,511	71	121,836	96	299,536
22	3,795	47	35,720	72	127,020	97	308,945
23	4,324	48	38,024	73	132,349	98	318,549
24	4,900	49	40,425	74	137,825	99	328,350
25	5,525	50	42,925	75	143,450	100	338,350

(二)連續奇數自然數各平方之總和表

n_o	$\Sigma(n_o^2)$	n_o	$\Sigma(n_o^2)$	n_o	$\Sigma(n_o^2)$	n_o	$\Sigma(n_o^2)$
1	1	26	23,426	51	176,851	76	585,276
2	10	27	26,235	52	187,460	77	608,685
3	35	28	29,260	53	198,485	78	632,710
4	84	29	32,509	54	209,934	79	657,359
5	165	30	35,990	55	221,815	80	682,640
6	286	31	39,711	56	234,136	81	708,561
7	455	32	43,680	57	246,905	82	735,130
8	680	33	47,905	58	260,130	83	762,355
9	969	34	52,394	59	273,819	84	790,244
10	1,330	35	57,155	60	287,980	85	818,805
11	1,771	36	62,196	61	302,621	86	848,046
12	2,300	37	67,525	62	317,750	87	877,975
13	2,925	38	73,150	63	333,375	88	908,600
14	3,654	39	79,079	64	349,504	89	939,929
15	4,495	40	85,320	65	366,145	90	971,970
16	5,456	41	91,881	66	383,306	91	1,004,731
17	6,545	42	98,770	67	400,995	92	1,038,220
18	7,770	43	105,995	68	419,220	93	1,072,445
19	9,139	44	113,564	69	437,989	94	1,107,414
20	10,660	45	121,485	70	457,310	95	1,143,135
21	12,341	46	129,766	71	477,191	96	1,179,616
22	14,190	47	138,415	72	497,640	97	1,216,865
23	16,215	48	147,440	73	518,665	98	1,254,890
24	18,424	49	156,849	74	540,274	99	1,293,699
25	20,825	50	166,650	75	562,475	100	1,333,300

(三)　差誤丁態曲線下之縱坐標表

x/σ	0	1	2	3	4	5	6	7	8	9
0.0	100000	99995	99980	99955	99920	99875	99820	99755	99685	99596
0.1	99501	99396	99283	99158	99025	98881	98728	98565	98393	98211
0.2	98020	97819	97609	97390	97161	96923	96676	96420	96156	95882
0.3	95600	95309	95010	94702	94387	94055	93723	93382	93024	92677
0.4	92312	91399	91558	91169	90774	90371	89961	89543	89119	88688
0.5	88250	87805	87353	86896	86432	85962	85488	85006	84519	84060
0.6	83527	33023	82514	82010	81481	80957	80429	79896	79359	78817
0.7	78270	77721	77167	76610	76048	75484	74916	74342	73769	73193
0.8	72615	72033	71448	70861	70272	69681	69087	68493	67896	67298
0.9	66689	66097	65494	64891	64287	63683	63077	62472	61865	61259
1.0	60653	60047	59440	58834	58228	57623	57017	56414	55810	55209
1.1	54607	54007	53409	52812	52214	51620	51027	50437	49848	49260
1.2	48675	48092	47511	46933	46357	45783	45212	44644	44078	43516
1.3	42956	42399	41845	41294	40747	40202	39661	39123	38569	38058
1.4	37531	37007	36487	35971	35459	34950	34445	33944	33447	32954
1.5	32465	31980	31500	31023	30550	30082	29618	29158	28702	28251
1.6	27804	27361	26923	26489	26059	25634	25213	24797	24385	23978
1.7	23575	23176	22782	22392	22008	21627	21251	20879	20511	20148
1.8	19790	19436	19086	18741	18400	18064	17732	17404	17081	16762
1.9	16448	16137	15831	15530	15232	14939	14650	14364	14083	13806
2.0	13534	13265	13000	12740	12483	12230	11981	11737	11496	11259
2.1	11025	10795	10570	10347	10129	09914	09702	09495	09290	09090
2.2	08892	08698	08507	08320	08136	07956	07778	07604	07433	07265
2.3	07100	06939	06780	06624	06471	06321	06174	06029	05888	05750
2.4	05614	05481	05350	05222	05096	04973	04852	04734	04618	04505
2.5	04394	04285	04179	04074	03972	03873	03775	03680	03586	03494
2.6	03405	03317	03232	03148	03066	02986	02908	02831	02757	02684
2.7	02612	02542	02474	02408	02343	02280	02218	02157	02098	02040
2.8	01984	01929	01876	01823	01772	01723	01674	01627	01581	01536
2.9	01492	01449	01408	01367	01328	01288	01252	01215	01179	01145
3.0	01111	00819	00598	00432	00309	00219	00153	00106	00073	00050
4.0	00034	00022	00015	00010	00006	00004	00003	00002	00001	00001
5.0	00000									

（四）差 誤 正 態 曲 線 下 之 面 積 表

x/σ	.00	.01	.02	.03	.04	.05	.06	.07	.08	.09
0.0	0000	0040	0080	0120	0159	0199	0239	0279	0319	0359
0.1	0398	0438	0478	0517	0557	0596	0636	0675	0714	0753
0.2	0793	0832	0871	0910	0948	0987	1026	1064	1103	1141
0.3	1179	1217	1255	1293	1331	1368	1406	1443	1480	1517
0.4	1554	1591	1628	1664	1700	1736	1772	1808	1844	1879
0.5	1915	1950	1985	2019	2054	2088	2123	2157	2190	2224
0.6	2257	2291	2324	2357	2389	2422	2454	2486	2518	2549
0.7	2580	2612	2642	2673	2704	2734	2764	2794	2823	2852
0.8	2881	2910	2939	2967	2995	3023	3051	3078	3106	3133
0.9	3159	3186	3212	3238	3264	3289	3315	3340	3365	3389
1.0	3413	3438	3461	3485	3508	3531	3554	3577	3599	3621
1.1	3643	3665	3686	3718	3729	3749	3770	3790	3810	3830
1.2	3849	3869	3888	3907	3925	3944	3962	3980	3997	4015
1.3	4032	4049	4066	4083	4099	4115	4131	4147	4162	4177
1.4	4192	4207	4222	4236	4251	4265	4279	4292	4306	4319
1.5	4332	4345	4357	4370	4382	4394	4406	4418	4430	4441
1.6	4452	4463	4474	4485	4495	4505	4515	4525	4535	4545
1.7	4554	4564	4573	4582	4591	4599	4608	4616	4625	4633
1.8	4641	4649	4656	4664	4671	4678	4686	4693	4699	4706
1.9	4713	4719	4726	4732	4738	4744	4750	4758	4762	4767
2.0	4773	4778	4783	4788	4793	4798	4803	4808	4812	4817
2.1	4821	4826	4830	4834	4838	4842	4846	4850	4854	4857
2.2	4861	4865	4868	4871	4875	4878	4881	4884	4887	4890
2.3	4893	4896	4898	4901	4904	4906	4909	4911	4913	4916
2.4	4918	4920	4922	4925	4927	4929	4931	4932	4934	4936
2.5	4938	4940	4941	4943	4945	4946	4948	4949	4951	4952
2.6	4953	4955	4956	4957	4959	4960	4961	4962	4963	4964
2.7	4965	4966	4967	4968	4969	4970	4971	4972	4973	4974
2.8	4974	4975	4976	4977	4977	4978	4979	4980	4980	4981
2.9	4981	4982	4983	4984	4984	4984	4985	4985	4986	4986
3.0	4986.5	4987	4987	4988	4988	4988	4989	4989	4989	4990
3.1	4990.3	4991	4991	4991	4992	4992	4992	4992	4993	4993
3.2	4993.129									
3.3	4995.166									
3.4	4996.631									
3.5	4997.674									
3.6	4998.409									
3.7	4998.922									
3.8	4999.277									
3.9	4999.519									
4.0	4999.683									
4.5	4999.966									
5.0	4999.997133									

(五) ρ 與 r 之 關 係

$$\rho = 1 - \frac{6\Sigma(v_x - v_y)^2}{n(n^2 - 1)}$$

$$r = 2\, sin\!\left(\frac{\pi}{6}\rho\right)$$

ρ	r	ρ	r	ρ	r	ρ	r
.01	.0105	.26	.2714	.51	.5277	.76	.7750
.02	.0209	.27	.2818	.52	.5378	.77	.7847
.03	.0314	.28	.2922	.53	.5479	.78	7943
.04	.0419	.29	.3025	.54	.5580	.79	.8039
.05	.0524	.30	.3129	.55	.5680	.80	.8135
.06	.0628	.31	.3232	.56	.5781	.81	.8230
.07	.0733	.32	.3335	.57	.5881	.82	.8325
.08	0838	.33	.3439	.58	.5981	.83	.8421
.09	.0942	.34	.3542	.59	.6081	.84	.8516
.10	.1047	.35	.3645	.60	.6180	.85	.8610
.11	.1151	.36	.3748	.61	.6280	.86	.8705
.12	.1256	.37	.3850	.62	.6379	.87	.8799
.13	.1360	.38	.3935	.63	.6478	.88	.8893
.14	.1465	.39	.4056	.64	.6577	.89	.8986
.15	.1569	.40	.4158	.65	.6676	.90	.9080
.16	.1674	.41	.4261	.66	.6775	.91	.9173
.17	.1778	.42	.4363	.67	.6873	.92	.9269
.18	.1882	.43	.4465	.68	.6971	.93	.9359
.19	.1986	.44	.4767	.69	.7069	.94	.9451
.20	.2091	.45	.4669	.70	.7167	95	.9543
.21	.2195	.46	.4771	.71	.7265	96	9635
.22	.2299	.47	.4872	.72	.7363	97	.9727
.23	.2403	.48	.4973	.73	.7460	.98	.9818
.24	2507	.49	.5075	.74	.7557	99	.9909
.25	2611	.50	.5176	.75	.7654	1 00	1.0000

中華民國二十三年九月初版
中華民國二十四年八月訂正三版

（32073·1稬）

大學叢書（教本）

統計學大綱 一冊

每冊定價大洋叁元貳角

外埠酌加運費匯費

著作者　　金國寶

發行人　　王雲五
　　　　　上海河南路

印刷所　　商務印書館
　　　　　上海河南路

發行所　　商務印書館
　　　　　上海及各埠